月印千江之曲
월인천강지곡의
底經
저경과
문학적 성격

김기종 저

보고사

서문

〈월인천강지곡(月印千江之曲)〉은 국문학 연구의 초창기부터 주목을 받아왔다. 한글 창제 직후의 작품이라는 문학사적 의의로 인해 국문학 개론 및 국문학사에서 항상 거론되었던 것이다. 그러나 구체적인 논의에 있어서는 그 중요성에 비해 활발하지 못한 형편이다. 최근에 나온 문학사의 〈월인천강지곡〉 관련 서술 또한 예전의 문학사 서술과 거의 달라진 점이 없다. 작품의 현황, 작품의 구조, 『석보상절』・『월인석보』와의 관련성 등의 중요 문제가 모두 누락된 채, 창작 배경 및 경위에 대한 서술만이 주요 내용을 이루고 있다.

한편, 〈월인천강지곡〉은 여타의 고전시가 작품과 달리, 국어학・서지학・불교학 등의 분야에서도 논의가 있어 왔다. 그러나 이들 논의는 각 분야의 관심에만 한정되어 있으며, 다른 분야와의 소통 역시 이루어지지 않고 있다. 단적인 예로, 〈월인천강지곡〉의 결사(結詞)가 수록된 『월인석보』 권25가 1995년에 발견되고, 1998년에 서지학자가 논문으로 발표했음에도, 2004~5년에 발표된 4편의 국문학 관련 논문 및 국어학・불교학 관련 논문에는 이 사실이 전혀 반영되지 않았음을 지적할 수 있다.

이 책은 이러한 문제의식에서 출발하였다. 그리하여 국문학뿐만 아니라 국어학・서지학・불교학의 연구방법 및 성과를 활용했으며, 되도록 텍스트 자체에 집중하고자 했다. 작품 창작의 동기 및 경위에 관한 내용이 5장에 배치된 점과 작가에 대한 별도의 고찰이 없는 점 등은 이 같은 필자의 의도에 의한 것이다. 사실, 필자가 처음 〈월인천강지곡〉에 관심을 갖게 된 이유는 무엇보다 그 노랫말 때문이었다. 거기에는 이전에 접했던 가사와 시조 작품들과는 다른, 또한 동시대의 〈용비어천가〉와도 확연히 구별되는, '무언가'가 있었다. 필자가 텍스트, 그 중에서도 『석보상절』·『월인석보』 및 저경(底經)과 〈월인천강지곡〉의 차이점에 주목한 것도 그 이유에서였다. 그러나 책의 제목에서도 알 수 있듯이 〈월인천강지곡〉의 표현미학과 문예적 가치의 해명이라는 애초의 목표에는 나아가지도 못한 채 중도에서 그친 셈이 되었다. 이들 문제는 후속 과제로 남겨둔다.

 이 책은 필자의 박사학위논문을 수정·보완한 것으로, 첫 저서가 된다. 비록 부족하고 보잘 것 없는 내용이더라도 감회가 없을 수 없다. 그동안 도움을 주고 힘이 되어주신 동국대학교 국어국문학과의 여러 선생님과 선배님들, 그리고 동학들의 얼굴과 이름이 자연스레 떠오른다. 그렇지만 여기서는 그분들의 이름을 일일이 거론하지 않기로 한다. 그분들에게 누가 될까 두렵기 때문이다. 다만 직접 뵙게 되어도 말로는 표현할 수 없을 것 같은 두 분께는 감사의 말씀을 올리고 싶다.

 『삼국유사』에 대한 막연한 동경과 호기심으로 대학원에 진학한 필자가 고전산문이 아닌 고전시가로 전공을 바꾼 것은 순전히 일용(一庸) 선생님의 대학원 강의 때문이었다. 그 후 필자가 〈월인천강지곡〉으로 학위논문을 쓴 것도, 이만큼이라도 논문을 발표하는 것도 모두 선생님의 격려와 가르침 덕분이다. 옥순문생(玉筍門生)의 재목이 되지 못함이 송구스러울 뿐이다. 선생님께서 주신 '청농(靑農)'이란 아호(雅號)의 의미를 되새기며 더욱 정진할 것을 다짐한다. 그리고 산수(傘壽)에 가까운 연세에도 새벽까지 불을 밝히시며 공부하시는 아버지께 이 책을 올린다. 언젠가는 아버지께 부끄럽지 않은 학자가 될 것이라는 약속과 함께. 아울러 두 분의 만수무강을 기원한다.

  끝으로 이 책의 출판을 허락해주신 보고사 김흥국 사장님과, 보기만 해도 어지럽고 답답했던 원고를 깔끔하고 보기 좋게 정리해준 박현정 편집장님께 감사드린다.

2010년 2월
김 기 종

목차

제1장 서론 / 9

1. 연구 목적 및 연구사 검토 ································· 9
2. 연구의 대상과 방법 ································· 14

제2장 텍스트의 확정 / 16

1. 자료의 현황 ································· 16
2. 『월인천강지곡(상)』·『월인석보』·『석보상절』의 관계 ············· 26
   1) 『월인천강지곡(상)』과 『월인석보』[月印部]의 관계 ············· 26
   2) 『석보상절』과 『월인석보』[詳節部]의 관계 ····················· 33
3. 텍스트의 확정 ································· 41

제3장 저경(底經)의 성격과 그 의미 / 48

1. 『석보상절』·『월인석보』의 저경과 구성방식 ················· 48
   1) 현전 『석보상절』의 구성과 저경 검토 ····················· 49
   2) 현전 『월인석보』의 구성과 저경 검토 ····················· 74
   3) 구성방식의 차이점과 그 의미 ························· 106
2. 〈월인천강지곡〉의 저경과 성격 ························· 117
   1) 『월인천강지곡(상)』 其95~137의 저경 탐색 ················ 118
   2) 부전(不傳) 〈월인천강지곡〉의 내용과 저경 추정 ············ 128
   3) 저경의 성격과 의미 ································· 135

제4장 텍스트의 구조와 주제의식 / 143

1. 전체 짜임과 구성 원리 ·· 143
   1) 삽화의 전개 양상과 원리 ·· 143
   2) 서사와 결사의 형식과 의미 ······································ 161
   3) 전체 짜임 및 서사단락의 설정 ································ 166
2. 서사단락의 분석 ·· 173
   1) 성불 ·· 173
   2) 석가족 및 외도 교화 ·· 189
   3) 발고여락(拔苦與樂)의 설법 ······································ 204
   4) 영산회(靈山會) 설법 ·· 218
   5) 성불의 인연 ·· 230
   6) 열반과 불교의 홍포 ·· 247
3. 서사구조와 그 의미 ·· 253

제5장 유통과 문학적 성격 / 256

1. 시대적 배경과 제작 동인(動因) ································ 256
2. 제작 경위와 전승의 양상 ·· 267
   1) 제작 경위의 문제 ·· 267
   2) 전승의 양상과 성격 ·· 275

제6장 결론 / 282

참고문헌 / 290
찾아보기 / 297

제1장 서론

1. 연구 목적 및 연구사 검토

본 연구의 목적은 현재 전하는 〈월인천강지곡(月印千江之曲)〉 전체를 대상으로, 그 저경(底經)의 성격과 의미를 살펴보고 서사구조를 분석하여, 문학적 성격을 구명(究明)하고자 하는 것이다.

〈월인천강지곡〉은 『석보상절(釋譜詳節)』・『월인석보(月印釋譜)』와 함께 한글 창제 직후의 작품이라는 점과, 숭유억불(崇儒抑佛)의 시대에 편찬된 석존의 일대기라는 점 등에서 일찍부터 학계의 주목을 받았으며, 국어학・국문학・불교학・서지학 등 여러 분야에서 많은 논의가 있어 왔다. 〈월인천강지곡〉의 문학적 연구는, 〈용비어천가(龍飛御天歌)〉와의 형태상 유사성과 내용상의 차이점 등이 연구의 초창기부터 국문학개론 및 국문학사류 등에서 언급되었으나, 구체적인 논의에 있어서는 여타의 분야에 비해 활발하지 못한 형편이다.

본 연구의 목적인 〈월인천강지곡〉의 주제의식 및 문학적 성격에 대해 논의한 주요 선행연구를 살펴보면 다음과 같다.

민지, 김시엽은 〈월인천강지곡〉의 주제를 '불교의 묘리(妙理)', 특히 '인과윤회(因果輪廻)의 불리(佛理)'로 파악하였다.[1] 김종우는 〈월인천

---

[1] 김사엽, 「월인천강지곡고」, 『이조시대의 가요연구』, 학원사, 1962.

강지곡〉을 창작한 세종의 심상(心像)에 주목하여, 구체적인 작품 분석을 통해 세종의 심상은 '자기 법열(法悅)', '위타축복(爲他祝福)', '영구구원(永久救援)' 등임을 밝혔다. 또한 제명(題名)인 '월인천강'의 의미 구명을 시도하여, 기화(己和)의 『금강경오가해설의(金剛經五家解說誼)』를 근거로 '월인천강'은 "체용(體用)이 상즉(相即)하고 색공(色空)이 불리(不離)한 도리를 표현한 것"이라고 하였다.2)

사재동은 불(佛)·법(法)·승(僧)의 총체적 불교사상이 〈월인천강지곡〉의 주제로, 철학적 관념으로 추상화되지 않고 대중 구제의 영험적 신앙으로 구상화되어 있는 점이 특색이라고 하였다. 그리고 〈월인천강지곡〉에 나타난 석존은 무애자재(無碍自在)한 권능과 무불통달(無不通達)의 신통력을 발휘하는 신화적 영웅이며, 이 작품은 영웅서사시의 전형적인 구조형태를 갖추고 있다고 보았다.3)

조흥욱은 앞의 논의들과 달리 제작경위·형식·내용 등 〈월인천강지곡〉의 전반적인 문제에 대해 고찰하였다. 내용의 고찰은 구성방식과 표현방식에 대한 면밀한 검토를 통해 이루어졌다. 그리하여 전편의 구성은 시간의 순서에 따른 순차적 구성과 삽화 위주의 구성방식으로 되어 있고, 삽화는 독립된 이야기로서의 완결성을 갖는 도입부·사건부·결과부의 세 부분으로 이루어져 있으며, 표현방식의 특징으로는 대화체와 대구의 사용을 지적하였다. 그리고 문학적 성격에 대해서는, "성인(聖人) 석가의 일대기라는 불교문학적 소재가 편찬자의 손에 의해 그들에게 익숙한 형태인 악장이라는 형식을 통해 변질된 영웅서사시"라고 규정하였다.4)

---

2) 김종우, 「월인천강지곡과 세종의 심상」, 『국어국문학』 28, 국어국문학회, 1965.
3) 사재동, 「월인천강지곡의 몇 가지 문제」, 『어문연구』 11, 어문연구회, 1982.
4) 조흥욱, 「월인천강지곡 연구」, 서울대 박사학위논문, 1994.

김기종은 〈월인천강지곡〉의 내용적 특징을 신이성(神異性)과 흥미성, 그리고 효(孝)의 강조로 파악하고, 이러한 특징을 보이는 이유를 당대의 숭유억불이라는 시대적 상황과 관련시켰다. 곧 신이성의 강조는 합리적인 종교라 할 수 있는 유교에 대한 반론으로, 효의 강조는 '무부무군(無父無君)의 배덕(背德)'의 배불(排佛) 논리에 대한 반론으로 읽혀질 수 있다고 보았다.5)

전재강은 〈월인천강지곡〉의 주제를 "여래의 거룩한 능력과 불교적 가르침의 위대함을 한량없이 찬미함으로써 희원(希願)을 성취함"으로 파악하였다. 그리고 이러한 주제는 각각 왕실의 정치적 입지 강화, 불교 승려나 호불(護佛) 신하의 불교 옹호적 입장, 왕실 내부의 기복적인 입장 등에 영향을 받아 형성된 것이라 하였다.6)

이종석은 『붓다차리타』·『불소행찬(佛所行讚)』·〈석가여래행적송(釋迦如來行蹟頌)〉과의 비교 고찰을 통해, 〈월인천강지곡〉은 신통력의 강조·가족간의 사랑·실제적 목적을 가진 불경(佛經)의 삽입 등의 내용적 특징을 보인다고 하였다. 그리고 그 이유에 대해, "신통력을 강조하는 것은 부처의 위대한 힘 속에서 안정을 바라는 마음이 담긴 것이며, 가족간의 사랑을 강조하는 것은 내적 단결을 통한 왕실의 안정을 바라는 의도에서 강조되었다 할 것이다. 실제적 목적을 가진 불경의 삽입은 건강하게 살며, 망자에 대한 추모와 사후세계에서의 안녕을 바라는 기복적 목적"에 의한 것이라고 설명하였다.7)

---

5) 김기종, 「월인천강지곡의 배경과 구성방식 연구」, 『불교어문논집』 4, 한국불교어문학회, 1999.
6) 전재강, 「월인천강지곡의 서사적 구조와 주제 형성의 다층성」, 『안동어문학』 4, 안동어문학회, 1999.
7) 이종석, 「월인천강지곡과 선행불교서사시의 비교연구」, 서울대 석사학위논문, 2001.

조규익은 〈월인천강지곡〉을 불교의 종지(宗旨)가 형성되어 가는 과정을 밝히는 표면적 의미와 세종의 심상 표출이라는 이면적 의미를 동시에 갖춘 서사문학으로 규정하였다. 또한 〈월인천강지곡〉은 '선악(善惡)/정사(正邪)'의 대립과 갈등을 통해 선(善)이나 정도(正道)가 궁극적인 승리를 거두게 함으로써 숭고한 이념을 구현하는 점에서 영웅서사시로서 조금의 손색도 없는 작품이라고 하였다.[8]

끝으로, 김승우는 〈월인천강지곡〉의 주제를 '가족간의 유대와 온정에 대한 강조'로 파악하고, 이러한 주제 구현의 동기로 가족의 죽음에 대한 추도·소헌왕후의 승하와 정치적 갈등·왕권 분쟁에 대한 우려와 경계 등을 지적하였다.[9]

이상, 주요 연구업적을 중심으로 연구사를 살펴보았는데, 이들 연구는 나름대로의 의의와 성과를 보여주고 있음에도 불구하고 다음과 같은 몇 가지 문제점을 지적할 수 있다.

첫째, 〈월인천강지곡〉의 텍스트 범위에 있어 이견을 보이고 있으며, 텍스트의 현황에 대한 파악이 이루어지지 않았다. 주지하다시피, 〈월인천강지곡〉은 세종이 지은 노래의 이름이면서, 동시에 그 노래들이 수록된 책을 가리킨다. 즉, 세종 당대에 상·중·하의 3책으로 간행된 단행본[10]과, 1459년(세조 5년) 간행된 『월인석보』에 『석보상절』과 합편되어 전하는 〈월인천강지곡〉 모두를 가리키는 것이다. 그러므로 〈월

---

8) 조규익, 「월인천강지곡의 서사적 성격」, 『조선조 악장의 문예미학』, 민속원, 2005.
9) 김승우, 「월인천강지곡의 주제와 형상화 방식」, 고려대 석사학위논문, 2005.
10) 이러한 사실은, 1935년 황해도에서 발견된 초간본 『석보상절』 4책(권6·9·13·19) 중, 권6과 권9의 책장 사이에 각각 '月印千江之曲 上'과 '月印千江之曲 中'이란 판심제(版心題)가 있는 낙장(落張)이 끼어있는 것으로 알 수 있다. 현재는 1960년에 발견되어 학계에 알려진 『월인천강지곡(상)』만이 전한다.

인천강지곡〉의 텍스트는 단행본과 『월인석보』 수록 노래 모두가 포함 된다고 할 수 있다.

그러나 몇몇 연구는 〈월인천강지곡〉의 텍스트를 『월인천강지곡(상)』 만으로 한정하고 있다. 〈월인천강지곡〉 전체를 연구 대상으로 한 논의 의 경우는, 구체적인 검토 없이 『월인석보』 소재 노래들을 텍스트에 포함시킨 것으로, 현전 『월인석보』에 수록된 〈월인천강지곡〉의 곡차 및 곡수 등에 대해 어떠한 언급도 하지 않고 있다.

둘째, 〈월인천강지곡〉의 저경뿐만 아니라 선행 텍스트인 『석보상절』 에 대한 고찰이 거의 없다는 점이다. 저경 및 『석보상절』의 내용과 성 격에 대한 고찰은 〈월인천강지곡〉 연구의 토대가 되는 것으로, 정확한 저경 파악과 가능한 범위에서의 저경 탐색은 무엇보다 선행되어야 한 다. 그래야만 저경 및 『석보상절』과 구별되는 〈월인천강지곡〉의 내용 적 특징을 파악할 수 있기 때문이다.

그리고 〈월인천강지곡〉의 전곡(全曲)이 전하지 않는 현재의 상황에 서, 저경의 파악 및 탐색은 부전(不傳) 〈월인천강지곡〉의 내용을 추정 할 수 있는 유일한 방법이기도 하다. 관련 『석보상절』 및 『월인석보』가 전하지 않는 〈월인천강지곡〉의 경우 또한 보다 정확한 작품 이해를 위 해서는 저경의 파악 및 탐색이 필요하다. 기존의 몇몇 논의에서는 저 경을 잘못 파악하거나 찾지 못한 결과, 작품 해석에 있어 오류를 범하 고 있기 때문이다.[11]

셋째, 〈월인천강지곡〉 일부분의 내용적 특징으로 문학적 성격을 설 명하고 있다. 신통력의 강조·가족간의 사랑 등의 내용적 특징을 통해, 〈월인천강지곡〉의 제작 목적 및 의도를 세종과 왕실의 정서적 안정으

---

11) 구체적인 사례는 제3장의 2절과 제4장 2절의 관련 각주에서 밝혀 놓았다.

로 파악하고 있는 이종석의 논의와, 〈월인천강지곡〉의 서사구조와 몇몇 노래의 모티프가 〈용비어천가〉와 유사하다는 점을 들어 "〈월인천강지곡〉에서 그려지는 영웅으로서의 석가의 모습은 〈용비어천가〉에서 그리고자 했던 유교적 영웅의 모습이 강조된 형태로 형상화된 것"[12]이라고 한 조흥욱의 논의 등이 여기에 해당한다고 할 수 있다.

2. 연구의 대상과 방법

본 연구는 위에서 지적한 문제점들을 염두에 두면서 아래와 같은 네 가지 부분으로 나누어 논의를 진행하고자 한다.

제2장에서는 〈월인천강지곡〉의 텍스트를 확정한다. 먼저, 현전『월인석보』에 수록된 노래들의 곡차(曲次) 및 곡수를 알아보고, 『월인천강지곡(상)』과 『월인석보』, 『석보상절』과 『월인석보』의 비교 고찰을 통해 〈월인천강지곡〉의 텍스트 범위에 대해 논의한다. 그리고 마지막 노래로 추정되는 其583의 결사(結詞) 여부를 구체적으로 검토한 뒤, 본 연구의 텍스트를 확정하고자 한다.

제3장은 〈월인천강지곡〉 저경의 성격과 그 의미에 대한 고찰이다. 〈월인천강지곡〉은 세종이 『석보상절』을 보고 지은 노래로, 저경과 전곡의 구성에 있어 『석보상절』과 일치함을 보인다. 그러므로 〈월인천강지곡〉의 문학적 성격을 보다 정확하게 파악하기 위해서는 선행 텍스트인 『석보상절』에 대한 이해가 필요하다. 그런데 『석보상절』은 전 24권 가운데 10권만이 전하고 있어, 『월인석보』 소재 석보상절도 함께 살펴보아야 한다.

---

12) 조흥욱, 앞의 논문, p.103.

그러므로 이 장에서는 『석보상절』과 『월인석보』를 구성하고 있는 저경들의 내용 및 성격에 대해 알아보고, 『석보상절』 및 『월인석보』의 구성상 특징으로 지적할 수 있는 몇 가지 점에 대해서도 살펴볼 것이다. 그리고 『월인천강지곡(상)』에만 전하는 노래의 저경을 탐색하고, 현재 전하지 않는 〈월인천강지곡〉의 내용 및 저경을 추정하고자 한다. 〈월인천강지곡〉 전체의 구성 및 서사구조를 분석하여 문학적 성격을 해명하고자 하는 본 연구에 있어 필요한 작업이기 때문이다. 이러한 논의를 바탕으로 〈월인천강지곡〉 저경의 성격과 그 의미에 대해 고찰하도록 하겠다.

제4장은 서사구조와 그 의미에 대한 탐색이다. 삽화의 전개 양상과 원리를 밝히고, 서사(序詞)·결사의 의미에 대해 논의한 뒤, 이를 바탕으로 작품의 구조를 파악하여 서사단락을 설정할 것이다. 그리고 서사단락별로 해당 노래들을 구체적으로 분석하여 〈월인천강지곡〉의 서사구조가 의미하는 바가 무엇인지 살펴보고자 한다.

끝으로, 제5장에서는 〈월인천강지곡〉의 제작 동인(動因)·제작 경위·전승 양상 등의 문제에 대해 논의한 뒤, 그 결과와 4장에서 이루어진 논의 내용을 종합하여 〈월인천강지곡〉의 문학적 성격을 구명(究明)하고 그 의의를 살펴보도록 하겠다.

제2장 텍스트의 확정

1. 자료의 현황

현재 전하는 단행본 『월인천강지곡(상)』에는 其1부터 其194까지의 노래가 실려 있고, 단행본 상권과 중권의 낙장 15곡이 『석보상절』 권6·9·13의 해당 부분에 첨부되어 있다.13) 『월인석보』는 1990년 이후 발견되지 않고 있는 『석보상절』과 달리, 근래에도 새로운 권차가 잇따라 발견되어14) 전(全) 25권 중 권3·5·6·16·24를 제외한 20권이 전하고 있으며, 〈월인천강지곡〉은 377.5곡15)이 수록되어 있다. 현전 『월인석보』에 수록된 노래의 구체적인 곡차와 곡수를 『월인석보』의 간략한 서지 사항과 함께 도표로 정리하여 제시하면 아래와 같다.16)

---

13) 『석보상절』 권6에는 其145~154와 其174·175의 12곡이 전하고, 권9에는 其254·255의 2곡이 전한다. 권13의 책장 사이에 끼어있는 1곡의 노래는 그 곡차와 판심제(版心題)가 없지만, 『월인석보』 권11에 수록되어 있는 其275와 일치한다. 강전준웅, 「석보상절과 월인천강지곡과 월인석보」, 『석보상절 제3 주해』, 아세아문화사, 1985, pp.210~211 참고.

14) 『석보상절』 권20과 권21은 1990년에 학계에 소개되었다. 『월인석보』의 경우는 1998년에 권25, 1999년 권19, 2000년 권15(순창 구암사 소장본), 그리고 2001년에는 권20이 발견되어 학계에 소개되었다.

15) 『월인석보』 권9에 수록된 其260은 낙장으로 인해 그 후절(後節)만이 전하고 있으므로, 0.5곡으로 처리한 것이다.

16) 이 도표는 서지학과 국어학의 관련 연구업적들을 참고하고, 필자의 조사로 작성

【표1】 현전 『월인석보』의 서지 사항

권차	간행사항	총 장수	소장처	판본의 상태	수록 月曲
1	초간본	108 (52)	서강대 도서관	낙장과 훼손된 부분이 없음. 「세종어제훈민정음」(15장)·「팔상도」(8장)·「석보상절 서」(6장)·「어제월인석보 서」(26장)·패기(牌記)(1장)가 함께 수록되어 있음. 복각본은 권2와 함께 풍기 희방사에서 간행된 것으로, 책판은 한국전쟁 때 소실되고 후쇄본이 전함.	其1~11 (11곡)
	복각본 (1568년)		동국대 도서관		
2	초간본	79	서강대 도서관	낙장과 훼손된 부분이 없음. 제21장과 제22장의 장차(張次)가 각각 一·二의 두 장으로 되어 있음.	其12~29 (18곡)
	복각본 (1568년)		동국대 도서관		
4	복각본 (16세기)	66 (?)	김병구	제67장 이하 낙장. 제1~8장에 훼손된 부분이 있음. 특히 제1장의 훼손이 심함.	其67~93 (27곡)
7	초간본	80	동국대 도서관	제1~5장 낙장. 제49·50장 낙장. 제6장 제2행부터 5행이 결락. 제54장의 장차가 상·중·하의 세 장으로 되어 있음.	其178~211 (34곡)
	복각본 (1572년)		동국대 도서관	풍기 비로사 간행. 낙장과 훼손된 부분이 없음. 제54장의 장차가 상·중·하의 세 장으로 되어 있음.	**其177~211 (35곡)**
8	초간본	104	동국대 도서관	제99~104장 낙장. 훼손된 부분이 있음.	**其212~250 (39곡)**
	복각본 (1572년)		규장각 일사문고	풍기 비로사 간행. 낙장된 부분이 없음.	
	복각본 (16세기)		고려대 육당문고	간기가 없음. 제1~3장 앞면 결락. 제25장 낙장, 제103장 이하 낙장.	其216~250 (35곡)
9	초간본	66	김민영	제1~4장 낙장. 제35장과 제36장의 장차가 각각 상·중·하의 세 장으로 되어 있음.	其260 후절 (0.5곡)
10	초간본	122 (?)	김민영	제82장 낙장, 제123장 이하 낙장.	其261~271 (11곡)
11	초간본	130	호암미술관	낙장과 훼손된 부분이 없음. 제84장의 장차가 一·二의 두 장으로 되어 있음.	其272~275 (4곡)

하였다. 참고한 논문들은 지면 관계상 일일이 열거하지 않고 참고문헌으로 대신한다. 한편, 도표의 '총장수' 항목의 (?) 표시는 끝부분이 낙장되어 그 총 장수를 알 수 없다는 뜻이다. 제2장 2절에서 제시할 【표2】도 이와 같다.

12	초간본	51	호암 미술관	낙장과 훼손된 부분이 없음.	其276~278 (3곡)
13	초간본	74	연세대 도서관	제1장 앞면 결락. 제1장 뒷면의 훼손이 심함.	其281~282 (2곡)
14	초간본	81 (?)	연세대 도서관	제82장 이하 낙장.	其283~293 (11곡)
15	초간본	87	성암고서 박물관	제50~71장 앞면과 제77~84장의 29장 반엽(半葉)만 남아 있음.	其296~302 (7곡)
			구암사	낙장과 훼손된 부분이 없음.	**其294~302 (9곡)**
17	초간본	93	수타사	제1~10장, 제12장, 제71장 낙장.	其312~317 (6곡)
	복각본		삼성 출판사	장흥 보림사 구장본(舊藏本). 낙장된 부분이 없음. 其310 후절의 일부 훼손.	**其310~317 (8곡)**
18	초간본	87 (?)	수타사	제87장 이하 낙장.	其318~324 (7곡)
19	초간본	125	가야대 도서관	제49장 뒷면 2행~제 56장 앞면 7행 결락. 제74장 뒷면 제2·3행 훼손. 其327 후절·其328 전절·其 330 후절·其332 후절·其334 후절의 일부 훼손.	其325~340 (16곡)
20	초간본	117 (?)	개인소장	제15장, 제107~110장 낙장. 제68~83장 앞면의 훼손이 심함. 제118장 이하 낙장.	其341~411 (71곡)
21	복각본 (1542년)	222		안동 광흥사에서 간행되었으나, 현재 책판이 소실되어 후쇄본만 전함. 낙장과 훼손된 부분이 없음.	**其412~429 (18곡)**
	복각본 (1562년)		호암 미술관	순창 무량굴사에서 간행한 것임. 제172장, 제211장 낙장.	
	복각본 (1569년)		공주 갑사	은진 쌍계사 구장본. 제1~10장 등 40장이 낙장.	其418~429 (12곡)
22	복각본 (16세기)	109 (72)	삼성출판 박물관	원간본의 앞부분(제1~36장)을 떼어내고 제37장을 제1장으로 하여 뒷부분만을 간행한 것임. 장차로는 낙장이 없으나, 제24장 뒷면과 제25장 앞면 사이에 내용상의 누락이 있음.	其445~494 (50곡)
23	초간본	106 (?)	삼성출판 박물관	앞의 15장 낙장. 제27장 뒷면 결락, 제75장 뒷면 결락. 제107장 이하 낙장.	**其497~524 (28곡)**
	복각본 (1559년)		영광 불갑사	순창 무량굴사에서 간행한 것임. 제1장 뒷면 결락. 제98장으로 종결됨.	**其495~519 (25곡)**

23	복각본 (1559년)	106 (?)	연세대 도서관	순창 무량굴사 간행. 제63장 뒷면~98장의 36장 반엽만 남아 있음.	其500~519 (20곡)
25	초간본	144 (?)	장흥 보림사	장흥 보림사 구장본. 제1~2장 낙장. 제145장 이하 낙장. 제140장 이하 훼손이 심함. 其582·583의 일부 훼손.	其577~583 (7곡)

20권의 현전 『월인석보』는 모두 영인되었고, 역주서 또한 출간되었다.[17] 본 연구의 목적 상, 『월인석보』의 서지에 대한 보다 구체적인 내용은 관련 연구업적으로 미루고, 여기에서는 〈월인천강지곡〉과 관련되는 사항에 국한하여 살펴보기로 한다.

먼저, 위의 도표를 보면 『월인석보』의 몇몇 권차에 이본이 있으며, 각 이본에 수록된 〈월인천강지곡〉의 곡차 및 곡수가 같지 않음을 알 수 있다. 곧 이본이 존재하는 권1·2·7·8·15·17·21·23의 8권 중, 권1·2를 제외한 권차들이 이에 해당한다. 이러한 차이는 해당 이본의 결락에 기인한 것으로, 본 연구에서는 결락된 장차(張次)가 없는 판본에 수록된 〈월인천강지곡〉을 텍스트로 삼는다. 【표1】에서 '수록 月曲' 항목의 진한 색 표시는 이를 나타내는 것이다.

그런데 권23의 경우는 좀 더 살펴볼 필요가 있다. 권23은 초간본을 포함한 3종의 이본이 모두 결락된 채로 전하고 있기 때문이다.[18] 특히 초간본과 불갑사 소장의 복각본은 낙장된 장차의 차이로 인해 수록된 〈월인천강지곡〉이 서로 다르다. 초간본에는 其497~524의 28곡이 수록되어 있고, 불갑사 소장본은 其495~519의 25곡을 수록하고 있다. 전자에는 제1~15장이 낙장되어 其495·496의 2곡이 전하지 않고, 후

---

17) 권4·13·14·21·25에 대한 역주서는 아직 출간되지 않았다.
18) 이 세 판본의 서지에 대한 구체적인 내용은 강순애, 「무량사 번각본 월인석보 권23에 관한 연구」, 『서지학연구』 17, 한국서지학회, 1999를 참고할 것.

자는 초간본의 제98장까지만 복각한 결과, 其520 이하의 노래는 수록하지 못한 것이다. 연세대 도서관 소장본에는 其500~519의 20곡이 실려 있어 앞의 두 판본과 중복된다. 3종의 판본이 모두 완전하지 않은 현재의 상황에서는, 초간본과 불갑사 소장본 모두를 텍스트로 삼을 수밖에 없다고 하겠다. 그러므로 현전 『월인석보』 권23을 통해 우리가 알 수 있는 〈월인천강지곡〉은 其495~524의 30곡이 된다.

다음으로, 이본이 없는 권차들은 권11·12를 제외하고 모두 낙장이나 훼손된 부분이 있음을 지적할 수 있다. 그 중에서도 권9·13·22·25의 결락 부분은 〈월인천강지곡〉의 부전(不傳)과 직접적인 관련이 있다. 권9에는 제1~4장이 낙장되어 其251~260의 수록 노래 가운데 其260의 후절만 남아 있고, 권13은 제1장 앞면의 결락으로 인해 其279·280이 전하지 않는다. 앞에서 언급한 바 있는 『월인천강지곡(중)』의 낙장 其254·其255는 『월인석보』에서는 권9에 수록되었을 것이다.

마지막 권차인 권25는 제1~2장과 제145장 이하가 낙장되었고, 제140장 이하의 훼손이 심하다. 제3장의 내용과 〈월인천강지곡〉으로 시작하는 『월인석보』의 체재를 고려할 때,[19] 낙장된 제1장에 1~2곡의 〈월인천강지곡〉이 실려 있었을 것으로 보인다.[20] 〈월인천강지곡〉은 其577~583의 7곡이 수록되어 있는데, 其583의 전절 뒤에는 석보상절이 아닌 협주가 붙어 있다. 제145장 이하의 낙장으로 인해 그 내용이 완결되지 않은 상태이므로, 其583 뒤에 몇 곡의 노래가 더 있었는지, 아니면 其583이 마지막 곡차인지는 정확히 알 수 없다. 그러나 其582

---

19) 현전 『월인석보』는 권2와 권23을 제외하고는 〈월인천강지곡〉으로 시작하고 있다. 권2는 권1에 수록된 其10·11의 내용에 해당하는 석보상절이 제1~7장 뒷면에 실려 있고, 권23은 제9장 앞면 6행에 其495가 수록되어 있다.
20) 강순애, 「새로 발견된 초참본 월인석보 권25에 관한 연구」, 『서지학연구』 16, 한국서지학회, 1998, p.100.

와 其583이『석보상절』권24에 없는 내용으로 되어 있고, 〈월인천강지곡〉 전체를 마무리하는 결사의 성격을 띠고 있다는 점에서, 其583은 마지막 곡차일 가능성이 크다.21) 이러한 추정이 맞는다면 〈월인천강지곡〉의 총 곡수는 583곡이 된다고 할 수 있다.

16세기 중엽의 복각본인『월인석보』권22는, 제1장부터 제72장까지의 장차가 결락 없이 전하고 있으며, 其445~494의 50곡이 수록되어 있다. 그렇지만, 권말서명 아래에 '總百九張'이라는 부기(附記)가 있다는 점과,『월인석보』권21의 마지막 곡차인 其429 이후의 15곡이 보이지 않는다는 점을 고려하면, 이『월인석보』권22는 초간본의 상당부분을 떼어버리고 복각한 것임을 알 수 있다.22) 곧 현전『월인석보』권22는 초간본의 36장23)을 떼어내고 제37장을 제1장으로 하여 간행한 것이다. 이 초간본 36장에 其430~444의 15곡과 관련『석보상절』의 내용이 수록되었을 것으로 보인다.

끝으로,『월인석보』권차의 부전(不傳)으로 인해 현재 전하지 않는 〈월인천강지곡〉에 대해 살펴보겠다. 부전『월인석보』에 수록되었을 노래의 곡차 및 곡수는 현전본을 통해 추정이 가능하다. 권3은 其30~66의 37곡이, 권5·6은 其94~176의 83곡, 그리고 권16은 其303~309의 7곡이 수록되었을 것으로 보인다. 其30~66과 其94~176은『월인

---

21) 결사의 확정 문제는 이 장의 '3. 텍스트의 확정'에서 다룰 것이므로, 보다 구체적인 논의는 생략한다.
22) 안병희, 「월인석보의 편간과 이본」, 『진단학보』 75, 진단학회, 1993, p.192.
23) 복각본『월인석보』권22의 장수가 72장이고 부기된 총장수는 109장이므로 초간본에서 떼어낸 장수는 37장이 되어야 하지만, 저경과의 대조를 통해 현전『월인석보』권22의 제24장 뒷면과 제25장 앞면 사이에 1장 분량의 글이 빠져 있음을 알 수 있다. 그러므로 초간본에서 떼어낸 장수를 36장이라고 한 것이다. 김영배, 「월인석보 제22에 대하여」, 『한국문학연구』 8, 동국대 한국문학연구소, 1985, p.7 참고.

천강지곡(상)』에 전하고, 其303~309는 저경인 『법화경』을 통해 그 내용을 알 수 있다.

권24의 경우는 앞의 권차들과 달리 곡차 및 곡수의 추정에 어려움이 있는데, 초간본 권23은 其524가 실려 있는 제106장 이후가, 권25는 제1~2장이 낙장되었기 때문이다. 其522~524의 저경과 권25의 석보상절 및 저경을 통해, 『월인석보』 권24에는 其525~576의 부전 〈월인천강지곡〉 중, 대략 其527~574의 48곡쯤이 수록되었을 것이라고 추정할 수 있다. 이들 노래의 내용은, 『월인석보』 권24와 저경 및 내용이 대응되는 『석보상절』 권23을 통해 그 대강을 짐작할 수 있다.24)

한편, 현전 『월인석보』에는 『월인천강지곡(상)』과 달리, 노랫말의 일부가 훼손되어 보이지 않는 〈월인천강지곡〉이 있다. 앞의 【표1】에서 권17·19·25의 '판본의 상태' 항목에 명기한 곡차가 그것이다. 이들 곡차의 훼손된 노랫말은 다행히 몇몇 국어학자들에 의해 당대의 표기로 재구된 바 있다.25) 이러한 재구는 관련 『석보상절』 및 저경의 내용에 의거하여 이루어진 것으로,26) 별다른 이의 없이 텍스트로 삼아도 무방할 듯하다.27)

---

24) 其525~576을 포함하여 『월인석보』 권차의 부전과 장차의 결락으로 인해 현재 전하지 않는 〈월인천강지곡〉의 구체적인 내용과 저경은 제3장 2절에서 살펴볼 것이다.

25) 권17의 其310 후절은 장태진 편, 『월인석보 제17』, 교학연구사, 1986, p.189에서, 권19의 其327 후절·其328 전절·其330 후절·其332 후절·其334 후절은 남권희·남경란, 「월인석보 권19의 서지 및 묘법연화경언해 권7과의 본문 대조」, 『국어사자료연구』 창간호, 국어사자료학회, 2000, pp.199~201에서, 권25의 其582·583은 차현실, 「월인천강지곡의 장르와 통사구조의 상관성」, 『월인천강지곡의 종합적 고찰』, 이화여대 한국어문학연구소, 2000, p.31에서 각각 훼손된 노랫말의 복원이 시도되었다.

26) 其582와 其583은 이에 대한 석보상절이 전하지 않으므로, 『월인석보』의 서문에 나오는 "佛如來雖妙眞淨身居常寂光 降誕閻浮示成正覺"이란 구절에 의거하여 재구한 것이다. 차현실, 앞의 논문, p.31.

이상, 도표의 내용을 중심으로 『월인석보』 수록의 〈월인천강지곡〉에 대해 살펴보았고, 현재 전하지 않는 노래의 곡차 및 곡수에 대해서도 알아보았다. 현재 우리가 볼 수 있는 〈월인천강지곡〉은 『월인천강지곡(상)』에 전하는 194곡의 노래와, 『월인천강지곡(중)』의 낙장 2곡(其254·255),[28] 그리고 단행본과 중복되는 곡차를 제외한 『월인석보』 수록의 302.5곡[29]을 합해 498.5곡이 된다.

비록 전곡이 모두 전하지는 않지만, 본 연구의 목적인 문학적 성격의 구명(究明)에 있어서는 현전 〈월인천강지곡〉을 대상으로 논의를 전개해도 큰 무리가 없을 것이라 생각한다. 其1~250, 其261~278, 其281~302, 其310~429, 其445~524, 其577~583 등의 현전 노래들은 내용 전개상 일관된 흐름을 보여주고 있고, 그 사이 사이에 빠져 있는 부전 〈월인천강지곡〉은 앞에서 언급했듯이 관련 『석보상절』 및 저경 등을 통해 그 내용을 파악할 수 있기 때문이다.

그런데 기존의 문학적 연구 중, 몇몇 연구자들은 그 텍스트를 『월인천강지곡(상)』만으로 한정하고 있어 주목을 요한다. 여기에서, 이들이 『월인석보』 수록 노래들을 연구 대상에서 제외한 이유를 살펴볼 필요가 있다.

조흥욱은 그의 박사논문에서 "『월인석보』에 수록되어 있는 작품들은 표기 형태가 〈월인천강지곡〉과 다를 뿐 아니라, 의미의 전개에 있어서

---

27) 다만, 재구된 其310 후절의 "衆生 善根을 [爲ᄒ]샤 方便을 부러 내실써 [내 몸 내 이룰] 뵈시니이다"([ ] 안이 재구한 내용임)에서, '내 몸 내 이룰'은 『월인석보』 권17의 관련 셕보상절 및 저경인 『법화경』 여래수량품(如來壽量品) 제16의 내용을 고려한다면, '滅度룰'이 되어야 한다.
28) 『석보상절』 권6과 권13의 책장 사이에 끼어있는 13곡의 노래는 각각 단행본과 『월인석보』 권11에 수록된 〈월인천강지곡〉과 중복된다.
29) 377.5곡의 노래 중, 단행본과 곡차가 중복된 노래는 75곡이다.

도 부분부분 단락지어져 있어 일관된 흐름을 갖고 있지 못하다"30)라고 하면서, 『월인석보』에 수록된 노래들을 연구대상에서 제외시켰다.31)

조규익 역시 "『월인천강지곡(상)』에 실린 노래들이 비교적 정연한 사건 전개의 양상을 보이는 반면, 여타의 문헌들에 실린 것들은 단편(斷片)들로서 사건이나 내용의 연속성을 확보할 수 없다. 따라서 〈월인천강지곡〉의 장르적 본질이나 창작의도, 내용구조 등을 살펴보기 위해서는 비교적 정연한 짜임을 보여주는 『월인천강지곡(상)』을 텍스트로 삼는 것이 타당하다"32)고 하였다.

신명숙의 경우는, "단행본『월인천강지곡』중·하권이 발견되지 않았지만, 발견된 『월인석보』수록의 노래들로도 그 내용을 알 수 있다"33)고 하면서도, "발견된『월인석보』소재의 〈월인천강지곡〉이 여전히 완전하지 않기 때문에" 단행본만을 연구 대상으로 하고 있다.

위 연구자들의 논의는, 아무런 문제의식 없이 단행본과『월인석보』수록의 노래 모두를 텍스트로 삼고 있는 여타의 연구에 비해, 〈월인천강지곡〉의 텍스트 문제를 본격적으로 제기했다는 점에서 그 의의를 인정할 수 있다. 그러나 이들 연구자가 〈월인천강지곡〉의 텍스트 확정 요건으로 제시한 '내용의 연속성 확보'는 단행본 수록 노래들에도 적용되지 않는다는 문제점이 있다. 곧『월인천강지곡(상)』의 마지막 곡차인 其194는 내용상 계속 진행 중인 노래로, 단행본의 분책은 노래의 내

---

30) 조흥욱, 앞의 논문, p.6.
31) 조흥욱은 근래의 논문인 「월인천강지곡의 내용 특징 연구」, 『어문학논총』 23, 국민대 어문학연구소, 2004, p.58에서도 "『월인석보』에 전하는 일부 자료들은 부분적이어서 전체 흐름 속에서 살피기 어려운 것으로 생각된다"고 하여 종전의 주장을 되풀이하고 있다.
32) 조규익, 앞의 논문, p.235.
33) 신명숙, 「여말선초 서사시 연구」, 단국대 박사학위논문, 2004, p.114.

용이 아닌 분량에 의한 것이기 때문이다. 其194는 '나건하라국의 독룡·나찰 교화'(其182~199) 삽화의 일부인 것이다. 내용 전개상 계속 진행 중인 노래를 논의대상으로 삼고 있는 점은, '내용의 연속성 확보'라는 이들 연구자 스스로가 제시한 텍스트의 요건에서도 벗어난 것이라 할 수 있다.

또한, 이들 논의는『월인석보』와『석보상절』및 관련 저경에 대한 구체적인 검토 없이, 엄연히 존재하고 있는 노래들을 연구대상에서 제외했다는 문제점이 있다. 전체〈월인천강지곡〉의 1/3에 해당하는 노래를 대상으로 논의된 작품의 성격은〈월인천강지곡〉의 실상과 다를 수 있다. 그 일례로,『법화경』·『아미타경』등의 대승경전이 노래되어 있는 점은〈월인천강지곡〉이 여타의 불교서사시와 구별되는 특징 중의 하나인데,『법화경』등을 내용으로 하고 있는 노래들은 현전『월인석보』에 실려 있어, 단행본만을 논의 대상으로 해서는〈월인천강지곡〉의 문학적 성격을 파악하기에 한계가 있다는 점을 지적할 수 있다.

결국, 단행본에 수록된 노래만을〈월인천강지곡〉의 텍스트로 삼을 수는 없다고 하겠는데, 그렇다고 비판적 검토 없이 단행본과『월인석보』수록의 노래를 텍스트로 확정할 수는 없다.〈월인천강지곡〉은 세종이 자신의 명으로 이루어진『석보상절』을 보고 지은 노래이고,『월인석보』는〈월인천강지곡〉을 본문으로 삼고『석보상절』을 해설로 삼은 뒤에 첨삭 및 증수의 과정을 거쳐 합편한 것이다. 그리하여 세종 당대에 간행된『석보상절』및『월인천강지곡』과는 다른 모습을 보이고 있으며, 특히, 석보상절과 협주에서 많은 첨삭 및 증수가 이루어졌다. 〈월인천강지곡〉의 경우, 단행본의 其176~194는『월인석보』에서는 그 곡차가 한 곡씩 늘어나 있다.『월인석보』권7은 其177로 시작하고 있는데, 이 其177은 단행본의 기176인 것이다. 곡차의 차이 외에, 노랫말의 일부에 손질이 가해지기도 했다.

그러므로 〈월인천강지곡〉의 텍스트를 확정하기 위해서는 다음의 문제를 해결해야 한다. 즉, 『월인천강지곡(상)』에 수록된 노래들과 『월인석보』에 합편되어 전하는 노래들을 같은 맥락에서 다룰 수 있는가의 문제가 그것이다. 이 문제를 해결하기 위해서는 단행본과 『월인석보』, 『석보상절』과 『월인석보』의 관계를 살펴볼 필요가 있다. 이에, 다음 절에서는 항목을 나누어 이 문제에 대해 논의하고자 한다.

2. 『월인천강지곡(상)』·『월인석보』·『석보상절』의 관계

1) 『월인천강지곡(상)』과 『월인석보』[月印部]의 관계

현전 단행본과 월인부(月印部)[34] 중, 곡차 및 내용이 일치하는 노래는 其1~29, 其67~93, 其176~194의 75곡이다.[35] 이 75곡의 노래들에 대한 비교 검토를 통해, 단행본과 월인부를 같은 맥락에서 다룰 수 있는가의 문제를 해결할 실마리를 찾을 수 있다.

단행본과 월인부의 차이점은 크게 다음의 네 가지로 정리할 수 있다.

첫째, 한자(漢字)와 한자음(漢字音)의 위치 및 한자음의 표기가 다르다. 단행본에서는 한자어를 한글로 표기하고 작은 글씨로 한자를 주기(註記)하고 있는데 반해, 월인부에서는 한자어를 한자로 표기하고 그

---

[34] 이 절에서는 논의의 편의상, 단행본 『월인천강지곡(상)』을 단행본으로, 『월인석보』에 수록된 월인천강지곡과 석보상절을 각각 월인부(月印部)와 상절부(詳節部)로 약칭한다. 그리고 단행본과 월인부를 포괄할 경우는 〈월인천강지곡〉, 월인부와 상절부를 포괄할 경우는 『월인석보』로 표기한다.

[35] 여기에서 其176~194는 단행본의 곡차이고, 월인부로는 其177~195가 된다.

독음을 작은 글씨인 한글로 주기하고 있다. 또한, 한자음의 표기에서 있어서 단행본은 당시의 현실한자음으로 적은데 반해, 월인부에서는 동국정운식 표기법을 따르고 있는 차이를 보인다. 예를 들면, 其1의 '巍巍釋迦佛'이 단행본에서는 '외巍외巍셕釋가迦뿛佛'로, 월인부에서는 '巍윙巍윙釋셕迦강佛뿛'로 되어 있는 것이다. 그러나 한자어를 제외한 월인부의 표기는 단행본과 일치하고 있으며, 오히려 같은 『월인석보』에 수록된 상절부와 차이를 보이고 있다.36)

둘째, 월인부에는 노랫말에 대한 주석이 새로 첨가되었다. 비교 가능한 75곡 중에서 협주가 있는 노래는 13곡37)인데, 아래의 인용문에서 보듯이 어휘에 대한 사전적 해설로 이루어져 있다.

世尊ㅅ일 술ᄫ오리니 萬里外ㅅ 일이시나 눈에 보논가 너기ᅀᆞᄫᆞ쇼셔 [萬里外논 萬里밧기라]
世尊ㅅ말 술ᄫ오리니 千載上ㅅ 말이시나 귀예 듣논가 너기ᅀᆞᄫᆞ쇼셔 [千載上은 즈믄힛우히라]   〈월인부 其2〉

한편, 其194 이후의 월인부에서는 어휘에 대한 사전적 해설뿐만 아니라, 다음과 같이 노래 내용에 대한 설명으로 이루어진 경우도 있다.

이 목숨 ᄆᆞ츨 날애 阿彌陀ㅣ 聖衆 ᄃᆞ리샤 갏 길흘 알외시리 [갏길 알외샤ᄆᆞᆫ 아랫卷에 닐어 겨시니라]
七寶池 蓮ㅅ 곶 우희 轉女爲男ᄒᆞ야 죽사리ᄅᆞᆯ 모ᄅᆞ리 [轉女爲男은 겨지비

---

36) "같은 『월인서부』 안에 실려있는 작품임에도 불구하고 월인부와 상절부는 다른 표기체계를 지향하였다. 월인부는 형태음소적 표기법을, 상절부는 음소적 표기법을 채택하였다."(고영근, 「월인천강지곡 해설」, 고영근 밖에, 『월인천강지곡의 텍스트 분석』, 집문당, 2003, p.7.)
37) 월인부 其1, 2, 7, 8, 14, 15, 19, 20, 22, 27, 75, 183, 191이 여기에 해당한다.

모미 올마 남지니 드윌씨라 이 世界ㅅ 거지비 데가 낧 사ᄅᆞ미 蓮모새 ᄀᆞ
다드ᄅᆞ면 男子ㅣ 드외ᄂᆞ니라]   〈월인부 其211〉

이 외에, 『월인석보』 권11에 수록된 其273의 협주는 제2장 앞면 2
행~제10장 뒷면 3행의 8장에 걸쳐 실려 있는데, 여기에는 其272~
273의 저경인 『법화경』 서품(序品) 제1의 관련 게송과, 『경율이상(經律
異相)』 권25·31·10 등의 보시행(布施行) 관련 본생담이 차례대로 번역
되어 있다. 이러한 예는 현전 월인부에서 극히 예외적인 경우에 속한다.

셋째, 월인부에서 일부 불교용어의 독음이 달라졌다. 곧 '천룡팔부
(天龍八部)'(其7·22·72 등)의 部의 독음이 단행본의 '뿡'에서 '뽕'으로
바뀐 것이다. 이는 '해탈(解脫)'의 解의 독음, 다라니(陀羅尼)의 음역(音
譯)이 『석보상절』에서 『월인석보』로 오면서 수정되는 과정과 맥락을
같이한다. 불교 용어에 대한 이해의 차이에서 온 것이라 할 수 있다.[38]

끝으로, 단행본과 월인부는 노랫말과 곡차에 차이를 보이고 있다는
점을 지적할 수 있다. 곡차의 차이는 이미 앞에서 지적했고, 그 이유에
대해서는 다음 항에서 살펴볼 것이므로, 여기에서는 노랫말의 차이 및
그 이유에 대해 살펴보도록 하겠다.

노랫말에 차이를 보이는 〈월인천강지곡〉은 비교 가능한 75곡의 노
래 중, 其14와 其83의 두 곡이다. 우선 其14를 단행본과 월인부에서 옮
겨오면 다음과 같다.

(1) 沸星 도ᄃᆞ제 白象을 ᄐᆞ시니 힛 光明을 ᄢᅦ시니이다
   天樂을 奏커늘 諸天이 조ᄍᆞᄫᆞ니 하늜고지 드르니이다 〈단행본 其14〉

   沸星 도ᄃᆞ제 白象을 ᄐᆞ시고 힛 光明을 ᄐᆞ시니이다

---
38) 안병희, 「월인천강지곡 해제」, 문화재관리국, 1992, p.5.

天樂을 奏커늘 諸天이 조쫍고 하눐고지 드르니이다 〈월인부 其14〉

(1)은 석존(釋尊)이 어머니의 태(胎) 안으로 들어가기 위해 도솔천(兜率天)에서 내려오는 모습을 노래하고 있는 곡이다. 단행본의 'ᄐᆞ시니' 'ᅘᅦ시니이다' '조쯧ᄫᆞ니'가 월인부에서 각각 'ᄐᆞ시고' 'ᄐᆞ시니이다' '조쫍고'로, 어휘와 어미에 약간의 손질이 가해졌음을 알 수 있다. 단행본이 전절의 "백상을 탔다"와 "해의 광명을 꿰었다"라는 두 사건을 원인-결과의 관계로 파악한 것이라면, 월인부는 연결어미의 수정으로 인해 "백상을 타고" 그 다음에 "해의 광명을 탔다"는 별개의 사건으로 파악한 것이 된다. 불성(沸星)이 떠오를 때에 석존이 먼저 흰 코끼리를 타고 다음으로 광명을 탔다는 월인부의 내용이 단행본보다 자연스럽다.39) 후절의 경우도 이와 마찬가지라 할 수 있다. 월인부의 이러한 사건 파악은 해당 상절부에서 그대로 나타난다.

(2) 七月ㅅ열다쌧날 沸星 도돓 時節에 여슷 엄 가진 白象 ᄐᆞ샤 ᄒᆞ ᄐᆞ샤 兜率宮으로셔 ᄂᆞ려오싫 저긔 世界예 차 放光ᄒᆞ시고 諸天이 虛空애 ᄀᆞᄃᆞ기 뼈 좇ᄌᆞᄫᅡ 오며 풍류ᄒᆞ고 곳 비터니 〈月釋 2:18ㄱ3~19ㄱ140)〉

위의 (2)는 『석가씨보(釋迦氏譜)』 강염부주적(降閻浮州迹) 현입태상(現入胎相)이 저경인 其14의 상절부를 인용한 것이다.41) "白象 ᄐᆞ샤 ᄒᆞ

---

39) 고영근, 위의 논문, p.5.
40) 2:18ㄱ3~19ㄱ1에서 2는 권차, 18과 19는 장차, ㄱ은 앞면, 3과 1은 행을 뜻한다. 곧 2:18ㄱ3~19ㄱ1은 권2의 제18장 앞면 3행부터 제19장 앞면 1행까지를 의미한다. 이후, 제시하는 장차 표시는 이와 같다.
41) 참고로, 저경의 내용을 보이면 다음과 같다. "化乘六牙白象, 冠日之精發兜率宮, 諸天翼從滿虛空中, 作樂散花大光普照."(『대정신수대장경(大正新修大藏經)』 제50권, pp.88하~89상)

트샤"의 구절로 보아, 상절부도 월인부와 마찬가지로 별개의 사건으로 파악하고 있음을 알 수 있다. 그리고 월인부의 '트시니이다'란 어휘 또한 상절부를 따른 것임을 알 수 있는데, 저경에는 '冠日之精'으로 되어 있다. 이 구절의 '관(冠)'은 현재 전하지 않는 해당『석보상절』에는 단행본처럼 '뻬시니'로 직역되었을 것이라 보인다.

이러한 사실들을 통해, 월인부 其14의 변개(變改)는 상절부의 변개에 따라 그것에 일치시키려는 의도에서 이루어진 것이라고 일단 추정할 수 있다. 곧 단행본은 저경을 직역한 것으로 보이는 해당『석보상절』의 어휘 및 연결어미를 취한 것이고, 월인부는『석보상절』을 첨삭한 상절부에 의거하여 고쳐진 것이라 할 수 있다. 그러나 월인부의 변개에 의해 상절부의 연결어미 및 어휘가 고쳐졌다는, 그 반대의 경우도 생각할 수 있다. 상절부의 어휘나 어미의 변개가 이곳에서만 이루어진 것은 아닐 것이기 때문이다.

다음으로, 其83을 인용하면 아래와 같다.

(3) 前生애 修行 기프신 文殊 普賢돌히 둘닚긔 구룸 몯둣더시니 世界예 妙法 펴리라 圓滿報身 盧舍那ㅣ 華嚴經을 頓敎로 니르시니
〈단행본 其83〉

寂滅혼 道場애 法身 大士돌히 둘닚긔 구룸 몯둣더시니
世界예 妙法 펴리라 圓滿報身 盧舍那ㅣ 華嚴經을 頓敎로 니르시니
〈월인부 其83〉

석존이 성불한 직후에 화엄경을 설법하는 광경을 노래하고 있는 (3) 은, 위의 밑줄 친 부분을 보면 其14보다 심한 변개가 이루어졌음을 확인할 수 있다. 곧 단행본의 "前生애 修行 기프신 文殊 普賢돌히"가 월인

부에서는 "寂滅혼 道場애 法身 大士들히"로 바뀐 것이다. 이 월인부 其 83 전절의 변개 이유 역시 해당 상절부를 통해 그 일단을 엿볼 수 있다.

(4) 如來 처섬 正覺 일우샤 寂滅道場애 겨샤 四十一位 法身 大士와 아래 前生브터 根이 니근 天龍八部ㅣ 一時예 圍繞ᄒᆞᄉᆞ바 드닚의 구룸ᄭᅵ듯 ᄒᆞ얫더니 如來 너기샤ᄃᆡ 내 得혼 妙法을 너비 펴아 世界를 利케 ᄒᆞ샤 ᄒᆞ리로다 ᄒᆞ샤 盧舍那身을 나토샤 華嚴經을 니ᄅᆞ시니 이 일후미 頓敎ㅣ라
〈月釋 4:45ㄴ2~46ㄴ5〉

(5) 如來始成正覺, 在寂滅道場, 四十一位法身大士, 及宿世根熟天龍八部, 一時圍遶如雲籠月. 是時如來現盧舍那身, 說圓滿修多羅, 故言頓敎.[42]

위의 (4)는 『월인석보』 권4에 수록된 其83의 상절부를 옮긴 것이고, (5)는 저경인 『불조통기(佛祖統紀)』의 관련 부분을 인용한 것이다. (4)는 (5)를 거의 직역한 것임을 알 수 있는데, 其83 전절의 내용에 해당하는 밑줄 친 부분 또한 그러하다. 단행본의 경우는, "들넚긔 구룸 몯ᄃᆞᆺ더시니"와 후절의 내용이 상절부 및 저경과 같으므로, "前生애 修行 기프신 文殊 普賢들히" 부분만 다른 『석보상절』 및 저경의 내용이었던 것으로 보여진다. 그러므로 월인부 其83 전절의 변개 또한 상절부를 따른 것이라고 추정할 수 있다.

그런데 석존이 『화엄경』을 설법하는 광경을 내용으로 하는 이 노래에서, '법신대사(法身大士)'와 '문수보현(文殊普賢)'은 전혀 별개의 것이라 할 수 없다. 『화엄경』에 등장하는 여러 법신대사 중에서 가장 중요한 역할을 하는 인물이 비로 문수보살과 보현보살이기 때문이다.[43] 결

---

42) 『대정신수대장경』 제49권, p.149상.
43) 참고로, 〈석가여래행적송〉의 제69송(頌)에도 "初在寂滅場, 十方賢聖會, **文殊普**

국, 이 두 노랫말은 같은 내용으로, 월인부가 포괄적이라면 단행본은 구체적인 표현이라는 차이가 있을 뿐이다. 이를 고려할 때, 단행본 其83의 대본이라 할 수 있는 부전(不傳)『석보상절』및 그 저경 역시 위의 (4)·(5)와 같았을 가능성이 있다. 그렇다면, 단행본은 저경인『불조통기』의 구절에 구애받지 않고『화엄경』의 핵심 인물인 문수와 보현을 중심으로 표현한 것이며,44) 월인부는『월인석보』의 체제상, 상절부와의 통일성을 위해 其83 전절의 일부를 상절부에 맞게 고친 것이라 할 수 있다.

지금까지, 노랫말에 차이를 보이는 단행본과 월인부의 구체적인 실상을 살펴보고, 그 이유에 대해서도 생각해보았다. 이 노래들의 해당『석보상절』이 전하지 않는 지금의 상태에서는 그러한 추측만을 할 수 있을 뿐이지 단정할 수는 없을 것이다. 그렇지만 이상의 논의를 통해, 비교 가능한 75곡의 〈월인천강지곡〉 중에서 차이를 보이는 노래는 두 곡뿐이고, 그 차이도 어휘 및 어미 등 노래의 표현에 국한되어 있어 내용에는 영향을 미치지 않았음을 알 수 있다. 이러한 점으로 미루어 보면, 其195 이후의 노래에 대한 손질의 범위 또한 여기에서 크게 벗어나지 않았으리라 생각한다.45) 이제, 다음 항에서 단행본과 월인부의 곡

賢等, 法身諸大士"로 되어 있다. 〈석가여래행적송〉은 고려 충숙왕대의 승려인 무기 운묵(無寄雲默)이 1328년(충숙왕 15년)에 지은 5언(言) 210송(頌) 840구(句)의 장편 한시(漢詩)로, 상권에서는 석존의 행적과 교설의 기본 내용을, 하권에서는 불교가 중국으로 전해지는 과정과 올바른 수행 및 전법(傳法)의 자세를 노래하고 있다.

44) 이에 대해 고영근, 위의 논문, p.5에서는 "『월인석보』권4의 '寂滅道場'과 '四十一位法身大士'가 나오는 것으로 보면 잘못 옮은 것을 고친 것임에 틀림없다"고 하여, 단행본의 이 표현을 세종의 실수로 보고 있다.

45)『월인석보』권25에 수록된 其577의 전절 "王舍城 깊ᄀ새 闍耶익 精誠이 흔우홈 供養이러니"에서, '왕사성(王舍城)'의 노랫말은 단행본과 달랐을 가능성이 있다.『석보상절』권24의 7ㄱ8~7ㄴ2에는 "아래 부톄 阿難이 더브르시고 舍衛城의 드

차가 차이를 보이는 이유에 대해 살펴보겠다.

2)『석보상절』과『월인석보』[詳節部]의 관계

『석보상절』은 전(全) 24권 가운데 권3·6·9·11·13·19·20·21·23·24의 10권이 현재 전하고 있다. 그런데 이들『석보상절』과,『월인석보』의 현전본 중에는 그 저경과 내용이 대응되는 권차가 다수 보이고 있어 주목을 요한다. 저경과 내용이 대응되는『석보상절』과 상절부의 비교를 통해,『석보상절』이『월인석보』로 합편되는 구체적인 양상뿐만 아니라, 단행본과 월인부의 곡차가 차이를 보이는 이유 또한 짐작할 수 있기 때문이다. 구체적인 논의에 앞서, 현전본『석보상절』의 간략한 서지 사항을 해당 〈월인천강지곡〉의 곡차 및 곡수와 함께 도표로 제시하면 다음과 같다.46)

르샤 乞食ᄒᆞ더시니"라고 되어있기 때문이다. 상절부는 "아리 世尊이 比丘들 ᄃᆞ리시고 王舍城에 드러 乞食ᄒᆞ시더니"로 되어 있어, 월인부의 '왕사성'과 일치한다. 『석보상절』과 상절부의 이러한 차이는 해당 저경에 기인한다.『석보상절』은『현우경(賢愚經)』이 출전인『석가보(釋迦譜)』석가획팔만사천탑숙연기(釋迦獲八萬四千塔宿緣記) 제32가 저경이고, 상절부는『잡아함경(雜阿含經)』이 출전인『석가보』아육왕조팔만사천탑기(阿育王造八萬四千塔記) 제31이 저경이다. 이 두 저경은 유사한 내용이지만 석존이 아육왕의 전신(前身)인 사야 동자를 만난 장소가 다르다는 차이가 있는데,『석보상절』과 상절부의 차이는 이를 반영한 것이다. 결국, 월인부 其577 전절의 '왕사성'은 단행본에서는 '사위성'으로 되어 있던 것이 상절부의 변개에 따라 고쳐진 것이라 할 수 있다. 이 월인부의 수정도 其14 전절·其83 전절과 마찬가지로 어휘에 국한되어 있음을 알 수 있다.
46) 현전『석보상절』의 서지에 대한 구체적인 내용은 이호권,『석보상절의 서지와 언어』, 태학사, 2001, pp.42~46에 자세히 정리되어 있다.

【표2】 현전 『석보상절』의 서지 사항

권차	간행사항	총장수	소장처	판본의 상태	해당 月曲
3	복각본 (1561)	43	천병식	끝장의 일부 훼손.	其30~66 (37곡)
6	초간본	47	국립도서관		其138~175 (38곡)
9	초간본	41	국립도서관	제20장 뒷면 1행의 마지막 4자가 없음.	其251~260 (10곡)
11	복각본 (16세기)	44	세종대왕 기념사업회	제44장 낙장. 제14장 뒷면, 제15장 앞면, 제43장의 일부 훼손.	其412~429 (18곡)
13	초간본	64	국립도서관		其272~275 (4곡)
19	초간본	44	국립도서관	제26장 앞면 1~4행 훼손.	其313~320 (8곡)
20	초간본	53	호암미술관	제1장 낙장. 앞부분의 훼손이 심함. 제5장 뒷면 1행 훼손. 제25장 뒷면과 제26장 앞면 결락.	其321~324 (4곡)
21	초간본	64(?)	호암미술관	제65장 이하 낙장. 제60장 이하 훼손이 심함.	其325~340 (16곡)
23	초간본	59	동국대 도서관	제1~2장 낙장.	不傳
24	초간본	52(?)	동국대 도서관	제53장 이하 낙장.	其577~581 (5곡)

    10권의 현전 『석보상절』 중, 권3과 권11은 16세기 중엽의 복각본이고, 그 외의 권차는 모두 초간본이다. 그리고 권6·9·13·19는 중간본의 간행을 위한 교정본이다.47) 1990년 학계에 소개된 권20·21을 제외

---

47) 이 4책의 초간본은, 본문이 내용 단락에 따라 절단되어 있고, 〈월인천강지곡〉의 낙장이 권6과 권9 등의 해당 부분에 첨부되어 있다는 점에서 『월인석보』의 편찬과 관련된 교정본으로 보인다. 다만 어떤 연유에서인지 확실하지는 않지만 『석보상절』과 『월인천강지곡』을 합편하려는 세종 당대의 시도가 중단되는 바람에 현재 남아있게 된 것이라 할 수 있다. 이호권, 위의 책, p.33과 p.39 참조.

하고는 모두 영인되었고 역주서 또한 출간되었다.

위의 【표2】와 앞의 【표1】의 〈월인천강지곡〉 항목을 보면, 저경 및 내용이 대응되는 『석보상절』과 『월인석보』의 권차를 알 수 있다. 곧 『석보상절』 권9와 『월인석보』 권9, 『석보상절』 권11과 『월인석보』 권21, 『석보상절』 권13과 『월인석보』 권11, 『석보상절』 권19·20과 『월인석보』 권17·18, 『석보상절』 권21과 『월인석보』 권19, 『석보상절』 권24와 『월인석보』 권25가 그것이다. 『석보상절』 권9와 『월인석보』 권9는 『약사경(藥師經)』이 저경이고, 『석보상절』 권13·19~21과 『월인석보』 권11·17~19는 『법화경』이 저경이다. 『석보상절』 권11·『월인석보』 권21과 『석보상절』 권24·『월인석보』 권25는 『석가보』와 여러 불전(佛典)을 저경으로 하고 있다.

이들 중, 먼저 『석보상절』 권11과 『월인석보』 권21의 차이점에 대해 살펴보도록 하겠다. 논의의 편의상, 『석보상절』과 상절부의 삽화 배열 순서를 정리하여 제시하면 아래와 같다.

(6) ㉮도리천위모(忉利天爲母) 설법→ ㉯지장경(地藏經) 설법→ ㉰우전왕(優塡王)과 파사익왕(波斯匿王)의 불상(佛像) 조성(造成)→ ㉱석존의 염부제(閻浮提) 귀환→ ㉲ 금상(金像)의 불사(佛事) 부촉(付囑)→ ㉳칠보탑(七寶塔)이 땅에서 솟아 나옴→ ㉴인욕태자(忍辱太子)의 효양행(孝養行)→ ㉵녹모부인(鹿母夫人)의 공덕행(功德行)

(7) ⓐ도리천위모 설법→ ⓑ지장경 설법→ ⓒ우전왕과 파사익왕의 불상 조성→ ⓓ육사외도(六師外道)의 석존 비방→ ⓔ석존의 염부제 귀환→ ⓕ 금상의 불사 부촉→ ⓖ석존의 연화색비구니(蓮化色比丘尼) 훈계→ ⓗ칠보탑이 땅에서 솟아 나옴→ ⓘ인욕태자의 효양행

(6)은 『석보상절』 권11, (7)은 『월인석보』 권21의 삽화 전개의 양상이다. (6)과 (7)의 비교를 통해, (6)의 삽화 ⓐ녹모부인의 공덕행이 (7)에 없고, (6)에 없던 ⓓ육사외도의 석존 비방과 ⓖ석존의 연화색 비구니 훈계 삽화가 (7)에 새로 첨가되었음을 알 수 있다. 곧 상절부 (7)은 『석보상절』(6)의 삽화 배열 순서를 따르면서도, 새로운 삽화 ⓓ와 ⓖ를 각각 ⓓ와 ⓔ 사이, ⓔ와 ⓕ 사이에 편입하고, ⓐ의 삽화는 생략한 것이라 정리할 수 있다.

그리고 위의 (6)과 (7)에 나타나 있지는 않지만, 『석보상절』의 ⓑ지장경 설법이 『지장경』 전 13품 가운데 도리천궁신통품(忉利天宮神通品) 제1과 분신집회품(分身集會品) 제2의 두 품만을 초록(抄錄)하고 있음에 반해, 상절부는 13품 전체를 빠짐없이 수록하고 있는 차이를 보인다. 또한 상절부의 염부중생업감품(閻浮衆生業感品) 제4와 지옥명호품(地獄名號品) 제5 사이에는 당(唐) 현장(玄奘) 번역의 『대승대집지장십륜경(大乘大集地藏十輪經)』 서품 제1의 일부가 인용되어 있다.

이들 삽화 가운데 『석보상절』의 ⓐ녹모부인의 공덕행은, 초간본 『월인석보』 권22의 36장에 수록되었을 것으로 추정했던 상절부로 보인다. 마야부인의 전신(前身)인 녹모부인이 5백 벽지불(辟支佛)을 공양하고 많은 선업(善業)을 닦았다는 내용의 이 삽화는, 『지장경』 전품(全品)과 새로운 삽화들의 편입 등으로 인해 『월인석보』 권21에는 실리지 못하고, 다음 권차인 『월인석보』 권22의 앞부분으로 자리를 옮긴 것이라 할 수 있다. 그리하여 其430~444의 부전(不傳) 〈월인천강지곡〉은 삽화 ⓐ의 내용이 된다고 하겠다.

【표2】를 보면, 『석보상절』 권11의 내용에 해당하는 〈월인천강지곡〉은 『월인석보』 권21에 수록된 其412~429의 18곡이다. 그런데 상절부에 새로 편입되어 있는 ⓓ육사외도의 석존 비방과 ⓖ석존의 연화색 비

구니 훈계 삽화에 관한 노래는 찾을 수 없다. 『석보상절』에 비해 그 분량이 170여 장 늘어난 ⓑ지장경 설법의 경우도, 제1품과 제2품의 내용만이 각각 其415와 其416~417에 노래되어 있을 뿐이다.

석존의 일대기라는 전체 문맥에 맞게 『지장경』 제1·2품이 초록되어 있는 『석보상절』과 달리, 상절부에는 13품 전체뿐만 아니라 『지장십륜경』의 다라니까지 편입되어 있지만, 증보된 내용에 해당하는 새로운 〈월인천강지곡〉은 보이지 않는 것이다. 『지장경』을 중시하고 있는 『월인석보』의 편자가 이에 대한 노래를 새로 짓지 않았다는 점은, 『석보상절』의 내용이 증보된 여타의 『월인석보』에서도 〈월인천강지곡〉은 새로 추가되지 않았음을 짐작하게 한다. 이 『월인석보』 권21 외에, 권25 역시 새로 편입된 삽화들의 내용에 해당하는 노래가 보이지 않는데, 이를 통해서도 『월인석보』의 편자는 합편의 과정에서 〈월인천강지곡〉을 짓지 않았음을 확인할 수 있다.

이러한 사실은, 이 항의 관심사인 단행본과 월인부의 곡차가 차이를 보이는 이유와 관련지어 생각해 볼 수 있다. 이미 앞에서 언급했듯이 『월인천강지곡(상)』의 其176부터 『월인석보』에는 그 곡차가 한 곡씩 늘어나 있다. 『월인석보』 권7은 其177로 시작하고 있는데, 이 其177은 단행본의 其176인 것이다. 그 이유에 대해 대부분의 선행 연구자들은 부전 『월인석보』 권5나 권6에서 1곡이 새로 추가되었기 때문인 것으로 보고 있다.48) 그러나 위에서 지적한 사실을 고려한다면, 『월인석보』에

---

48) 허웅·이강로, 『주해 월인천강지곡 상』, 신구문화사, 1962, p.8의 "〈월인천강지곡〉의 其175와 其176 사이에, 『월인석보』에서는 한 장(章)을 더 첨가했던 것이 아니었던가 생각된다. 아마 이것은 『월인석보』 권6의 끝 장(章)이 되어 있었으리라 추측된다"는 견해가 대표적이다. 이러한 견해는 근래에도 김동소, 「월인석보 권4 연구」, 『월인석보 제4』, 경북대출판부, 1997, p.138과 김영배, 「월인석보의 편찬」, 『불교학논총』(월운스님 고희기념논총), 동국역경원, 1998, p.593 등에서

서 1곡이 새로 지어진 것이라기보다는, 부전『월인천강지곡(중)』또는
『월인천강지곡(하)』에 수록되었던 노래가 곡차만 바뀌어『월인석보』
권5나 권6에 옮겨진 결과로 보는 것이 옳을 듯하다.49)

이와 같은 추정을 뒷받침하기 위해,『석보상절』권9와『월인석보』
권9에서 그 예를 하나 더 들어보면 다음과 같다.

   (10) 淨信흔 善男善女를 文殊ㅣ 盟誓ᄒᆞ샤 藥師ㅅ 일훔을 모디 들유리이다
      ᄌᆞ오ᄂᆞᆫ 善男善女를 文殊ㅣ 方便ᄒᆞ샤 藥師ㅅ 일훔을 모디 씨오리이다
                                                   〈月曲 其254〉

   (11) 그 ᄢᅴ 文殊師利 부텻긔 ᄉᆞᆯᄫᆞ샤ᄃᆡ 내 盟誓를 ᄒᆞ노니 像法 轉훓 時節에
      種種 方便으로 淨信흔 善男子 善女人들히 이 藥師瑠璃光如來ㅅ 일후믈
      듣ᄌᆞᆸ긔 ᄒᆞ며 ᄌᆞᆶ저기라도 이 부텻 일후므로 들여 씨ᄃᆞᆫ긔 호리이다
                                           〈釋詳 9:20ㄴ2~21ㄱ2〉

   (12) 그 ᄢᅴ 文殊師利 부텻긔 ᄉᆞᆯᄫᆞ샤ᄃᆡ 내 盟誓를 ᄒᆞ노니 像法 轉훓 時節에
      種種 方便으로 淨信흔 善男子 善女人들히 이 藥師瑠璃光如來ㅅ 일후믈
      듣ᄌᆞᆸ긔 ᄒᆞ며 ᄌᆞᆶ저기라도 이 부텻 일후므로 들여 씨ᄃᆞᆫ긔 호리이다
                                           〈月釋 9:38ㄴ4~39ㄱ4〉

(10)은 其254를 옮긴 것이고, (11)과 (12)는 관련『석보상절』및 상절
부를 차례대로 인용한 것이다. 위의 (11)과 (12)는 내용뿐만 아니라 어
휘와 표기까지 어떠한 차이도 없이 완전히 일치하고 있음을 알 수 있

    되풀이되고 있다.
49) 안병희, 앞의 논문, p.5에서도, "다만 이 차이가 노래 본문의 수정처럼 새로 1수
    를 지어 추가한 것에 말미암지 않을까 할뿐이다. 그러나『월인석보』에서 일어난
    『석보상절』의 권차 조정에 따라『월인천강지곡』중권 이하의 1수가 앞으로 옮아
    간 사실도 배제할 수 없다"라고 하였다.

다. 인용하지 않은 其255의 관련 『석보상절』과 상절부 또한 이와 마찬가지이다. 곧 『월인석보』는 其254·255의 『석보상절』을 첨삭 없이 그대로 수록한 것이다.

『석보상절』 권9와 『월인석보』 권9는 저경 및 내용이 대응되는 여타의 권차들에 비해 큰 차이는 아니더라도, 『석보상절』의 어휘 및 표기가 상절부에서 달라지거나 새로운 구절이 첨가되는 등 적지 않은 차이를 보이고 있다.50) 그러므로 (11)·(12)처럼 〈월인천강지곡〉과 관련된 『석보상절』 및 상절부의 차이가 없다는 점은, 상절부에서의 증수 및 첨삭이 〈월인천강지곡〉의 직접적인 대본이 된 『석보상절』 외의 부분에서 이루어졌음을 보여준다고 하겠다. 결국, 『월인석보』에서는 새로운 노래가 추가되지 않았을 뿐만 아니라, 상절부의 변개 또한 〈월인천강지곡〉에 영향을 미치지 않는 범위에서 이루어진 것이라 할 수 있다.

끝으로, 『법화경』의 관세음보살보문품(觀世音菩薩普門品) 제25~보현보살권발품(普賢菩薩勸發品) 제28이 저경인 『석보상절』 권21과 『월인석보』 권19의 비교를 통해서는, 위의 논의에서 더 나아가 〈월인천강지곡〉에 의해 상절부가 첨가되기도 했음을 알 수 있다.

『법화경』은 대부분의 경전이 그러하듯이 산문인 장행(長行)과 운문인 게송(偈頌)으로 구성되어 있다. 각 품(品)의 처음은 장행으로 시작하고 대체로 한 단위의 장행이 끝난 뒤에 그 내용을 요약하거나 부연·보충하는 게송이 실려 있다. 내용을 부연하는 경우는 장행에 없는 내용이나 표현이 보이기도 한다. 기존의 연구에서는 『법화경』을 번역하고 있는 『월인석보』의 두드러진 특징으로, 장행은 빠짐없이 싣고 있으

---

50) 김영배, 위의 논문, pp.593~594 참고.

나 게송은 일률적으로 모두 생략한 점을 들고 있다.51) 『법화경』을 노래하고 있는 〈월인천강지곡〉의 존재 때문인 듯하다.

그런데 『월인석보』 권19의 관세음보살보문품 제25에는 게송이 온전하게 번역되어 있어 주목을 요한다. 그 이유가 월인부 其327·其329·其330에 기인한 것이기 때문이다. 이들 월인부는 관세음보살의 명호(名號)를 수지(受持)하여 얻는 복덕(福德)을 노래하고 있는 其325~332의 일부로, 저경의 게송을 번역한 『석보상절』 권21의 3ㄴ2~3ㄴ8과 4ㄴ3~5ㄴ6의 내용에 해당한다. 곧 其327·329·330은 저경의 게송을 노래한 것이다.

이 게송은 장행의 내용을 요약한 것이 아니라 부연·보충한 것이어서 관련 장행과 내용 및 표현이 다르다.52) 그러므로 장행만을 옮겨서는 월인부의 내용에서 벗어나기 때문에, 『법화경』의 장행만을 번역한 여타의 권차들과 달리 여기에서는 장행 외에도 게송을 수록한 것이 된다. 결국, 『월인석보』의 편자는 〈월인천강지곡〉으로 인해 관세음보살보문품 제25의 게송을 삽입한 것이라 할 수 있다.53)

---

51) 김영배, 「석보상절 제19에 대하여-월인석보와 법화경언해와의 비교를 중심으로-」, 『논문집』 2, 부산여대, 1974, p.49.
52) 특히, 其327의 내용에 해당하는 『석보상절』 권19 3ㄴ2~3ㄴ8의 "須彌山ㅅ 峯이 잇다가 ᄂᆞ미 미리바다도 觀音을 念혼 히므로 虛空애 히 머므러 잇ᄃᆞᆺᄒᆞ리며 시혹 모딘 사ᄅᆞᄆᆡ그에 조치여 金剛山애 뻐러디여도 觀音을 念혼 히므로 ᄒᆞᆫ 터럭도 ᄒᆞ야디디 아니ᄒᆞ리니"는 장행에 전혀 없는 구절이다. 참고로, 其327은 다음과 같다. "須彌山애 올아 늚이 미러도 虛空ㅅ 가온ᄃᆡ 히곤 머믈리니/ 모딘 놈ᄋᆞᆯ 조치여 金剛山애 디어도 ᄒᆞᆫ낟 터럭도 아니헐리니"
53) 이 외에, 『월인석보』 권11에 수록되어 있는 其273의 협주에도 『법화경』 서품 제1의 게송 일부가 보시행에 관한 본생담 세 편과 함께 실려 있다. 비록 본문은 아니지만 협주에 게송이 번역되어 있는 것이다. 이 게송은 보시에 관한 내용으로 관련 장행에 없는 내용이다. 협주에 새로 추가된 게송 및 본생담이 모두 '보시'에 관한 내용이라는 점에서 게송의 편입은 '보시'를 중요시하는 『월인석보』 편자의

이상의 논의를 통해 볼 때, 『월인석보』는 최대한 원간본 『월인천강지곡』 그대로의 모습을 보여주고자 했음을 알 수 있다. 위에서 논의한 내용 외에도 『월인석보』의 체재54)와 「월인석보 서」의 언급55) 및 한자어를 제외한 월인부의 표기가 단행본과 같다는 점 등은 이러한 『월인석보』의 편찬태도를 보여준다고 할 수 있다. 그러므로 현전 월인부가 비록 단행본 그대로의 모습은 아닐지라도, 『월인천강지곡(상)』만이 전하고 있는 현재의 상태에서는 월인부를 단행본과 함께 다루어도 크게 무리는 없을 것이라 생각한다.

3. 텍스트의 확정

 본 연구의 텍스트를 확정하기 위해서는 이제, 〈월인천강지곡〉의 결사(結詞)를 확정하는 문제가 남아 있다. 결사의 문제는 앞에서 잠시 언급한 바가 있지만, 작품의 구조를 파악하기 위해서는 선결해야할 중요한 문제이므로 좀 더 구체적으로 살펴볼 필요가 있다. 논의의 편의상, 결사 문제를 다룬 기존 논의를 소개한 뒤, 〈월인천강지곡〉의 결사 확

　편찬태도에 기인한 것이라 할 수 있다. 그렇지만, 게송 전체를 번역하고 있는 『석보상절』 권13의 관련 내용을 노래한 〈월인천강지곡〉의 존재 또한 한 원인이 되었을 것이다. 곧 월인부 其273 후절의 제1구는 장행에 없는 게송의 구절인 "布施를 호ᄃᆡ"로 되어 있어, 〈월인천강지곡〉의 내용에 최대한 일치시키려는 의도에서 『월인석보』의 협주에 관련 게송을 수록한 것임을 추정할 수 있다.
54) 월인부를 본문으로 삼고 상절부를 해설로 삼고 있는 『월인석보』의 체재 상 특징은 여러 가지 이유에서 기인하는 것이겠지만, 근본적으로는 〈월인천강지곡〉이 세종의 친제(親製)였기 때문이라고 생각할 수 있다.
55) 「월인석보 서」의 "乃進賜覽, 輒製讚頌, 名曰月印千江, **其在于今, 崇奉曷弛**"의 부분을 가리킨다.

정 문제에 대해서 살펴보겠다.

먼저, 차현실[56]은 훼손으로 인해 보이지 않는 노랫말의 일부를 「월인석보 서」의 구절에 의거하여 아래의 밑줄 친 부분처럼 재구해 넣은 뒤, "其582와 其583의 두 장은 〈월인천강지곡〉의 대단원으로 텍스트 전체에서 진술한 석존의 구도행·정각행·설법행 등의 이야기를 마무리하고 있다"고 하였다.

　　色身을 숨건댄 閻浮提에 ᄂᆞ리샤 跋提河이 滅度ᄒᆞ시나
　　法身을 숨건댄 常寂光ᄒᆞ시니잇가 어드러로 가시니잇가
　　　　　　　　　　　　　　　　　　　　〈월인부 其582〉

　　가시다 호리잇가 눈알ᄑᆡ ᄀᆞᄃᆞ기시ᄂᆞᆯ 顚倒衆生이 어늬 슬ᄫᅳ리
　　　　　　　　　　　　　　　　　　　　〈월인부 其583〉

다음으로, 이종석[57]은 차현실의 견해를 따르면서도 其582·583이 〈월인천강지곡〉의 결사로 보이는 이유를 세 가지로 추정하였다. 곧 ① 其1·2가 석존의 일대기가 아닌 외부구조인 것처럼, 其582·583도 외부구조라는 점, ②『월인천강지곡(상)』이 194곡을 수록하였으므로 단행본 중·하권의 곡수까지 합하면 583곡이 될 수 있다는 점, ③其583이 1행으로 되어있는 점 등이 그것이다. 그리고 ③에 대해서는 "〈월인천강지곡〉에서 소헌왕후는 죽은 사람일 뿐이라 앞으로 발전의 가능성은 없다. 그러므로 죽음과 소멸을 담고 있는 〈월인천강지곡〉은 두 줄에서 한 줄로 돌아온 것이다"라고 하였다.

이에 대해 신명숙[58]은 "죽음과 소멸로 〈월인천강지곡〉을 바라본 것

---

56) 차현실, 앞의 논문, p.31.
57) 이종석, 앞의 논문, p.154.

은 불교문학을 이해하지 못한 것으로 보인다. 죽음은 소멸이 아니라 생(生)의 시작으로 보는 것이 옳은 시각이라 생각되기 때문이다"라고 비판한 뒤, "서지학자의 견해를 빌려서 〈월인천강지곡〉의 총 곡수는 587~588곡으로 보는 것이 현재로서는 옳지 않을까 생각된다"고 하였다.

이종석의 ③에 대한 신명숙의 위의 지적은 타당하다고 할 수 있지만, 그렇다고 其583이 1행일 가능성이 부정되는 것은 아니다. 결사가 1행인 이유에 대한 해석이 잘못 되었을 뿐이기 때문이다. 그럼에도 신명숙이 〈월인천강지곡〉의 결사를 其583으로 보지 않고 서지학자의 견해에 따라 其587 또는 其588로 보는 것은 문제가 있다고 할 수 있다. 그런데 신명숙이 근거로 삼고 있는 '서지학자의 견해'의 출처 또한 불분명하다.59) 문화재청 홈페이지의『월인석보』권25 항목이 그 출처라고 여겨지는데,60) 거기에서는 "『월인천강지곡(상)』이 194수를 수록하였으므로, 미발견의 권 중·하에도 그 정도 분량이 수록되었다면 이 책의 其583이 그 마지막 노래라 할 수도 있겠다"라고 하여 其583이 결사일 가능성을 열어놓고 있다. 결국 其583이 〈월인천강지곡〉의 마지막 노래가 아니라는 신명숙의 주장은 그 근거가 되는 견해와도 다르다는 점

---

58) 신명숙, 앞의 논문, p.114.
59) 신명숙, 위의 논문, p.113에는 "『월인석보』권25는 1995년 발견되었는데 〈월인천강지곡〉其577~583의 7곡이 수록되어 있다. 〈월인천강지곡〉 4~5곡을 포함한 뒷부분의 30장 정도가 떨어져 있다고 한다"라고 되어 있지만 그 출처를 밝히고 있지 않다.
60) 문화재청 홈페이지(www.cha.go.kr)에서 관련 부분을 옮기면 다음과 같다. "맨 끝에 실린 〈월인천강지곡〉 其583은 내용상 마무리 단계이나 결론 부분은 아닌 것으로 보인다.『석가보』권5의 내용 가운데 「아육왕조팔만사천탑기」까지만 실려 있고 그 이후의 내용이 빠져있어 뒷부분에 〈월인천강지곡〉 4~5수를 포함하여 상당량의 내용(약 30여장)이 탈락되었을 것으로 추정된다. 그러나『월인천강지곡(상)』이 194수를 수록하였으므로, 미발견의 권 중·하에도 그 정도 분량이 수록되었다면 이 책의 其583이 그 마지막 노래라 할 수도 있겠다."

에서 설득력이 없다고 하겠다.

　이상, 간략하게나마 〈월인천강지곡〉의 결사 문제를 다루고 있는 선행 논의를 살펴보았다. 이 문제는 그 중요성에도 불구하고『월인석보』권25가 학계에 소개된 이래, 위 세 연구자의 논의를 제외하고는 거의 언급조차 된 적이 없다. 이러한 상황에서 이종석의 논의는 비록 其583의 1행에 대한 해석에 문제가 있기는 해도 그 의의를 인정할 수 있다. 여기에서는 이종석의 논의와 다른 측면에서 〈월인천강지곡〉의 결사 문제를 논의해보도록 하겠다.

(13) 眞을 브터 化를 니… 이르시며 …시나 眞…시니 世俗이 닐오딕 …羅애 나샤 摩竭陁…道 ᄒ샤 波羅奈예 …ᄒ시고 拘尸羅애 入…시다 ᄒᄂ니 釋迦ㅣ 淨飯王宮에 示現 出生ᄒ …十九에 出家ᄒ샤 三十 …成道ᄒ샤 住世 四十九年이시고 說法도 三百餘會시고 목수미 …에 入滅을 뵈시니 滅 …다 二千 나몬 히니 …世俗이 닐오딕 …시다 …호미 올커니와 實 …건댄 오샤도 오샴 업스 …ㄹ매 비취듯 ᄒ시고 …스샤미 虛空의 諸刹 …오듯ᄒ시니 이러면 비록 出世 ᄒ시다 닐어도 出世 아니 ᄒ시며 비록 入滅ᄒ시다 닐어도 入滅 아니 ᄒ시니 그럴씨 닐오딕 慈容올 …히 보ᅀᆞᄫ리라 말라 祇園 …道場애 여희디 아니ᄒ시니 …라 慈容올 아ᅀᆞᆸ고져 ᄒ …議 思量ᄒ면 千萬 …라 道場올 알오져 ᄒ …道場 (이하 낙장)　〈月釋 25:143ㄱ~144ㄴ7〉

(14) 依眞起化, 化道方成, 感畢遂隱, 而眞常住. 世云佛生迦毗羅, 成道摩竭陁, 說法波羅奈, 入滅拘尸羅. 蓋釋迦老子, 於淨飯王宮, 示現出生, 十九出家, 三十成道, 住世四十九年, 說法三百餘會, 壽登八十而示入滅. 其示滅以來, 于今二千餘載, 迹此觀之, 世云佛有去來可矣, 據實而觀, 來無所來, 月印千江, 去無所去, 空分諸刹. 伊麼則雖云出世, 未曾出世, 雖云入滅, 未曾入滅, 所以道莫謂慈容難得見, 不離祇園大道場. 要識慈容麼, 擬議思量千萬里, 要識道場麼, 觸目無非古道場.61)　〈金剛經五家解說誼 卷上〉

위의 인용문 (13)은 其583 뒤에 실려 있는 『월인석보』 권25의 협주를 옮긴 것이다. 심한 훼손으로 인해 보이는 글자만 옮겼지만, 이 내용을 통해서도 (14)가 그 저본임을 알 수 있다. (14)는 함허당 기화(涵虛堂 己和, 1376~1433)의 『금강경설의』에서 관련 부분을 인용한 것이다. 이 부분은 『금강경』의 첫 구절인 "如是我聞 一時佛在舍衛國 祇樹給孤獨園 與大比丘衆千二百五十人俱"에 대한 함허의 설의이다. 협주 (13) 및 (14)는 其582·583과 일치하는 구절 및 어휘가 보이지 않는다는 점에서 저본이 아니라, 『월인석보』의 편자가 노래의 이해를 돕기 위해 첨가한 해설이라 할 수 있다.

이러한 해설이 其583의 뒤에 실려 있다는 점은 其583이 1행으로 되어 있음을 짐작하게 한다. 만약 其583이 其1을 제외한 여타의 〈월인천강지곡〉처럼 2행으로 되어있다면, 협주는 2행이 끝난 뒤에 실려 있어야 한다. 현전 『월인석보』에 있어서, 어휘에 대한 사전적 설명이 아닌 노래에 대한 해설이 한 곡의 전절에 붙은 경우는 없기 때문이다. 그러므로 其583은 서사(序詞)인 其1과 함께 1행으로 되어 있는 〈월인천강지곡〉의 마지막 노래라고 할 수 있다.[62]

그리고 노래의 내용에 있어서도 其582와 其583은 〈월인천강지곡〉 전체를 마무리하는 결사의 성격을 띠고 있다. 곧 석존의 전생부터 열반까지를 노래하고 있는 其3~576과 아육왕(阿育王)의 불법(佛法) 홍포(弘布)에 대한 내용인 其577~581 뒤에, '법신(法身)의 상주(常住) 및 편재(遍在)'를 노래하고 있는 其582·583이 있다는 점은 이들 노래가

---

61) 기화, 『금강반야바라밀경오가해설의(金剛般若波羅蜜經五家解說誼)』 권상(卷上) 법회인유분(法會因由分) 제1. (『한국불교전서』 7, 동국대 출판부, 1986, pp. 24~25)
62) 其583이 1행으로 된 이유와 그 의미에 대한 논의는, 〈월인천강지곡〉의 텍스트 확정이 목적인 이 절에서는 생략하고, 제4장 1절에서 서사(序詞)의 의미와 함께 다루기로 한다.

바로 〈월인천강지곡〉의 결사라는 사실을 보여준다.

결국, 〈월인천강지곡〉은 其1~583의 583곡으로 되어 있고, 부전 〈월인천강지곡〉을 제외한 498.5곡이 현재 전하고 있으며, 이들 노래 모두가 본 연구의 텍스트가 된다고 하겠다. 구체적으로 말하면, 其1~175는 『월인천강지곡(상)』을, 其177 이후는 『월인석보』에 수록된 노래를 텍스트로 삼는다. 其194까지 단행본을 텍스트로 삼을 수도 있겠으나, 단행본의 其176부터 월인부의 곡차가 1곡씩 밀려나 있고, 단행본 其176~194에 해당하는 월인부 其177~195 중, 其182~199는 하나의 삽화를 이루고 있으므로, 혼동을 피하고 논의의 편의를 위해 단행본에서는 其175까지의 노래만을 텍스트로 삼은 것이다. 단행본과 월인부가 차이를 보였던 其14와 其83은 단행본을 텍스트로, 월인부는 참고자료로 삼는다. 이 외에, 其254·255는 『월인천강지곡(중)』의 낙장을 텍스트로 한다.

한편, 본고에서는 『석보상절』이 『월인석보』로 합편되면서 그 권차가 달라진 이유에 대해서는 어떠한 언급도 하지 않았는데, 『월인석보』에서 이루어진 『석보상절』 권차의 재조정 문제는 부전 『석보상절』의 내용 및 저경을 재구할 수 있을 때 그 해결이 가능하기 때문이다. 하지만 이 문제는 〈월인천강지곡〉의 곡차 배열과 관련되어 있어, 여기에서 잠시 언급할 필요는 있다.

『석보상절』 권11과 『월인석보』 권21, 『석보상절』 권13과 『월인석보』 권11은 같은 내용임에도 그 권차가 다르므로, 『월인석보』의 권차에 따라 수록된 월인부는 『석보상절』의 내용 전개에 따른 단행본 『월인천강지곡』과는 그 곡차에 차이가 있을 것이다. 그러나 『석보상절』 권12와 권22가 전하지 않는 현재의 상태에서는 단행본의 곡차가 『월인석보』 권10의 其271까지와 같았을 것이라는 추정밖에 할 수 없다. 그러므로

〈월인천강지곡〉의 텍스트 확정에 있어서는 월인부의 곡차를 그대로 따를 수밖에 없다고 할 것이다. 그렇지만 앞 절에서 논의한 내용을 통해, 『월인석보』의 곡차 조정 또한 세종의 의도에서 크게 벗어나지는 않았을 것이라 짐작할 수 있어, 본고의 논의에 있어 큰 문제는 없으리라 생각한다.

끝으로, 지금까지의 논의를 통해 확정한 본 연구의 텍스트를 도표로 정리하여 제시하면 다음과 같다.

【표3】〈월인천강지곡〉의 텍스트 확정

곡차	해당 현전 『석보상절』 수록 현전 『월인석보』	비고
其1~175	『석보상절』 권3·6 『월인석보』 권1·2·4	『월인천강지곡(상)』에 수록.
其177~250	『월인석보』 권7·8	其177~195는 『월인천강지곡(상)』에서는 其176~194.
其251~271	『석보상절』 권9 『월인석보』 권9·10	『월인석보』 권9의 낙장으로 其251~260 전절(4,5곡) 不傳. 『월인천강지곡(중)』의 낙장 其254·255(2곡)이 전함.
其272~340	『석보상절』 권13·19·20·21 『월인석보』 권11~19	『월인석보』 권13의 낙장으로 其279·280(2곡), 『월인석보』 권16의 不傳으로 其303~309(7곡) 부전.
其341~524	『석보상절』 권11 『월인석보』 권20·21·22·23	초간본 『월인석보』 권22의 결락으로 其430~444(15곡) 不傳.
其525~576	『석보상절』 권23	『월인석보』 권24의 부전과 권23과 권25의 낙장으로 不傳.
其577~583	『석보상절』 권24 『월인석보』 권25	

제3장 저경(底經)의 성격과 그 의미

1. 『석보상절』·『월인석보』의 저경과 구성방식

이 절의 주요 관심사인 저경과 그 내용에 대한 고찰은 『석보상절』·『월인석보』 연구의 초창기부터 시작되어 민영규[63]·이동림[64]·심재완[65]·이병주[66] 등의 연구에서 주요 저경들이 밝혀졌고, 이후 최근의 강순애[67]·박금자[68]·이호권[69]의 논의에 이르기까지 부분적인 수정과 보완이 꾸준히 이루어져 왔다.

---

[63] 민영규, 「해제」, 『월인석보 제9·제10』, 연세대 동방학연구소, 1956. 「개제」, 『월인석보 제17·제18』, 연세대 동방학연구소, 1957. 「개제」, 『월인석보 제7·제8』, 연세대 동방학연구소, 1957.
[64] 이동림, 「월인석보와 관계불경의 고찰」, 『백성욱박사 송수기념 불교학논문집』, 1959, pp.12~21.
[65] 심재완, 「석보상절 제11에 대하여」, 『논문집』 2, 청구대, 1959, pp.25~26.
[66] 이병주, 「석보상절 제23·24 해제」, 『동악어문논집』 5, 동악어문학회, 1967, pp.14~18.
[67] 강순애, 「새로 발견된 초참본 월인석보 권23에 관한 연구」, 『서지학보』 8, 한국서지학회, 1992. 「새로 발견된 초참본 월인석보 권25에 관한 연구」, 『서지학연구』 16, 한국서지학회, 1998. 「새로 발견된 초참본 월인석보 권20에 관한 연구」, 『서지학연구』 21, 서지학회, 2001. 「월인석보의 저본에 관한 연구」, 『서지학연구』 22, 서지학회, 2001.
[68] 박금자, 『15세기 언해서의 협주연구』, 집문당, 1997, pp.116~123.
[69] 이호권, 『석보상절의 서지와 언어』, 태학사, 2001, pp.46~56.

그러나 기존의 저경 연구는 텍스트의 내용을 세분하지 않은 채 중심 내용 위주로 저경을 파악한 결과, 보다 구체적인 저경의 실상은 밝히지 못하고 있다. 또한 몇몇 저경의 파악에 있어서는 오류를 보이고 있기도 하다.70) 이러한 문제점은 특히 『석보상절』 관련 논의에서 보인다. 물론, 『석보상절』은 저경의 내용을 축약 내지 요약하고 있으며, 의역(意譯)에 가까운 번역 태도를 보이고 있어, 직접적인 대본을 찾는데 많은 어려움이 있는 것이 사실이다. 그렇지만 저경과 그 내용에 대한 고찰은 『석보상절』・『월인석보』 및 〈월인천강지곡〉 연구의 토대가 되는 것이므로, 정확한 저경 파악과 가능한 범위에서의 저경 탐색은 무엇보다 선행되어야 한다.

그러므로 여기에서는 현전본의 내용과 저경을 삽화 단위로 세분하여 도표로 제시한 뒤, 필자가 새로 찾은 저경을 포함한 『석보상절』과 『월인석보』 전체의 구성 및 저경에 대해 검토할 것이다. 그리고 이러한 논의를 바탕으로 두 텍스트의 구성방식의 차이점과 그 의미에 대해서도 살펴보고자 한다.

1) 현전 『석보상절』의 구성과 저경 검토

논의의 편의상, 권3, 권6・9・11, 권13・19・20・21, 그리고 권23・24의 네 부분으로 나누어 살펴보도록 하겠다. 먼저, 『석보상절』 권3을 구성하고 있는 각 삽화의 내용 및 그 저경을 도표로 정리하여 제시하면 아래와 같다.71)

---

70) 기존 논의 중, 저경을 잘못 파악한 사례는 이 절의 관련 각주에서 밝혀 놓았다.
71) 『석보상절』은 1면 8행, 매행 15자의 본문과 쌍행 세자(細字)의 협주로 되어 있는데, 『석보상절』의 협주는 해당 문구에 대한 설명이나 어휘에 대한 사전적 해설이

【표4】『석보상절』 권3의 구성과 저경

권차	삽화의 내용	장차	저경	해당 月曲
권3	·점상(占相)	1ㄱ2~2ㄱ7	釋迦氏譜 現生誕靈迹 召仙占覩相【因果經】	其30
	·마야부인의 죽음	2ㄱ7~2ㄴ5	釋迦氏譜 現生誕靈迹 母氏昇遐相【普曜經】	其31
	·작명(作名)	2ㄴ6~3ㄱ6	釋迦氏譜 現生誕靈迹 立名建號相【因果經】	其32
		3ㄱ6~3ㄴ5	釋迦譜 釋迦降生釋種成佛緣譜 第4【普曜經】	
		3ㄴ5~4ㄴ3	釋迦氏譜 現生誕靈迹 立天祠相【因果經】	
	·부왕(父王)의 양육	4ㄴ3~5ㄴ4	釋迦氏譜 現生誕靈迹 保傳隨侍相【因果經】	其33
	·태자즉위식	5ㄴ5~6ㄱ6	釋迦氏譜 集藝歷試迹 立爲儲后相【因果經】	其34
		6ㄱ6~6ㄴ3	알 수 없음	
	·학제서예(學諸書藝)	6ㄴ3~8ㄱ8	**佛本行集經 卷11 習學技藝品 第11**	其35
		8ㄴ1~10ㄴ2	釋迦譜 第4之2【普曜經·因果經·瑞應本起經】	
	·결혼	10ㄴ2~12ㄴ1	釋迦譜 第4之2【普曜經】	其36~41
		12ㄴ1~13ㄱ3	釋迦氏譜 法王化相 集藝歷試迹【因果經】	
		13ㄱ3~14ㄴ8	釋迦譜 第4之2【因果經·普曜經】	
	·결혼생활	14ㄴ8~15ㄴ4	釋迦譜 第4之2【瑞應本起經】	其42
	·사문유관(四門遊觀)	15ㄴ4~16ㄱ7	釋迦氏譜 集藝歷試迹 觀耕生厭相【因果經】	其43~44
		16ㄱ7~21ㄱ2	釋迦譜 第4之2【因果經】	
	·태자의 출가 결심	21ㄱ2~21ㄱ5	釋迦譜 第4【普曜經】	其45
		21ㄱ5~21ㄱ7	釋迦氏譜 出家尋教迹 啓出家相【因果經】	
		21ㄱ7~21ㄴ8	釋迦譜 第4【普曜經】	
	·나운(羅雲)의 잉태	21ㄴ8~22ㄱ5	釋迦譜 第4之2【因果經】	其46
	·부왕의 출가 만류	22ㄱ5~24ㄱ1	알 수 없음	其47~49
		24ㄱ1~24ㄱ5	釋迦氏譜 出家尋教迹 天神接擧相【普曜經】	
		24ㄱ5~24ㄴ6	**佛本行集經 卷16 耶輸多羅夢品 下 第20**	

주를 이루고 있으므로, 협주를 따로 표시하지 않고 각 삽화의 장차(張次)에 포함시켰다. 【표4】~【표7】은 모두 이를 따른다. 한편, 이 절에서 제시한 도표의 '저경' 항목에는 진한 색으로 표시가 된 불전(佛典)이 있는데, 이 저경들은 필자가 새로 찾은 것으로, 후속 연구의 편의를 위해 명시한 것이다.

제3장 저경(底經)의 성격과 그 의미   51

권3	·유성출가(逾城出家)	24ㄴ6~25ㄴ3	釋迦氏譜 出家尋教迹 天神接舉相 【因果經】	其50 ~57
		25ㄴ3~29ㄱ2	佛本行集經 卷16 捨宮出家品 上 第21	
		29ㄱ2~29ㄴ1	釋迦譜 第4之2 【普曜經·修行本起經】	
		29ㄴ1~30ㄴ1	釋迦氏譜 出家尋教迹 天神接舉相 【普曜經】	
		30ㄴ1~32ㄱ5	釋迦譜 第4之2 【因果經】	
		32ㄱ6~34ㄴ1	釋迦氏譜 出家尋教迹 尋仙非奪相 【因果經】	
		34ㄴ1~34ㄴ4	釋迦譜 第4 【普曜經】	
		34ㄴ4~35ㄴ3	釋迦氏譜 出家尋教迹 王師尋迹相 【因果經】	
	·선인(仙人)에게 선정(禪定)을 익힘	35ㄴ4~36ㄴ1	알 수 없음	其58
	·나운의 탄생	36ㄴ1~37ㄱ6	雜寶藏經 卷10 羅睺羅因緣 第107	其59 ~60
		37ㄱ6~37ㄴ8	佛本行集經 卷55 羅睺羅因緣品 上	
	·가사산(伽闍山) 고행	37ㄴ8~38ㄱ3	釋迦氏譜 出家尋教迹 同邪苦行相 【因果經】	其61 ~62
		38ㄱ3~39ㄱ1	釋迦譜 第4 【瑞應本起經·普曜經】	
		39ㄱ1~39ㄱ2	釋迦氏譜 出家尋教迹 同邪苦行相 【因果經】	
	·니련수(尼連水)에서의 목욕과 장자 딸의 우유죽 공양	39ㄱ2~41ㄱ6	釋迦譜 第4 【普曜經】	其63 ~64
	·필발라수(畢鉢羅樹) 아래에서의 결가부좌	41ㄱ6~42ㄱ5	釋迦氏譜 出家尋教迹 浴身受食相 【因果經】	其65 ~66
		42ㄱ5~42ㄴ5	佛本行集經 卷26 向菩提樹品 中	
		42ㄴ5~43ㄴ6	釋迦譜 第4之3 【因果經·觀佛三昧海經】	

『석보상절』권3은 석존의 유아 시절부터 결혼까지의 성장 과정과, 출가하여 가사산에서 6년 고행을 마친 뒤 정각(正覺)을 얻기 위해 필발라수 아래에 앉기까지의 내용으로 되어 있다. 팔상(八相)[72] 가운데 사문유관·유성출가·설산수도(雪山修道)에 해당한다. 저경에 있어서는 『석

---

[72] 팔상은 석존이 중생을 제도하기 위해 일생 중 나타낸 여덟 가지의 변상(變相)으로, 경전에 따라 구체적인 명칭에 차이가 있다. 『월인석보』 권1에 수록된 「석보상절 서」의 협주와 팔상도(八相圖)에는 도솔래의(兜率來儀)·비람강생(毘藍降生)·사문유관(四門遊觀)·유성출가(逾城出家)·설산수도(雪山修道)·수하항마(樹下降魔)·녹원전법(鹿苑轉法)·쌍림열반(雙林涅槃)으로 되어 있다.

가보』와 『석가씨보』가 중심을 이루고 있고, 그 외에 『불본행집경』・『잡보장경』 등이 편입되어 있다.

그런데 『석보상절』 권3의 중심 저경인 『석가보』의 경우, 도표에는 '석가강생석종성불연보(釋迦降生釋種成佛緣譜) 제4'와 '석가강생석종성불연보 제4지2・제4지3'으로 구분되어 적혀 있다. 『석가보』는 고려본인 5권본과, 고려본의 석가강생석종성불연보 제4를 증보한 송(宋)・원(元)・명(明)본의 10권본이 있으므로, 그 내용에 따라 '석가보 제4'와 '석가보 제4지2' 등으로 나누어 적은 것이다.

선행 연구에서는 5권본과 10권본을 구별하지 않거나,[73] 구별하여 다룬 경우에도 10권본만을 그 저경으로 보고 있다.[74] 『석가보』는 『석보상절』뿐만 아니라 〈월인천강지곡〉의 중요 저경 중의 하나로, 『석보상절』 및 『월인석보』의 저경 연구에 있어 항상 언급되는 불전(佛典)임에도, 5권본과 10권본의 차이점 등 구체적인 내용에 대해서는 논의된 적이 없다. 이에, 『석가보』에 대해 구체적으로 살펴보면 다음과 같다.

『석가보』는 중국 양(梁)나라의 승우(僧祐, 445~518)가 편찬한 불전(佛傳)으로, 세계의 형성에서부터 석존의 일대 사적, 그리고 열반 후의 불법(佛法) 홍포(弘布)에 이르기까지의 일들을 여러 경전에서 발췌・정리하여 34개의 항목으로 나누어 서술하고 있다. 각 항목의 소제목 옆

---

[73] 박금자, 위의 책, p.73에서는, "『석가보』는 잘 알려져 있듯이 『보요경(普耀經)』, 『장아함경(長阿含經)』, 『인과경(因果經)』 등의 여러 경전을 저본으로 하여 만든 것인데, 이 '석가강생석종성불연보(釋迦降生釋種成佛緣譜)'만 하더라도 권1에서도 두 군데로 나뉘어 있고 또한 여러 경전에서 채록한 이야기가 섞여 있어 구성방식이 복잡하다"라고 하였다. 그러나 '석가강생석종성불연보'는 송(宋)・원(元)・명(明)본에는 권1~5에 걸쳐 수록되어 있다.

[74] 이호권(위의 책, p.48)은, "그 원전의 내용을 살펴보면 『석보상절』은 광본(廣本, 10권본)을 저본으로 하였음을 알 수 있다"라고 하였다.

에는 그 내용의 출전이 된 경전을 밝히고 있는데, 편찬자는 명기된 경전 외에도, 해당 대목과 관련이 있거나 유사한 내용의 다른 경전을 발췌·인용하고 있다.

이해의 편의를 위해, 소제목 옆에 '출(出) 보요경(普曜經)'이라고 명시되어 있는 5권본의 석가강생석종성불연보 제4를 예로 들어 보이면, 『석가보』 제4는 『보요경』→『서응본기경』→『수행본기경』→『보요경』→『불소행찬』→『대선권경』→『보요경』→『서응본기경』→『수행본기경』→『보요경』→『서응본기경』→『보요경』→『관불삼매해경』→『보요경』 등의 내용과 순서로 되어 있음을 알 수 있다. 중심 경전인 『보요경』을 중심으로 『태자서응본기경』·『수행본기경』·『관불삼매해경』 등의 경전이 삽입되어 있는 것이다. 『석보상절』 및 『월인석보』의 저경에 관한 기존의 논의에서는 『석가보』가 저경일 경우, 해당 항목만을 제시하고 있는데, 위의 사실을 염두에 둔다면 위의 【표4】에서처럼 『석가보』를 구성하고 있는 경전들까지 구체적으로 제시해야 되리라고 본다.

한편, 앞에서 『석가보』는 고려대장경에 수록된 5권본과, 송·원·명대의 대장경에 수록된 10권본의 2종이 있다고 했는데, 10권본은 고려본 『석가보』 제4의 내용을 증보하여 제2권~5권에 각각 제4지2~4지5를 수록한 것이다. 고려본의 『석가보』 제4는 석존의 탁태(托胎) 및 입태(入胎)부터 보리수 아래에서 마왕을 항복시킨 수하항마(樹下降魔)까지의 내용으로 되어 있고, 10권본의 『석가보』 제4지5는 석존이 성불한 뒤 본국인 가비라국에 돌아와 정반왕 및 석가족을 교화한 사적까지의 내용으로 되어 있다.[75] 5권본의 제4는 10권본으로는 제4지3까지의 내

---

75) 10권본의 제4지1은 석존의 탁태·입태부터 탄생까지의 내용이고, 제4지2는 【표4】의 '점상'부터 '유성출가'까지의 내용에 해당하며, 제4지3은 【표4】의 '두 선인에게 선정을 익힘'부터 『석보상절』 권3 끝까지의 내용과 '수하항마'를 포함한다.

용에 해당한다. 곧 5권본과 10권본의 차이는 '석가강생석종성불연보'에 있으며, 그 차이는 후자의 제4지4·5에 전자에 없는 새로운 내용이 증보된 것이라 할 수 있다.

그러나 5권본의 제4와 10권본의 제4지1~3은 중심 경전과 몇몇 내용에서도 차이를 보이고 있어 주목을 요한다. 5권본은 『보요경』을 중심 경전으로 하고 있는데 반해, 10권본은 고려본에는 인용되지 않았던 『과거현재인과경』을 중심으로 하고 있는 것이다. 전자에는 『인과경』의 내용이 보이지 않으며, 후자에는 『보요경』의 내용이 인용되기는 해도 간혹 빠진 부분이 있다. 【표4】에서, '석가보 제4지2'나 '석가보 제4지3'으로 저경을 명기한 내용 가운데, 그 출전이 『인과경』이 아닌 경우는 5권본의 『석가보』 제4에도 있지만, '석가보 제4'라고 명기되어 있는 경우는 10권본에 없고 5권본에만 있는 내용인 것이다.

결국, 『석가보』의 '석가강생석종성불연보'를 저경으로 하고 있는 『석보상절』과 『월인석보』에 있어서는[76] 이 5권본과 10권본을 구분할 필요가 있다고 할 것이다. 그리고 이러한 사실을 통해, 『석보상절』의 편찬자는 이 두 종류의 『석가보』를 모두 참고하여 『석보상절』을 편찬하였음을 알 수 있다.

다음으로, 『석가씨보』는 당(唐)의 도선(道宣, 596~667)이 『석가보』의 내용을 소의현겁(所依賢劫)·씨족근원(氏族根源)·소탁방토(所託方土)·법왕화상(法王化相)·성범후윤(聖凡後胤)의 5과(科)로 나누어 서술

그리고 제4지4는 석존이 성불한 뒤에 녹야원에서 첫 법륜을 굴리고, 상인(商人)들과 용왕(龍王) 등을 교화한 내용과 외도(外道)인 우루빈라가섭(優樓頻螺迦葉)을 교화하는 내용의 일부가 수록되어 있다. 제4지5는 가섭 교화 사적의 나머지와 사리불·목련·대가섭 등의 출가 사적, 그리고 석존의 환국(還國)에 관한 내용 등으로 되어 있다.

76) 『석보상절』 권3과 『월인석보』 권1·2·4가 이에 해당한다.

한 것으로, 『석가보』의 요약본이라 할 수 있다. 『석가씨보』 역시 각 항목의 서술에 있어 인용 경전을 밝히고 있는데, 『과거현재인과경』의 내용일 경우는 '경운(經云)'이라고만 되어 있어, 『석가씨보』는 10권본 『석가보』를 요약한 것임을 알 수 있다.

'결혼'과 '유성출가'를 제외한, 대체로 짧은 길이의 삽화들로 구성되어 있는 『석보상절』 권3에서는 여타의 권차와는 다르게 『석가씨보』가 큰 비중을 차지한다. 『석보상절』 권3의 저경이 된 부분은 '법왕화상' 과목의 현생탄령적(現生誕靈迹)·집예역시적(集藝歷試迹)·출가심교적(出家尋敎迹)의 관련 내용이다. 『석가보』에도 모두 있는 내용이지만, 『석보상절』의 편찬자는 장황한 『석가보』에 비해 중심 사건 위주로 간명하게 정리되어 있는 『석가씨보』의 관련 내용을 채택한 것이라 할 수 있다.

수(隋) 사나굴다(闍那崛多) 번역의 『불본행집경』은 총 60권 60품의 방대한 불전(佛傳)[77]으로, 석존의 전생부터 석존이 출가 성불한 과정, 그리고 전법의 과정에서 만난 제자들의 인연까지를 그 내용으로 하고 있다. 『석보상절』 권3에는 권11·16·26·55의 관련 부분이 수록되어 있다. 『불본행집경』은 불타 전기로서의 중요성에도 불구하고, 『석가보』에 그 내용을 찾을 수 없는데, 그 이유는 이 경전이 『석가보』 편찬 이후인 591년에 번역되었기 때문이다. 그러므로 『석보상절』의 편찬자는 『석가보』 편찬 이후에 번역되어 수록되지 못한 『불본행집경』을, 『석가보』 및 『석가씨보』의 내용이 미흡하다고 여겨지는 부분에 편입한 것으

---

77) 조명화, 「중국불교의 전기문학」, 『한국불교학』 16, 한국불교학회, 1991, pp.133~134에서는 "이 『불본행집경』은 석가모니불에 관한 전기적(傳記的)인 호기심이 더 이상 진행할 수 없을 정도로 방대하고 완벽한 내용이어서 이후로 이보다 더 자세하고 완벽한 내용의 불전문학(佛傳文學)은 나올 수가 없게 되고, 다만 이와 같은 내용을 바탕으로 하여 간추려 쓴 불전만이 대중적인 포교를 목적으로 유통하게 되었을 뿐이다"라고 하였다.

로 보인다.

『잡보장경』은 원위(元魏)의 길가야(吉迦夜)와 담요(曇曜)가 공역한 경전으로, 그 성격상 불교설화집이라 할 수 있다. 『현우경(賢愚經)』・『찬집백연경(撰集百緣經)』과 함께 3대 불교설화문학으로 꼽히고 있다.[78] 총 121가지의 인연담과 비유담[79]이 10권에 나누어 실려 있다. 이 경전에 실려 있는 이야기들의 주제는 대체로 선인선과(善因善果)와 악인악과(惡因惡果)의 도리가 엄밀하며, 지금의 화복(禍福)은 과거의 인연에서 비롯된다는 것이다.[80] 『석보상절』권3에는 권10의 '나후라인연'이 요약되어 실려 있다.

지금까지 『석보상절』권3의 저경에 대해 살펴보았는데, 다음 권차로 넘어가기 전에 저경을 알 수 없는 삽화에 대해 잠시 언급하기로 하겠다.

【표4】에서 저경을 알 수 없다고 명기한 부분 중, 35ㄴ4~36ㄴ1의 삽화는 비록 저경까지는 아니더라도 유사한 내용의 경전을 찾을 수 있다. 곧 선종(禪宗) 사서(史書)인 『오등회원(五燈會元)』권1에서 이와 유사한 내용이 보인다.

(1) 太子ㅣ 彌樓山 阿藍迦蘭이라 홇 仙人 잇ᄂᆞᄃᆡ 가샤 不用處定을 三年 니기시고 ᄯᅩ 鬱頭藍弗이라 홇 仙人 잇ᄂᆞᄃᆡ 가샤 非非想處定을 三年 니기

---

78) 김달진, 「해제」, 『현우경 외』, 동국역경원, 1995, p.18.
79) 인연담과 비유담은 12분교(分敎)의 하나로, 전자는 석존의 사적이나 그 밖의 여러 가지 사건의 인연에 대한 이야기이고, 후자는 석존의 전생담인 본생담과 유사하나 주인공이 석존이 아닌 인물에 대한 이야기이다. 참고로, 12분교는 불교 경전의 문체・문장 및 기술의 형식과 내용 등을 12가지로 분류한 것을 가리킨다. 경(經)・고기송(孤起頌)・중송(重頌)・무문자설(無問自說)・미증유법(未曾有法)・여시어(如是語)・인연(因緣)・비유(譬喻)・본생(本生)・수기(授記)・논의(論議)・방광(方廣) 등이 여기에 속한다. 김운학, 『불교문학의 이론』, 일지사, 1990, pp.34~36 참고.
80) 정승석, 『고려대장경 해제』 3, 고려대장경 연구소, 1998, p.1644.

고 너기샤딕 仙人이 이리 굴근 結이사 업거니와 죽사리 免홇 道理 아니로
다 ᄒᆞ샤 ᄇᆞ리고 가시니라81)　　　　　　　〈釋詳 3:35ㄴ4~36ㄱ1〉

(2) 於檀特山中修道, 始於阿藍迦藍處三年, 學不用處定, 知非便捨, 復至鬱
頭藍弗處三年, 學非非想定, 知非亦捨.82)

(1)은 태자 시절의 석존이 출가하여 두 선인(仙人)에게 선정(禪定)을
배웠다는 35ㄴ4~36ㄴ1의 전문을 옮긴 것이고, (2)는『오등회원』에서
관련 부분을 인용한 것이다.『석보상절』의 '아람가란(阿藍迦蘭)'이 '아
람가람(阿藍迦藍)'으로 되어 있고,『석보상절』의 "仙人이 이리 굴근 結
이사 업거니와 죽사리 免홇 道理 아니로다"에 해당하는 구절이 없으므
로, 저경으로는 볼 수 없을 듯하다. 그러나 (2) 외에는 (1)과 비슷한 내
용을 찾을 수 없었기 때문에 비록 저경은 아니더라도 여기에 소개한
것이다. 이 외에, 6ㄱ6~6ㄴ3과 22ㄱ5~24ㄱ1은 아직까지 이와 유사
한 내용의 경전조차 찾지 못한 상태이다. 후속 연구를 기다려봐야 할
것 같다.
　다음으로, 권6·9·11의 구성 및 저경에 대해 살펴보기로 하겠다.

【표5】『석보상절』권6·9·11의 구성과 저경

권차	삽화의 내용	장차	저경	해당 月曲
권6	·상두산(象頭山) 설법	1ㄱ2~1ㄱ5	佛祖統紀 卷3 釋迦牟尼本紀 1之3上	其138~146
	·나후라(羅睺羅)의 출가	1ㄱ5~10ㄴ4	釋迦譜 釋迦子羅云出家緣記 第13【未曾有經】	
		10ㄱ5~11ㄴ7	佛說未曾有因緣經 卷上	

---

81) 편의상, 협주는 제외하고 본문만을 인용하였다.
82)『(신찬)대일본대장경』제80권, p.28하.

권6	·대가섭(大迦葉)의 출가	11ㄴ7~13ㄱ2	釋迦氏譜 說法開化迹 度金色大迦葉緣 【因果經】	其147
	·기원정사(祇園精舍) 건립	13ㄱ3~40ㄱ6	釋迦譜 釋迦祇洹精舍緣記 第20 【賢愚經】	其148~173 전절
	·승만경(勝鬘經) 설법	40ㄱ6~41ㄱ3	佛祖統紀 卷3 下 釋迦牟尼佛本紀 第1之3下	其173후절
	·제국주유(諸國周遊) 설법	41ㄱ3~44ㄱ6	佛祖歷代通載 卷3+알 수 없음	
	·수달(須達)의 석존 발조탑(髮爪塔) 조성	44ㄱ6~44ㄴ6	釋迦譜 釋迦髮爪塔緣記 第21 【十頌律】	其174전절
	·수달의 죽음	44ㄴ6~45ㄴ1	釋迦譜 釋迦祇洹精舍緣記 第20 【雜阿含經】	其174후절~175
	·대집경(大集經) 설법	45ㄴ1~47ㄱ1	宗門聯燈會要 卷1	
	·방등(方等) 8년, 반야(般若) 21년 설법에 대한 언급	47ㄱ1~47ㄱ4	佛祖歷代通載 卷3	
권9	·약사여래의 12대원(大願)	1ㄱ2~10ㄱ6	藥師瑠璃光如來本願功德經	其251~260
	·약사유리광여래 국토의 장엄상	10ㄱ6~11ㄴ4		
	·약사여래 명호(名號)의 공덕	11ㄴ4~20ㄴ2		
	·문수보살의 약사 명호·본원(本願) 호지(護持)	20ㄴ2~22ㄱ6		
	·약사여래를 공양·공경하는 공덕	22ㄱ6~26ㄱ5		
	·약사여래의 공덕에 대한 믿음을 권함	26ㄱ5~29ㄱ6		
	·약사여래를 공양하는 방법과 속명번(續命幡)의 공덕	29ㄱ6~38ㄴ4		
	·12야차(夜叉) 대장(大將)의 약사경 호지	38ㄴ4~41ㄱ4		
권11	·도리천위모(忉利天爲母) 설법	1ㄱ1~1ㄱ6	釋迦譜 優塡王造釋迦栴檀像記 第23 【增一阿含經】	其412~414
		1ㄱ6~3ㄴ5	釋迦譜 釋迦母訶摩耶夫人記 第16 【佛昇忉利天爲母說法經】	
	·지장경 설법	3ㄴ5~5ㄱ6	地藏菩薩本願經 忉利天宮神通品 第1	其415
		5ㄱ6~10ㄱ4	地藏菩薩本願經 分身集會品 第2	其416~417

권11	·우전왕과 파사익왕의 불상 조성	10ㄱ4~10ㄴ7	釋迦譜 第23 【增一阿含經】	其418전절
		10ㄴ7~11ㄱ3	釋迦譜 波斯匿王造釋迦金像記 第24 【增一阿含經】	
	·석존의 염부제 귀환	11ㄱ3~13ㄱ6	釋迦譜 第16 【佛昇忉利天爲母說法經】	其418후절~420
	·금상(金像)의 불사(佛事) 부촉(付囑)	13ㄱ6~14ㄴ4	釋迦譜 第23 【觀佛三昧海經】	其421
	·인욕태자의 효양행[본생담]	14ㄴ4~24ㄱ5	大方便佛報恩經 卷3 論議品 第5	其422~429
	·녹모부인의 공덕행(마야부인이 석존을 낳게 된 전생 인연)	24ㄱ5~43ㄴ		

『석보상절』 권6은 상두산 설법부터 대집경 설법까지의 석존의 전법(轉法)에 관한 내용으로, 아들 나후라 및 대가섭의 출가, 그리고 수달장자의 기원정사 건립 이야기 등을 포함하고 있다. 저경으로는『석가보』석가기원정사연기(釋迦祇洹精舍緣記) 제20이 가장 많은 분량을 차지하고 있고, 그 외에『석가보』석가자나운출가연기(釋迦子羅云出家緣記) 제13·석가발조탑연기(釋迦髮爪塔緣記) 제21과,『석가씨보』·『불조역대통재』·『불조통기』등이 편입되어 있다.

권9는『약사경』을 전역(全譯)한 것으로, 여러 번역본 가운데 당(唐) 현장(玄奘)의『약사유리광여래본원공덕경(藥師瑠璃光如來本願功德經)』이 그 저경이다. 서분(序分)에서는 약사여래의 본원(本願)인 12대원(大願)을 열거했고, 정종분(正宗分)은 이 경의 공덕 및 위력과 더불어 약사여래가 일체중생의 병고(病苦)를 구제한다는 내용으로 되어 있다. 유통분(流通分)에서는 12신장(神將)과 야차신(夜叉神) 등의 삼보(三寶)에 대한 귀의 및 이 경의 유행광통(流行廣通)에 대해 서술하고 있다. 이『약사경』은 12대원과 그 공덕 이익을 신봉하고 약사여래의 타력(他力)에 의지하는 약사신앙의 소의경전이다.

『석보상절』권11은 석존이 석제환인(釋提桓因)의 청으로 도리천(忉利天)에 가서 어머니인 마야부인에게 설법하고 그 곳에 찾아온 지장보살에게 미래 중생의 제도를 부촉했다는 내용과, 도리천에서의 설법을 마치고 염부제로 귀환하는 과정, 그리고 석존과 마야부인의 전생 공덕에 관한 이야기로 되어 있다. 저경에 있어서는 『대방편불보은경』권3 논의품 제5가 가장 큰 비중을 차지하고 있고, 그 외에 『지장보살본원경』과 『석가보』 석가모하마야부인기(釋迦母摩訶摩耶夫人記) 제16・우전왕조석가전단상기(優塡王造釋迦栴檀像記) 제23・파사익왕조석가금상기(波斯匿王造釋迦金像記) 제24 등이 편입되어 있다. 『약사경』이나 『법화경』 같은 단일 경전을 저경으로 하고 있지 않는 『석보상절』의 현전본 중에서, 삽화들의 저경이 모두 확인되는 권차는 이 권11이 유일한 예에 속한다.

권11의 중심 저경인 『대방편불보은경』은 7권 9품으로 된 역자(譯者) 미상(未詳)의 경전으로, 석존이 대방편(大方便)으로 부모의 은혜에 보답하고 악우(惡友)를 사랑하며 자선(慈善)을 행하는 것 등에 대해 설한 내용으로 되어 있다. 서품(序品) 제1과 효양품(孝養品) 제2를 제외하고는 각 품의 내용이 서로 연결이 되지 않아 마치 여러 경전을 모아 놓은 것 같다.

이 경전은 현전 『석보상절』과 『월인석보』를 구성하고 있는 여러 불전(佛典) 중에서 『법화경』과 『석가보』 다음으로 그 분량 면에서 큰 비중을 차지하고 있는데, 이러한 점은 출가자 보다는 재가자들의 세속생활과 관련이 있는 경전의 내용에 기인한 듯하다. 『대방편불보은경』에서 『석보상절』 및 『월인석보』의 저경이 된 부분은 서품 제1과 『월인석보』 권10의 저경인 자품(慈品) 제7을 제외하고는 모두 석존의 전생이야기인 본생담에 해당한다.

중국 당(唐)의 실차난타(實叉難陀)가 번역한 1권 13품의 『지장보살본원경』은 줄여서 『지장경』이라고도 하는데, 도리천궁신통품(忉利天宮神通品) 제1과 분신집회품(分身集會品) 제2의 두 품만이 초록되어 있다. 지장보살의 본생·본원·공덕과 지옥의 종류 및 고통 등을 그 주요 내용으로 하고 있는 이 경전은, 특히 중생들이 고통받는 모습을 지옥고(地獄苦)를 통해 나타내 보이고 아울러 그들을 구제하는 방법을 제시하고 있다는 점에서, 주로 참회업장(懺悔業障)과 죄업소멸(罪業消滅)을 위한 목적으로 신앙되었다.

이상, 『석보상절』 권6·9·11을 구성하고 있는 저경의 내용 및 성격에 대해 대략적으로나마 살펴보았는데, 권6은 좀더 살펴볼 필요가 있다. 저경을 알 수 없는 부분이 있고, 또한 필자가 새로 찾은 저경이 있기 때문이다.

『석보상절』 권6의 '나후라의 출가' 삽화 중, 10ㄴ5~11ㄴ7은 『석가보』 제13에 없는 내용[83]으로, 석담경(釋曇景) 번역의 『불설미증유인연경(佛說未曾有因緣經)』 권상이 저경이다. 그런데 이 『미증유인연경』은 『석가보』 제13의 소제목에 병기된 '미증유경(未曾有經)'과 이름만 다를 뿐, 같은 경전이다. 단권본의 『미증유경』이란 경전이 따로 있지만, 승우는 상·하의 두 권으로 된 『미증유인연경』을 '미증유경'으로 약칭한 것이다. 결국, 『석보상절』의 편자는 나후라의 출가에 관한 이야기만을 수록하고 있는 『석가보』의 내용이 미흡하다고 여겨, 『석가보』 제13의 출전에서 직접 출가 이후의 이야기를 옮겨온 것이라 하겠다.[84] 『석보상

---

83) 이호권(위의 책, p.52)과 박금자(위의 책, p.117)는 『석가보』 석가자나운출가연기(釋迦子羅云出家緣記) 제13을 그 저경으로 보았다.
84) 참고로, 10ㄴ5~11ㄴ7에 해당하는 저경 부분을 인용하면 다음과 같다. "羅睺幼稚, 習樂憍慢, 耽著嬉戲, 不樂聽法, 佛數告勅, 恒不從用, 非可如何…(中略)… 羅雲白佛, 佛法精妙, 小兒意麤, 安能聽受世尊法也. 前已數聞, 尋復忘失, 徒勞精神, 無所一獲. 及今少年, 且放情肆意, 至年大時, 自當小差堪任受法. 佛告羅雲, 萬物無

절』의 편자는 5권본과 10권본 2종의 『석가보』뿐만 아니라, 『석가보』를 구성하고 있는 경전의 내용까지 검토하였음을 알 수 있다.

권6의 '대집경 설법' 또한 기존의 논의에서는 『아함경』이나 『석가보』 등으로 그 저경을 파악했으나,[85] 사실은 다음의 인용문처럼 선종 사서(史書)인 『종문연등회요(宗門聯燈會要)』 권1의 내용을 옮긴 것이다.[86]

(3) 世尊이 聖衆들 드리시고 欲界 色界 두 하놇 스싀예 가샤 大集等經을 니르더시니 出令ᄒᆞ샤ᄃᆡ 人間이며 天上이며 一切 모딘 귓거시 다 모다 부텻 付囑을 드러 正法을 護持ᄒᆞ라 ᄒᆞ다가 아니 오리 잇거든 四天王이 더본 鐵輪을 눌여보내야 다조차 자바오라 ᄒᆞ시니 그리 다 모다 부텻 敎授 듣ᄌᆞ바 各各 큰 盟誓ᄒᆞ야 正法을 護持호리이다 ᄒᆞ거늘 오직 魔王이 世尊ᄭᅴ 술보ᄃᆡ 瞿曇아 나ᄂᆞᆫ 一切 衆生이 다 부톄 ᄃᆞ외야 衆生이 업거ᅀᅡ 菩提心을 發호리라 ᄒᆞ더라　　　　　　　　⟨釋詳 6:45ㄴ1~47ㄱ1⟩

(4) 世尊將諸聖衆, 往第六天, 說大集經. 勅他方此土, 人間天上, 一切獰惡鬼神, 悉皆集會, 受佛付囑, 擁護正法. 設有不赴者, 四天門王, 飛熱鐵輪, 追之令集. 旣集會已, 無有不順佛勅者, 各發弘誓擁護正法. 唯有一魔王, 謂世尊云, 瞿曇我待一切衆生成佛盡, 衆生界空, 無有衆生名字, 我乃發菩提心.[87]

(3)은 '대집경 설법' 삽화의 전문을 인용한 것이고, (4)는 『종문연등

常, 身亦難保, 汝能保命, 至年大不."(『대정신수대장경』 제17권, p.576중~하)
85) 박금자(위의 책, p.117)는 『아함경』으로, 이호권(위의 책, p.52)은 『석가보』 석가발조탑연기 제21로 보았다.
86) 앞에서 언급한 『오등회원』 권1에도 똑같은 내용이 있다. 그러나 『종문연등회요』는 편찬 연대가 『오등회원』보다 앞서고, 또한 뒤에서 살펴볼 『월인석보』 권21의 205ㄱ3~206ㄱ4와 〈월인천강지곡〉 其131 후절~132의 저경이기도 하므로, 여기에서는 이 책을 그 저경으로 내세웠다.
87) 『(신찬)대일본대장경』 제79권, p.13하.

회요』 권1의 관련 부분을 옮긴 것이다. 이를 통해, (3)은 (4)의 내용을 거의 그대로 번역한 것임을 알 수 있다. 『종문연등회요』는 당나라의 오명(悟明)이 찬집한 전 30권의 선종 사서로, 칠불(七佛) 이하 역대 조사들의 행적과 선법어(禪法語)를 『전등록』·『광등록』 등의 여러 선사(禪史)에서 뽑아 모아놓은 책이다. 위의 (4)는 권1의 '견재현겁(見在賢劫) 제사존(第四尊) 석가모니불(釋迦牟尼佛)' 항목에 있는 내용으로, 『전등록』에 없는 것으로 보아 현재 전하지 않는 『광등록』에서 옮긴 것이라 짐작된다.

한편, 저경을 알 수 없는 부분은 41ㄱ3~44ㄱ6의 '제국주유(諸國周遊) 설법' 삽화 중, 43ㄱ1~44ㄱ6[88])의 내용이다. 43ㄱ1 이전의 내용도 완전히 일치하지는 않지만, 원(元)의 염상(念常)이 찬집한 『불조역대통재』 권4와 그 연대 표시를 포함해 거의 같은 내용으로 되어 있다. 『불조역대통재』는 그 서명이 보여주고 있듯, 중국 선종의 조사(祖師)들을 중심으로 불교의 역사를 서술한 편년체의 사서(史書)이다. 43ㄱ1~44ㄱ6의 내용은 이 『불조역대통재』 및, 송(宋)의 지반(志盤)이 천태종의 입장에서 편찬한 불교사서인 『불조통기』에도 보이지 않는다. 곧 현재의 상태에서는 그 저경을 알 수 없고, 이 또한 후속 연구를 기다려야 할 듯하다.

【표6】『석보상절』 권13·19·20·21의 구성과 저경

권차	삽화의 내용	장차	저경	해당 月曲
권13	· 일체대중이 기사굴산에 모임	1ㄱ2~11ㄴ2	妙法蓮華經要解 序品 第1	其272~274
	· 석존이 신변(神變)을 보임	11ㄴ3~14ㄴ5		
	· 미륵보살이 신변의 인연을 물음	14ㄴ5~26ㄱ7		

---

88) 그 내용은 다음과 같다. "難陁龍王宮 寶樓 中에 겨샤 大雲輪請雨經을 니르시며 楞伽頂에 가샤 入楞伽山經을 니르시며 補陁巖애 가샤 十一面觀自在經을 니르더시다." 편의상, 연대가 명시되어 있는 협주는 생략하였다.

권13	·석존이 법화경을 설법할 것임을 문수보살이 말함	26ㄱ7~27ㄱ8	妙法蓮華經要解 序品 第1	其272~274
	·일월등명불의 법화경 설법 인연	27ㄴ1~37ㄱ3		
	·석존이 제불(諸佛)의 방편을 찬탄함	37ㄱ3~43ㄱ1	妙法蓮華經要解 方便品 第2	其275
	·사리불이 묘법(妙法) 설법을 청함	43ㄱ1~46ㄴ8		
	·석존의 일불승(一佛乘) 설법	46ㄴ8~63ㄱ6		
권19	·법화경을 듣고 수희(隨喜)하여 얻는 공덕	1ㄱ2~8ㄴ6	妙法蓮華經要解 隨喜功德品 第18	
	·법화경을 수지(受持)하여 얻는 육근(六根)이 청정하게 되는 공덕	8ㄴ7~26ㄱ4	妙法蓮華經要解 法師功德品 第19	
	·석존의 전신(前身)인 상불경보살(常不輕菩薩)이 법화경을 수지하여 여래가 된 인연	26ㄱ5~37ㄱ5	妙法蓮華經要解 常不輕菩薩品 第20	其313~317
	·미진보살(微塵菩薩)들이 석존 멸도(滅度) 후에 법화경을 널리 설법할 것을 다짐함	37ㄱ6~38ㄱ1		
	·석존과 분신제불(分身諸佛)이 신력(神力)을 나타내고 시방세계의 중생들이 기뻐함	38ㄱ1~42ㄱ	妙法蓮華經要解 如來神力品 第21	其318~320
	·석존이 중생들에게 여래 멸도 후의 법화경 수지를 부촉함	42ㄱ~44ㄱ3		
권20	·석존이 무량(無量) 보살에게 미래세에 법화경을 널리 설법할 것을 부촉함	2ㄱ1~4ㄱ4	妙法蓮華經要解 囑累品 第22	其321
	·석존이 분신화불(分身化佛)과 다보불(多寶佛)을 돌려보냄	4ㄱ4~5ㄱ4		
	·약왕보살(藥王菩薩)의 전신인 일체중생희견보살(一切衆生喜見菩薩)이 몸과 팔을 태워 법공양(法供養)을 한 인연	5ㄱ5~20ㄱ8	妙法蓮華經要解 藥王菩薩本事品 第23	
	·법화경을 수지하여 얻는 복덕이 일체중생희견보살의 법공양 보다 크다는 석존의 설법	20ㄱ8~25ㄱ8 (이하 결락)		
	·약왕보살본사품을 듣고 수지하여 얻는 공덕	26ㄴ1~29ㄱ8		
	·석존이 수왕화보살(宿王華菩薩)에게 약왕보살본사품을 호지할 것을 부촉함	29ㄱ8~32ㄴ3		

권20	·묘음보살(妙音菩薩)이 석존과 법화경을 공양하기 위해 기사굴산에 옴	32ㄴ4~45ㄱ6	妙法蓮華經要解 妙音菩薩品 第24	其322~324
	·묘음보살이 신력을 갖게 된 전생 인연	45ㄱ6~47ㄱ3		
	·묘음보살의 신통력과 지혜에 대한 석존의 설법	47ㄱ3~51ㄴ7		
	·묘음보살이 석존과 다보불에게 공양하고 돌아감	51ㄴ7~53ㄴ1		
권21	·관세음보살의 명호를 수지하여 얻는 복덕(福德)과 지혜	1ㄱ~9ㄴ4	妙法蓮華經要解 觀世音菩薩普門品 第25	其325~339
	·관세음보살이 중생을 제도하는 방편	9ㄴ4~16ㄴ4		
	·관세음보살이 석존과 다보불에게 영락(瓔珞)을 공양함	16ㄴ4~20ㄴ8		
	·약왕보살(藥王菩薩)·용시보살(勇施菩薩) 등이 법화경을 수지하는 중생을 호지하는 다라니를 말함	21ㄱ1~33ㄱ3	妙法蓮華經要解 陀羅尼品 第26	
	·화덕보살(華德菩薩)의 전신인 묘장엄왕(妙莊嚴王)이 법화경을 수지하고 많은 공덕을 쌓은 인연	33ㄱ4~49ㄱ4	妙法蓮華經要解 妙莊嚴王本事品 第27	
	·보현보살이 무량 보살과 함께 법화경을 듣기 위해 기사굴산에 옴	49ㄱ5~51ㄴ3	妙法蓮華經要解 普賢菩薩勸發品 第28	其340
	·보현보살이 법화경을 호지하여 여래 멸도 후에 널리 유통시킬 것을 맹세함	51ㄴ3~59ㄴ2		
	·법화경을 수지·독송(讀誦)하는 이익과 비방하는 죄보(罪報)에 대한 설법	59ㄴ3~63ㄴ8 *이하 낙장		

『석보상절』 권13과 권19~21의 4권은, 구마라집(鳩摩羅什) 번역의 『묘법연화경』에 대한 주해서인 송(宋) 계환(戒環)의 『묘법연화경요해』를 그 저경으로 하고 있다. 이 책은 7권 28품으로, 고려 고종대(高宗代)의 현존 최고본(最古本)으로부터 조선 후기에 이르기까지 우리나라에서 개판(開板)된 보는 『법화경』의 대본으로 쓰였다.[89] 『석보상절』은 『월

---

[89] 고익진, 「법화경 계환해의 성행내력고」, 『불교학보』 12, 동국대 불교문화연구소, 1975, p.172. 고익진은 그 이유로, 『묘법연화경요해』의 간결성과 이해성(易解

인석보』와는 달리 계환의 주해 부분은 거의 수록하지 않고 있다.[90] 권 13이 서품 제1로 시작되고, 권21이 마지막 품으로 끝나고 있으므로, 현재 전하지 않는 권차까지 포함하면 총 9권이『법화경』의 내용인 셈이다. 앞에서 살펴본『지장경』·『대방편불보은경』등의 저경들이 전체 내용 중,『석보상절』의 서사 전개에 필요한 부분만이 채택되고 있음을 떠올린다면 이러한 사실은 주목할 필요가 있다.

이렇듯,『법화경』이『석보상절』전체 권수의 1/3 이상을 차지하고 있는 이유는, 무엇보다도『석보상절』의 편찬 동기와 관련이 있다고 할 수 있다. 곧『법화경』은 "朝鮮之初 凡追薦亡靈者 必用法華經"[91]이라는 언급이 있을 정도로 추선(追善)을 위한 목적으로 가장 널리 쓰였던 경전이었기 때문이다. 소헌왕후의 명복을 빌기 위해 조성된 석존의 일대기인『석보상절』에 이러한『법화경』의 전품(全品)이 수록된 것은 당연하다고 할 것이다. 물론,『법화경』이 추선을 위한 경전으로 쓰이게 된 이유가『법화경』의 '일불승(一佛乘)' 사상 곧, 모든 중생은 다 성불할 수 있다는 가르침[92]에 기인한 것임을 잊어서는 안 되겠다.

이제, 마지막으로『석보상절』권23과 권24의 내용 및 저경을 살펴볼 차례다.

性), 화엄과 법화를 하나로 보는 법화관, 그리고 참회·정토왕생 신앙과 결부된 공덕사상 등을 지적하고 있다. (같은 논문, pp.180~188 참고)
90) 김영배,「조선 초기의 역경-최초의 역경 석보상절을 중심으로」,『대각사상』 5, 대각사상연구원, 2002, p.29.『석보상절』과『월인석보』의『법화경』수용 및 번역 태도의 차이점에 대해서는 김영배의 이 논문과,「석보상절 제19에 대하여-월인석보와 법화경언해와의 비교를 중심으로」(『논문집』 2, 부산여대, 1974)에 자세히 논의되어 있다.
91) 이능화,『조선불교통사』하, 신문관, 1918, p.561.
92) 평천창(平川彰),「대승불교에 있어서의 법화경의 위치」, 평천창 외, 혜학 역,『법화사상』, 경서원, p.27.

【표7】『석보상절』권23·24의 구성과 저경

권차	삽화의 내용	장차	저경	해당 月曲
권23	·임종유교(臨終遺敎)	3ㄱ1~12ㄴ2	大般涅槃經後分 卷上 遺敎品 第1	不傳
		12ㄴ2~13ㄴ3	釋迦譜 釋迦雙樹般涅槃記 第27【雙卷大般泥洹經】	
	·열반과 일체대중의 반응	13ㄴ3~22ㄱ4	大般涅槃經後分 卷上 應眞還源品 第2	
	·석존 열반 당시의 중국 상황	22ㄱ4~22ㄴ6	法苑珠林 卷12 千佛篇 第5之5涅槃部 第14【破邪論】	
	·석존의 입관(入棺)	22ㄴ6~26ㄱ4	大般涅槃經後分 卷下 機感茶毘品 第3	
	·불모산화(佛母散花)	26ㄱ4~36ㄴ5	釋迦譜 釋迦雙樹般涅槃記 第27【摩耶經】	
	·석존의 다비(茶毘)	36ㄴ5~44ㄱ1	大般涅槃經後分 卷下 機感茶毘品 第3	
		44ㄱ2~45ㄱ1	釋迦譜 釋迦雙樹般涅槃記 第27【僧祐의 論評】	
		45ㄱ2~47ㄱ7	大般涅槃經後分 卷下 機感茶毘品 第3	
	·석존의 사리를 구시성(拘尸城)에 안치함	47ㄱ7~52ㄱ5	大般涅槃經後分 卷下 聖軀廓潤品 第4	
	·제왕(諸王)·제천(諸天)·용왕의 균분사리(均分舍利)	52ㄱ6~54ㄴ3	釋迦譜 釋迦八國分舍利記 第28【泥洹經】	
		54ㄴ3~56ㄴ6	釋迦譜 釋迦天上龍宮舍利寶塔記 第29【菩薩處胎經】	
	·난두화용왕(難頭禾龍王)의 수정유리탑 조성	56ㄴ6~58ㄱ7	釋迦譜 釋迦龍宮佛髭塔記 第30【阿育王經】	
	·사리탑 공양	58ㄱ7~59ㄱ	釋迦譜 釋迦八國分舍利記 第28【雙卷大般泥洹經】	
권24	·법장(法藏) 결집(結集)	1ㄱ~3ㄴ4	알 수 없음	不傳
		3ㄴ4~4ㄱ6	祖堂集 卷1【七事記】	
	·가섭·아난의 정법(正法) 전지(傳持)와 입멸(入滅)	4ㄱ6~7ㄱ7	알 수 없음	
	·아육왕(阿育王)의 전생과 석존이 8만 4천탑 공양을 받게 된 인연	7ㄱ8~8ㄱ8	釋迦譜 釋迦獲八萬四千塔宿緣記 第32【賢愚經】	其577전절

권24	・아육왕(阿育王)의 전생과 석존이 8만 4천탑 공양을 받게 된 인연	8ㄱ8~9ㄴ5	釋迦譜 阿育王造八萬四千塔記 第31 【雜阿含經】	其577전절
		9ㄴ6~11ㄱ4	釋迦譜 第32 【賢愚經】	
		11ㄱ5~11ㄴ6	釋迦譜 第31 【雜阿含經】	
	・아육왕의 즉위 과정	11ㄱ6~13ㄱ4	釋迦譜 第31 【雜阿含經】	
	・아육왕의 불법 귀의	13ㄱ4~23ㄱ7	釋迦譜 第31 【雜阿含經・阿育王傳・譬喩經】	其580전절
	・8만 4천 사리탑 조성	23ㄱ7~25ㄴ6	釋迦譜 第31 【雜阿含經】	其577후절
	・아육왕의 아우 선용(善容)의 출가	25ㄴ6~30ㄱ3	釋迦譜 阿育王弟出家造釋迦石像記 第25 【求離牢獄經】	
	・용왕의 수정탑 조성	30ㄱ3~32ㄱ4	釋迦譜 釋迦龍宮佛髭塔記 第30 【阿育王經】	
	・8만 4천 사리탑에 번(幡)을 달음[속명번(續命幡) 이야기]	32ㄱ4~32ㄴ6	釋迦譜 第31 【迦葉語阿難經】	
	・석존 설법처의 탑묘(塔廟) 건립과 대제자의 사리탑 공양	32ㄴ6~41ㄱ5	釋迦譜 第31 【阿雜含經】	其578~579, 其581전절
	・보리수(菩提樹)와 승중(僧衆) 공양	41ㄱ5~48ㄴ7		
	・태자 법익(法益) 이야기	48ㄴ8~52ㄴ8	釋迦譜 第31 【法益經・阿育王息法益壞目因緣經】	其580후절

『석보상절』 권23은 석존이 열반 직전에 행한 설법과, 반열반과 다비식을 거쳐 수습된 사리를 나누고 사리탑을 조성하기까지의 내용으로 되어 있다. 『대반열반경후분』이 저경의 중심을 이루고 있고, 그 외에 『법원주림』과 『석가보』 석가쌍수반열반기(釋迦雙樹般涅槃記) 제27・석가팔국분사리기(釋迦八國分舍利記) 제28・석가천상용궁사리보탑기(釋迦天上龍宮舍利寶塔記) 제29・석가용궁불자탑기(釋迦龍宮佛髭塔記) 제30 등이 편입되어 있다. 낙장된 제1・2장을 제외하고는, 삽화의 저경을 모두 확인할 수 있다.

당나라의 약나발타라(若那跋陀羅)가 번역한 『대반열반경후분』은 그

제목이 보여주듯 담무참(曇無讖) 번역의 『대반열반경(大般涅槃經)』에 없는 석존 입멸 이후의 이야기로 되어 있다. 상·하의 두 권으로 된 이 경전은, 상권에 교진여품지여(憍陳如品之餘)·유교품(遺敎品) 제1·응진환원품(應眞還源品) 제2가 있고, 하권에 기감다비품(機感茶毘品) 제3과 성구확윤품(聖軀廓潤品) 제4가 들어 있다. 『석보상절』 권23에는 교진여품지여를 제외한 전품(全品)이 수록되어 있다. '교진여품지여'는 이름 그대로 『대반열반경』의 마지막 품인 교진여품의 나머지 부분이다.

『법원주림』은 당의 도세(道世)가 편찬한 100편 100권의 불서이다. 이 책은 불교의 사상·용어·법수(法數)를 비롯해 설화, 승려들의 기행, 불탑과 가람의 건립과 그 공덕, 불보살에 대한 공양법 등 여러 가지 자료를 집대성한 백과사전이라 할 수 있다.93) 『석보상절』 권23에는 권12 천불편(千佛篇) 제5지5 가운데 석존 열반 당시의 중국 상황에 관한 내용이 실려 있다.94)

『석보상절』 권24는 석존 일대기의 후일담으로, 석존의 제자인 가섭과 아난에 의해 법장(法藏)이 결집되고 정법이 전지(傳持)되는 내용과, 아육왕이 8만 4천 사리탑을 조성하고 승중(僧衆)을 공양하는 등 불법을 홍포하는 내용으로 되어 있다. 이 중, 아육왕에 관한 부분은 위의 【표7】을 통해 알 수 있듯이, 불법의 홍포와 직접적인 관련이 없는 아육왕

---

93) 정승석, 『고려대장경 해제1』, 고려대장경 연구소, 1998, p.498.
94) 참고로, 그 부분을 『석보상절』과 저경에서 차례로 인용하면 다음과 같다. "그저 긔 東土앤 周 穆王이 셔옛더시니 二月ㅅ 보롬 나래 모딘 ᄇᆞᄅᆞ미 니러 집도 ᄒᆞ야ᄇᆞ리며 나모도 것거디며 地動ᄒᆞ며 西方애 힌 므지게 열 둘히 南北으로 ᄀᆞᆯ 뻬여 잇더니 穆王이 臣下ᄃᆞ려 무르신대 太史 扈多ㅣ 술보디 西方ㅅ 聖人이 入滅ᄒᆞ시논 相이샤ᅀᅵ이다"(釋詳 23:22ㄱ4~22ㄴ6)
"周穆王五年十三年, 壬申歲二月十五日平旦, 暴風忽起, 損舍折木地動天陰, 西方白虹十二道. 太史扈多曰, 西方聖人滅矣, 此卽佛入涅槃之相也."(『대정신수대장경』 제53권, p.378중)

의 전생과 즉위 과정뿐만 아니라, 아육왕의 동생과 태자에 관한 이야기까지 포함하고 있어, 아육왕 일대기의 성격을 띠고 있다. 저경에 있어서는, 『석가보』아육왕조팔만사천탑기(阿育王造八萬四千塔記) 제31이 중심을 이루고 있고, 그 외에 아육왕제출가조석가석상기(阿育王弟出家造釋迦石像記) 제25·석가용궁불자탑기(釋迦龍宮佛髭塔記) 제30·석가획팔만사천탑숙연기(釋迦獲八萬四千塔宿緣記) 제32 등이 편입되어 있다.

끝으로, 저경을 알 수 없는 삽화에 대해 잠시 살펴보면, 먼저 4ㄱ6~7ㄱ4의 가섭의 정법 전지에 관한 삽화는 저경을 찾을 수 없다. 다만, 선사(禪史)인 『전법정종기(傳法正宗記)』 권2에서 이와 유사한 내용을 볼 수 있을 뿐이다.95) 그리고 1ㄱ~4ㄱ6의 '법장결집' 삽화 중, 3ㄴ4~4ㄱ6의 내용은 다행히 그 저경을 확인할 수 있는데, 『석보상절』과 저경의 관련 부분을 인용하면 아래와 같다.

(5) 阿難이 座애 올아앉거늘 모댓는 사르미 疑心을 세가지로 호디 훈 疑心은 부톄 아니 다시 나신가 ᄒᆞ고 또 훈 疑心은 다른 世界옛 부톄 아니 오신가 ᄒᆞ고 또 훈 疑心은 阿難이 ᄒᆞ마 부톄 두왼가 ᄒᆞ더니 阿難이 닐오디 如是我聞이라 ᄒᆞ니 모든 疑心이 다 훤히 업스니라 〈釋詳 24:3ㄴ4~4ㄱ4〉

(6) 阿難當昇座已, 尊諸相好現身如佛, 衆見此瑞, 則生三疑. 一謂大師慈悲故, 從涅槃起, 爲我等輩宣甚深法. 二謂他方諸佛如來, 我釋迦奄化故, 而來

---

95) 지면 관계 상, 4ㄱ6~7ㄱ4의 내용은 생략하고 대신, 후속 연구를 위해 『전법정종기』의 관련 부분을 인용하면 다음과 같다. "復念如來舍利皆在諸天, 欲往辭之, 遽陵虛遍至塔廟, 禮已而還, 復以夙約必別於阿闍世王, 及至其門會王方寢.因謂閽者曰, 摩訶迦葉將入定雞足山, 故來相別, 王起奏之…(中略)…乃語山曰, 若阿闍世王與阿難偕來, 汝當爲開去已復合, 於是寂然乃入滅盡定. 是時大地爲之動, 而阿闍世王亦夢, 其殿梁忽折…(中略)…王聞此而敬之益勤, 及王與阿難引去,而其山合如故."(『대정신수대장경』 제51권, p.719중~하)

此中宣揚妙法. 三謂阿難轉身成佛, 爲衆說法耶. 爾時, 阿難而說是言, 如是我聞, 一時佛住某城某處, 說某經教. 乃至人天等, 作禮奉行, 阿難則下法座, 欲復本身. 諸菩薩等, 知是世尊加被, 衆疑悉遺.96)

위의 (5)는 법장 결집에 관한 삽화의 끝 부분이고, (6)은 이와 유사한 내용을 보이는『조당집(祖堂集)』권1에서 인용한 것이다.『석보상절』이 저경의 내용을 축약하거나 많은 부분을 생략하고 있는 점을 고려한다면 이 (6)은 저경으로 보아도 무방할 듯하다. 그런데 (5)는『월인석보』권25의 10ㄴ3~11ㄱ297)와도 거의 일치하므로,『경덕전등록(景德傳燈錄)』에 없는 이 부분에 대한『월인석보』의 저경 역시 (6)의『조당집』권1이라고 할 수 있다.98)

한편,『석보상절』권23의 제1·2장과 권24의 제53장 이하는 낙장되었는데, 여기에서 이 낙장의 저경에 대해 살펴볼 필요가 있다.

제1·2장이 낙장되어 전하는 권23은, "(世)間애 겨시거나 涅槃ᄒ신後ㅣ어나 信心檀越이 金銀 七寶 一切 됴ᄒᆫ 거스로 如來ᄭᅴ 布施ᄒᆞᄫᅡᄃᆞᆫ 어듸 두리잇고"99)라는 아난의 물음으로 시작하고 있다. 이 3ㄱ1부터 12ㄴ2까지의 저경은 앞에서 지적했듯이『대반열반경후분』유교품 제1이다. 유교품 제1은 석존 열반 이후의 여러 문제에 대한 아난의 질문과

---

96)『불광대장경』제15권, p.35.
97) 이 부분을 인용하면 다음과 같다. "처섬 座애 오르거늘 한 사ᄅᆞ미 세 疑心을 ᄒᆞ니 ᄒᆞ나ᄒᆞᆫ 부톄 다시 나신가 ᄒᆞ고 둘흔 他方佛이 오신가 ᄒᆞ고 세흔 阿難이 成佛ᄒᆞᆫ가 ᄒᆞ더니 如是我聞이라 ᄒᆞ야ᄂᆞᆯ 한 疑心이 다 프러디니라"
98) 강순애,「새로 발견된 초참본 월인석보 권25에 관한 연구」,『서지학연구』16, 한국서지학회, 1998, p.107에서는,『월인석보』권25 9ㄴ1~11ㄱ5의 저경을『경덕전등록』권1이라고 하였다. 그러나 10ㄴ3~11ㄱ2은『경덕전등록』권1에 없는 내용이다.
99) 이 구절에 대한 저경의 원문은 다음과 같다. "(若佛)在世若涅槃後, 有信心檀越, 以金銀七寶一切藥具施如來, 云何擧置."(『대정신수대장경』제12권, p.901하)

석존의 대답으로 구성되어 있다. 위에서 인용한 부분은, 석존 열반 이후의 네 가지 일에 대한 아난의 질문과 이에 대한 석존의 대답이 끝난 뒤, 다시 아난이 석존 열반 이후의 공양 방법 및 그 공덕에 관해 묻기 시작하는 대목이다.

이러한 저경의 내용을 고려해 볼 때, 낙장된 제1·2장은 아난의 추가 질문 이전, 곧 네 가지 일에 대한 아난과 석존의 문답 부분일 것으로 추정할 수 있다.100) 그렇다고, 낙장 부분에 다른 경전의 내용이 있었을 가능성을 배제하는 것은 아니다. 『석보상절』은 하나의 삽화가 여러 경전으로 구성되기도 하기 때문이다.

다음으로, 권24의 52ㄴ6~52ㄴ8은 "王이 後에 神靈의 盟誓ᄒᆞ야 비니 太子ㅅ 누니 다시 나거늘 王이 몯내"라는 구절로 되어 있다. 이후 몇 장이 더 있었는지 알 수가 없는데,101) 다만 『석보상절』 권24와, 그 내용 및 저경이 대응되는 『월인석보』 권25와의 비교를 통해 낙장된 내용을 짐작할 수 있을 뿐이다. 논의의 편의상, 『석보상절』 권24와 『월인석보』 권25의 삽화 전개 양상을 보이면 아래와 같다.

(7) 8만 4천 사리탑의 조성 → 아육왕의 아우 선용의 출가 → **용왕의 수정탑 조성** → 속명번 이야기 → 석존 설법처의 탑묘 건립과 대제자의 사리

---

100) 참고로, 아난의 네 가지 질문은 다음과 같다. "첫째, 여래의 열반 이후에 육군비구(六群比丘)와 차익(車匿)에게 어떻게 불법을 보여야 하는가? 둘째, 여래의 열반 이후에 누구로써 스승을 삼아야 하는가? 셋째, 여래의 열반 이후에 무엇을 의지하여 머물러야 하는가? 넷째, 여래 열반 이후에 법장(法藏)을 결집할 때 모든 경전의 첫머리에 어떠한 말을 놓아야 하는가?"(『대정신수대장경』 제12권, p.901상)
101) 이병주, 앞의 논문, p.12에서는 저경의 내용과 책 끝의 편착(編縒) 매듭의 지편(紙片)을 근거로 1장이 낙장되어 총 장수는 53장일 것이라고 보았고, 이호권, 앞의 책, p.44에서는 저경인 『석가보』 아육왕조팔만사천탑기 제31의 남은 내용으로 보아 1~2장이 낙장된 것으로 추정하였다.

탑 공양→ 보리수와 승중 공양→ 태자 법익 이야기

(8) 8만 4천 사리탑의 조성→ 속명번 이야기→ 석존 설법처의 탑묘 건립 과 대제자의 사리탑 공양→ 보리수와 승중 공양→ 아육왕의 아우 선용 의 출가→ **아육왕의 염부제 보시 및 죽음**→ **법익의 아들 삼파제(三波提) 의 왕위 계승**→ [협주] 태자 법익 이야기

위의 (7)과 (8)은 아육왕의 불법 홍포가 중심 내용인『석보상절』권 24와『월인석보』권25 중,『석보상절』권24의 낙장과 관련되는 8만 4 천 사리탑 조성 이하의 삽화들을 옮긴 것이다. (7)은『석보상절』23ㄱ7~ 52ㄴ8의 내용이고, (8)은『월인석보』88ㄱ5~142ㄴ4이다. (7)의 '용왕 의 수정탑 조성'을 제외하고는 모두『석가보』아육왕조팔만사천탑기 제31이 그 저경이다. 몇몇 삽화의 위치가 달라졌을 뿐, (7)과 (8)은 저 경과 그 내용에 있어 대체로 일치하고 있다.

그런데 (8)의 몇몇 삽화는 (7)에 보이지 않아 주목을 요한다. 곧 (8) 의 삽화 '아육왕의 염부제 보시 및 죽음'과 '법익의 아들 삼파제의 왕위 계승'은 (7)에 없는 것이다. 여기에서, 일단『석보상절』권24의 낙장은 이들 삽화일 것이라고 추정해볼 수 있다. 그리고 이러한 추정은 〈월인 천강지곡〉 其581의 후절이 '아육왕의 염부제 보시 및 죽음'에 관한 노 래라는 사실에 의해 뒷받침 될 수 있다.102) 앞 장의 2절에서 논의했듯 이, 〈월인천강지곡〉은『월인석보』에 편입되면서 노랫말의 어휘나 어 미에 손질이 가해지기는 했어도, 노래 자체가 새로 추가되지 않았기 때문이다. 또한, 현전『석보상절』의 체재로 볼 때, 아육왕의 일대기 성 격을 갖는 권24에서 아육왕의 죽음에 관한 이야기가 제외되지는 않았

---

102) 참고로, 其581은 다음과 같다. "薄拘羅ㅣ 말 업더니 淸白올 나토아 혼낱 돈올 아니 바드니/ 阿育王 發願이 커 閻浮提롤 내야 億百千金을 조라게 ᄒ니"

으리라고 본다. 그러므로 낙장된 『석보상절』 권24의 53ㄱ 이하에는 삼 파제에 관한 삽화까지는 아니더라도 적어도 아육왕의 염부제 보시 및 죽음에 관한 이야기는 실려 있었을 가능성이 크다고 하겠다.

2) 현전 『월인석보』의 구성과 저경 검토

여기에서도 앞 항에서처럼 각 권차의 구성 및 저경을 도표로 정리하여 제시한 뒤, 이 도표의 내용을 설명하는 방식으로 논의를 진행하고자 하는데, 『석보상절』과 중복되는 저경은 생략하기로 한다. 또한 서술의 편의상, 권1·2·4, 권7·8·9·10, 권11~19, 그리고 권20~22와 권23·권25의 다섯 부분으로 나누어 살펴볼 것이다.

먼저, 『월인석보』 권1·2·4의 내용과 그 저경을 정리한 도표를 제시하면 아래와 같다.[103]

【표8】『월인석보』 권1·2·4의 구성과 저경

권차	삽화의 내용	장차	저경
권1	月曲 其1~8(8곡)	1ㄱ5~4ㄴ6	
	·석존이 구담(瞿曇)이란 성씨를 갖게 된 인연[본생담]	4ㄴ7~8ㄴ1	釋迦譜 釋迦劫初姓瞿曇緣譜 第2【十二遊經】
	·선혜(善慧)가 보광불(普光佛)에게 미래 성불의 수기를 받음[본생담]	8ㄴ1~21ㄱ2	過去現在因果經 卷1
	月曲 其9(1곡)	21ㄱ3~21ㄴ2	

---

103) 『월인석보』는 1면 7행, 매행 15자의 본문과 쌍행 세자(細字)의 협주로 되어 있고, 본문은 월인천강지곡과 석보상절로 구성되어 있다. 『월인석보』의 협주는 장형·중형·단형으로 나눌 수 있는데, 장형의 협주에는 『석보상절』의 본문에 있던 삽화가 실려 있거나, 본문의 해당 내용과 관련이 있는 불전(佛典)이 편입되어 있기도 하다. 그러므로 【표8】~【표12】에서는 문구나 어휘에 대한 단순한 설명이 아닌, 하나의 삽화로 볼 수 있는 장형의 협주는 따로 구분하여 명시하였다.

권1	· 사바세계의 구성	21ㄴ3~38ㄱ5	알 수 없음
	· 세계의 형성[현겁(賢劫)의 명명(命名)]	38ㄱ6~40ㄱ1	알 수 없음
		40ㄱ1~40ㄴ1	釋迦氏譜 所依賢劫
	月曲 其10~11(2곡)	40ㄴ2~41ㄱ6	
	· 중생의 기원	41ㄱ7~46ㄱ3	釋迦譜 釋迦始祖劫初利利相承姓緣譜 第1【長阿含經·增一阿含經·樓炭經】
	· 겁(劫)의 생성과 소멸	46ㄱ3~50ㄴ2	알 수 없음
	· 현겁(賢劫) 5불(佛)에 대한 설명	50ㄴ2~51ㄴ1	釋迦氏譜 所依賢劫
	〈협주〉 석존이 미륵보다 먼저 성불하게 된 인연[본생담]	51ㄴ1~52ㄴ4	法苑珠林 卷9 千佛篇 第5之2 占相部 第5
권2	· 석존의 가계	1ㄱ3~2ㄴ4	釋迦氏譜 氏族根源
	· 석존의 조상	2ㄴ4~7ㄱ7	釋迦氏譜 釋迦近世祖始姓釋迦譜 第3【彌沙塞律】
	月曲 其12~13(2곡)	7ㄴ1~8ㄱ7	
	· 탁태(托胎)의 결정	8ㄴ1~10ㄴ4	釋迦氏譜 法王化相 處兜率天迹【因果經】
		10ㄴ4~12ㄱ4	釋迦氏譜 釋迦降生釋種成佛緣譜 第4之1【普曜經】
		12ㄱ4~17ㄱ2	釋迦氏譜 降閻浮州迹 興念相【因果經】
	〈협주〉 광치도사(廣熾陶師)의 보시행[본생담]	9ㄱ2~10ㄱ4	阿毘達磨大毘婆沙論 卷177 定蘊第七中 不還納息 第4之4
	〈협주〉 앵무새의 효양행[본생담]	12ㄴ5~13ㄱ5	雜寶藏經 卷1 鸚鵡子供養盲父母緣 第3
	月曲 其14~15(2곡)	17ㄱ3~18ㄱ2	
	· 입태(入胎)	18ㄱ3~24ㄱ5	釋迦氏譜 降閻浮州迹 現入胎相【瑞應本起經·修行本起經】
	月曲 其16(1곡)	24ㄱ6~24ㄴ5	
	· 주태(住胎)	24ㄴ6~27ㄱ1	釋迦氏譜 降閻浮州迹 明處胎相
	月曲 其17(1곡)	27ㄱ2~27ㄱ6	
	· 마야부인이 람비니 동산에 감	27ㄱ7~28ㄴ4	釋迦氏譜 現生誕靈迹 往林嚴飾相【因果經】
		28ㄴ4~30ㄱ1	釋迦譜 第4之1【大華嚴經】
	月曲 其18(1곡)	30ㄱ2~30ㄴ1	
	· 탄생 직전의 상서(祥瑞)	30ㄴ2~30ㄴ7	釋迦譜 第4之1【因果經】
		30ㄴ7~33ㄴ5	普曜經 卷2 欲生時三十二瑞品 第5

권2	月曲 其19~21(3곡)	33ㄴ6~35ㄱ6	
	·탄생	35ㄱ7~39ㄴ5	釋迦譜 第4之1 【因果經·普曜經·瑞應本起經】
	月曲 其22(1곡)	39ㄴ6~40ㄱ4	
	·탄생 소식에 대한 하늘의 반응	40ㄱ5~43ㄱ1	釋迦氏譜 現生誕靈迹 現大瑞應相 【因果經】
	月曲 其23(1곡)	43ㄱ2~43ㄱ7	
	·탄생 소식에 대한 부왕의 반응	43ㄴ1~44ㄱ1	釋迦氏譜 現生誕靈迹 現大瑞應相 【因果經】
	月曲 其24~26(3곡)	44ㄱ2~45ㄱ4	
	·탄생 때의 상서	45ㄱ5~47ㄱ4	釋迦譜 第4之1 【因果經·修行本起經】
	月曲 其27~29(3곡)	47ㄱ5~48ㄴ1	
	·석존 탄생 때의 중국 상황	48ㄴ2~49ㄴ3	破邪論 【周書異記】
	·석존 화신(化身)의 재동제군(梓潼帝君) 교화	49ㄴ4~64ㄴ5	알 수 없음
	·西域求法과 道士의 불교 귀의	64ㄴ5~77ㄱ5	破邪論 【漢法本內傳】
권4	月曲 其67~74(8곡)	1ㄱ~4ㄴ2	
	·수하항마(樹下降魔)	4ㄴ3~14ㄴ7	釋迦譜 第4之3 【觀佛三昧海經·受胎經·雜寶藏經】
	月曲 其75~78(4곡)	15ㄱ1~16ㄴ6	
	·우바국다(優波麴多) 존자(尊者)의 항마(降魔)	16ㄴ7~38ㄱ4	阿育王傳 卷5 商那和修因緣 第9
	月曲 其79~81(3곡)	38ㄱ5~39ㄴ2	
	·성불과 그 상서	39ㄴ3~43ㄴ5	釋迦氏譜 悟道乘時迹 斷惑成覺相 【因果經】
	月曲 其82(1곡)	43ㄴ6~44ㄱ4	
	·성불의 증명과 알림	44ㄱ5~44ㄴ7	알 수 없음
	月曲 其83(1곡)	45ㄱ1~45ㄴ1	
	·화엄경 설법	45ㄴ2~46ㄴ6	佛祖統紀 卷3 教主釋迦牟尼佛本紀 第1之3上
	月曲 其84(1곡)	46ㄴ7~47ㄱ6	
	·제천(諸天)의 청전법륜(請轉法輪)	47ㄱ7~49ㄱ7	釋迦譜 第4之4 【因果經】
	月曲 其85~92(8곡)	49ㄴ1~52ㄴ7	

권4	·십지경(十地經) 설법	53ㄱ1~53ㄱ4	알 수 없음
	·상인(商人) 교화	53ㄱ4~62ㄱ5	佛本行集經 卷32 二商奉食品 下
	月曲 其93(1곡)	62ㄱ6~62ㄴ5	
	·선록왕(善鹿王)의 보시행(녹야원 인연담)	62ㄴ6~65ㄱ6	大智度論 卷16
	·인욕선인(忍辱仙人)의 인욕행(교진여에게 처음 설법한 인연)[본생담]	65ㄱ6~66ㄴ *이하 낙장	賢愚經 卷2 羼提波梨品 第12

 『월인석보』 권1은 석존 탄생 이전의 내용으로, 석존의 전생이야기인 본생담 2편과 세계의 구성 및 형성, 그리고 중생의 기원에 관한 이야기 등을 포함하고 있다. 저경으로는 『과거현재인과경』과 『석가보』 석가시조겁초찰리상승성연보(釋迦始祖劫初刹利相承姓緣譜) 제1·석가현겁초성구담연보(釋迦賢劫初姓瞿曇緣譜) 제2, 그리고 『석가씨보』·『법원주림』 등이 편입되어 있다. 『법원주림』은 권9 천불편 제5지2의 본생담이 '현겁오불(賢劫五佛)'에 대한 주석으로 실려 있다.[104]

 『과거현재인과경』은 송(宋)의 구나발타라(求那跋陀羅)가 번역한 4권으로 된 불전(佛傳)이다. 이 경전은 석존의 전생부터 제자인 마하가섭의 출가까지를 그 내용으로 하고 있다. 『월인석보』 권1에는 본생담, 곧 석존의 전신인 선혜가 보광불에게 꽃을 공양한 인연으로 인해 미래에 석가여래가 될 것이라는 수기를 받았다는 이야기가 수록되어 있다. 『인과경』이 직접 인용된 것은 『월인석보』 권1 외에는 없지만, 10권본 『석가보』 제4之1~5의 출전과 『석가씨보』의 주요 출전이 이 경전이므로 『석보상절』 및 『월인석보』에서 그 비중이 작지 않다고 하겠다.

---

104) 참고로, 그 부분을 인용하면 다음과 같다. "過去久遠有佛名弗沙, 時有二菩薩, 一名釋迦牟尼, 一名彌勒. 弗沙佛欲觀, 釋迦牟尼菩薩心純熟未, 卽觀見之, 知其心未純熟, 而諸弟子心皆純熟. 又彌勒菩薩心已純熟, 而弟子未純熟…(中略)… 釋迦菩薩饒益, 生心多自身少故, 彌勒菩薩多己身少生故."(『대정신수대장경』 제53권, p.349중)

권1의 '사바세계의 구성'과 '세계의 형성', 그리고 '겁의 생성과 소멸'에 대한 내용은 【표8】에서 명기했듯이 그 저경을 찾을 수 없다. 다만 38ㄱ6~40ㄴ1의 '세계의 형성' 중, 〈월인천강지곡〉 其9의 내용인 40ㄱ1~40ㄴ1의 저경을 알 수 있을 뿐이다.105) 저경 미상의 삽화들은 운묵의 〈석가여래행적송〉 제12~32송의 주석 내용과 유사하다는 점에서, 이 내용의 출전인 『기세인본경(起世因本經)』·『구사론(俱舍論)』 등이 그 저경임을 짐작할 수 있다. 그러나 이들 불전(佛典) 역시 어휘나 일치하는 구절이 거의 없어 직접적인 대본으로는 볼 수 없다. 저경 미상의 이들 삽화는 『월인석보』의 편자가 『기세인본경』 등을 포함한 여러 불전의 내용을 발췌한 뒤 나름대로 요약한 것이라 여겨진다.

다음으로, 『월인석보』 권2는 석존 가계에 대한 서술 및 석가씨의 시조인 니루(尼樓)에 관한 이야기와 석존의 탄생담, 그리고 불교가 중국에 처음 전래된 이야기 등의 내용으로 되어 있다. 저경에 있어서는 『석가씨보』가 중심을 이루고 있고, 『석가보』 석가근세조시성석가보(釋迦近世祖始姓釋迦譜) 제3·석가강생석종성불연보 제4지1·『아비달마대비바사론』·『보요경』·『파사론』 등이 편입되어 있다.

9ㄱ2~10ㄱ4의 협주에 수록되어 있는 『아비달마대비바사론』은, 그 제목에서 알 수 있듯이 경전이 아니라, 5백 아라한 등이 짓고 당나라 현장이 번역한 논서이다. 흔히 『대비바사론』이라고 줄여서 일컫는다. 전 200권의 이 논서는 유부(有部)의 교리를 집대성한 것으로, 유부를 중심

---

105) 해당 『월인석보』와 그 저경을 인용하면 다음과 같다. "虛空애셔 金輪 우희 한 비와 므리 ᄀᆞ득ᄒᆞ고 靑蓮花ㅣ 一千이 냇거늘 四禪天이 아랫 劫이를 보고 自中에 닐오ᄃᆡ 이 世界옌 千佛이 나시리로소니 이 劫 일후므란 賢劫이라ᄒᆞ져"(月釋 1:40ㄱ1~40ㄴ10)

"劫初時大水彌滿, 生靑蓮花其數一千, 第四禪天曾見往事, 便相告白, 今此世界有千佛現, 可目此時以爲賢劫."(『대정신수대장경』 제50권, p.84하)

으로 한 부파불교 연구의 보고(寶庫)로 평가받고 있다.106) 『월인석보』에는 권177 정온(定蘊) 제7의 본생담 부분이 초역(抄譯)되어 있다.107)

『파사론』은 수(隋)의 법림(法琳)이 저술한 논서로, 중국에 있어서 도교와 불교의 교섭사를 살피는데 매우 중요한 저서이다. 특히, 이 책은 인도에서 들어온 외래 종교인 불교가 화이사상(華夷思想)을 극복하여 중국에서 유포되고 정착하였던 과정에 대해 자세히 기술하고 있는데, 『월인석보』 권2에는 불교가 처음 중국에 전래되는 과정에 대한 사적이 수록되어 있다.

서진(西晉) 축법호(竺法護) 역(譯)의 『보요경』은 8권 30품의 불전(佛傳)으로, 팔상의 '도솔래의'부터 성불한 석존이 환국하여 정반왕 및 석가족을 교화하는 사적까지의 내용으로 되어 있다. 이 불전은 앞에서 언급했듯이 5권본 『석가보』 제4의 중심 경전이다. 『월인석보』에는 권

---

106) 정승석 편, 『불전해설사전』, 민족사, 1989, pp.74~75 참고.
107) 참고로, 그 부분을 『월인석보』와 저경에서 옮겨오면 다음과 같다. 저경 부분의 괄호 안의 구절과 생략한 내용은 『월인석보』에 번역되지 않은 부분을 가리킨다.
"디나건 오란 劫에 사ᄅᆞ미 목수미 온 힛 時節에 부톄 겨샤ᄃᆡ 일후미 釋迦牟尼시고 어마님 일후믄 摩耶ㅣ시고 아바님 일후믄 淨飯이시고 아ᄃᆞ님 일후믄 羅怙羅ㅣ시고 뫼ᅀᆞᄫᆞᆯ 사ᄅᆞᄆᆞᆫ 阿難陁ㅣ러니 부톄 阿難陁ᄃᆞ려 니ᄅᆞ샤ᄃᆡ 등을 알노니 廣熾陶師의 지븨 가 ᄎᆞᆷ기름 어더와 ᄇᆞᄅᆞ라 廣熾 깃거 제 가져가아 ᄇᆞᄅᆞᅀᆞᄫᆞ니 됴커시ᄂᆞᆯ 부톄 인ᄉᆞᄒᆞ신대 廣熾 깃거 發願호ᄃᆡ 내 後에 부톄 ᄃᆞ외야 일후미며 眷屬이며 時節이며 處所ㅣ며 弟子ㅣ며 다 이젯 世尊곧가지이다 ᄒᆞ니 그 廣熾ᄂᆞᆫ 우리 世尊이시니라"(月釋 2:9ㄱ2~10ㄱ4)
"(有說, 依所逢事佛分別), 三劫阿僧企耶量, 謂過去久遠人壽百歲時, 有佛名釋迦牟尼, 出現於世. (生刹帝利釋迦種中), 母名摩訶摩耶, 父名淨飯, 子名羅怙羅. (城名劫比羅筏窣睹多諸釋種), 侍者弟子名阿難陀…(中略)…肩背有疾, 時有陶師名曰廣熾, 佛知時至卽告侍者阿難陀言, 吾今身疾不安, 汝可往廣熾陶師家求胡麻油, 及煖水爲吾塗洗. 侍者敬諾往陶師家, 住廣熾前愛語問訊已…(中略)…廣熾彼聞歡喜發願言, 願我未來當得作佛, 名號眷屬時處弟子, 如今世尊等無有異. 當知彼陶師者, 卽釋迦菩薩, 由本願故今名號等如昔不異."(『대정신수대장경』 제27권, pp.891중 ~892상)

2 욕생시삼십이서품(欲生時三十二瑞品) 제5의 내용 중, 석존의 탄생 직전에 나타난 32가지 상서를 서술한 부분이 실려 있다.108) 이 부분은 『석가보』제4에도 『보요경』의 출전으로 실려 있으나, 10가지의 상서만이 실려 있고 그 이후의 내용은 생략되어 있다.109) 곧 『월인석보』의 편자는 『석가보』의 관련 내용을 미흡하다고 여겨 그 출전에서 직접 옮겨온 것이 된다. 그리고 『월인석보』권2 30ㄴ7~33ㄴ5의 이 내용에 해당하는 〈월인천강지곡〉其18110)은 『보요경』의 32가지 상서 가운데 19·21·26번째 상서를 노래하고 있으므로, 이 노래의 저경 역시 『보요경』이라 할 수 있다.

한편,【표8】의 권2 항목에 저경을 알 수 없다고 명기한 '석존 화신의 재동제군 교화' 삽화는, 사실 아래의 인용문처럼 거의 같은 내용을 찾을 수 있다.

---

108) "菩薩臨産之時, 先現瑞應三十有二. 一者後園樹林自然生果, 二者陸地生青蓮華大如車輪, 三者陸地枯樹皆生華葉, 四者天神牽七寶交露車至, 五者地中二萬寶藏自然發出, 六者名香妙熏遍布遠近, 七者雪山中出五百師子, 羅住城門無所嬈害, 八者五百白象子羅住殿前, 九者天爲四面細雨澤香, 十者其王宮中自然泉水, 百味飲食給諸虛渴…(中略)…**十九沸宿下侍諸星衛從, 二十交露寶帳普覆王宮, 二十一明月神珠懸於殿堂光明晃昱**…(中略)…**二十六地獄皆休毒痛不行**, 二十七地爲大動丘墟皆平, 二十八四衢街巷平正散花, 二十九諸深坑塹皆悉爲平, 三十漁獵怨惡一時慈心, 三十一境內孕婦産者悉男, 聾盲瘖瘂癃殘百疾皆悉除愈, 三十二一切樹神半身人現低首禮侍."(『대정신수대장경』제3권, pp.492하~493중)

109) "菩薩臨産先現瑞應三十有二, 一者後園樹林自然生果, 二者陸地生青蓮華大如車輪…(中略)…十者宮中自然百味飯食濟諸飢渴."(『대정신수대장경』제50권, p.5상) 한편, 10권본의 『석가보』제4지1에는 이 내용이 전혀 없고, 대신 석존 탄생 직후에 나타난 34가지의 상서를 『과거현재인과경』에서 인용하고 있다.

110) 참고로, 〈월인천강지곡〉其18을 인용하면 다음과 같다. "本來 하신 吉慶에 地獄도 뷔며 沸星 별도 ᄂᆞ리니이다/ 本來 븘근 光明에 諸佛도 비취시며 明月珠 도ᄃᆞᄉᆞᆸ니이다."

(9) 後에 一千 여든닐굽 힛자히 부톄 이 震旦國 衆生이 因緣이 니근돌 아
ᄅ시고 敎化호리라 나오시니 梓潼帝君이 닐오ᄃᆡ 내 아래 前生 罪業엣 果
報를 니버 邛池ㅅ 龍이 ᄃ외야 기픈 믈 아래 잇다니 여러 히 닛위여 ᄀᆞᄆᆞ
니 모시 ᄒᆞᆯ기 ᄃ외어늘 내 모미하 커 수믈 꿈기 업서 더본 벼티 우희 뾔니
솔히 덥고 안히 답깝거늘 비늘 ᄊᆞ이마다 효근 벌에 나아 모믈 샐쎠 셜버
受苦ᄒᆞ다니 …(중략)… 내 至極ᄒᆞᆫ 말ᄊᆞᆷ 듣ᄌᆞᆸ니 ᄆᆞᅀᆞ미 믈가 안팟기 훤
ᄒᆞ야 虛空 ᄀᆞ더니 내 모ᄆᆞᆯ 도라ᄒᆞ니 즉자히 스러디고 男子ㅣ ᄃ외야 灌頂
智를 得ᄒᆞ야 부텨끠 歸依ᄒᆞᅀᆞᄫ보라 ᄒᆞ더라   〈月釋 2:49ㄴ4~64ㄴ5〉

(10) 佛知此震旦國衆生緣熟, 將來敎化. 梓潼帝君嘗言, 予受業報, 爲邛池龍,
羈於積水之下, 連年旱虐, 水復爲泥, 身旣廣大, 無穴可容, 烈日上臨, 內外熱
惱, 諸鱗甲中, 各生小蟲, 噬嚙困苦 …(中略)… 予聞至理, 心地開明, 內外罄
然, 如虛空住, 自顧其身, 隨念消滅, 復爲男子, 得灌頂智, 予歸依焉.111)

위의 (9)는 석존이 탄생한 지 1087년 뒤에 도교의 천존(天尊)인 재동
제군이 석존 화신의 교화를 입어 불법에 귀의했다는 49ㄴ4~64ㄴ5의
삽화를 옮긴 것이고, (10)은 『불조강목(佛祖綱目)』 권19의 관련 부분을
인용한 것이다. 이를 통해 (9)는 (10)의 내용을 그대로 번역한 것임을
알 수 있다. 그럼에도 필자가 이 (10)을 (9)의 저경으로 【표8】에 명시
하지 않은 이유는, (10)의 출전인 『불조강목』112)이 1631년에 간행되었
기 때문이다. 이 책은 『석보상절』 및 『월인석보』 이후에 편찬·간행되
었으므로 (9)의 저경이 될 수 없는 것이다. 물론 (10)의 출전이 된 불서
(佛書)가 있을 것이고 『월인석보』의 (9)는 이 불서의 내용을 수록한 것

---

111) 『만속장경』 제146책, pp.416하~417상.
112) 명나라의 주시은(朱時恩)이 찬집한 전 41권의 『불조강목』은, 인도·중국의 불
조(佛祖)의 행업(行業)과 그 종취(宗趣)·교의(敎義)의 내용을 『춘추』의 체재에 따
라 서술한 편년체의 사서(史書)이다.

이겠지만, 『불조강목』에는 (10)의 출전을 밝히고 있지 않다. 그러므로 (9)의 저경 또한 후속 연구를 기다려 봐야 할 것 같다.113)

『월인석보』 권4는 팔상의 '수하항마' 사적부터 석존이 성불하여 녹야원에서 교진여 등의 다섯 비구에게 처음 설법하는 사적까지의 내용으로 되어 있다. 저경으로는 『석가보』·『석가씨보』와, 『아육왕전』·『불본행집경』·『대지도론』·『현우경』 등이 편입되어 있다.

서진(西晋) 안법흠(安法欽) 번역의 『아육왕전』은 석존 열반 이후 불교를 널리 유포하는데 큰 공을 세웠던 아육왕의 전기이다. 7권 11품으로 된 이 불전(佛典)은 아육왕뿐만 아니라 마하가섭·아난·마전제·상나화수·우바국다 등 여러 제자의 행적을 함께 기록하고 있어서 불멸(佛滅) 후 약 100년 동안의 인도불교사를 이해하는데 큰 도움이 된다. 권5의 상나화수인연(商那和修因緣) 제9품 중, 불멸 100년 뒤의 인물인 우바국다 존자의 항마(降魔) 이야기가 실려 있다.

『대지도론』은 용수(龍樹)가 찬술하고 구마라집이 번역한 『대품반야경(大品般若經)』의 주석서이다. 전 100권의 이 논서는 『대품반야경』의 주석서이지만 그 해설이 학설이나 사상, 설화, 역사, 지리, 승가(僧伽)

---

113) 『불조강목』 외에도, 『석씨원류(釋氏源流)』 권3의 「재동우불(梓潼遇佛)」 항목에 '석존 화신의 재동제군 교화' 삽화와 유사한 내용이 실려 있다. 그러나 『석씨원류』의 이 부분은 일치하는 구절이 없다는 점에서 그 저경으로 볼 수 없다. 그런데 「재동우불」에는 그 출전이 '재동화서(梓潼化書)'라고 명시되어 있어 주목을 요한다. 『월인석보』 권2와 『불조강목』의 저경이 바로 이 『재동화서』일 가능성이 있기 때문이다. 그렇지만 이 『재동화서』 역시 현재 전하지 않고 있어 구체적인 내용을 확인할 수 없다. 그러므로 【표8】에는 저경을 알 수 없다고 명기한 것이다. 참고로, 『석씨원류』는 명나라의 승려 보성(寶成)이 1425년에 편찬한 4권 4책의 석존 일대기로, 17세기에 우리나라에 수용된 이후 국내 사찰에서 직접 목판을 판각하였고, 19세기 이후까지 여러 차례에 걸쳐 간행되었다. 『석씨원류』의 판본 및 구체적인 내용에 대해서는 최연식, 「조선후기 석씨원류의 수용과 불교계에 미친 영향」, 『구산논집』 1, 구산장학회, 1998을 볼 것.

등에 미칠 정도로 매우 상세하고 방대하여 백과사전의 성격을 갖고 있다.114) 『월인석보』 권4에는 석존이 녹야원에서 처음으로 전법(轉法)하게 된 인연에 관한 본생담 부분이 수록되어 있다.

원위(元魏)의 혜각(慧覺)이 번역한 『현우경』은 과거·현재·미래의 여러 인연담으로 이루어져 있다. 13권 69품으로 구성된 이 경전은 각 품마다 독립된 짧은 인연설화로 되어 있는데, 각 설화의 구성형식은 거의가 현재의 행위를 과거의 이야기에서 설명하면서, 미래의 수기(授記)를 주는 것으로 되어 있다. 『월인석보』에는 권2 찬제파리품(羼提波梨品) 제12의 내용 가운데 석존이 교진여에게 처음 설법하게 된 인연에 관한 본생담이 실려 있다.

끝으로, 『월인석보』 권4에도 저경을 알 수 없는 삽화가 있는데, 44ㄱ5~44ㄴ7의 '성불의 증명과 알림' 삽화115)와 其53ㄱ1~53ㄱ4의 '십지경 설법'이 그것이다. 이 두 삽화 중, 후자는 "如來 成道ᄒᆞ신 두 닐웻자히 他化自在天宮에 가샤 天王 爲ᄒᆞ야 十地經을 說法ᄒᆞ시니라"로 되어 있어, 관련 불전(佛典)의 내용을 그대로 옮긴 것이라기보다는 『석보상절』 및 『월인석보』의 편자가 관련 내용을 요약한 것임을 알 수 있다. 전자의 경우는 이와 유사한 내용의 경전조차 찾지 못한 상태이다.116)

---

114) 정승석, 『고려대장경 해제』 1, 고려대장경 연구소, 1998, p.368.
115) 참고로, 그 전문을 인용하면 다음과 같다. "彌王이 如來ᄭᅴ 묻ᄌᆞ보ᄃᆡ 네 功德은 뉘 본중고 如來 따흘 ᄀᆞᄅᆞ치시니 즉자히 六種辰動ᄒᆞ고 堅牢地神이 소사 나아 닐오ᄃᆡ 내 본즈이로라 ᄒᆞ더라 如來 成佛ᄒᆞ야시ᄂᆞᆯ 따햇 神靈이 虛空ㄱ 神靈ᄭᅴ 알외며 虛空ㄱ 神靈이 하ᄂᆞᆳ 神靈ᄭᅴ 알외야 쏘 노푼 하ᄂᆞᆯ 우희 니르리 면례로 알외더라"
116) 다만 『석가보』 4지3에는 지신(地神)이 석존의 과보(果報)를 증명하는 내용이 있을 뿐이다. 마왕과 지신이 등장한다는 점에서 유사하다고 볼 수도 있지만, 『월인석보』의 '탄왕(彌王)'과 '견뢰지신(堅牢地神)'이라는 어휘가 보이지 않고, 일치하는 구절이 없으며, 무엇보다도 『석가보』의 내용은 석존의 성불 직후가 아니라 마왕과의 대결 중에 일어난 사건이라는 점에서 차이가 크다.

후속 연구를 기다려야 할 듯하다.

【표9】『월인석보』 권7·8·9·10의 구성과 저경

권차	삽화의 내용	장차	저경
권7	月曲 其177(1곡)	1ㄱ3~1ㄴ2	
	·아나율(阿那律)·발제(跋提)의 출가	1ㄴ3~5ㄴ6	釋迦譜 釋迦從弟阿那律跋提出家記 第11 【曇無德律】
	月曲 其178~181(4곡)	5ㄴ7~7ㄴ1	
	·난타(難陀)의 출가	7ㄴ2~19ㄱ3	釋迦譜 釋迦從弟孫陀羅難陀出家緣記 第12 【雜寶藏經】
	月曲 其182~199(18곡)	19ㄱ4~27ㄱ7	
	·나건하라국(那乾訶羅國)의 독룡(毒龍)·나찰(羅刹) 교화	27ㄴ1~55ㄴ4	觀佛三昧海經 卷7 觀四威儀品 第6
	〈협주〉 건사니바리왕(虔闍尼婆梨王)의 보시행[본생담]	54-1ㄴ6~54-3ㄴ1	經律異相 卷25 行菩薩道上諸國王部 第2 【賢愚經】
	月曲 其200~211(12곡)	55ㄴ5~61ㄴ3	
	·아미타경 설법	61ㄴ4~77ㄴ7	佛說阿彌陀經
권8	月曲 其212~219(8곡)	1ㄱ3~5ㄱ1	
	·16관경(觀經) 설법	5ㄱ2~77ㄱ3	佛說觀無量壽經
	〈협주〉 법장비구(法藏比丘)의 48대원(大願)	59ㄱ3~68ㄴ7	佛說無量壽經의 일부
	月曲 其220~250(31곡)	77ㄱ4~89ㄴ5	
	·〈협주〉 원앙부인(鴛鴦夫人)의 극락왕생(極樂往生)	89ㄴ6~103ㄴ2	安樂國太子經
	·방등 8년, 반야 22년 언급	103ㄴ3~104ㄱ6	
권9	月曲 其260 후절(0.5곡)	5ㄱ1~5ㄱ2	
	·약사여래의 12대원	5ㄱ3~26ㄴ6	藥師瑠璃光如來本願功德經
	·약사유리광여래 국토의 장엄상	26ㄴ6~28ㄴ3	
	·약사여래 명호의 공덕	28ㄴ3~38ㄴ4	
	〈협주〉 선수비구(善宿比丘) 이야기	35上ㄴ2~36中ㄴ3	長阿含經 卷11 阿㲉夷經 第11
	·문수보살의 약사 명호·본원의 호지	38ㄴ4~40ㄴ4	藥師瑠璃光如來本願功德經
	·약사여래를 공양·공경하는 공덕	40ㄴ4~45ㄴ7	
	·약사여래에 대한 믿음을 권함	45ㄴ7~49ㄱ6	

제3장 底經(저경)의 성격과 그 의미   85

권9	・약사여래를 공양하는 방법과 속명번(續命幡)의 공덕	49ㄱ6~60ㄱ2	藥師瑠璃光如來本願功德經
	・12야차 대장의 약사경 호지	60ㄱ2~62ㄴ5	
권10	月曲 其261~266(6곡)	1ㄱ3~3ㄴ5	
	・정반왕의 죽음	3ㄴ6~15ㄴ5	釋迦譜 釋迦父淨飯王泥洹記 第15 【淨飯王泥洹經】
	月曲 其267(1곡)	15ㄴ6~16ㄱ5	
	・대애도(大愛道)의 출가	16ㄱ6~22ㄱ7	釋迦譜 釋迦姨母大愛道出家記 第14 【中本起經】
		22ㄱ7~23ㄱ2	釋迦譜 第14 【大方便佛報恩經】
	〈협주〉 화색비구니(華色比丘尼)의 출가 인연	23ㄱ2~26ㄴ1	大方便佛報恩經 卷5 慈品 第7
	月曲 其268(1곡)	26ㄴ2~27ㄱ2	
	・5백 군적(群賊)의 교화	27ㄱ3~33ㄴ5	大方便佛報恩經 卷5 慈品 第7
	月曲 其269~271(3곡)	33ㄴ6~35ㄱ5	
	・난타용왕궁(難陀龍王宮) 설법	35ㄱ6~122ㄱ7 *이하 낙장	大雲輪請雨經

『월인석보』 권7은 석존의 사촌 동생들인 아나율・발제 및 이복 동생인 난타의 출가 이야기와, 나건하라국의 독룡・나찰을 교화한 이야기, 그리고『아미타경』등의 내용으로 구성되어 있다. 저경에 있어서는『관불삼매해경』이 가장 많은 분량을 차지하고 있고,『아미타경』은 전역(全譯)되어 있다. 그 외에『석가보』석가종제아나율발제출가기(釋迦從弟阿那律跋提出家記) 제11・석가종제손타라난타출가연기(釋迦從弟孫陀羅難陀出家緣記) 제12와,『경율이상』등이 편입되어 있다.

권8과 권9는 각각『관무량수경』・『안락국태자경』과『약사유리광여래본원공덕경』을 전역(全譯)한 것이다. 각 권의 협주에는『무량수경』의 일부와『장아함경』권11 아누이경 제11이 편입되어 있다.

권10은 석존의 아버지인 정반왕의 죽음과 계모인 대애도의 출가, 그리고 석존이 5백 명의 도적을 교화한 이야기 등으로 구성되어 있으며,

『대운륜청우경』이 전역되어 실려 있다. 저경으로는 『석가보』 석가이 모대애도출가기(釋迦姨母大愛道出家記) 제14·석가부정반왕니원기(釋迦父淨飯王泥洹記) 제15와 『대방편불보은경』 권5 자품(慈品) 제7 등이 편입되어 있다.

권7의 중심 저경인 『관불삼매해경』은 동진(東晋) 불타발타라(佛陀跋陀羅) 번역의 10권 12품으로 된 경전으로, 석존이 정반왕·미륵보살·아난 등에게 불(佛)의 상호(相好)의 관법(觀法)과 관불(觀佛)의 이익 등을 설한 것이다. 이 경전은 중국 정토종의 개척자인 도작(道綽)의 『안락집(安樂集)』과 대성자인 선도(善導)의 『염불법문(念佛法門)』에 의용(依用)되어 있으며, 선도의 제자 회감(懷感)의 『석정토군의론(釋淨土群疑論)』에서는 이 경전 중의 내용 일부를 정토종의 참회법의 일종으로 받아들이고 있는 등 정토종에서는 상당히 중요한 경전으로 취급하고 있다.[117] 12품 중에서 석존의 위신력을 보여주고 있는 권7 관사위의품(觀四威儀品) 제6의 일부분이 수록되어 있다.

권7의 협주에 실려 있는 『경율이상』은 6세기 초엽의 승려인 보창(寶唱)이 찬집한 전 50권의 백과사전이다. 이 저서는 여러 경전과 율장(律藏) 등에서 가려 뽑은 내용을 천(天)·지(地)·불(佛)·보살·성문(聲聞)·국왕·태자·장자(長者)·우바새(優婆塞) 우바이(優婆夷)·외도(外道) 선인(仙人)·거사(居士) 서인(庶人)·귀신·축생·지옥 등의 14부로 나누어 수록하고 있다. 권25 행보살도상제국왕부(行菩薩道上諸國王部) 제2의 내용 중, 석존의 전신인 건사니바리왕이 진리에 대한 설법을 듣기 위해 자신의 몸에 천 개의 등불을 켜서 바라문에게 공양했다는 이야기가 실려 있다.

---

117) 장휘옥, 「관불삼매경」, 불교신문사 편, 『불교경전의 이해』, 불교신문사, 1997, p.221.

『월인석보』 권7과 권8에 전역되어 있는 구마라집 번역의 『아미타경』
과 유송(劉宋) 강량야사(畺良耶舍) 역의 『관무량수경』은, 권8의 협주에
수록된 『무량수경』과 더불어 정토삼부경이라 하여 정토종에서 매우 중
요하게 여기는 경전들로, 정토신앙의 소의경전이다. 『무량수경』은 전
체 내용 가운데 법장비구의 48대원에 관한 부분만이 협주에 번역되어
있다. 『아미타경』은 아미타불과 서방정토의 장엄을 설한 뒤, 이러한
정토에 왕생하기 위해서는 아미타불을 칭명염불(稱名念佛)해야 한다는
것을 설하고 있다.

『관무량수경』은 '왕사성의 비극'을 배경으로 하여 석존이 그 비극의
주인공인 위제희(韋提希) 부인에게 극락정토의 장엄상을 구체적인 마
음의 대상으로 관찰하는 방법인 16관법(觀法)과, 정토를 관상(觀想)할
수 없는 말대(末代)의 범부를 위하여 상품상생(上品上生)으로부터 하품
하생(下品下生)에 이르는 구품왕생(九品往生)을 설한 경전이다. 왕사성
의 비극이란, 이 경전의 서분(序分)에 있는 내용으로, 왕사성의 태자인
아사세(阿闍世)가 제바달다(提婆達多)의 사주를 받아 왕위를 빼앗기 위
하여 부친인 빈바사라왕(頻婆娑羅王)을 옥에 가두고 어머니인 위제희
부인마저 골방에 유폐시킨 역사적 사건을 말한다. 『월인석보』 권8에는
이 내용이 생략되어 있다.118)

권8의 협주에 실려 있는 『안락국태자경』은, 권23의 『목련경』과 더
불어 대장경의 어디에도 찾아볼 수 없는 한국적 위경(僞經)이라 말할
수 있다. 『안락국태자경』은 아미타불과 그 좌우보처(左右補處)인 관세

---

118) 그 이유에 대해 오대혁, 「안락국태자경과 이공본풀이의 전승관계」, 『불교어문
논집』 6, 한국불교어문학회, 2001, p.220에서는, "왕실 가족의 비극적 이야기를
흥미롭게 전개하고 있는 『관무량수경』 서분의 이야기는 왕실의 패륜을 떠올리게
한다는 이유로 제외되었다"고 하였다.

음보살·대세지보살의 전생담을 기본 골격으로 하여, 부귀영화를 버리고 불도(佛道)를 구하면 생사고해(生死苦海)를 초탈하여 극락정토에 이르게 된다는 내용으로 되어 있다.

그런데 『안락국태자경』은 『월인석보』의 협주에 수록되어 있는 여타의 불전(佛典)과는 다르게 〈월인천강지곡〉으로 노래되었다는 점에서도 주목을 요한다. 권20의 『태자수대나경(太子須大拏經)』과 권23의 『목련경』도 이에 해당한다. 곧 이들 불서(佛書)의 내용은 〈월인천강지곡〉으로 노래되었음에 불구하고 상절부가 아닌 해당 〈월인천강지곡〉의 주석 형식으로 실려 있는 것이다. 그 이유는 일단 해당 권차의 장수(張數)를 고려한 것으로 볼 수 있다.[119]

그러나 이러한 이유 외에도 다른 이유를 생각해 볼 수 있다. 이들 삽화에 대한 〈월인천강지곡〉은 여타의 노래들에 비해 『석보상절』(여기서는 협주)의 해당 내용을 어떠한 변용 없이 그대로 율문으로 옮긴 듯한 모습을 보이고 있다.[120] 그러므로 『월인석보』의 편자는 이 삽화들이 〈월인천강지곡〉의 내용만으로도 그 내용을 충분히 알 수 있다고 여겨, 읽어도 되고 읽지 않아도 된다는 의미에서 본문이 아닌 협주에 수록한 것이라고 추정할 수 있다.[121]

『월인석보』 권10에서 가장 많은 분량을 차지하고 있는 『대운륜청우

---

[119] 민영규는 "한 책의 장황(裝潢)이 100장을 과(過)히 넘어서는 아니 되겠다는 체재상의 고려에서 온 것이라고 밖에 다른 이유가 있었다고는 생각되지 않는다"라고 그 이유를 설명하였다. 민영규, 「개제」, 『월인석보 제7·제8』, 연세대 동방학연구소, 1957, p.9.
[120] 김기종, 앞의 논문, p.215.
[121] 이기대, 「월인석보의 구성방식과 문학적 성격」, 『우리문학연구』 14, 우리문학회, 2001, pp.128~129에서는, "협주부는 독자에 따라 읽을 수도 읽지 않을 수도 있는 부분이고, 불교용어나 교리에 익숙한 사람은 건너 뛰어 읽으면서 석가의 일대기라는 유기적 흐름을 놓치지 않았을 것이다"라고 하였다.

경』은, 수나라의 나련제야사(那連提耶舍)가 번역한 상·하 2권으로 된 경전으로, 비를 내리는 다라니와 54존(尊)의 이름을 설하고 그것을 외우는 공덕에 대해 설명하고 있다. 이 경전은 경명(經名)과 『태종실록』의 기사122)를 통해서 알 수 있듯이, 기우재(祈雨齋)의 소의경전으로 널리 쓰였던 경전이다.

【표10】『월인석보』 권11~19의 구성과 저경

권차	삽화의 내용	장차	저경
권11	月曲 其272~273(2곡)	1ㄱ3~2ㄱ2	
	〈협주〉 미륵보살의 게송	2ㄱ2~3ㄱ5	妙法蓮華經要解 序品 第1
	〈협주〉 시비왕(尸毗王)의 보시행[본생담]	3ㄱ6~5ㄴ5	經律異相 卷25 行菩薩道上諸國王部 第2 【大智度論 卷4】
	〈협주〉 건타시리국(乾陀尸利國) 살타태자(薩埵太子)의 보시행[본생담]	5ㄴ5~9ㄴ7	經律異相 卷31 行菩薩道長上諸國太子部 上【菩薩投身飯餓虎經】
	〈협주〉 월명왕(月明王)의 보시행[본생담]	9ㄴ7~10ㄴ3	經律異相 卷10 隨機現身上菩薩部 第2【彌勒所問本願經】
	月曲 其274(1곡)	10ㄴ4~11ㄱ2	
	·일체대중이 기사굴산에 모임	11ㄱ3~32ㄴ3	妙法蓮華經要解 序品 第1
	·석존이 신변을 보임	32ㄴ3~38ㄱ5	
	·미륵보살이 신변의 인연을 문수보살에게 물음	38ㄱ5~40ㄱ7	
	·문수보살이 석존이 법화경을 설법할 것임을 말함	40ㄱ7~41ㄴ3	
	·일월등명불의 법화경 설법 인연	41ㄴ3~93ㄱ6	
	〈협주〉 방편품 제2에 대한 해설	93ㄱ6~94ㄴ5	
	月曲 其275(1곡)	94ㄴ6~95ㄱ5	
	·석존이 제불의 방편과 묘법을 찬탄함	95ㄱ6~103ㄱ3	妙法蓮華經要解 方便品 第2
	·사리불이 묘법의 실법을 칭함	103ㄱ3 108ㄴ1	

---

122) "禱雨于興福寺, 聚持戒僧一百, 誦大雲輪請雨經, 因開慶僧啓也."(『태종실록』 권32, 태종 16년 정미 5월 16일)

권11	·석존의 일불승 설법	108ㄴ4~129ㄱ3	妙法蓮華經要解 方便品 第2
	〈협주〉 비유품 제3에 대한 해설	129ㄱ3~129ㄴ1	
권12	月曲 其276~278(3곡)	1ㄱ~2ㄱ5	妙法蓮華經要解 譬喻品 第3
	·사리불이 일불승 설법을 찬탄함	2ㄱ6~5ㄱ5	
	·사리불이 미래세에 화광여래가 될 것이라는 수기(授記)를 받음	5ㄱ5~15ㄱ7	
	·일체대중이 사리불과 석존의 공덕을 찬탄함	15ㄱ7~17ㄴ4	
	·석존의 화택삼거유(火宅三車喩) 설법	17ㄴ4~50ㄴ2	
	〈협주〉 신해품 제4에 대한 해설	50ㄴ2~51ㄱ7	
권13	月曲 其281~282(2곡)	1ㄴ1~2ㄱ3	妙法蓮華經要解 信解品 第4
	·수보리(須菩提) 등이 석존의 일불승 설법과 사리불의 수기 받음을 찬탄함	2ㄱ4~6ㄱ2	
	·수보리 등이 궁자(窮子)의 비유로 여래의 공덕을 찬탄함	6ㄱ2~36ㄴ5	
	〈협주〉 약초유품 제5에 대한 해설	36ㄴ5~38ㄱ4	
	·석존의 약초유(藥草喩) 설법	38ㄱ4~57ㄱ7	妙法蓮華經要解 藥草喩品 第5
	〈협주〉 수기품 제6에 대한 해설	57ㄱ7~59ㄱ6	
	·석존이 가섭 등에게 미래세에 여래가 될 것이라는 수기를 줌	59ㄱ6~72ㄴ5	妙法蓮華經要解 授記品 第6
	〈협주〉 화성유품 제7에 대한 해설	72ㄴ5~73ㄱ7	
권14	月曲 其283~293(11곡)	1ㄱ3~6ㄱ6	妙法蓮華經要解 化城喩品 第7
	·과거불인 대통지승여래(大通智勝如來)의 법화경 설법 인연	6ㄱ7~48ㄱ2	
	·대통지승여래의 16왕자가 법화경을 읽고 설법한 인연으로 시방국토의 여래가 됨	48ㄱ2~55ㄱ1	
	·석존이 멸도 후에도 중생들을 위해 법화경을 설법할 것을 말함	55ㄱ1~74ㄱ2	
	·석존의 화성유(化城喩) 설법	74ㄱ3~81ㄴ1	
	〈협주〉 오백제자수기품 제8에 대한 해설	81ㄴ1~81ㄴ7 *이하 낙장	
권15	月曲 其294~295(2곡)	1ㄱ3~2ㄱ2	釋迦譜 同三千佛緣譜 第6【藥王藥上觀經】

권15	・부루나(富樓那)가 미래 작불(作佛)의 수기를 받음	2ㄱ3~18ㄱ7	妙法蓮華經要解 五百弟子授記品 第8
	・5백 비구가 미래 작불의 수기를 받음	18ㄱ7~21ㄱ1	
	・5백 비구가 의주유(衣珠喩)로 수기받은 기쁨을 표현함	21ㄱ1~26ㄱ6	
	〈협주〉 수학무학인기품 제9에 대한 해설	26ㄱ6~26ㄴ6	
	・아난이 미래 작불의 수기를 받음	26ㄴ6~35ㄴ2	妙法蓮華經要解 授學無學人記品 第9
	・나후라가 미래 작불의 수기를 받음	35ㄴ2~37ㄱ5	
	・학・무학인 2천 인이 미래 작불의 수기를 받음	37ㄱ5~39ㄱ1	
	〈협주〉 법사품 제10에 대한 해설	39ㄱ1~45ㄱ3	妙法蓮華經要解 法師品 第10
	・법화경을 수지하여 얻는 복덕	45ㄱ3~55ㄴ7	
	・법화경을 설법하는 방법	55ㄴ7~59ㄱ2	
	〈협주〉 견보탑품 제11에 대한 해설	59ㄱ2~59ㄴ3	
	月曲 其296~302(7곡)	59ㄴ4~62ㄴ7	妙法蓮華經要解 見寶塔品 第11
	・칠보탑이 땅에서 솟아나 공중에 머무름	63ㄱ1~66ㄴ4	
	・칠보탑이 솟아난 인연에 대한 석존의 설법	66ㄴ4~69ㄴ7	
	・칠보탑 안의 다보불을 보기 위해 석존의 분신(分身) 시방불(十方佛)이 모임	69ㄴ7~82ㄱ3	
	・석존과 다보불이 칠보탑 안에 함께 앉음	82ㄱ3~84ㄴ7	
	・석존과 다보불의 법화경 부촉	84ㄴ7~86ㄱ2	
	〈협주〉 제바달다품 제12에 대한 해설	86ㄱ2~87ㄱ2	
권17	月曲 其310~311(2곡)	1ㄱ3~2ㄱ2	妙法蓮華經要解 如來壽量品 第16
	・구원성불(久遠成佛)에 대한 석존의 설법	2ㄱ3~13ㄱ3	
	・여래의 멸도에 대한 석존의 설법	13ㄱ3~15ㄴ1	
	・석존의 양의치자유(良醫治子喩) 설법	15ㄴ1~22ㄴ5	
	〈협주〉 분별공덕품 제17에 대한 해설	22ㄴ5~23ㄱ2	
	月曲 其312(1곡)	23ㄱ2~23ㄴ2	妙法蓮華經要解 分別功德品 第17
	・구원성불의 설법을 듣고 얻는 보살・중생들의 공덕	33ㄴ3~33ㄱ5	
	・법화경을 수지・독송하여 얻는 공덕이 구원성불의 설법을 믿는 공덕보다 크다는 석존의 설법	33ㄱ6~43ㄴ7	

권17	〈협주〉 수희공덕품 제18에 대한 해설	43ㄴ7~44ㄴ1	妙法蓮華經要解 分別功德品 第17
	·법화경을 듣고 수희하여 얻는 공덕	44ㄴ1~54ㄱ7	妙法蓮華經要解 隨喜功德品 第18
	〈협주〉 법사공덕품 제19에 대한 해설	54ㄱ7~55ㄱ3	
	·법화경을 수지하여 얻는 6근(根)이 청정하게 되는 공덕	55ㄱ3~74ㄱ7	妙法蓮華經要解 法師功德品 第19
	〈협주〉 상불경보살품 제20에 대한 해설	74ㄱ7~75ㄴ4	
	月曲 其313~317(5곡)	75ㄴ5~78ㄱ1	
	·석존의 전신인 상불경보살이 법화경을 수지하여 부처가 된 인연	78ㄱ2~93ㄱ2	妙法蓮華經要解 常不輕菩薩品 第20
	〈협주〉 여래신력품 제21에 대한 해설	93ㄱ2~93ㄱ7	
권18	月曲 其318~320(3곡)	1ㄱ3~2ㄴ1	
	·미진수(微塵數)의 보살들이 석존 멸도 후에 법화경을 널리 설법할 것을 다짐함	2ㄴ2~3ㄴ2	
	·석존과 분신제불이 신력을 나타내고 시방세계의 중생들이 환희함	3ㄴ2~10ㄱ1	妙法蓮華經要解 如來神力品 第21
	·석존이 중생들에게 여래 멸도 후에 법화경을 수지·독송·서사할 것을 부촉함	10ㄱ1~12ㄴ7	
	〈협주〉 촉루품 제22에 대한 해설	12ㄴ7~14ㄴ1	
	月曲 其321(1곡)	14ㄴ2~15ㄱ1	
	·석존이 무량보살에게 미래세에 법화경을 널리 설법할 것을 부촉함	15ㄱ2~19ㄴ2	妙法蓮華經要解 囑累品 第22
	·석존이 분신제불과 다보불을 돌려 보냄	19ㄴ2~20ㄴ7	
	〈협주〉 약왕보살본사품 제23에 대한 해설	20ㄴ7~22ㄴ7	
	·약왕보살의 전신인 일체중생희견보살이 몸과 팔을 태워 법공양을 한 인연	22ㄴ7~44ㄱ4	
	·법화경을 수지하여 얻는 복덕이 희견보살의 법공양보다 크다는 석존의 설법	44ㄱ4~53ㄱ4	
	·약왕보살본사품을 듣고 수지하여 얻는 공덕	53ㄱ4~58ㄴ2	妙法蓮華經要解 藥王菩薩本事品 第23
	·석존이 수왕화보살에게 약왕보살본사품을 호지할 것을 부촉함	58ㄴ2~62ㄱ6	
	〈협주〉 묘음보살품 제24에 대한 해설	62ㄱ6~63ㄱ6	
	月曲 其322~324(3곡)	63ㄱ7~64ㄴ6	

권18	·묘음보살이 석존과 법화경을 공양하기 위해 옴	64ㄴ7~81ㄴ5	妙法蓮華經要解 妙音菩薩品 第24
	·묘음보살이 신력을 갖게 된 전생 인연	81ㄴ5~84ㄴ2	
	·묘음보살의 신통력과 지혜에 대한 석존의 설법	84ㄴ2~87ㄱ7 *이하 낙장	
권19	月曲 其325~339(15곡)	1ㄱ~8ㄱ1	
	·관세음보살의 명호를 수지하여 얻는 복덕과 지혜	8ㄱ2~31ㄴ3	妙法蓮華經要解 觀世音菩薩普門品 第25
	〈협주〉손경덕(孫敬德)이 관세음보살의 명호를 외워 죽음에서 벗어남	20ㄱ4~21ㄴ1	알 수 없음
	·관세음보살이 중생을 제도하는 방편	31ㄴ3~39ㄱ6	
	·관세음보살이 석존과 다보불에게 영락을 공양함	39ㄱ6~41ㄴ4	妙法蓮華經要解 觀世音菩薩普門品 第25
	·석존의 게송	41ㄴ4~49ㄴ7 *이하 결락	
	·약왕보살 등이 법화경을 수지하는 중생을 호지하는 다라니를 말함	56ㄴ1~70ㄱ1	妙法蓮華經要解 陀羅尼品 第26
	〈협주〉묘장엄왕본사품 제27 해설	70ㄱ1~71ㄴ7	
	·화덕보살의 전신인 묘장엄왕이 법화경을 수지하고 많은 공덕을 쌓은 인연	71ㄴ7~93ㄱ4	妙法蓮華經要解 妙莊嚴王本事品 第27
	〈협주〉보현보살권발품 제28 해설	93ㄱ4~97ㄴ7	
	月曲 其340(1곡)	98ㄱ1~98ㄴ1	
	·보현보살이 무량보살과 함께 법화경을 듣기 위해 기사굴산에 옴	98ㄴ2~103ㄱ4	妙法蓮華經要解 普賢菩薩勸發品 第28
	·보현보살이 법화경을 널리 유통시킬 것을 맹세함	103ㄱ5~114ㄴ5	
	·법화경을 수지·독송하는 이익과 비방하는 죄보에 대한 석존의 설법	114ㄴ5~125ㄱ2	

현재 전하지 않는 권16을 제외한 『월인석보』 권11~19의 8권은, 『석보상절』 권13~21과 마찬가지로 계환의 『묘법연화경요해』가 그 저경이다. 『석보상절』과 달리 『월인석보』는 계환의 요해 부분을 많이 번역하고 있는데, 특히 【표10】에서 각 품의 끝에 명기되어 있는 협주는 모

두 계환의 요해이다. 이 외에 『석보상절』과 차이를 보이는 또 다른 점으로, 『월인석보』의 협주에 『법화경』 외의 다른 불전(佛典)이 편입되어 있다는 사실을 지적할 수 있다.

(11) 디나건 時節에 혼 王이 겨샤틴 일후미 月明이러시니 端正ᄒᆞ야 고ᄫ시고 威神이 크시더니 길헤 나 겨시거늘 혼 盲眼이 주으려 빌먹다가 王ᄭᅴ 가 ᄉᆞᆲ보디 王ᄋᆞᆫ ᄒᆞ오ᅀᅡ 尊貴ᄒᆞ샤 便安코 즐겁거시ᄂᆞᆯ 나ᄂᆞᆫ ᄒᆞ오ᅀᅡ 艱難코 ᄯᅩ 누니 머로이다 王이 블비 너기샤 니ᄅᆞ샤디 엇던 藥이 그딋 病을 고티료 盲眼이 ᄉᆞᆲ보디 오직 王ㅅ 누늘 어더ᅀᅡ 내 누니 됴ᄒᆞ리이다 王이 두 누늘 손소 ᄲᅢᅘᅧ 주시고 ᄆᆞᅀᆞ미 믈가 혼 뉘읏븐 ᄠᅳᆮ도 업더시니 月明王ᄋᆞᆫ 釋迦ㅣ시니라 부톄 阿難이ᄃᆞ려 니ᄅᆞ샤디 須彌山ᄋᆞᆫ 오히려 斤兩ᄋᆞᆯ 알려니와 내 눈 布施ᄂᆞᆫ 몯 니ᄅᆞ 혜리라 〈月釋 11:9ㄴ7~10ㄴ3〉

(12) 佛語賢者阿難, 乃往過去時世有王, 號日月明, 端正姝好威神巍巍. 從宮而出道見盲者, 窮困飢餓隨道乞匃, 往趣王所, 白王言曰, 王獨尊貴安隱快樂, 我獨貧窮加復眼盲. 王見哀之謂於盲者, 有何等藥得療卿病. 盲者答曰, 唯得王眼能愈我眼. 時王自取兩眼持施盲者, 其心清然無一悔意, 月明王者卽我身是. 佛言須彌山尙可知斤兩, 我眼布施不可稱計.[123]

(11)은 『월인석보』 권11에 수록된 〈월인천강지곡〉 其273의 협주에 실려 있는 3편의 본생담 중 마지막 이야기를 옮긴 것이고, (12)는 그 저경인 『경율이상』 권10의 관련 부분을 인용한 것이다. 위에서 인용한 (11)은 석존의 전신인 월명왕이 자신의 두 눈을 맹인에게 보시하였다는 이야기이다. 인용하지 않은 나머지 두 편의 본생담도 각각 석존의 전신인 시비왕과 살타 태자의 보시행에 관한 내용으로 되어 있다. 앞의 【표8】・【표9】를

---

123) 『대정신수대장경』 제53권, pp.53하~54상.

보면,『월인석보』권11의 이들 삽화 외에도『월인석보』의 협주에 새로 편입된 삽화는 대부분 본생담이고, 이러한 본생담은 대체로 보시에 관한 내용으로 되어 있는데, 이를 통해『월인석보』에서『석보상절』보다 더욱 불교사상으로서의 '보시'가 강조되고 있음을 알 수 있다.

한편,『월인석보』권15의 1ㄱ3~2ㄱ2에 실려 있는 〈월인천강지곡〉 其294·295는,『법화경』오백제자수기품(五百弟子授記品) 제8의 내용이 아니라는 점에서 주목을 요한다. 곧 이들 노래는 아래의 인용문에서 보듯,『석가보』석가동삼천불연보(釋迦同三千佛緣譜) 제6이 그 저경인 것이다.

(13) 五十三佛 일훔을 如來 드르시니 三千人이 過劫에 비호시니
華光佛로 비르서 毘舍佛 니르리 一千부톄 莊嚴劫에 나시니 〈其294〉

拘留孫佛로 비르서 樓至佛 니르리 一千부톄 名賢劫에 나시리
日光佛로 비르서 須彌相佛 니르리 一千부톄 星宿劫에 나시리
〈其295〉

(14) 釋迦牟尼佛告大衆言, 我昔無數劫時, 於妙光佛末法之中, 出家學道聞五十三佛名, 聞已合掌心生歡喜復敎他人令得聞持, 他人聞已展轉相敎乃至三千人. 此三千人異口同音, 稱諸佛名一心敬禮, 以是因緣功德力故, 卽得超越無數億劫生死之罪. 其千人者華光佛爲首, 下至毘舍, 於莊嚴劫得成佛道, 過去千佛是也. 此中千佛者拘留孫佛爲首, 下至樓至如來, 於賢劫中次第成佛. 後千佛者日光如來爲首, 下至須彌相, 於星宿劫中當得成佛. 現在十方諸佛善德如來等, 亦得聞是五十三佛名故, 於十方世界各得成佛, 過去五十三佛名.[124]

(13)은 〈월인천강지곡〉 其294와 其295를 옮긴 것으로, 과거인 장엄

---

[124]『대정신수대장경』제50권, p.9하.

겁, 현재인 명현겁, 미래인 성수겁의 3겁에 걸쳐 3천 분의 부처님이 세상에 나셨고, 또한 나실 것이라는 내용으로 되어 있다. (14)는 이들 노래의 저경에 해당하는 『석가보』 제6의 관련 부분을 인용한 것이다. 『월인석보』 권15에는 其294·295의 대본에 해당하는 석보상절이 없지만, 위의 인용문을 통해 『석가보』 제6이 그 저경임을 확인할 수 있다. 『법화경』의 내용이 아닌 이 (14)가 〈월인천강지곡〉으로 노래된 이유 및 그 의미는 본서의 제4장 2절에서 다룰 것이므로, 여기에서는 이러한 사실만을 지적하기로 한다.

【표11】『월인석보』 권20·21·22의 구성과 저경

권차	삽화의 내용	장차	저경
권20	月曲 其341(1곡)	1ㄱ3~1ㄴ2	
	·대가섭의 정법 전지(傳持)	1ㄴ3~2ㄱ6	佛祖統紀 卷5 【梅溪集】
		3ㄱ2~4ㄱ6	傳法正宗記 卷1
	〈협주〉 대가섭의 전생	2ㄱ6~3ㄱ2	景德傳燈錄 卷1
	〈협주〉 석존의 정법 전수	4ㄱ6~5ㄴ2	佛祖歷代通載 卷3·雜阿含經 卷4
	月曲 其342~346(5곡)	5ㄴ3~7ㄴ7	
	·보은경(報恩經) 설법	8ㄱ1~25ㄴ4	大方便佛報恩經 卷1 序品 第1
		25ㄴ4~29ㄱ2	大方便佛報恩經 卷1 孝養品 第2의 일부
	月曲 其347~348(2곡)	29ㄱ3~30ㄱ1	
	〈협주〉 사리불의 멸도(滅度)	30ㄱ2~38ㄱ5	大方便佛報恩經 卷5 慈品 第7
	月曲 其349~405(57곡)	38ㄱ6~61ㄱ6	
	〈협주〉 수대나(須大拏) 태자의 보시행[본생담]	61ㄱ7~91ㄱ7	太子須大拏經
	月曲 其406~411(6곡)	91ㄴ1~93ㄴ6	
	·보은경 설법(여래의 난행(難行)·고행에 대한 석존의 설법)	93ㄴ7~101ㄱ4	大方便佛報恩經 卷1 孝養品 第2
	·수사제(須闍提) 태자의 효양행[본생담]	101ㄱ4~117ㄴ7 *이하 낙장	

권21	月曲 其412~417(6곡)	1ㄱ~3ㄴ5	
	·도리천위모 설법	3ㄴ6~4ㄱ7	釋迦譜 優塡王造釋迦栴檀像記 第23【增一阿含經】
		4ㄱ7~8ㄱ7	釋迦譜 釋迦母摩訶摩耶夫人記 第16【佛昇忉利天爲母說法經】
	·지장경 설법	8ㄱ7~68ㄴ7	地藏菩薩本願經 忉利天宮神通品 第1~閻浮衆生業感品 第4
		68ㄴ7~73ㄱ4	大乘大集地藏十輪經 卷1 序品 第1
		73ㄱ4~188ㄱ5	地藏菩薩本願經 地獄名號品 第5~囑累人天品 第13
	月曲 其418~424(7곡)	188ㄱ6~191ㄱ6	
	·우전왕과 파사익왕의 불상 조성	191ㄱ7~191ㄴ1	釋迦譜 第23【增一阿含經】
		191ㄴ1~192ㄱ2	大方便佛報恩經 卷3 論議品 第5
		192ㄱ2~192ㄴ4	釋迦譜 第23【增一阿含經】
		192ㄴ4~193ㄱ2	釋迦譜 波斯匿王造釋迦金像記 第24【增一阿含經】
	·육사외도의 석존 비방	193ㄱ2~200ㄱ7	大方便佛報恩經 卷3 論議品 第5
	·석존의 염부제 귀환	200ㄱ7~203ㄴ4	釋迦譜 第16【佛昇忉利天爲母說法經】大方便佛報恩經 卷3 論議品 第5
	·금상의 불사 부촉	203ㄴ4~205ㄱ3	釋迦譜 第23【觀佛三昧海經】
	·석존의 연화색 비구니 훈계	205ㄱ3~206ㄱ4	宗門聯燈會要 卷1
	·칠보탑이 땅에서 솟아 나옴	206ㄱ4~211ㄱ2	大方便佛報恩經 卷3 論議品 第5
	月曲 其425~429(5곡)	211ㄱ3~213ㄱ3	
	·인욕태자의 효양행[본생담]	213ㄱ4~222ㄴ1	大方便佛報恩經 卷3 論議品 第5
권22	月曲 其445~494(50곡)	1ㄱ~20ㄴ6	
	·선우(善友) 태자의 보시행[본생담]	20ㄴ~69ㄴ5	大方便佛報恩經 卷4 惡友品 第6
	〈협주〉제바달다의 석존 모해(謀害)	69ㄴ5~72ㄴ5	

『월인석보』 권20은 미히가섭이 서존으로부터 정법 전지(傳持)의 임무를 받게 된 인연과 사리불의 멸도(滅度)에 관한 인연 등 제자들에 관한 이야기와, 효양(孝養)에 대한 석존의 설법, 그리고 보시와 효양에

관한 본생담 등의 내용으로 되어 있다. 『대방편불보은경』이 저경의 중심을 이루고 있고, 그 외에 『태자수대나경』·『경덕전등록』·『불조통기』·『전법정종기』 등이 편입되어 있다.

권20의 협주에 전역되어 실려 있는 『태자수대나경』은 서진(西晉)의 성견(聖堅)이 번역한 본생담으로, 석존의 전신인 수대나 태자의 보시행에 관한 내용으로 되어 있다. 『육도집경(六度集經)』 권2의 「수대나경(須大拏經)」과 유사한 내용이지만, 주요 등장인물의 이름과 구체적인 내용에서 차이를 보인다.125) 其349~405의 저경인 이 본생담은 불전(佛典)의 단일 삽화로는 가장 많은 곡수의 〈월인천강지곡〉으로 노래된 것이다.

『경덕전등록』은 동오(東吳)의 도원(道源)이 찬술한 전 30권의 저서로, 인도 및 중국의 선종에 있어서 전등(傳燈)의 법계(法系)를 서술하고 있는 책이다. 중국 선종사(禪宗史) 연구의 근본 자료로 중시되고 있다. 마하가섭의 전생에 관한 이야기가 『월인석보』 권20의 협주에 실려 있다.

『월인석보』 권21은 내용과 저경에 있어 『석보상절』 권11과 거의 일치한다. 다만 『석보상절』의 '녹모부인의 공덕행' 삽화가 『월인석보』에 없고, 『석보상절』에 없던 '육사외도의 석존 비방'과 '석존의 연화색 비구니 훈계' 삽화가 새로 편입되어 있는 차이를 보인다. 저경에 있어서

---

125) 『태자수대나경』과 『육도집경』은 사건의 전개 과정과 중심 인물의 이름에서 일치하지만, 몇 가지 차이점을 보이기도 한다. 수대나 태자가 단특산으로 쫓겨나 고행을 하게 된 이유는 태자가 부왕의 코끼리를 적국에 보시한 때문인데, 이 코끼리의 이름이 전자에는 '수단연(須檀延)'으로, 후자에는 '나사화대단(羅闍和大檀)'으로 되어 있다. 또한 부왕의 이름이 전자에는 '습파(濕波)'로, 후자에는 '습수(濕隨)'로 차이를 보인다. 그리고 구체적인 내용에 있어서도 『육도집경』에는 〈월인천강지곡〉 其360 후절~361에 해당하는 내용이 없다. 곧 제석천이 단특산으로 가는 태자의 일행을 쉬게 해주려고 성을 만들어 음식을 대접했다는 내용과, 태자의 효심과 자심(慈心)으로 단특산 입구에 흐르는 큰 물을 무사히 건넜다는 내용이 『육도집경』에는 보이지 않는다. 『대정신수대장경』 제3권, pp.7하~11상 참고.

도 『월인석보』는 『지장경』의 전품(全品)을 수록하고 있으며, 『대승대집지장십륜경』과 『종문연등회요』 등이 새로 편입되었다.126)

당나라 현장이 번역한 8권 10품의 『대승대집지장십륜경』은 흔히 『지장십륜경』이라고 줄여 부르는데, 대·소승 이승(二乘)의 융화로써 지장신앙 내지는 지장보살의 본원(本願)이 현세적으로 이루어질 것을 강조한 경전이다. 서품 제1의 일부가 『월인석보』 권21의 『지장경』 염부중생업감품(閻浮衆生業感品) 제4와 지옥명호품(地獄名號品) 제5 사이에 번역되어 있다.

권22는 석존의 전신인 선우태자와 제바달다의 전신인 악우태자에 관한 이야기로, 『대방편불보은경』 권3 논의품 제5가 그 저경이다. 협주에는 제바달다가 석존을 해치려고 한 같은 저경의 삽화가 실려 있다.

이제, 마지막으로 『월인석보』 권23과 권25의 구성 및 저경을 살펴보도록 하겠다.

---

126) 새로 편입된 『종문연등회요』의 내용은 석존의 연화색 비구니 훈계에 관한 삽화이다. 참고로, 『월인석보』와 그 저경을 인용하면 다음과 같다. "世尊이 ᄂᆞ려오싫 제 四衆八部ㅣ 다 空界예 가 마줍더니 蓮花色比丘尼 너교ᄃᆡ 나ᄂᆞᆫ 승의 모밀씨 당다이 大僧 後에 부텨를 보ᅀᆞᄫᆞ리니 神力을 ᄡᅥ 轉輪聖王이 ᄃᆞ외야 千子ㅣ 圍繞ᄒᆞ야 ᄆᆞᆺ 처섬 부터 보ᅀᆞᄫᅡ 願 치오니만 ᄒᆞ니 업다 ᄒᆞ야ᄂᆞᆯ 世尊이 ᄌᆞᆺ 보시고 구지즈샤ᄃᆡ 蓮花色比丘尼 네 엇뎨 大僧 건너 날 보ᄂᆞᆫ다 네 비록 내 色身을 보아도 내 法身을 몯 보ᄂᆞ니 須菩提 바횟 소배 便安히 안자셔ᅀᅡ 도ᄅᆞ혀 내 法身을 보ᄂᆞ니라" (月釋 21:205ㄱ3～206ㄱ4)

"世尊(九十日, 在忉利天宮, 爲母說法, 及辭天界而)下時四衆八部, 俱往空界奉迎. 有蓮花色比丘尼, 作念云, 我是尼身, 心居大僧後見佛, 不若用神力, 變作轉輪聖王, 千子圍繞, 最初見佛, 果滿其願. 世尊纔見, 乃訶云, 蓮花色比丘尼, 汝何得越大僧見吾, 汝雖見吾色身, 且不見吾法身, 須菩提在岩中宴坐, 却見吾法身." (『(신찬)대일본속장경』 제79권, p.14중)

【표12】 『월인석보』 권23·25의 구성과 저경

권차	삽화의 내용	장차	저경
권23	·법멸(法滅)에 대한 석존의 설법	1ㄱ~9ㄱ5	法苑珠林 卷98 法滅篇 第98
	月曲 其495~496(2곡)	9ㄱ6~10ㄱ5	
	·불법전수에 관한 석존의 설법	10ㄱ6~53ㄱ4	法苑珠林 卷30 住持篇 第22
	〈협주〉 미륵의 하생(下生)	28ㄱ5~48ㄱ3	佛說彌勒大成佛經
	月曲 其497~499(3곡)	53ㄱ5~54ㄴ4	
	·대애도의 멸도	54ㄴ5~63ㄴ1	釋迦譜 釋迦姨母大愛道泥洹記 第17 【佛母泥洹經·增一阿含經】
	月曲 其500~519(20곡)	63ㄴ2~71ㄴ5	
	·석존이 아난과 함께 후하안거(後夏安居)를 함	71ㄴ6~72ㄱ1	釋迦譜 釋迦雙樹般涅槃記 第27 【長阿含經】
	〈협주〉 목련이 아비지옥(阿鼻地獄)에 있는 어머니를 구함	72ㄱ1~91ㄴ7	目連經
	〈협주〉 목련이 아귀(餓鬼)에 있는 어머니를 구함	91ㄴ7~98ㄱ5	佛說盂蘭盆經
	月曲 其520~521(2곡)	98ㄱ6~99ㄱ4	
	·석존의 열반 예고	99ㄱ5~105ㄴ3	釋迦譜 釋迦雙樹般涅槃記 第27 【長阿含經】
	月曲 其522~524(3곡)	105ㄴ4~106ㄴ7 *이하 낙장	
권25	·법장결집(法藏結集)	3ㄱ1~9ㄴ1	經律異相 卷13 聲聞學僧 第1 僧部 第2 【大智度論 卷2】
		9ㄴ1~10ㄴ3	景德傳燈錄 卷1
		10ㄴ3~11ㄴ5	**祖堂集 卷1 【七事記】**
	〈협주〉 아난 작명(作名) 인연	11ㄱ5~12ㄱ4	翻譯名義集 卷1
	·가섭의 정법 전지와 입멸	12ㄱ4~14ㄱ6	景德傳燈錄 卷1
	〈협주〉 삼의육물(三衣六物)에 대한 설명과 가사(袈裟)의 공덕·위력에 관한 이야기	14ㄱ6~57ㄱ7	法苑珠林 卷35 法服篇 第30 等
	·아난의 정법 전지와 입멸	57ㄱ7~62ㄱ6	景德傳燈錄 卷1
	月曲 其577(1곡)	62ㄱ7~62ㄴ6	
	·아육왕(阿育王)의 전생	62ㄴ7~64ㄴ5	釋迦譜 阿育王造八萬四千塔記 第31 【雜阿含經】

제3장 저경(底經)의 성격과 그 의미 **101**

권25	〈협주〉 아육왕의 전생과 석존이 8만 4천탑 공양을 받게 된 인연	64ㄴ6~66ㄴ3	釋迦譜 釋迦獲八萬四千塔宿緣記 第32 【賢愚經】
	・아육왕의 즉위 과정	66ㄴ3~73ㄴ4	釋迦譜 第31 【雜阿含經】
	・아육왕의 불법 귀의	73ㄴ4~88ㄱ5	釋迦譜 第31 【雜阿含經・阿育王傳・譬喩經】
	・8만 4천 사리탑 조성	88ㄱ5~90ㄱ7	釋迦譜 第31 【雜阿含經】
		90ㄱ7~91ㄱ2	阿育王傳 卷1 本施土緣 第1
		91ㄱ2~91ㄱ5	釋迦譜 第31 【雜阿含經】
	月曲 其578~579(2곡)	91ㄱ6~92ㄱ4	
	・8만 4천 사리탑에 번(幡)을 달음	92ㄱ5~93ㄱ4	釋迦譜 第31 【迦葉語阿難經】
	・석존 설법처의 탑묘 건립과 대제자의 사리탑 공양	93ㄱ4~105ㄱ3 110ㄴ2~114ㄱ2	釋迦譜 第31 【雜阿含經】
	〈협주〉 목련의 난타용왕 교화	105ㄱ3~110ㄱ2	增一阿含經 卷28 聽法品 第26
	・보리수와 승중 공양	114ㄱ2~130ㄴ5	釋迦譜 第31 【雜阿含經】
	・아육왕의 아우 선용의 출가	130ㄴ5~135ㄴ1	釋迦譜 阿育王弟出家造釋迦石像記 第25 【求離牢獄經】
	月曲 其580~581(2곡)	135ㄴ2~136ㄱ5	
	・아육왕의 염부제 보시 및 죽음	136ㄴ6~139ㄱ2	釋迦譜 第31 【雜阿含經】
	・법익의 아들 삼파제가 왕이 됨	139ㄱ2~140ㄱ1	
	〈협주〉 태자 법익 이야기	140ㄱ1~142ㄴ4	釋迦譜 第31 【法益・阿育王息法益壞目因緣經】
	月曲 其582~583(2곡)	142ㄴ5~143ㄱ6	
	〈협주〉 석존의 일생에 대한 해설	143ㄱ7~144ㄴ7 *이하 낙장	金剛般若波羅蜜經五家解說誼 卷上

『월인석보』 권23은 법멸(法滅) 및 불법(佛法) 전수에 관한 석존의 설법과 대애도의 멸도, 그리고 석존의 열반 예고 등의 내용으로 되어 있다. 저경으로는 『석가보』 석가이모대애도니원기(釋迦姨母大愛道泥洹記) 제17・석가쌍수반열반기(釋迦雙樹般涅槃記) 제27과, 『법원주림』 등이 편입되어 있고, 『불설미륵대성불경』・『목련경』・『불설우란분경』은 협주에 전역되어 있다.

구마라집이 번역한 『불설미륵대성불경(佛說彌勒大成佛經)』은, 『불설관미륵보살상생도솔천경(佛說觀彌勒菩薩上生兜率天經)』· 『佛說彌勒下生經(佛說彌勒下生經)』과 함께 미륵삼부경으로 불리는 경전이다. 미륵보살의 국토·시절·전법륜·중생제도 등에 대해 자세히 설하고 있다. 이 경전은 미륵 사후의 도솔천 탄생과 설법을 중심으로 하는 미륵 상생의 내용이 없고, 미륵이 하생하여 3회 설법으로 중생을 구제하는 내용이 중심이 된다.

『목련경』은 석존의 제자인 목련이 죄업으로 인해 아비지옥에 떨어진 자신의 어머니를 지극한 효성으로 구한다는 내용으로, 『안락국태자경』과 마찬가지로 우리나라에서 만들어진 위경이라 할 수 있다. 이 불서는 『안락국태자경』·『대방편불보은경』 논의품 제5의 선우태자 이야기와 더불어 후대에 소설화되어 일반 대중들 사이에 널리 유통되었다.[127]

권23의 협주에 『목련경』에 이어 수록되어 있는 축법호 번역의 『불설우란분경』은, 목련이 석존에게 아귀가 된 망모(亡母)를 구할 방법을 묻자, 석존이 7월 15일에 온갖 음식과 과일 등을 준비하여 시방(十方)의 불승(佛僧)에게 공양하면 그 고통이 제거된다고 설한 경전이다. 지금도 절에서 행해지고 있는 우란분절의 행사는 이 경전의 가르침에서 연유한 것이다.

『월인석보』 권25는 『석보상절』 권24와 거의 같은 내용으로, 법장의 결집 및 정법의 전지, 그리고 아육왕의 불법 홍포에 관한 내용으로 되어 있다. 저경에 있어서도 『석가보』 아육왕조팔만사천탑기(阿育王造八

---

[127] 『안락국태자경』은 「안락국전」, 『목련경』은 「나복전」, 『대방편불보은경』의 선우태자 이야기는 「적성의전」으로 소설화되었다. 이들 작품에 대한 비교 연구는 이정원, 「15세기 불교계 국문서사 연구-〈안락국전〉·〈나복전〉·〈적성의전〉과의 대비를 통해」, 『한국고전연구』 5, 한국고전연구학회, 1999에서 자세히 이루어졌다.

萬四千塔記) 제31이 그 중심을 이루고 있다. 그러나 『석보상절』에 없던 『법원주림』・『증일아함경』・『금강경설의』 등의 불전(佛典)이 협주에 편입되었으며, 삽화의 배열에서 차이를 보이기도 한다.[128]

끝으로, 『월인석보』 권23과 권25의 낙장 부분의 저경에 대해 살펴보기로 하겠다.

권23은 위의 【표12】에서 보듯이 〈월인천강지곡〉 其524 이후가 낙장되어 있어, 몇 곡의 노래가 더 있었고 그 내용이 무엇인지 알 수 없다. 다만 其522~524의 내용을 통해 이들 노래에 해당하는 상절부 및 그 저경을 추정할 수 있을 뿐이다.

(15) 正法이 流布ᄒᆞ야 北方애 오라실ᄊᆡ 平床座ᄅᆞᆯ 北首ᄒᆞ라 ᄒᆞ시니
　　　 人生이 셜로ᄃᆡ 佛性은 오라릴ᄊᆡ 跋提河애 滅度호려 ᄒᆞ시니 〈其522〉

　　　 衆生ᄋᆞᆯ 爲ᄒᆞ샤 큰소리 내샤 色界天에 니르시니
　　　 衆生ᄋᆞᆯ 조ᄎᆞ실ᄊᆡ 큰소리 아ᅀᆞᄫᅡ 大涅槃經을 듣ᄌᆞᄫᆞ니 〈其523〉

　　　 娑羅雙樹에 光明을 펴샤 大千世界 볼ᄀᆞ니이다
　　　 六趣衆生이 光明을 맞나ᅀᆞᄫᅡ 惡趣와 煩惱ㅣ 업스니이다 〈其524〉

(16) 爾時世尊入拘尸城, 向本生處末羅雙樹間, 告阿難曰, <u>汝爲如來於雙樹間, 敷置床座使頭北面向西方. 所以然者, 吾法流布當久住北方.</u> …(中略)… 有法無常要歸磨滅, 唯得聖諦道爾乃知之. 我自憶念曾於此處, 六反作轉輪聖王, 終厝骨於此. 今我成無上正覺, 復捨性命厝身於此, 自今已後生死永終, 無有方土厝吾身處, 此最後邊更不受有.[129]

(17) 佛在拘尸那城, 力士生地阿夷羅跋提河邊娑羅雙樹間, 與大比丘八十億

---

128) 이에 대해서는 다음 항의 '구성방식의 차이점과 그 의미'에서 살펴볼 것이다.
129) 『대정신수대장경』 제50권, p.71상.

百千人俱, 前後圍繞. 二月十五日臨涅槃時, 以佛神力出大音聲, 乃至有頂隨其類音普告衆生. 今日如來應供正遍知, 憐愍衆生如羅睺羅, 爲作歸依, 大覺世尊將欲涅槃. 一切衆生若有所疑, 今悉可問, 爲最後問130)

(18) 爾時世尊於晨朝時, 從其面門放種種光, 遍照三千大千佛之世界, 乃至十方六趣衆生, 遇斯光者, 罪垢煩惱, 一切消除. 是諸衆生見聞是已, 心大憂惱同時擧聲悲號啼哭.131)

위의 인용문 (15)는 석존의 열반 예고에 관한 노래인 其522와, 열반경 설법의 광경을 노래하고 있는 其523·524를 옮긴 것이고, (16)~(18)은 (15)의 저경 및 상절부로 추정되는 『석가보』 석가쌍수반열반기 제27의 관련 부분을 차례대로 인용한 것이다. 곧 인용문 (16)은 其522, (17)은 其523, 그리고 (18)은 其524의 내용에 해당한다. 위의 인용문을 통해 (15)와 (16)~(18)은 그 내용과 주요 어휘가 일치하고 있음을 알 수 있다. 그리고 其520·521의 저경 또한 『석가보』 제27의 내용이라는 점에서 (16)~(18)은 其522~524의 저경일 가능성이 더욱 크다고 하겠다.

『석가보』 제27은 『대반열반경』의 내용을 중심으로 『장아함경』·『대반니원경(大般泥洹經)』·『마야경(摩耶經)』 등의 내용이 삽입되어 있다. (16)은 其520~521의 저경과 출전이 같은 『장아함경』의 내용이고, (17)과 (18)은 『대반열반경』이 출전인 내용이다. 『석가보』 제27에서 보면, 이들 삽화는 '(17)→ 其520·521의 저경→ (16)→ (18)'의 순서로 되어 있다. (18) 이후로는 일체 중생과 순타(純陀)의 최후 공양, 석존의 임종 유교, 석존의 열반 등의 내용이 있다.

여기에서, 『월인석보』 권23의 낙장 부분에 其522~524의 상절부 외

---

130) 『대정신수대장경』 제50권, p.68상.
131) 『대정신수대장경』 제50권, p.68하.

에도 『석가보』 제27의 '일체 중생과 순타의 최후 공양' 삽화가 수록되었을 가능성을 추정해 볼 수 있다. 일체 중생과 순타의 최후 공양에 관한 삽화는 『석가보』 제27에서 其524의 저경 바로 뒤의 내용이고, '석존의 임종 유교'와 '석존의 열반' 등과 달리 『석보상절』 권23의 저경인 『대반열반경후분』에 전혀 없는 내용이기 때문이다. 물론 이러한 추정은 완본 『월인석보』 권23이나 권24가 발견되어야 그 진위 여부를 알 수 있겠지만, 그 가능성은 있다고 여겨진다.

한편, 『월인석보』 권25의 낙장된 제1·2장과 제145장 이하의 저경은 【표 12】에 3ㄱ1~9ㄴ1과 143ㄱ7~144ㄴ7의 저경으로 명시된 『경율이상』과 『금강경오가해설의』로 추정된다. 제3장의 첫 행은 "(부)톄 世世예 브즈러니 受苦ㅎ샤"로 되어 있는데, 〈월인천강지곡〉으로 시작하는 『월인석보』의 체재를 고려할 때, 이 구절 앞의 저경 내용이 그대로 제1장 뒷면이나 제2장 앞면부터 실렸을 것으로 보인다.132)

제144장 뒷면 7행의 경우는 글자가 훼손되어 잘 보이지 않지만, 『금강경오가해설의』 중 함허 설의의 끝부분에 해당된다.133) 함허의 설의 뒤에는 규봉 종밀(圭峯宗密)의 설의가 이어지는데, 〈월인천강지곡〉 其582·583과 관련이 없는 내용이다. 그러므로 함허 설의의 끝 구절인 "要識道場麼 觸目無非古道場"에 대한 번역은 제145장 앞면에 실렸을 것이고, 『월인석보』 권25는 이 제145장이 마지막 장차라 할 수 있을 것

---

132) 참고로, 그 부분을 저경인 『경율이상』 권13 성문학승(聲聞學僧) 제1 승부(僧部) 제2에서 옮겨오면 다음과 같다. "諸天禮迦葉足, 說偈讚歎, 大德知不, 法般欲破, 法城欲頹, 法海欲竭, 法幢欲倒, 法燈欲滅, 說法人欲去, 行道人漸少, 惡人轉盛, 當以大慈建立佛法. 迦葉心大海, 澄淸不動, 久而答日, 世間不久, 無智盲冥, 迦葉思惟, 我今云何, 使三僧祇劫難得佛法而得久住, 唯當結集三藏, 可得久住耳, 未來世人可得受行."(『대정신수대장경』 제53권, p.65상)
133) 본서 제2장 3절의 인용문 (14)가 그것이다.

이다. 물론 함허의 설의 뒤에 다른 불전(佛典)의 내용이 편입되어 그 장차가 계속되었을 가능성을 배제하는 것은 아니다. 다만 완본『월인석보』권25가 전하지 않는 현재의 상황에서는 이러한 추정을 할 수 있을 뿐이다.

3) 구성방식의 차이점과 그 의미

지금까지 현전『석보상절』과『월인석보』각 권차의 구성 및 저경을 검토했는데, 여기서는『석보상절』과『월인석보』의 구성방식을 삽화의 배열과 저경 수용의 측면으로 나누어 비교 고찰한 뒤, 구성방식의 차이점과 그 의미에 대해 논의하고자 한다.

다음의 인용문 (19)와 (20)은『석보상절』권24와『월인석보』권25의 삽화 일부를 옮긴 것이다.

(19) ㉠아육왕의 전생 및 석존이 8만 4천 사리탑을 공양 받게 된 인연→㉡아육왕의 즉위 과정→㉢아육왕이 비구에 의해 불법에 경신(敬信)하는 마음을 냄→㉣아육왕의 참회→㉤아육왕이 지옥을 헐어버림→㉥**파사익왕의 누이인 비구니에게 석존의 공덕을 들음**→㉦사미(沙彌) 단정(端正)의 외도 교화→㉧8만 4천 사리탑의 조성

(20) ㊀아육왕의 전생→㊁〈협주〉아육왕의 전생과 석존이 8만 4천 사리탑을 공양받게 된 인연→㊂아육왕의 즉위 과정→㊃아육왕이 비구에 의해 불법에 경신하는 마음을 냄→㊄파사익왕의 누이인 비구니에게 석존의 공덕을 들음→㊅아육왕의 참회→㊆사미 단정의 외도 교화→㊇아육왕이 지옥을 헐어버림→㊈**아육왕이 도인으로부터 재앙을 면하는 방법을 들음**→㊉8만 4천 사리탑의 조성

『석보상절』(19)의 ㉢~㉧과 『월인석보』(20)의 ㉣~㉩는 논의의 편의상, '아육왕의 불법 귀의' 삽화를 세분한 것이다. (19)와 (20)의 비교를 통해, (19)의 삽화 일부가 자리를 옮기고, (19)에 없던 삽화가 새로 첨가된 것이 바로 (20)이라는 것을 알 수 있다. 곧 『월인석보』 권25의 (20)은, (19)의 삽화 ㉥과 ㉧이 각각 앞의 ㉢과 ㉣ 사이, ㉣과 ㉤ 사이로 자리를 옮기고, ㉤의 뒤에 새로운 삽화 ㉩가 편입된 것이다.

삽화 ㉢~㉤ 및 ㉤·㉥·㉧은 아육왕이 불교를 믿는 계기가 된 일련의 사건들로, 아육왕이 기리(耆梨)라는 살인자로 하여금 지옥을 만들어 사람들을 죽이게 하다가, 그 지옥에 잘못 들어온 한 비구를 통해 석존과 불교를 알게 된 후, 자신의 죄를 참회하고 지옥을 헐어버렸다는 내용이다. 삽화의 내용으로 볼 때, 문맥상 『월인석보』보다는 시간적 순서에 따라 삽화를 배열하고 있는 『석보상절』이 더 자연스럽다고 할 수 있다. 그럼에도 『월인석보』의 편자는 이 ㉢~㉤의 삽화 사이에 내용과 성격이 다른 ㉥과 ㉧을 각각 삽입하여 ㉤~㉧로 재배열하고 있는 것이다.

이러한 『월인석보』(20)의 삽화 배열은 저경인 『석가보』 아육왕조팔만사천탑기 제31에 보인다는 점에서 주목을 요한다. 『석가보』 제31은 소제목 옆에 명시된 『잡아함경』을 중심으로 『아육왕전』·『비유경』·『법익경』 등의 경전이 삽입되어 있다. 『석가보』 제31에서, 삽화 ㉢~㉧의 저경이 된 부분의 삽화 배열은, 중심 저경인 『잡아함경』의 삽화 ㉢~㉤ 사이에 『아육왕전』의 ㉥과 『비유경』의 ㉧이 삽입되어 있는 ㉢→㉥→㉣→㉧→㉤의 순서로 되어 있어, 『월인석보』(20)의 ㉣→㉤→㉥→㉦→㉧과 일치하고 있다. 새로 편입된 ㉩의 삽화 또한 『석가보』 제31의 ㉧ 뒤에 있는 것이므로, 『월인석보』 권25의 삽화 배열은 저경인 『석가보』 제31의 체재를 그대로 따른 것이라 할 수 있다.

한편, (19)의 삽화 ㉠은 (20)에서 ㈠과 협주 ㈡의 두 삽화로 나누어졌는데, ㉠의 저경은『석가보』제31과 석가획팔만사천탑숙연기 제32로, 각각 ㊀과 협주 ㊁의 저경과 일치한다. 삽화 ㉠에서는 아육왕의 전생이야기인『석가보』제31과 본생담인『석가보』제32의 내용이 저경의 구별 없이 사건의 시간적 순서에 따라 문맥에 맞게 서술되어 있는 것이다.

이에 반해, (20)에서는 ㉠이 그 저경에 따라 분리되어『잡아함경』의 내용인『석가보』제31은 ㊀에,『현우경』의 내용인『석가보』제32는 협주 ㊁에 편입되어 있다. 그 결과 협주를 제외한『월인석보』권25의 ㊀ 아육왕의 전생에서부터 ㊉8만 4천 사리탑 조성까지의 삽화들은 그 배열에 있어 저경인『석가보』제31에 정확히 일치하고 있다. 이를 통해『석보상절』(19)에서『월인석보』(20)으로의 변화는, 삽화의 배열에 있어서 저경을 충실히 따르려는『월인석보』편자의 편찬 태도에 기인한 것임을 알 수 있다.

이러한 삽화 배열의 양상은『석보상절』권11과『월인석보』권21에서도 보인다.

(21) ㉮석가보 제23+석가보 제16 → ㉯지장경 제1·2 → ㉰석가보 제23+석가보 제24 → ㉱석가보 제16 → ㉲석가보 제23 → ㉳·㉴·㉵대방편불보은경 논의품 제5

(22) ⓐ석가보 제23+석가보 제16 → ⓑ지장경 → ⓒ석가보 제23+**대방편불보은경 논의품 제5**+석가보 제24 → **ⓓ논의품 제5** → ⓔ석가보 제16+**논의품 제5** → ⓕ석가보제23 → ⓖ종문연등회요 권1 → ⓗ·ⓘ논의품 제5

(21)과 (22)는 본서의 제2장 2절에서 살펴본 바 있는『석보상절』권11과『월인석보』권21의 삽화 전개 양상을, 각 삽화의 저경을 중심으로 제시한 것이다. 위의 (21)과 (22)를 통해,『지장경』을 제외한 저경들의

내용이 각각의 삽화에 분산되어 있음을 알 수 있다.

『석보상절』(21)을 예로 들면, 『석가보』제16과 제23의 내용이 각각 ㉮·㉯와 ㉮·㉰·㉱에 실려 있고, ㉲~㉵의 삽화는 『대방편불보은경』 논의품 제5의 내용으로 되어 있다. 곧, 『석가보』 석가모마하마야부인기 제16은 『불승도리천위모설법경』이 그 출전으로, 석존이 도리천에서 어머니에게 설법했다는 내용과 석존이 설법을 마치고 염부제로 돌아오는 내용으로 되어 있는데, 이 저경의 내용이 분리되어 전자는 삽화 ㉮도리천위모 설법을, 후자는 ㉯석존의 염부제 귀환 삽화를 구성하고 있는 것이다.

또한, 『석가보』 우전왕조석가전단상기 제23은 우전왕이 불상을 조성했다는 내용의 『증일아함경』 청법품(聽法品) 제36이 출전인 삽화와, 석존이 불상에게 후세의 불사(佛事)를 부탁했다는 내용의 『관불삼매해경』 관사위의품 제6이 출전인 삽화로 되어 있는데, 이 삽화들은 각각 ㉰우전왕과 파사익왕의 불상 조성과 ㉱금상의 불사 부촉에 편입되어 있다. 그리고 『증일아함경』 출전의 내용 중, 『석가보』 제23의 도입 부분인 "釋提桓因請佛 至三十三天爲母說法 世尊念四部之衆 多有懈怠皆不聽法 我今使四衆渴仰於法 不告四衆復不將侍者 如屈申臂頃 至三十三天"[134]의 구절은 삽화 ㉮의 1ㄱ1~1ㄱ6에 "釋提桓因이 부텻긔 請ᄒᆞᅀᆞᆸ오ᄃᆡ 忉利天의 가샤 어마님 위ᄒᆞ샤 說法ᄒᆞ쇼셔 世尊이 사ᄅᆞᆷ 아니 알외샤 ᄒᆞ오ᅀᅡ 忉利天에 가샤"로 축약되어 실려 있다. 『대방편불보은경』 논의품 제5의 경우는, 앞에서 이미 언급했듯이, 그 내용이 순서대로 삽화 ㉲~㉵에 수록되어 있다.

이러한 『석보상절』 권11의 삽화 배열은 석존의 도리천 설법이 주된

---

134) 『대정신수대장경』 제50권, p.66상.

내용이거나 배경으로 되어 있는, 『지장경』을 포함한 위 저경의 삽화들을 그 시간적 순서에 의해 분리하여 전체적인 문맥에 맞게 재배열한 것이라고 하겠는데, 『월인석보』 권21 역시 『석보상절』 권11과 같은 양상을 보이고 있다. 그러나 『월인석보』 (22)에서 보듯, 『석가보』가 저경인 몇몇 삽화에는 『대방편불보은경』 논의품 제5의 일부 내용이 첨가되어 있다. 새로 편입된 삽화 ⓓ 외에도, ⓒ우전왕과 파사익왕의 불상 조성과 ⓔ석존의 염부제 귀환의 삽화에서 논의품 제5의 일부 내용이 보이는 것이다.

ⓒ와 ⓔ의 삽화에 첨가된 내용은 새로 편입된 삽화 ⓓ와 함께, 석존이 도리천에서 염부제로 돌아온 직후의 설법인 ⓗ·ⓘ 이전의 내용으로, ⓒ와 ⓓ는 석존이 도리천에 있을 때의 이야기이고, ⓔ에 첨가된 구절은 석존이 염부제로 귀환할 때의 광경이다. 곧, 이 ⓒ~ⓔ와 ⓗ~ⓘ는 저경인 논의품 제5의 내용 전개에 따라 『월인석보』 권21의 문맥에 맞게 첨가 또는 편입된 것이다.

결국, 『월인석보』의 편자는 『석보상절』 권11의 삽화 배열 양상을 따르면서도, 『석보상절』 권11에 『지장경』의 경우와 마찬가지로 『대방편불보은경』 논의품 제5의 일부 내용만이 수록되어 있는 점을 미흡하다고 여겨, 논의품 제5의 나머지 내용 또한 시간적 순서에 따라 『석보상절』의 삽화들 사이에 삽입 또는 첨가한 것이라 할 수 있다. 그러므로 삽화 ⓓ는 저경에 충실하려는 『월인석보』 편자의 편찬 태도로 인해 『월인석보』 권21의 문맥에 맞게 새로 편입된 것이라 하겠다.

다음으로, 『석보상절』과 『월인석보』의 저경 수용 양상에 대해 살펴보면 다음과 같다.

(23) 後에 巴連弗邑에 훈 王이 일후미 頻頭婆羅ㅣ러니 無憂ㅣ라홀 아드

를 나ᄒᆞ니 모미 디들오 양ᄌᆡ 덧구즐ᄊᆡ 여러 아ᄃᆞᆯ 中에 못 ᄉᆞ랑티 아니ᄒᆞ
더니   〈釋詳 24:11ㄱ6~ㄴ3〉

(24) 後에 巴連弗邑에 王이 이쇼ᄃᆡ (일후미 日月護ㅣ러니 아ᄃᆞᄅᆞᆯ 나ᄒᆞ니)
일후미 頻頭婆羅ㅣ러니 (ᄯᅩ 아ᄃᆞᄅᆞᆯ 나ᄒᆞ니 일후미 修師摩ㅣ러니 그제 瞻
婆國에 ᄒᆞᆫ 婆羅門의 ᄯᆞ리 至極 端正ᄒᆞ더니 相師ᄃᆞᆯ히 닐오ᄃᆡ 王妃 ᄃᆞ외야
두 아ᄃᆞᄅᆞᆯ 나하 ᄒᆞ나ᄒᆞᆫ 天下ᄅᆞᆯ 거느리고 ᄒᆞ나ᄒᆞᆫ 出家ᄒᆞ야 道理 ᄇᆡ화 聖人
이 ᄃᆞ외리로다 ᄒᆞ야ᄂᆞᆯ 婆羅門이 몯내 깃거ᄲᅥ ᄃᆞ리고 巴連弗邑에 가 種種
莊嚴ᄒᆞ야 修師摩 王子ᄅᆞᆯ 얼유려 ᄒᆞ더니 相師ㅣ 닐오ᄃᆡ 頻頭婆羅王ᄭᅴ 받
ᄌᆞᄫᅡᅀᅡ ᄒᆞ리라 王이 뎌 ᄯᆞ리 端正코 德 잇는ᄃᆞᆯ 보고 즉재 第一夫人을 사
ᄆᆞ니 곧 아기 ᄇᆡ야) 아ᄃᆞᄅᆞᆯ 나ᄒᆞ니 낳 저긔 便安ᄒᆞ야 어미 시름 업슬ᄊᆡ
無憂ㅣ라 ᄒᆞ니라 (ᄯᅩ 아ᄃᆞᄅᆞᆯ 나ᄒᆞ니 일후미 離憂ㅣ러니) 無憂는 모미 디
드러 아비 보디 슬희여 ᄒᆞ더니   〈月釋 25:66ㄴ3~68ㄱ5〉

위의 (23)과 (24)는, 아육왕의 즉위 과정에 관한 삽화의 도입부를 인
용한 것이다. 『월인석보』 (24)에서, 괄호 안의 구절은 『석보상절』 (23)
에 전혀 없는 내용으로, 아육왕의 할아버지와 형제에 대한 언급, 그리
고 부모의 결혼 과정에 관한 이야기로 되어 있다. 그리고 줄친 부분은
(23)과 일치하지는 않지만 대체로 같은 내용이라 할 수 있는데, 마치
(23)이 이 부분을 요약한 듯한 모습을 보인다.

(23)에 없고 (24)의 괄호 안에 있는 내용은 저경인 『석가보』 제31의
관련 부분에서 찾을 수 있다. "於巴連弗邑 有王名曰月護 彼王當生子名曰
頻頭婆羅 當治彼國 彼復有子名曰 修師摩 瞻婆國有一婆羅門女 至極端正
(이하 생략)"[135]이 그것으로, 『월인석보』 (24)의 첫 구절은 이 부분을
옮겨와서 직역한 것임을 알 수 있다. 이 (23)과 (24) 외에도, '아육왕의

---
135) 『대정신수대장경』 제50권, p.76하.

즉위 과정' 삽화에 있어서 『월인석보』는 『석가보』 제31의 관련 부분을 그대로 직역하고 있고, 『석보상절』은 저경의 내용을 축약 또는 요약하고 있다. 이를 통해 같은 『석가보』 제31을 저경으로 하면서도 『석보상절』은 삽화의 주제 형성과 직접적으로 관련이 있는 내용만을 발췌하여 삽화의 문맥에 맞게 축약 또는 요약하고 있으며, 이에 반해 『월인석보』는 삽화의 배열에서와 마찬가지로 저경의 내용 그대로를 충실하게 옮기고 있음을 알 수 있다.

『석보상절』과 『월인석보』의 이러한 저경 수용의 양상은 이 삽화뿐만 아니라 내용과 저경이 대응이 되는 권차의 여러 삽화에 나타나 있는 중요한 특징으로 지적할 수 있다.

(25) ㉠그 ᄢᅴ 人間애 이셔 부텨 몯 보ᅀᆞ반디 오라더니 ㉡優塡王들히 阿難이그에 가 무로ᄃᆡ 如來 어듸 겨시니잇고 阿難이 ᄉᆞᆯ보ᄃᆡ 大王하 나도 如來 겨신 ᄃᆡ를 모ᄅᆞᅀᆞᄫᅵ이다   〈釋詳 11:10ㄱ4~10ㄴ1〉

(26) 그 ᄢᅴ 人間애 이셔 부텨 몯 보ᅀᆞ반디 오라더니 ㉢大目揵連이 神力이 第一이로ᄃᆡ 神力을 다 ᄡᅥ 十方애 求ᄒᆞᅀᆞᄫᅩᄃᆡ 모ᄅᆞ며 阿那律陀ㅣ 天眼이 第一이로ᄃᆡ 十方 三千大千世界를 다 보다가 몯보ᅀᆞᄫᆞ며 五百大弟子애 니르리 如來 몯보ᅀᆞᄫᅡ 시름ᄒᆞ야 ᄒᆞ더니 優塡王들히 阿難이그에 가 무로ᄃᆡ 如來 어듸 겨시니잇고 阿難이 ᄉᆞᆯ보ᄃᆡ 大王하 나도 如來 겨신 ᄃᆡ를 모ᄅᆞᅀᆞᄫᅵ이다   〈月釋 21:191ㄱ7~192ㄱ6〉

(27) 是時人間不見如來久, 優塡王等至阿難所曰, 如來爲何所在. 阿難報曰, 大王我亦不知如來所在.[136]   〈석가보 제23〉

---

[136] 『대정신수대장경』 제50권, p.66하.

(25)와 (26)은 우전왕과 파사익왕의 불상 조성에 관한 삽화의 도입 부분으로, 우전왕 등이 석존의 제자인 아난에게 석존의 소재를 물어보는 내용이고, (27)은 저경인 『석가보』 제23의 관련 부분이다. 위에서 살펴본 (23)과 달리, 『석보상절』(25)는 저경인 (27)의 일부를 생략하거나 축약하지 않고 온전히 옮기고 있다. 이에 비해 『월인석보』(26)은 (27)에 없는 내용이 보이는데, 『석보상절』(25)의 ㉠과 ㉡에 해당되는 구절 사이에 밑줄 친 ㉢이 삽입되어 있는 것이다.

이 ㉢은 석존의 제자인 목련과 아나율타(阿那律陀) 등이 석존의 행방을 찾았으나 알 수 없었다는 내용으로, 『대방편불보은경』 논의품 제5에서 그 대목을 찾을 수 있다. 곧 ㉢은 논의품 제5의 "大目揵連神力第一 盡其神力 於十方推求 亦復不知 阿那律陀天眼第一 遍觀十方三千大千世界 亦復不見 乃至五百大弟子 不見如來 心懷憂惱"137)를 옮겨 와 직역한 것이다. 이 구절은 우전왕과 파사익왕의 불상 조성이라는 삽화의 주제와 직접적인 관련은 없지만, 불상을 조성하는 계기가 된 석존의 부재를 강조하기 위해 논의품 제5에서 채택되어 『석가보』 제23의 내용 사이에 옮겨진 것이라고 할 수 있다.

이상, 내용과 저경이 대응되는 권차를 대상으로 『석보상절』과 『월인석보』의 구성방식의 차이점을 살펴보았는데, 지금까지의 논의 내용을 아래와 같이 정리할 수 있다.

『석보상절』은 여러 저경의 내용을 삽화 단위로 분리하여 그 시간적 순서와 전체적인 문맥에 맞게 재배열하고 있으며, 저경의 수용에 있어서는 채택된 저경의 삽화 중, 『석보상절』 삽화의 주제 형성과 관련되는 내용만을 문맥에 맞게 발췌·요약하고 있다. 이에 비해, 『월인석보』

---

137) 『대정신수대장경』 제3권, p.136상.

는 대체로 『석보상절』의 저경과 구성방식을 따르면서도, 『석보상절』에서 제외되었던 저경의 삽화 및 내용을 축약 또는 생략 없이 저경의 모습 그대로 옮기고 있다.

이와 같은 구성방식의 차이점은 『석보상절』 및 『월인석보』 편자의 편찬 태도, 더 나아가서는 두 텍스트의 편찬 동기 및 목적의 차이에 기인한 것이라 할 수 있다. 텍스트를 편찬하게 된 동기와 목적에 의해 편찬자의 편찬 태도가 결정될 것이기 때문이다.

『석보상절』 및 『월인석보』의 편찬 목적·과정 등을 자세히 서술하고 있는 「월인석보 서」에는, "추천(追薦)에 전경(轉經)만한 것이 없으니 네가 석보(釋譜)를 만들어 번역함이 마땅하다"138)라는 세종의 언급이 소개되어 있다. 이 언급은 『석보상절』의 편찬 목적을 보여준다는 점에서 주목을 요한다. '전경(轉經)'은 전독(轉讀)으로, 경문(經文)의 전체 내용을 모두 읽는 것이 아니라, 그 주요 대목만을 골라 읽는 것을 뜻한다. 한정된 시간 안에 되도록 많은 경전을 읽어 공덕을 짓기 위해 그 주요 대목만을 읽는 것이라 할 수 있다.

그런데 『세종실록』의 기사에는 소헌왕후의 명복을 빌기 위한 사경불사(寫經佛事)가 이루어져 사경된 불경이 완성되고 그 불경들에 대한 두 차례의 전경법회(轉經法會)가 베풀어졌다는 내용이 보인다.139) 그리고 전경법회가 끝난 지 약 두 달 뒤인 12월 2일 조에는 "命副司直金守溫增修釋迦譜"라는 기사가 있다.140) 전경법회가 있은 지 얼마 안돼서 『석

---

138) "世宗謂子, 薦拔無如轉經, 汝宜撰譯釋譜."
139) 전경법회에 관한 내용은 세종 28년 5월 27일과 10월 15일 조의 기사에 나온다.
140) 『석보상절』의 편찬 경위에 관해서는 아직까지 논란의 여지가 있는데, 그 핵심은 실록기사에 나오는 '불경'과 '석가보'에 대한 해석의 문제이다. 필자는 이 '불경'을, 사경불사를 위해 조성된 사경으로, '석가보'는 승우의 『석가보』를 가리키는 것으로 본다. 그리고 '증수석가보(增修釋迦譜)'는 『석가보』의 내용을 중심으로 여

보상절』의 편찬이 시작되었다는 것은 세종의 언급대로 『석보상절』이 저경과 밀접한 관련이 있음을 보여주는 것이라 할 수 있다.

이에, 다음과 같은 추정이 가능하다. 곧 세종이 소헌왕후의 추천을 위한 전경법회를 통해, 여러 경전을 펼쳐놓고 직접 주요 대목을 골라 읽는 전경 방식의 불편함을 목격한 뒤, 하나의 책으로도 전경이 가능한 대본을 만들어 이후의 추천의식에 사용할 목적으로 『석보상절』의 편찬을 명하였다는 것이다. 그리하여 『석보상절』의 편자는 삽화의 주제와 관련이 없는 저경의 내용 일부를 생략하거나 축약하고 있는 구성 방식을 취한 것이라 할 수 있다.141)

『월인석보』의 편찬은, 『석보상절』이 전경(轉經)을 위한 대본이었다는 사실과 밀접한 관련이 있다. 현재 국립도서관에 소장되어 있는 초간본 『석보상절』 권6·9·13·19는 본문이 내용 단락에 따라 절단되어 있고, 『월인천강지곡』의 낙장이 권6과 권9의 해당 부분에 첨부되어 있는데,142) 이를 통해 『월인석보』의 편찬이 『석보상절』이 간행된 직후부터 시도되었음을 알 수 있다.

비록 이 시도는 중단되어 편찬 및 간행은 세조대에 이루어지지만,

러 불전(佛典)의 내용을 석존의 일대기로서의 문맥에 맞게 선택·배열하는 것을 뜻한다고 생각한다. 결국, 이 기사는 현전 『석보상절』의 모본(母本)인 한문본 『석보상절』의 편찬이 시작되었음을 알려주는 것이라 하겠다. 『석보상절』의 편찬 경위에 대해서는 본서의 제5장 2절에서 자세히 다룰 것이다.

141) 【표4】에서 보듯이, 『석보상절』 권3은 한 경전의 내용으로 하나의 삽화를 구성할 수 있음에도 불구하고, 문맥을 벗어나지 않은 범위에서 되도록 많은 경전의 내용을 요약·발췌하고 있는데, 이러한 구성방식의 특징 또한 『석보상절』이 전경(轉經)을 위한 의식의 대본으로 편찬되었다는 필자의 주장을 뒷받침한다. 그리고 여러 연구자들에 의해 지적되어 온 『석보상절』의 문체적 특징, 곧 여타의 언해서들에 비해 한자어보다 고유어의 비중이 높고, 직역보다는 의역이며, 문장의 길이가 길다는 점 등 역시 그 증거로 삼을 수 있다.

142) 강전준웅, 앞의 논문, p.210.

소헌왕후의 추천의식과 『석보상절』의 간행이 완료된 직후에 『월인석보』의 편찬이 시도되었다는 점은, 『월인석보』가 의식용 대본인 『석보상절』을 보완하여 『석보상절』과는 다른 성격의 불서(佛書)를 만들고자 하는 의도에서 기획되었음을 보여주는 것이라 할 수 있다. 그리고 그 의도는, 현전 『월인석보』가 저경을 중시하여 그 내용을 저경의 모습 그대로 옮기고 있다는 점과, 번역의 태도가 직역이고 고유어보다 한자어의 비중이 크다는 점 등을 통해, 독서물로서의 성격을 강화하는데 있었음을 짐작할 수 있다.

결국, 『석보상절』은 대체로 추천의식에 모인 청중들에게 들려지는 것을 목적으로 편찬된 것이고, 『월인석보』는 추천의식과 상관없이 주로 한자를 읽을 수 있는 독자층에게 석존의 생애와 불교의 교리를 알릴 목적으로 편찬된 것이라 할 수 있다. 그리하여 『석보상절』과 『월인석보』의 구성방식은 『석보상절』과 『월인석보』의 이러한 편찬 목적으로 인해 차이를 보이게 된 것이라 하겠다.

한편, 『월인석보』 권25의 협주에는 여타의 협주와는 다르게 승려의 생활과 밀접한 내용이 보여 주목을 요한다. 『월인석보』 권25의 14ㄱ6~57ㄱ7에 실려 있는 협주143)는 가섭존자가 아난에게 석존의 승가리의(僧伽梨衣)를 전하고 입멸(入滅)하였다는 구절에 대한 주석인데, 여기에 승가리의를 포함한 삼의(三衣)의 명칭·재료·크기·만드는 방법·사용법·입는 방법 등에 대한 설명과, 가사(袈裟)의 영험 및 위력에 대한 9편의 삽화가 포함되어 있다. 이 협주의 내용 가운데, 승려의 의복

---

143) 참고로, 협주의 처음 부분을 보이면 다음과 같다. "三衣 六物을 부톄 가지라 ᄒᆞ시니라 四分에 닐오ᄃᆡ 삼세 如來 다 이런 오ᄉᆞᆯ 니브시ᄂᆞ니라 僧祇예 닐오ᄃᆡ 三衣ᄂᆞᆫ 賢聖 沙門의 보라미라 四分에 닐오ᄃᆡ 結使가진 사ᄅᆞ미 袈裟 니부미 몯ᄒᆞ리라. 賢愚經에 닐오ᄃᆡ 袈裟 니븐 사ᄅᆞᄆᆞᆫ 반ᄃᆞ기 生死애 ᄲᆞ리 解脫ᄋᆞᆯ 得ᄒᆞ리라. 章服儀예 닐오ᄃᆡ 苦海를 걷나ᄂᆞᆫ ᄇᆡ며 生涯를 쭈케 ᄒᆞᄂᆞ 드리라 (이하 생략)"

인 삼의에 대한 자세한 설명은 재가신자에게는 크게 필요하지 않은 것으로, 『월인석보』의 편자가 재가신자보다는 승려 계층을 주요 독자로 염두에 두었으며, 승려 계층의 교육까지를 고려하여 편찬한 것임을 짐작하게 한다.

2. 〈월인천강지곡〉의 저경과 성격

〈월인천강지곡〉으로 노래된 불전(佛典)의 성격과 그 의미를 살펴보기 위해서는, 『석보상절』 및 『월인석보』의 구성과 저경에 대한 검토 외에도 다음의 두 가지 문제를 해결해야 한다. 곧 『월인천강지곡(상)』에만 전하는 其95~137[144)의 저경 탐색과 부전(不傳) 〈월인천강지곡〉의 내용 및 저경에 대한 추정이 그것이다. 其95~137의 저경은 이 노래들의 해당 『석보상절』 및 『월인석보』가 전하지 않는 관계로 앞 절에서 언급하지 못했다. 그리고 현재 전하지 않는 〈월인천강지곡〉의 내용 및 저경의 추정은, 텍스트 전체의 구성 및 서사구조를 분석하여 문학적 성격을 구명(究明)하고자 하는 본 연구에 있어 필요한 작업이다. 그러므로 이 절에서는 이 두 문제를 살펴본 뒤, 〈월인천강지곡〉 저경의 성격과 그 의미에 대해 논의하도록 하겠다.

---

144) 〈월인천강지곡〉 其94는 현전 『월인석보』 권4에 수록되어 있지 않지만, 그 내용을 통해 其93과 연결되는 사건이고 저경 또한 같음을 알 수 있다. 곧 其94의 "前世옛 因緣이실씨 法을 轉ᄒᆞ샤디 鹿野苑에 믓 몬져 니ᄅᆞ시니/ 前世옛 말이실씨 衆生을 濟渡ᄒᆞ샤디 憍陳如를 믓 몬져 救ᄒᆞ시니"는, 其93인 "善鹿王이실씨 목숨을 ᄇᆞ료려 ᄒᆞ샤 梵摩達을 ᄀᆞᄅᆞ치시니/ 忍辱仙人이실씨 손발을 바히ᅀᆞᄫᅡ 歌利를 救호려 ᄒᆞ시니"의 결과에 해당하는 같은 저경의 내용인 것이다. 그러므로 이 其94는 『월인석보』 권4 제67장 이하의 낙장된 부분에 실렸을 것으로 보인다.

1) 『월인천강지곡(상)』 其95~137의 저경 탐색

먼저, 其95와 그 저경에 해당하는 내용을 차례대로 인용하면 아래와 같다.

> 四千里 가문 龍이 道士ㅣ 드외야 三歸依를 受ᄒᆞᄫᆞ니
> 八萬那由天이 四諦를 듣ᄌᆞᆸ고 法眼ᄋᆞᆯ 得ᄒᆞᄫᆞ니 〈其95〉

(28) 세존은 녹야원으로 가는 도중에 문린이라는 눈먼 용이 있는 물가에 이르러, 7일 동안 선정에 들었다. 그 때 세존의 광명이 물 속을 비췄으므로, 용이 눈을 뜨게 되었다. 곧 용은 세존임을 알고는 과거 세 분의 부처에게 한 것과 같이 향을 갖춰 물에서 나와 예배하였다. 마침 큰 바람이 일면서 비가 오자, ㉠용은 세존으로부터 4천 리 떨어진 곳까지 에워쌌으며, 일곱 개의 머리를 벌려 세존 위를 덮었다. 비와 바람뿐만 아니라 모기·등에와 추위·더위를 가려주기 위해서였다. 7일 만에 비가 그치면서 세존이 선정에서 나오자, 용은 나이 젊은 도인으로 변화하여 좋은 옷을 입고 머리 조아려 문안드리고는 곧 삼귀의를 받았다.145)

〈釋迦氏譜 說法開化迹 遇雨龍供相〉

(29) 그 후 세존은 교진여 등의 다섯 사람이 있는 녹야원으로 갔는데, 교진여 등은 멀리서 세존이 오는 것을 보고 아직 성도하지 못했으리라고 여기면서, 저마다 서로 일어나서 공경하지 않기로 약속하였다. 그러나 세존이 그 곳에 이르자, 그들은 모르는 결에 일어나서 예배하고 서로 여러 일을 맡아하게 되었다. 세존이 그들을 위하여 사성제를 설하니, 교진

---

145) "行至文鱗盲龍水邊, 坐定七日風雨大至, 佛不喘息光照水中, 龍目得開卽識如來, 如前三佛具香出水, **前遶七匝身離佛所圍四千里**, 龍有七頭羅覆佛上. 而以障蔽七日一心不患飢渴, **雨止化爲年少道人衣服鮮好, 稽首問訊便受三歸**."(『대정신수대장경』 제50권, p.92중)

여가 맨 먼저 4제를 깨치면서 법안을 얻었으며, 8만 나유타의 허공에 있던 하늘들도 역시 법안이 청정해졌다.146)

〈釋迦氏譜 說法開化迹 乘機授法相〉

其95는 용과 8만 나유타147)의 천인(天人)들이 석존의 가르침에 귀의했다는 내용이고, (28)과 (29)는 각각 其95의 전절과 후절의 저경에 해당한다. 다소 장황하지만 이해를 돕기 위해 의역하였다. 인용문의 밑줄 친 부분은 〈월인천강지곡〉의 직접적인 대본에 해당하는 것으로, 이를 통해 (28)과 (29)가 其95의 저경임을 확인할 수 있다.

한편, 기존의 주해서에는 其95 전절의 "四千里 감은 龍"을 모두 "사천리를 맡아 다스리는 검은 용"으로 풀이하고 있는데,148) (28)의 밑줄 친 ㉠을 보면 이 노랫말은 "(세존 주위의) 4천 리를 감은 용"으로 풀이해야 한다. 기존 주해서의 이러한 오류는 잘못된 저경 파악에 기인한 것이라 여겨진다.149)

---

146) "卽復往波羅奈五人所, 遙見佛來謂未成道, 各相約言不須起敬, 佛旣至止不覺起禮互爲執事. 旣違本誓深生自愧, 以昔徵難佛具爲解說, 五陰輪廻三有諸苦, 陳如最初悟解四諦得法眼生, **八萬那由空天亦法眼淨.**"(『대정신수대장경』 제50권, p.92중~하)
147) 나유타는 수량 또는 시간의 단위로, 10만·1천억 등으로 의역되기도 한다.
148) 이동림, 「월인천강지곡」, 『세종』(한국의 사상대전집 7), 동화출판공사, 1972, p.139. 남광우·성환갑, 『월인천강지곡』, 형설출판사, p.183. 박병채, 『(논주) 월인천강지곡』, 세영사, 1991, p.196. 허웅·이강로, 『(주해) 월인천강지곡 상』, 신구문화사, 1999, p.180.
149) 기존의 모든 주해서는 저경에 해당하는 '해설'에, 출전을 밝히지 않은 다음의 이야기를 수록하고 있다. "이라발(利羅鉢) 용왕이 전세의 연분(緣分)으로 석가모니를 만나 용신(龍身)을 벗고, 부처의 제자가 되기를 원하다가 나라타(那羅他)의 주선으로 석가모니를 만나, 그 설법을 듣고 크게 기뻐하여, 도사가 되어 석가모니에게서 삼귀의(三歸依)를 받았다. 이때 8만 4천이나 되는 여러 하늘들이 부처의 사성제(四聖諦)에 대한 설법을 듣고, 모두 해탈하여 법안(法眼)을 얻었다."(허웅

다음으로, 불·법·승의 삼보(三寶)가 갖춰지고 지신(地神)과 천인 등이 이를 찬탄하고 있는 其96[150]은, 『석가씨보』「설법개화적(說法開化迹)」의 성고화경상(聲告化境相)[151]과 출가표승상(出家表僧相)[152]이 그 저경이다. 전절은 '출가표승상', 후절은 '성고화경상'의 내용으로, 『석가씨보』에서 其95의 저경 뒤에 서술되어 있는 삽화이다. 其97[153]의 경우는 『불조통기』 권3 교주석가모니불본기(敎主釋迦牟尼佛本紀) 제1지3상의 내용 중, 석존의 점교(漸敎) 설법에 관한 부분[154]을 노래한 것이다.

其95~97의 저경이 비록 노래된 구체적인 대목이 다르긴 해도 앞 절에서 검토한 『석보상절』 및 『월인석보』의 저경에 포함된다면, 其98~110의 13곡은 현전 『석보상절』 및 『월인석보』에서 볼 수 없었던 경전의 내용을 노래하고 있다. 이교도인 가섭울비라(迦葉鬱卑羅)와 그 형제의 출가에 관한 삽화인 이 노래들은 『중본기경』 권상 화가섭품(化迦葉品) 제3이 저경인 것이다.

『중본기경』은 한(漢)의 강맹상(康孟詳)이 번역한 상·하 2권 15품의

・이강로, 위의 책, pp.180~181)
150) "佛寶룰 너피시며 法寶룰 너피시며 僧寶룰 쏘 너피시니/ 地神이 讚歎ᄒᆞ며 空天이 讚歎ᄒᆞ며 天龍八部ㅣ 쏘 讚歎ᄒᆞᅀᆞᆸ니."
151) "地神見陳如得道已, 高聲唱言, 如來出世轉妙法輪. 空天又唱乃至阿迦膩吒, 天地十八相動, 天龍八部作樂讚歎, 世界大明, 次爲四人重說四諦, 亦離塵垢得法眼淨."(『대정신수대장경』 제50권, p.92하)
152) "時彼五人, 旣見道跡欲求出家, 世尊喚言善來比丘. 鬚髮自墮卽成沙門, 重說五陰解成羅漢, 世間有六. **佛是佛寶, 四諦法寶, 五人僧寶, 是世間三寶, 具足天人第一福田.**"(『대정신수대장경』 제50권, p.92하)
153) "舍那身이 뵈샤 보비 옷 니브샤 頓敎를 뉘 아라 듣ᄌᆞᄫᆞ리/ 丈六身이 뵈샤 헌 오ᄉᆞᆯ 니브샤 漸敎를ᅀᅡ 다 아라 듣ᄌᆞᄫᆞ니."
154) "佛本以大乘擬度衆生, 其不堪者, 尋思方便趣波羅柰於一乘道分別說三, 卽是開三藏敎也.…(中略)…次第相生不取濃淡, 爲三乘根性於頓無益故, **不動寂場而遊鹿苑, 脫舍那珍御之服, 著丈六弊垢之衣**, 先爲五人說四諦十二因緣事六度等敎."(『대정신수대장경』 제49권, p.153상)

불전(佛傳)이다. 권상에는 제6품까지 실려있고, 여타의 불전(佛傳)과는 다르게 석존이 성불한 이후의 교화행에 관한 내용으로만 되어 있다. 전생부터 성불까지의 내용으로 이루어진 『수행본기경(修行本起經)』의 끝부분과 이 경전의 시작 부분이 연결되어 있다. 其98~110 외에도, 환지부국품(還至父國品) 제6의 내용이 其119~126과 其128~129 전절에 노래되어 있다.

그런데 『중본기경』뿐만 아니라 10권본 『석가보』 제4지4에서도 其98~110과 유사한 내용을 찾을 수 있다. 그렇지만 구체적으로 살펴보면 몇 가지 차이점이 발견된다. 곧 『석가보』에는 其98 후절의 '가섭울비라(迦葉鬱卑羅)'와 달리 '우루빈라가섭(優樓頻螺迦葉)'으로 되어 있고,155) 其104의 '불우체(弗于逮) 염부제(閻浮提)와 구야니(瞿耶尼) 울단월(鬱單越)'과, '염핍(閻逼) 가려륵(呵蠡勒)과 아마륵(阿摩勒) 자연갱미(自然粳米)'는 각각 '불바제(弗婆提)·염부제(閻浮提)·구타니(瞿陀尼)·울단월(鬱單越)'과 '염부(閻浮)·암마륵(菴摩羅)·하리륵(訶梨勒)·갱미(粳米)'로 되어 있는 차이를 보인다.156) 그리고 무엇보다도 『석가보』에는 아래에 인용한 〈월인천강지곡〉의 내용이 보이지 않는다는 점을 지적할 수 있다.

남기 높고도 불휘를 바히면 여름을 다 따먹느니
術法이 놉다흔들 龍을 降服히면 外道ㅣ들 아니 조쯔ᄫ리 〈其99〉

바리예 들어늘 몰라 눉믈 디니 긔 아니 어리니잇가
光明을 보ᅀᆞᆸ고 몰라 주구려 ᄒᆞ니 긔 아니 어엿브니잇가 〈其103〉

---

155) "唯有**優樓頻螺迦葉**兄弟三人, 在摩竭提國學於仙道."(『대정신수대장경』 제50권, p.41상)
156) 『대정신수대장경』 제50권, p.42상~하.

其99는 『중본기경』의 "譬如果美樹高 無因得食 唯有伐樹根僻枝 從食果必矣 一切所忌 咸在於龍 吾先降之 迦葉來從 爾乃大道 所化無崖"[157]의 내용을 요약하여 노래한 것이다. 이 구절은 니련하 가에 앉아 삼매에 든 석존의 생각으로,[158] 『과거현재인과경』이 출전인 『석가보』 제4지4에 전혀 없는 내용이다. 其103 또한 『석가보』에 없는 내용으로, 『석가보』에는 "迦葉驚起見彼龍火 心懷悲傷 卽勅弟子 以水澆之水不能滅"[159]이라고만 되어 있을 뿐이다. 이 노래는 『중본기경』의 "弟子謂火害佛 悲喚哀慟 瞿曇被害 我生何爲 踊身赴火"[160]에 해당한다.[161] 결국, 其98~110의 저경은 『중본기경』 화가섭품 제3이 틀림없다고 하겠다.

　　　竹園에 甁沙 ㅣ 드러 **내 몸애 欲心 업거늘** 世尊이 아라 오시니
　　　竹園에 부톄 드르샤 **衆生이 欲心 업슨 돌** 阿難이ᄃ려 니ᄅ시니
　　　　　　　　　　　　　　　　　　　　　　　〈其111〉

　(30) 摩竭王甁沙作如是念, ⓛ世尊若初來所入處, 便當布施作僧伽藍. 時王

---

157) 『대정신수대장경』 제4권, p.150상.
158) 조규익, 「월인천강지곡의 서사적 성격」, 『조선조 악장의 문예미학』, 민속원, 2005, p.266에서는, 이 其99를 "나무가 아무리 높아도 뿌리를 베면 열매를 모두 따먹을 수 있다는 유의(喩義)를 통해 화룡만 항복 받으면 외도인들도 항복받을 수 있다는 취의(趣意)를 끌어내기 위한 서술자의 고안"이라고 하였다. 그러나 이 其99는 저경의 내용을 그대로 노래한 것으로, '서술자의 고안'이 아니다.
159) 『대정신수대장경』 제50권, p.41상.
160) 『대정신수대장경』 제4권, p.150중.
161) 한편, 남광우·성환갑(위의 책, p.193)과 박병채(위의 책, p.200) 등의 기존 주해서에는, 其103 후절의 '주구려 ᄒ니'를 '(석존이) 죽으려고 (하였다) 하니'로 풀이하고 있는데, 저경을 통해 其95의 풀이와 마찬가지로 이 견해 또한 오류임을 확인할 수 있다. 곧 其103의 저경은 가섭의 제자들이 석존이 낸 광명을, 석존이 불에 타 죽은 것으로 착각하여 자신들도 따라 죽으려고 했다는 내용으로, '주구려 ᄒ니'는 '(가섭의 제자들이) 죽으려 하니'로 풀이해야 한다.

舍城有迦蘭陀竹園最高第一, 時佛知王心念卽往竹園.162)

(31) 阿難, ㉢所有貪欲瞋恚愚癡衆生, 入此竹園不發貪欲瞋恚愚癡. 阿難, 如來雖住諸餘精舍, 而皆無有如是功德. 何以故. 阿難, 今此迦蘭陀竹林, ㉣畜生入者不發淫欲, 衆鳥入者非時不鳴.163)

위의 인용문은 석존의 죽원 설법에 관한 其111과, 저경인 『석가보』 석가죽원정사연기(釋迦竹園精舍緣記) 제19의 관련 부분을 옮긴 것이다. 『석가보』 제19는 『담무덕률(曇無德律)』・『중본기경』・『보살장경(菩薩藏經)』의 내용으로 되어 있는데, (30)은 『담무덕률』, (31)은 『보살장경』이 출전인 내용이다. 인용문을 통해 其111의 전절은 (30)을, 후절은 (31)을 노래한 것임을 알 수 있다. 저경에 직접적으로 보이지 않는 노랫말인 '내 몸애 欲心 업거늘'과 '衆生이 欲心 업슳 둘'은, 각각 (30)의 ㉡과 (31)의 ㉢・㉣을 요약하여 표현한 것이다.

한편, 사리불과 목련의 출가에 관한 노래인 其112164)는, 아직 그 저경을 찾지 못했다. 『석가보』 제4지5에 유사한 내용이 있지만, 其112 전절의 '마승(馬勝)'이란 어휘가 보이지 않고, 여타의 경전에서도 찾을 수가 없었기 때문이다. 『석가보』에는 『과거현재인과경』165)과 『보요경』166)이 출전인 2편의 이야기가 실려 있는데, 사리불과 목련을 불

---

162) 『대정신수대장경』 제50권, p.63상.
163) 『대정신수대장경』 제50권, p.63중.
164) "馬勝이 舍利弗 보아 흔 偈를 닐어 들여 제 스승을 곧 닛긔 ᄒᆞ니/ 目連이 舍利弗 보아 흔 偈를 아라드러 새 스슦긔 곧 모다 오니."
165) "干時王舍城中, 有二婆羅門…(中略)…一姓拘栗名優婆室沙, 母名舍利, 故舉世喚爲舍利弗, 二姓目犍連, 名目犍連夜那, 各有一百弟子…(中略)…爾時阿捨婆耆比丘, 著衣持鉢入村乞食, 善攝諸根威儀詳序, 路人見者皆生恭敬. 時舍利弗忽於路次, 逢見阿捨婆耆…(中略)…爾時世尊爲舍利弗, 及目犍連夜那, 廣說四諦, 二人卽得羅漢果."(『대정신수대장경』 제50권, pp.47중~48중)

법으로 인도한 인물인 '마승'의 이름이 이 두 삽화에는 각각 '아사바기(阿捨婆耆)'와 '안륙(安陸)'으로 되어 있다. 물론 『석가보』의 이들 삽화는 '마승'을 제외하고는 其112의 사건 전개와 일치하고 있으므로 저경일 가능성이 있다. 그렇지만 이 노래에 해당하는 『석보상절』이 현재 전하지 않아 구체적인 사실을 확인할 수가 없으므로, 여기에서는 일단 '저경 미상'이라고 할 수밖에 없다.

　석존의 환국 관련 사적을 서술하고 있는 其113~129의 17곡은 『석가보』 제4지5와 『중본기경』 환지부국품 제6이 그 저경이다. 구체적으로는, '『석가보』(其113-118) → 『중본기경』(其119-126) → 『석가보』(其127) → 『중본기경』(其128-129전절) → 『석가보』(其129후절)'의 내용과 순서로 되어 있다. 『석가보』 제4지5와 『중본기경』 제6의 관련 부분은 모두 석존의 환국에 관한 내용이지만, 其113~118을 제외한 〈월인천강지곡〉에 노래된 삽화는 각각의 불전(佛典)에만 있는 내용이다. 예를 들어, 其119~125의 '정반왕과 석존의 대화'와 其126의 '석존의 조달(調達) 교화' 삽화는 『석가보』에 없고,167) 환국 때의 상서를 노래하고 있는 其127은 『중본기경』에 없는 내용이다.

---

166) "佛有沙門名曰**安陸**, 遣行善法開化未聞…(中略)…時舍利弗本字優波替, 而遙見之心中欣然…(中略)…時舍利弗與目犍連, 俱往詣佛稽首佛足, 退坐一面叉手白佛, 違曠侍省沈沒塵垢, 今乃奉觀願爲沙門, 啓受法律."(『대정신수대장경』 제50권, pp.48중~49상)

167) 김승우, 「월인천강지곡의 주제와 형상화 방식」, 고려대 석사학위논문, 2005, p.49에서는, 其117~124가 『석가보』 제4지5에 대응되므로, 이들 노래에서의 대화의 주체는 정반왕과 우타야라고 보았다. 그리고 其116의 "少時事 널어시늘 優陀耶ㅣ 듣ᄌᆞᄫᅳ며 아들님이 쏘 듣ᄌᆞᄫᅳ시니/ 今日事 모ᄅᆞ실ᄊᆡ 優陀耶ㅣ 솔ᄫᅳ며 아들님이 쏘 솔ᄫᅳ시니"에서 석존이 등장하는 것은, "아버지와 아들 사이의 직접적인 대화를 이끌고 싶어 한 작자 세종의 의도가 개입되었기 때문"이라고 하였다. 그러나 『석가보』 제4지5는 其118까지만 대응되고, 其119~124에서 대화의 주체는 석존과 정반왕이다.

其113~118의 경우는, 『석가보』와 『중본기경』 모두 정반왕이 바라문인 우타야(優陀耶)를 보내어 석존의 환국을 청한 사건과, 나한이 되어 돌아온 우타야가 정반왕과 나눈 대화를 포함하고 있다. 〈월인천강지곡〉은 『석가보』의 내용을 노래한 것으로 보이는데, 정반왕과 우타야가 대화를 시작하는 其115[168]가 『중본기경』에 없는 내용이기 때문이다. 이 노래는 『석가보』 제4지5의 "太子本棄國 求道度衆生 慕勤無數劫 於今乃得成…(중략)…王聞太子問 涙下如雨星 十二年已來 乃承悉達聲"[169]을 노래한 것이다.

『석가보』와 『중본기경』의 내용이 이렇듯 교대로 〈월인천강지곡〉에 노래된 것은 현재 전하지 않는 『석보상절』에 기인한 것으로, 『석보상절』의 편자는 석존의 환국 사적에 관한 『석가보』의 내용을 미흡하다고 여겨 『석가보』에 없는 삽화를 『중본기경』에서 찾아 편입한 것이라 할 수 있다. 다음으로 살펴볼 其130~132의 저경 또한 『석보상절』의 이러한 구성방식에 의한 것이다.

(32) 調達인 곳갈을 밧고 五逆 무슴을 계와 阿鼻地獄애 드르가니
　　　和離는 象이 몬 걷고 舍利弗 欺弄ᄒᆞ야 蓮花地獄애 드르가니
　　　　　　　　　　　　　　　　　　　　　　　　　　〈其130〉

　　　調達이 慰勞를 目連이 니거늘 地獄애 잇부미 업다 ᄒᆞ니
　　　調達이 安否를 世尊이 물여시늘 三禪天에 즐거봄 곧다 ᄒᆞ니
　　　　　　　　　　　　　　　　　　　　　　　　　　〈其131〉

　　　나고져 식브녀 阿難일 브리신대 오샤사 내 나리이다

---

168) "過劫에 苦行ᄒᆞ샤 이제ᅀᅡ 일우샨 둘 優陀耶ㅣ 슳ᄇᆞ니이다/ 열두 힐 그리다가 오ᄂᆞᆯᅀᅡ 드르샨 둘 아바님이 니르시니이다."
169) 『대정신수대장경』 제50권, p.50상~중.

엇뎨 오시리오 阿難이 對答ᄒᆞ대 아니 오시면 내 이쇼리라 〈其132〉

(33) 觀者盈路欲來佛所, ㉮調達冠墮㉯和離象伏, 占者不祥俱請出家. 佛言, 夫爲沙門實爲不易, 汝宜在家分檀惠施. …(中略)… ㉮後犯五逆生入地獄, 口稱南無乃至佛記. …(中略)… ㉰目連解六十四音, 往地獄慰之答言, 我臥阿鼻苦而無倦. …(中略)… ㉯和離謗舍利弗, 故終入蓮花地獄.170)
〈釋迦氏譜 聖凡後胤 從兄調達生滅相〉

(34) 世尊因調達謗佛, 生身陷地獄. ⓐ佛勅阿難傳問云, 汝在地獄中安否. 達云, 我雖在地獄, 如三禪天樂. ⓑ佛又勅問, 汝還求出否. 達云, 我待世尊來卽出. ⓒ阿難云, 佛是三界大師, 豈有入地獄分. 達云, 佛旣無入地獄分, 我豈有出地獄分.171) 〈宗門聯燈會要 권1〉

(32)는 지옥에 떨어진 조달에 관해 노래하고 있는 其130~132를 인용한 것이고, (33)과 (34)는 저경인 『석가씨보』와 『종문연등회요』의 관련 부분을 옮긴 것이다. 위의 인용문을 통해 (33)은 其130~131 전절, (34)는 其131 후절~132의 내용임을 알 수 있다. 곧 其130~132의 각 절은 순서대로 ㉮~㉰와 ⓐ~ⓒ를 요약한 것이다. 其131은 전절과 후절의 저경이 다름에도 불구하고 마치 같은 저경에서 나온 것처럼 그 연결이 자연스럽다.

其133~136은 석존과 조달의 전생 인연에 관한 내용으로, 『불본행집경』 권59 바제리가등인연품(婆提唎迦等因緣品) 하(下)가 저경이다.172)

---

170) 『대정신수대장경』 제50권, pp.94하~95상.
171) 『(신찬)대일본대장경』 제79권, pp.14하~15상.
172) "爾時佛告諸比丘言, 我念往昔, 久遠世時, 於雪山下, 有二頭鳥, 同共一身, 在於彼住. 一頭名曰迦嘍茶鳥, 一名優波迦嘍茶鳥, 而彼二鳥, 一頭若睡, 一頭便覺… (中略)…汝等若有心疑, 彼時迦嘍茶鳥, 食美華者, 莫作異見, 卽我身是. 彼時優波迦嘍茶鳥, 食毒華者, 卽此提婆達多是也. 我於彼時, 爲作利益, 反生瞋恚, 今亦復

『잡보장경』권3 공명조연(共命鳥緣) 제28과 유사한 내용이지만, 『잡보장경』에는 其136의 '가루다(迦嘍茶)'와 '우바가루다(優婆迦嘍茶)'란 어휘가 보이지 않고, 구체적인 내용에서도 차이가 있어 저경으로 볼 수 없다.[173]

끝으로, 나운의 친자(親子) 확인에 관한 其137을 인용하면 아래와 같다.

> 한 宗親ㅅ 알픽 蓮ㅅ고지 안자 뵈실씨 國人ㅅ 疑心이 ᄒᆞ마 업서니와 한 부텻 서리예 아바님 아라 보실씨 國人ㅅ 疑心이 더욱 업스니이다
> 〈其137〉

其137의 전절은 석존이 환국한 당시의 사건이 아니라 나운이 태어날 때의 이야기로, 앞의【표4】에 명시한『석보상절』권3 36ㄴ1~37ㄱ6의 내용[174]에 해당한다. 이 부분의 저경은『잡보장경』권10 나후라인연 제107이므로, 其137 전절 역시『잡보장경』이 그 저경이라 할 수 있다. 나운이 여러 명의 석존 가운데에서 석존의 진신(眞身)을 알아보았다는 내용의 후절은, 『석가보』제4지5가 그 저경으로, 『석가보』에서 석가족의 출가에 관한 其129 후절의 내용 뒤에 서술되어 있다. 여러 비구들이

爾, 我教利益, 反更用我爲怨讐也."(『대정신수대장경』제3권, pp.923하~924중)
173) 참고로, 『잡보장경』의 관련 부분을 인용하면 다음과 같다. "佛在王舍城, 諸比丘白佛言, 世尊提婆達多是如來弟, 云何常欲怨害於佛. 佛言, 不但今日, 昔雪山中, 有鳥名爲共命, 一身二頭. 一頭常食美果, 欲使身得安隱. 一頭便生嫉妒之心, 而作是言, 彼常云何, 食好美果我不曾得. 即取毒果食之使二頭俱死, 欲知爾時食甘果者, 我身是也. 爾時食毒果者, 提婆達多是, 昔時與我共有一身, 猶生惡心, 今作我弟, 亦復如是."(『대정신수대장경』제4권, p.464상)
174) "太子ㅣ 出家ᄒᆞ신 여슷 ᄒᆡ예 耶輸陁羅ㅣ 아들 나하시ᄂᆞᆯ 釋種들히 怒ᄒᆞ야 주규려터니 耶輸ㅣ 블 퓌운 구들 드리셔 盟誓ᄒᆞ샤ᄃᆡ 나옷 외면 아기와 나와 ᄒᆞᆫᄭᅴ 죽고 올ᄒᆞ면 하ᄂᆞᆯ히 몬주를 ᄒᆞ시리라 ᄒᆞ시고 아기 안고 뛰여 드르시니 그 구디 蓮모시 ᄃᆞ외야 蓮ㅅ 고지 모몰 바다ᄂᆞᆯ 王이시며 나랏 사ᄅᆞ미 그제ᅀᅡ 疑心 아니ᄒᆞ니라."

변신한 많은 석존 중에서 나운이 석존의 진신을 찾아 반지를 드렸다는 저경의 내용175)이 〈월인천강지곡〉에는 '한 부텻 서리예 아바님 아라 보실씨'로 요약되어 있다.

2) 부전(不傳) 〈월인천강지곡〉의 내용과 저경 추정

관련 『석보상절』 및 저경을 통해 가능한 범위 안에서 부전 〈월인천강지곡〉의 내용과 저경을 추정하면 다음과 같다.

『월인석보』 권9 제1~4장의 낙장으로 인해 其251~260 전절의 9.5곡이 전하지 않는데, 其254·255는 『월인천강지곡(중)』의 낙장으로 전한다.176) 앞의 【표5】에서 이 노래들의 대본인 『석보상절』 권9의 내용을 옮겨오면 아래와 같다.

①약사여래의 12대원→ ②약사여래 국토의 장엄상→ ③약사여래 명호의 공덕→ ④문수보살의 약사 명호·본원 호지→ ⑤약사여래를 공양·공경하는 공덕→ ⑥약사여래의 공덕에 대한 믿음을 권함→ ⑦약사여래를 공양하는 방법과 속명번의 공덕→ ⑧12야차대장의 약사경 호지

『약사경』의 내용에 해당하는 其251~260의 10곡 중, 현재 전하는 其254·255는 ④문수보살의 약사 명호·본원 호지의 내용에 해당한다. 其260 후절은 "**藥師十二願**에 淨瑠璃 이러커시니 **往生快樂**이 달옴 이시

---

175) "於時世尊化諸衆僧, 皆使如佛, 相好光明, 等無差異. 於時羅雲厥年七歲, 瞿夷卽以指印信環, 與羅云言, 是汝父者以此與焉. 羅云應時直前詣佛, 以印信環而授世尊."(『대정신수대장경』 제50권, p.51하)
176) 단행본의 其176부터 『월인석보』에서는 한 곡차씩 밀려서 나타나므로, 이 其254와 其255는 『월인석보』 권9에서는 其255와 其256의 곡차로 표기되었을 것이다.

리잇가"라고 되어 있어, 약사여래의 12대원과 약사여래의 국토인 동방 정유리세계에 대한 내용이 이 곡 이전에 서술되었음을 알 수 있다. 이러한 사실과 저경인『약사경』에서의 비중을 고려하면, 현재 전하지 않는 〈월인천강지곡〉의 내용은, ①약사여래의 12대원과 ②약사여래 국토의 장엄상, 그리고 ③약사여래 명호의 공덕 및 ⑤약사여래를 공양·공경하는 공덕 등을 포함했을 가능성이 있다. 그 중에서도 ①과 ②가 서술되었을 가능성이 크다고 할 수 있다.

물론 이러한 추정은 완본『월인석보』권9 또는『월인천강지곡(중)』이 발견되어야 그 진위 여부를 알 수 있을 것이다. 그렇지만 현재 전하는 其254·255를 포함한 其251~260이 '석존의 약사경 설법' 삽화에 해당하고, 약사여래의 공덕과 동방정토의 장엄상이 그 중심 내용임은 틀림없다고 하겠다.

『월인석보』권13 제1장 앞면의 결락으로 인해 현재 전하지 않는 其279·280 또한 저경과 현전하는 노래를 통해 그 내용을 알 수 있다. 제1장 뒷면부터 제2장 앞면까지 실려 있는 其281·282의 두 곡은,『법화경』신해품 제4의 내용 중, 수보리 등의 제자들이 석존의 공덕을 찬탄하기 위해 사용한 '궁자의 비유'와 그 의미를 다음과 같이 서술하고 있다.

> 아비 方便에 헌오솔 니버늘 아들이 親히 너기니
> 부톄 方便에 三乘을 닐어시늘 聲聞이 수비 너기니 〈其281〉
>
> 命終이 거의어늘 보비를 다 주니 아들이 ᄀ장 깃그니
> 涅槃이 거싀어시늘 一乘을 니르시니 菩薩이 ᄀ장 깃ᄉᄫ시니
> 〈其282〉

其279·280은 바로 이 其281·282 앞에 있던 노래들로, 위의 인용문

을 통해 이 노래들 역시 궁자의 비유에 관한 내용이었음을 짐작할 수 있다. 其281·282에 서술된 내용이 '궁자 비유'의 중반부 이후에 해당하기 때문이다.177) 그러므로 其279와 其280은 비록 노랫말은 알 수 없지만, 其281·282와 함께 『법화경』 신해품 제4의 '궁자 비유'가 그 내용이라고 추정할 수 있다. 其303~309의 7곡은 『월인석보』 권16의 부전으로 현재 전하지 않는다. 권15와 권17의 내용을 통해, 『월인석보』 권16에는 『법화경』 제바달다품 제12·권지품 제13·안락행품 제14·종지용출품 제15의 4품이 수록되었음을 알 수 있다.

이들 4품 가운데 제바달다품 제12는 〈월인천강지곡〉으로 시작하는 『월인석보』의 체재 상, 노래되었을 가능성이 크다. 또한 『법화경』을 노래하고 있는 其272~340 중, 其302까지의 노래가 모든 중생은 다 성불할 수 있다는 '일불승(一佛乘)'에 관한 내용이라는 점에서 그 가능성은 더욱 크다고 할 수 있다. 악인(惡人)인 제바달다와 여인인 용녀(龍女)의 성불에 관한 제바달다품 제12의 내용은 '일불승의 실례(實例)'에 해당하기 때문이다. '일불승'의 증명이 본원(本願)인 다보여래가 등장하는 其283~302에 이어, 이 품의 내용이 노래되었을 개연성은 충분

---

177) 이 노래에 해당하는 『월인석보』 권13의 상절부는 6ㄱ2~36ㄴ5의 '궁자의 비유' 중, 21ㄱ1~36ㄴ5의 내용이다. 참고로, 이 내용 가운데 〈월인천강지곡〉으로 노래된 부분만을 보이면 다음과 같다. "그 아비 아들 보고…(중략)…멀터본 헌 쁴 무든 옷 닙고…(중략)…方便으로 아드리게 갓가비 ᄒᆞ니라…(중략)…ᄯᅩ 아니한 時節 디나니 아비…(중략)…ᄒᆞ마 주긇 저긔…(중략)…이 實로 내 아드리며 내 實로 제 아비로니 이제 내 뒷논 一切 쳔랴이 다 이 아드릐 거시며 아래 내며 드류미 이 아드릐 아던 거시라 ᄒᆞ니…(중략)…그 ᄢᅴ 窮子ㅣ 아비 이 말 듣고 즉재 ᄀᆞ장 歡喜ᄒᆞ야…(중략)…우리 아래 眞實시 佛子ㅣ로되 다면 小法을 즐기다니 ᄒᆞ다가 우리 큰 法 즐기ᄂᆞᆫ ᄆᆞᅀᆞ미 잇던댄 부톄 우리 爲ᄒᆞ야 大乘法을 니ᄅᆞ시리라ᄉᆞ이다 이 經 中에 오직 一乘을 니ᄅᆞ시ᄂᆞ니 녜 菩薩ㅅ 알픽 聲聞의 小法 즐기ᄂᆞ니를 나ᄆᆞ라시더니 그러면 부톄 實로 大乘으로 敎化ᄒᆞ시다ᄉᆞ이다"

하다고 하겠다.

　그리고 종지용출품 제15는 其310~311의 저경인 여래수량품 제16과 직접적으로 연결되는 내용이고, 其318 전절[178]의 '미진보살(微塵 菩薩)'이 바로 이 품에서 처음 등장하는 보살들이므로,[179] 〈월인천강지곡〉에서 노래되었을 가능성이 크다고 할 수 있다. 이 외에도, 권지품 제13은 석존의 계모인 대애도와 부인인 야수다라의 성불에 관한 내용이므로, 제바달다품 제12와 같은 맥락에서 그 가능성을 생각해 볼 수 있다. 결국, 其303~309의 부전 〈월인천강지곡〉은 그 곡차 및 곡수가 확실하지는 않지만, 제바달다품 제12·권지품 제13·종지용출품 제15의 3품, 또는 적어도 제12와 제15품이 그 내용임을 추정할 수 있다.

　〈월인천강지곡〉其430~444의 15곡은 현전 『월인석보』 권22가 초간본의 36장을 떼어내고 간행한 복각본인 관계로 전하지 않는다. 초간본 36장의 내용은, 이미 본서의 제2장 2절에서 『석보상절』 권11과 『월인석보』 권21의 비교를 통해, 전자에 수록된 '녹모부인의 공덕행' 삽화와 이에 대한 〈월인천강지곡〉으로 추정한 바 있다. 『대방편불보은경』 논의품 제5가 저경인 '녹모부인의 공덕행'은 마야부인의 전생담으로, 마야부인이 석존을 낳게 된 인연과 축생(畜生)에 태어난 인연에 관한 이야기로 구성되어 있다. 여기에서, 마야부인이 석존을 낳게 된 인연담을 정리하여 소개하면 다음과 같다.

　㉠ 아주 오랜 옛날, 파라내국(波羅㮈國)의 성소유거산(聖所遊居山)에서

---

178) "微塵 菩薩 말 드르샤 廣長舌 내신대 八方分身이 쏘 내시니/ 百千年이 츠거사 廣長舌 가드신대 八方分身이 쏘 가드시니"
179) 其318 전절의 대본에 해당하는 『석보상절』 권19 37ㄱ6에는 "그 쁴 싸헤셔 소사 나신 千世界 微塵 等 菩薩摩訶薩이"라고 되어 있는데, '싸헤셔 소사나신' 보살은 종지용출품(從地湧出品) 제15의 '지용(地湧)' 보살인 것이다.

한 사슴이 딸을 낳음.
ⓒ 성소유거산의 남굴(南堀)에 사는 선인(仙人)이 사슴의 딸을 거두어 길음.
ⓒ 사슴의 딸이 14세 때, 북굴에 사는 선인에게 불을 빌리러 갔다가 사냥 나온 국왕을 만남.
㉢ 국왕이 남굴의 선인에게 딸과의 결혼을 허락할 것을 청한 뒤, 대궐로 데리고 감.
㉣ 선인이 자신의 은혜도 모르고 뒤도 돌아보지 않은 채 대궐로 떠난 딸을 향해 국왕에게 사랑을 받지 못하라는 주원(呪願)을 함.
㉥ 녹모부인이 연꽃을 낳으니, 국왕이 부인을 내쫓고 연꽃은 연못에 버림.
㉦ 연꽃에서 5백 명의 동자가 나오자, 국왕이 녹모부인을 다시 대궐로 부름.
㉧ 녹모부인이 5백 동자를 자식이 없던 국왕의 5백 부인에게 줌.
㉨ 5백 태자가 인생의 무상함을 느끼고 출가함.
㉩ 5백 비구가 벽지불(辟支佛)의 도리를 이룬 뒤 열반에 듦.
㉮ 녹모부인이 5백 벽지불의 탑에 공양한 뒤, 미래에는 한 아들만을 낳아 그 아들이 부처가 될 수 있기를 발원함.
㉯ 등장 인물의 소개와, 이 이야기를 듣고 무량 대중이 보리심을 발함.[180]

인용문을 통해 알 수 있듯이, 이 삽화는 마야부인의 전신인 녹모부인이 고난 끝에 5백 벽지불을 공양하고 많은 선행을 행했다는 내용이다. 녹모부인이 대궐에서 쫓겨나게 된 계기 및 사슴으로 태어난 이유[181]가 모두 부모에 대한 배은(背恩)이라는 점에서, 其430~440은 其422~429의 '인욕태자의 효양행'에 이어 효도를 강조한 노래라 할 수 있다.

---

180) 『석보상절』 11:24ㄱ5~40ㄱ2.
181) 마야부인이 사슴으로 태어난 것은 전생에 어머니를 짐승에게 비유했기 때문이다. 『석보상절』 11:40ㄱ2~41ㄴ8 참고.

부전 〈월인천강지곡〉 其525~576은 『월인석보』 권24의 부전과 권 23 제107장 이하의 낙장 및 권25 제1·2장의 낙장에 의한 것이다. 먼저, 『월인석보』 권24는 『석보상절』 권24와 내용 및 저경이 대응되는 『월인석보』 권25를 통해 『석보상절』 권23과 그 대강의 내용이 같을 것임을 알 수 있다. 따라서 『월인석보』 권24에 수록된 〈월인천강지곡〉은 대체로 아래와 같은 『석보상절』 권23의 삽화에 대한 노래였을 것으로 추정할 수 있다.

(35) ㉮임종유교→ ㉯반열반과 일체대중의 반응→ ㉰석존 열반 당시의 중국 상황→ ㉱다비 준비→ ㉲불모산화→ ㉳석존의 다비→ ㉴석존의 사리를 구시성에 안치함→ ㉵제왕·제천·용왕의 균분사리→ ㉶난두화 용왕의 수정유리탑 조성→ ㉷사리탑 공양

위의 (35)는 【표7】에서 『석보상절』 권23을 구성하고 있는 삽화들을 옮겨온 것이다. 곡차 및 곡수를 알 수는 없지만 ㉮~㉷의 삽화들은 모두 〈월인천강지곡〉으로 노래되었을 가능성이 있다. 【표4】의 권3과 【표5】 권11의 '해당 月曲' 항목에서 보듯이, 이 두 권차의 삽화는 모두 이에 해당하는 〈월인천강지곡〉이 있기 때문이다. 물론 『석보상절』 권6의 경우는 〈월인천강지곡〉으로 노래되지 않은 삽화가 있지만, 이들 삽화는 석존의 일대기에서 중요하지 않은 내용이거나 〈월인천강지곡〉의 서사 전개상 불필요한 부분이다. (35)의 경우는 곡수의 비중에 차이가 있기는 하겠지만, 석존일대기의 끝 부분에 해당하므로 모두 노래되었을 것이다. 그 중에서도 임종유교(㉮), 쌍림열반(㉯·㉰), 석존의 다비(㉱~ ㉳), 그리고 균분사리 및 사리탑 조성(㉴·㉵)이 그 주요 내용이었을 것으로 보인다.

『월인석보』권23의 낙장에 해당하는 〈월인천강지곡〉의 경우는, 이미 앞 절에서『석가보』제27의 '일체 중생과 순타의 최후 공양' 삽화로 추정한 바 있다. 끝으로,『월인석보』권25의 제1장 앞면 또는 뒷면에 실렸을 〈월인천강지곡〉은『석보상절』권24와『월인석보』권25의 '법장 결집'과 '가섭 및 아난의 정법 전지와 입멸' 삽화에 관한 1~2곡의 노래였을 것으로 추정된다. 그런데『석보상절』과『월인석보』의 이들 삽화는 저경 및 내용이 다르다는 점에서 좀 더 살펴볼 필요가 있다.

법장 결집 삽화는,『월인석보』에서는『경율이상』·『경덕전등록』·『조당집』의 내용으로 구성되어 있는 반면,『석보상절』은 그 저경을 알 수 없고, 다만『월인석보』권25의 10ㄴ3~11ㄱ5에 해당하는 3ㄴ4~4ㄱ6에서『조당집』의 관련 내용을 확인할 수 있을 뿐이다. 가섭과 아난에 관한 삽화 또한『월인석보』는『경덕전등록』으로 그 저경을 찾을 수 있으나,『석보상절』은 아직 저경을 찾지 못하고 있는 실정이다. 따라서 이 두 삽화에 해당하는 〈월인천강지곡〉의 저경 역시 현재의 상태에서는 알 수가 없다고 하겠다.

그렇지만『석보상절』의 저경이『월인석보』에서 달라졌다는 사실을 통해, 이들 삽화에 해당하는 노래의 내용은 추정할 수 있다. 〈월인천강지곡〉은『석보상절』을 대본으로 하여 노래한 것이고,『월인석보』의 상절부는 〈월인천강지곡〉과 직접적인 관련이 없는 내용에 국한하여 증수되었기 때문이다. 곧 이들 삽화는 〈월인천강지곡〉으로 노래되지 않았거나, 노래되었을 경우는『석보상절』의 저경과 같은 부분 내지는『석보상절』의 저경에 크게 얽매이지 않았을 가능성이 있다. 필자는 후자일 가능성이 크다고 보는데, 이럴 경우 '법장 결집'은『조당집』의 내용이 노래되었고, 가섭 및 아난에 관한 〈월인천강지곡〉은 "가섭이 아난에게 정법을 맡기고, 아난은 상나화수에게 정법을 맡기고 입멸하였다"식의 서술로 되었으리라고 여겨진다.

3) 저경의 성격과 의미

지금까지의 논의에서 언급된 저경들 중, 〈월인천강지곡〉으로 노래된 불전(佛典)은 27종이다.[182] 이해의 편의를 위해 이 27종의 저경을 그 내용 및 성격에 따라 정리하여, 노래된 곡수와 함께 제시하면 아래와 같다.[183]

① 불전(佛傳)[242곡] - 『석가보』(120곡), 『태자수대나경』(57곡), 『석가씨보』(24곡), 『중본기경』(22.5곡), 『불본행집경』(15곡), 『과거현재인과경』(3.5곡), 『보요경』(1곡) 〈7종〉
② 대승경전(大乘經典)[211곡] - 『대방편불보은경』(87곡), 『법화경』(67곡), 『관불삼매해경』(18곡), 『아미타경』(12곡), 『약사경』(10곡), 『관무량수경』(8곡), 『대운륜청우경』(3곡), 『지장경』(3곡), 『잡보장경』(1.5곡), 『현우경』(1곡), 『미증유인연경』(0.5곡), 『대반열반

---

[182] 앞 절의 『석보상절』 및 『월인석보』의 저경 검토에서 살펴보았듯이, 『석보상절』 권3의 6ㄱ6~6ㄴ3·22ㄱ5~24ㄱ1·35ㄴ4~36ㄴ1, 『월인석보』 권2의 49ㄴ4~64ㄴ5, 그리고 『월인석보』 권4의 44ㄱ5~44ㄴ7·53ㄱ1~53ㄱ4는 그 저경을 알 수 없다. 이들 저경에 해당하는 〈월인천강지곡〉은 각각 其34 후절, 其47·48, 其58, 其28·29, 其82, 其85 전절이다. 그리고 해당 『석보상절』을 알 수 없는 其112도 저경 미상의 노래이다. 곧 현재 그 저경을 알 수 없는 노래는 8곡이므로, 저경의 종류는 더 늘어날 것이다.
[183] 저경 옆에 명시한 숫자는 〈월인천강지곡〉으로 노래된 곡수를 나타낸다. 현재 전하지 않는 노래라도 지금까지의 논의를 통해 저경이 확인된 경우는 곡수에 포함시켰다. 『석가보』·『대반열반경후분』·『법원주림』의 경우는, 부전 其525~577에 노래된 것이 확실하지만 그 곡차와 곡수를 알 수 없으므로, 곡수를 병기하지 않거나 포함시키지 않았다.

경후분』〈12종〉
③ 사전(史傳)[11곡] -『아육왕전』(4곡),『불조통기』(3.5곡),『법원주림』(2곡),『종문연등회요』(1.5곡) 〈4종〉
④ 논서(論書)[2곡] -『파사론』(1곡),『대지도론』(1곡) 〈2종〉
⑤ 위경(僞經)[51곡] -『안락국태자경』(31곡),『목련경』(20곡) 〈2종〉

〈월인천강지곡〉의 저경은 그 성격상, 위에서 제시한 것처럼 크게 불전·대승경전·사전·논서·위경 등으로 나눌 수 있다. 불전과 대승경전이 저경의 중심을 이루고 있고, 한국적 위경이라 할 수 있는『안락국태자경』과『목련경』또한 적지 않은 비중으로 노래되어 있다.

개별 불전(佛典)으로는『석가보』의 내용이 가장 많이 노래되었음을 알 수 있는데, 34개의 항목 가운데 7항목[184]을 제외하고는 모두 채택되었다. 〈월인천강지곡〉에서 제외된『석가보』의 항목은 그 이름에서 알 수 있듯이, 석존의 친족·제자의 명부 같이 노래하기에 적합하지 않은 내용이거나, 석가족 및 불법의 멸진(滅盡)처럼 〈월인천강지곡〉의 주제와 거리가 있는 내용이다. 곧『석가보』는 노래될 수 있는 항목은 모두 〈월인천강지곡〉으로 노래된 것이다.

이러한 점과, 여타의 저경들과 달리 석존의 전생부터 아육왕의 불법 홍포에 이르기까지 〈월인천강지곡〉 전체에 걸쳐 노래되고 있다는 사실은,『석가보』가 중심 저경임을 알 수 있게 한다. 또한 불전(佛傳)인『중본기경』·『보요경』뿐만 아니라 대승경전인『대방편불보은경』·『관

---

184) 석가재칠불말종성중수동이보(釋迦在七佛末種姓衆數同異譜) 제5, 석가내외족성명보(釋迦內外族姓名譜) 제7, 석가제자성석연보(釋迦弟子姓釋緣譜) 제8, 석가사부명문제자보(釋迦四部名聞弟子譜) 제9, 석종멸숙업연기(釋種滅宿業緣記) 제18, 석가법멸진연기(釋迦法滅盡緣記) 제33, 석가법멸진상기(釋迦法滅盡相記) 제34 등이 그것이다.

불삼매해경』・『잡보장경』・『현우경』, 그리고 논서인『대지도론』 등의 저경들이『석가보』의 출전이라는 점에서, 〈월인천강지곡〉에서 차지하는『석가보』의 비중은 매우 크다고 하겠다.

이렇듯 불전(佛傳)인『석가보』가 중심 저경인 것은 〈월인천강지곡〉이 석존의 일대기라는 점에서 쉽게 이해되지만, 불전(佛傳)과 다소 거리가 있는 대승경전・위경이 큰 비중으로 노래되어 있다는 점은 특이하다고 할 수 있으며, 바로 이 점이 〈월인천강지곡〉을 여타의 불교서사시와 구별하게 하는 점이라 할 수 있다. 그러므로 〈월인천강지곡〉의 문학적 성격을 파악하기 위해서는 〈월인천강지곡〉으로 노래된 대승경전・위경의 구체적인 성격에 대한 고찰이 필요하다.

『석가보』와 함께 저경의 중심축을 이루고 있는 대승경전은 그 내용 및 성격이 다양하다는 특징을 보인다.『법화경』은 교리・신앙의 측면에서 모두 숭앙되는 대표적인 대승경전이고,『아미타경』・『관무량수경』・『약사경』・『지장경』은 교리적인 측면보다는 신앙적인 면에서 보다 신봉되는 경전들이며,『관불삼매해경』・『대운륜청우경』은 밀교적 성격의 경전이다. 그리고『대방편불보은경』은 윤리적인 성격,『잡보장경』과『현우경』은 설화집,『미증유인연경』・『대반열반경후분』은 사전(史傳)의 성격을 띠고 있다.[185]

다양한 성격의 이러한 대승경전 중, 석존일대기의 맥락에서 벗어나 있는『법화경』과 신앙적 성격의『아미타경』 등이『석보상절』에 큰 비중으로 편입된 이유는, 소헌왕후의 추천(追薦)이라는『석보상절』의 편찬 동기에서 찾을 수 있다.『법화경』은 그 교리・신앙상의 중요성으로

---

[185] 이봉춘(「조선전기 불전언해와 그 사상」,『한국불교학』 5, 한국불교학회, 1980, p.58)은, 이러한 다양한 성격의 대승경전의 편입으로 인해『석보상절』과『월인석보』는 새로운 체재의 종합불서적 성격을 갖고 있다고 보았다.

인해 사경불사(寫經佛事)에 가장 많이 쓰인 경전이고, 『아미타경』·『관무량수경』·『지장경』 등은 모두 인간의 사후문제와 관련된 내용이기 때문이다. 실제로, 이들 경전은 소헌왕후의 명복을 빌기 위해 사경되었고, 세종의 추천불사를 위해 조성된 사경 목록에서도 확인된다.

(36) 공손히 생각하건대 우리 소헌왕후는 타고나신 성덕이 중미(衆美)를 온전히 갖추셨으니 만세를 누리심이 마땅하오나 갑자기 승하하시므로 모든 대군이 울부짖어 사모하고 몹시 고통스러워하고 슬픔을 스스로 견디지 못하며 드디어 말하기를, "이미 능히 효도를 다하지 못하였는데 명복을 비는 것마저 폐한다면 호천망극(昊天罔極)한 은혜를 장차 어찌해서 갚으리요" 하고 죄를 무릅쓰고 굳이 청하니, 임금이 가하다고 하교하셨던 것이다. 이에 삼장(三藏) 중에서 그 가장 별다르고 가장 나은 것을 취하여 모으니, 『법화경』은 만법(萬法)이 신묘하여 한 마음을 밝게 한다 한 것과, 『아미타경』은 마음을 편히 하고 몸을 편히 기를 곳으로 돌아가게 지시하여 길이 극락을 누리도록 한다 한 것과, 「보문품(普門品)」에 기(機)와 정(情)이 은밀히 계합(契合)하여 사람과 법이 다 같이 묘하다 한 것과, 『범망경(梵網經)』은 중생이 계율을 받아 가지면 곧 불지(佛地)에 들어간다 한 것과, 『기신론(起信論)』은 대승신(大信乘)을 갖추고 불종(佛種)을 끊지 않는다 한 것과, 『지장경』의 고취(苦趣)를 구원하여 뽑는 것과, 『자비참법(慈悲懺法)』으로 허물을 뉘우치게 하며 티끌과 때를 뺀다는 것을 모두 다 명백히 표창하고는, 금니(金泥)와 단사(丹砂)를 사용하여 묘한 해서(楷書)로 써서 여러 가지 보배로 장식하고 인하여 책머리에 변상(變相)을 씌워, 보는 자로 하여금 반복하여 외고 읽은 것을 기다리지 않고도 숙연히 공경하는 마음을 다하게 하고 사모하는 마음을 극진히 하게 하였으니, 어찌 그렇게 지극하였느냐 말인가?[186]

---

186) "恭惟我昭憲王后, 天賦聖德, 備全衆美, 宜享萬歲而遽焉陟遐. 諸大君號慕痛毒

(37) 우리 세종대왕께서 세상을 떠나시니 주상 전하께서 애통하고 사모하기를 한이 없었으며, 염습(斂襲)·초빈(草殯)과 조석전(朝夕奠)을 올리는 데에 정성을 다하고 예절을 따라 하였다. 그런 중에 생각하기를 명유(冥遊)에 추우(追祐)하는 데는 오직 대웅씨(大雄氏)의 자비스러운 교리에 빙의할 만하다고 여기시어, 이에 해서(楷書) 잘 쓰는 사람을 명하여 **『법화경』**7권, 『범망경(梵網經)』 2권, 『능엄경(楞嚴經)』 10권, **『미타경』** 1권, **『관음경』** 1권, 『지장경』 3권, 『참법(懺經)』 10권, **『십육관경(十六觀經)』** 1권, 『기신론』 1권을 금자(金字)로 쓰게 하고 모두 산산(霰刪)을 사용하였으니, 그 갑함(甲函)을 장정(裝幀)한 것도 또한 매우 정세(精細)하고 치밀하였다. 이 일을 마치고 나서는 명승(名僧)을 모아 법회를 열어 피람(披覽)하게 하고, 마침내 신(臣)에게 명하여 발문을 짓게 하셨다.187)

위의 (36)은 강석덕(姜碩德)이 지은 「제경발미(諸經跋尾)」의 일부이고, (37)은 문종 즉위년(1450) 4월 10일 조(條)의 실록 기사로, 이사철(李思哲)의 발문이다. 『동문선』 권103에 수록되어 전하는 「제경발미」는, 소헌왕후의 추천을 위해 조성된 사경(寫經)들을 합본한 책의 발문으로, 이 때 사경된 불경이 『법화경』·『아미타경』·『보문품』·『지장경』

哀不自勝, 乃言曰旣未能盡孝, 而又廢追福, 卽昊天罔極之恩, 將何以報, 昧死敢請, 敎曰可. 於是就三藏中撮其最殊最勝者, 曰法華經, 妙萬法而明一心, 彌陀經指歸安養是享極樂, 普門品機情密契人法俱妙, 梵網經衆生持戒卽入佛地, 起信論具大信乘不斷佛種, 與夫地藏經之救拔苦趣, 慈悲懺之浣濯塵垢者, 悉皆表章之. 用金泥丹砂, 書以妙楷, 飾以衆寶, 仍於卷首, 冠之以變相, 使觀者不待繙誦而起敬起慕, 何其至哉."(『동문선』 권5, 조선고서간행회, 1914, p.284)

187) "我世宗大王晏駕, 主上殿下哀慕罔極, 歛殯奠薦, 盡誠率禮 仍念追祐冥遊, 惟大雄氏慈悲之敎, 庶可憑依, 爰命善揩俾金, 書法華七卷·梵網二卷·楞嚴十卷·彌陀經一卷·觀音經一卷·地藏經三卷·懺經十卷·十六觀經一卷·起信論一卷, 悉用霰刪, 其裝幀甲函, 亦極精緻. 已乃集名緇, 闢法會以披覽, 遂命臣跋之."(문종실록 권2, 문종 즉위년 계미 4월 10일)

·『대승기신론』·『범망경』·『자비참법』임을 밝히고 있다. 이 경전들은 바로『석보상절』의 편찬 경위에 관한 기존 논의에서 자주 거론되던『세종실록』기사의 '불경'에 해당한다.

　인용문 (37)은 세종의 추천(追薦)을 위해『법화경』·『범망경』·『능엄경』등의 경전이 사경되었음을 보여주고 있다.[188] 실록 기사의 이 사경들은 소헌왕후의 추천불사에 사용된 7종의 경전에,『관무량수경』과『능엄경』이 새로 추가된 것이다. 결국,『법화경』·『아미타경』·『지장경』·『관무량수경』은 당시의 추천의식에서 중시된 경전이고, 바로 이 이유로 인해『석보상절』및『월인석보』에 전역되어 수록된 것이라 할 수 있다.

　그런데 이들 경전은 여타의 저경들과 달리『석보상절』과〈월인천강지곡〉에서 비중의 차이를 보이고 있다.『법화경』은『석보상절』및『월인석보』의 1/3이 넘는 비중을 차지하고 있지만,〈월인천강지곡〉에서는 전 28품 중 16품의 내용만이 67곡으로 노래되어 있는 것이다.〈월인천강지곡〉에서 제외된 법사품 제10·수희공덕품 제18·법사공덕품 제19 등은 경전의 수지(受持)·독송·서사(書寫)와 같은 복덕(福德) 및 공덕(功德)을 짓는 방법에 관한 내용이다.『아미타경』·『관무량수경』·『약사경』의 경우는 각각 12곡·8곡·10곡으로 노래되었는데, 두 품과 한 품의 내용 일부가 수록된『중본기경』과『관불삼매해경』의〈월인천강지곡〉이 각각 22.5곡·18곡이라는 점을 떠올린다면, 이들 역시『석보상절』의 비중에 훨씬 못 미친다고 할 수 있다.

　『석보상절』과〈월인천강지곡〉의 이러한 차이점은 두 텍스트가 강조하고 있는 내용에 차이가 있음을 뜻한다. 그리고 이를 통해〈월인천강지곡〉의 문학적 성격의 일면을 엿볼 수 있다. 여기에서, 불전(佛傳)인

[188) 인용문의 '관음경'·'참경'·'십육관경'은 각각『법화경』관세음보살보문품 제25·『자비참법』·『관무량수경』의 이칭(異稱)이다.

『태자수대나경』(57곡), 위경인 『안락국태자경』(31곡)·『목련경』(20곡), 그리고 대승경전인 『대방편불보은경』(87곡)의 내용 및 성격에 주목할 필요가 있다. 이 불전(佛典)들의 〈월인천강지곡〉은 곡수가 많을 뿐만 아니라, 저경의 내용을 요약·축약하거나 중심 내용만을 서술하고 있는 여타의 노래들에 비해 저경의 내용을 거의 빠짐없이 노래하고 있기 때문이다.

 『대방편불보은경』은 그 이름에서도 알 수 있듯이 '보은(報恩)'에 관한 이야기와 교설로 되어 있는데, 〈월인천강지곡〉에서 큰 비중으로 노래된 논의품 제5·악우품 제6은 석존이 전생에 중생에게 보시하고 부모께 효도한 이야기를 통해 석존이 성불한 이유가 보시와 효도에 있음을 강조하고 있다. 그리고 이 경전의 중심 내용에 해당하는 효양품 제2에서 석존은, 자신이 지금 부처가 된 것은 헤아릴 수 없는 오랜 세월 동안 중생과 부모의 은혜를 알고[지은(知恩)], 고행·인욕·보시·효도를 통해 은혜를 갚았기[보은(報恩)] 때문이라고 설하고 있다.189) 그런데 보시·대승적 보살행·효도는 각각 『태자수대나경』·『안락국태자경』·『목련경』의 주제의식이기도 하다.

 이들 불전(佛典)이 흥미로운 이야기를 통해 드러내고 있는 '보시'·'보살행'·'효도'는, 『대방편불보은경』의 효양품 제2에서 제시하고 논의품 제5·악우품 제6의 본생담을 통해 예증하고 있는 '보은'을 실천하기 위한 구체적인 행위인 것이다. 곧 이 네 불전은 보은의 강조와 보은을 위한 방법의 제시라는 주제의식의 측면에서 일치함을 보인다. 불교의 윤

---

189) "爾時如來現如是等身已告阿難言…(中略)…一切衆生亦曾卽如來父母, 如來亦曾卽一切衆生而作父母, 爲一切父母故. 常修難行苦行, 難捨能捨, 頭目髓腦國城妻子, 象馬七珍輦輿車乘, 衣服飮食臥具醫藥, 一切給與. 勤修精進戒施多聞禪定智慧, 乃至具足一切萬行, 不休不息心無疲倦. 卽孝養父母知恩報恩故, 今得速成阿耨多羅三藐三菩提, 以是緣故."(『대정신수대장경』 제3권, p.127하)

리사상인 '보은'은 초기 불교의 『아함경』에서부터 설해진 중요한 개념으로, 일체 중생을 평등하게 보는 불교의 보편적 윤리관이 충효(忠孝)와 같은 특수한 인륜(人倫)을 발생시킬 수 있는 통로라 할 수 있다.190)

이렇듯 보은의 중요성과 방법을 강조·제시하고 있는 불전(佛典)들이 큰 비중으로 노래되었다는 점은, 〈월인천강지곡〉의 관심이 윤리적인 문제에 있음을 보여준다. '보은'과 그 실천 덕목인 보시·효도·인욕 등은 불교신자로서 복덕과 공덕을 짓기 위한 방법인 동시에, 사회 구성원으로서 지켜야 할 생활 규범의 성격을 갖기 때문이다. 그리고 〈월인천강지곡〉의 작자 입장에서 윤리적인 관심은 백성에 대한 교화와 연결된다고 할 수 있다. 세종 자신이나 왕실 가족 내심의 위안을 위해191) 제작된 것만은 아닌 것이다.

결국, 〈월인천강지곡〉은 신앙적·기복적 목적 외에도 백성들에 대한 교화의 필요성으로 인해 제작된 것이며, 텍스트를 구성하고 있는 노래의 비중을 고려할 때 『석보상절』에 비해 윤리·교화적인 성격이 보다 강화되었다고 할 수 있다. 이러한 〈월인천강지곡〉의 성격과 의미는 다음 장에서 서사단락의 구체적인 분석을 통해 드러날 것이다.

---

190) 고익진, 『한국의 불교사상』, 동국대 출판부, 1991, p.272.
191) 조동일, 『한국문학통사』 2, 지식산업사, 1992(제2판), p.270. 조동일은 제4판 (2005)에서도 "불교서사시 〈월인천강지곡〉은 왕이 개인 또는 가족 범위에서 가지는 신앙에 필요하다고 여겨 드러내놓지 않고 창작했다"라고 하였다.

제4장 텍스트의 구조와 주제의식

1. 전체 짜임과 구성 원리

1) 삽화의 전개 양상과 원리

구체적인 논의에 앞서, 부전(不傳) 노래를 포함한 〈월인천강지곡〉 전체의 구성 및 저경에 대한 도표를 작성하여 제시하면 다음과 같다.192)

【표13】〈월인천강지곡〉의 구성과 저경

곡차	삽화의 내용	저경
其1~2(2곡)	서사(序詞)	
其3~5전절 (2.5곡)	감자씨의 기원	석가보 석가현겁초성구담연보 제2 【십이유경】
其5후절~8 (3.5곡)	선혜가 보광불의 수기를 받음	과거현재인과경 권1
其9(1곡)	사선천의 1천 세존 출현 예고	석가씨보 소의현겁
其10전절 (0.5곡)	평등왕의 기원	석가보 석가시조겁초찰리상승성연보 제1 【장아함경】
其10후절 ~11(1.5곡)	석가씨의 기원	석가보 석가근세조시성석가보 제3 【미사색율】

---

192) 곡차(曲次) 항목의 *표시는 현재 전하지 않는 〈월인천강지곡〉을 나타낸 것이다. 단, 其251~260과 其279~282의 경우는 그 일부가 전하지 않음을 뜻한다.

其12~13 (2곡)	탁태의 결정	석가씨보 처도솔천적 (其12 전절) 석가보 석가강생석종성불연보 제4 【보요경】 (其12 후절) 석가씨보 강염부주적 홍념상 (其13)
其14~15 (2곡)	입태와 그 상서	석가씨보 강염부주적 현입태상 【서응본기경·수행본기경】
其16(1곡)	주태와 태중(胎中) 설법	석가씨보 강염부주적 명처태상 【서응본기경】
其17(1곡)	출산 준비	석가씨보 현생탄령적 왕림엄식상 (其17 전절) 석가보 석가강생석종성불연보 제4 【대화엄경】(其17 후절)
其18(1곡)	탄생 직전의 상서	석가보 석가강생석종성불연보 제4 【보요경】
其19~21 (3곡)	태자의 탄생	석가보 석가강생석종성불연보 제4之1 【인과경·보요경·서응본기경】
其22~23(2곡)	하늘과 궁중의 반응	석가씨보 현생탄령적 현대서응상 【인과경】
其24~26(3곡)	태자 탄생 때의 상서	석가보 석가강생석종성불연보 제4之1 【인과경·수행본기경】
其27전절(0.5곡)	중국 주 소왕 때의 가서(嘉瑞)	파사론 【주서이기】
其27후절(0.5曲)	중국 한 명제의 서역구법	파사론 【한법본내전】
其28~29(2곡)	석존 화신의 도가(道家) 천존 교화	알 수 없음
其30(1곡)	점상(占相)	석가씨보 현생탄령적 소선점도상
其31(1곡)	마야부인의 죽음	석가씨보 현생탄령적 모씨승하상 【보요경】
其32(1곡)	태자의 이름을 지음	석가씨보 현생탄령적 입명건호상
其33(1곡)	부왕의 양육	석가씨보 현생탄령적 보부수시상
其34(1곡)	태자즉위식	석가씨보 집예역시적 입위저후상 (其34 전절) 알 수 없음 (其34 후절)
其35(1곡)	태자의 학문	석가보 석가강생석종성불연보 제4 【보요경】
其36~41 (6곡)	태자의 결혼	석가보 석가강생석종성불연보 제4 【보요경】(其36~38) 석가씨보 집예역시적 【인과경】(其39) 석가보 석가강생석종성불연보 제4之2 【인과경】(其40~41)
其42(1곡)	결혼생활	석가보 석가강생석종성불연보 제4 【서응본기경】
其43(1곡)	정거천의 출가 촉구	석가씨보 집예역시적 관경생염상
其44(1곡)	사문유관(四門遊觀)	석가보 석가강생석종성불연보 제4之2 【인과경】

제4장 텍스트의 구조와 주제의식   145

其45(1곡)	태자의 출가 결심	석가보 석가강생석종성불연보 제4【보요경】
其46(1곡)	아들 나운의 잉태	석가보 석가강생석종성불연보 제4【서응본기경】
其47~49 (3곡)	정반왕의 출가 방해	알 수 없음 (其47~48) 불본행집경 권16 야수다라몽품 하 (其49)
其50~51 (2곡)	출가 직전의 상서	석가씨보 출가심교적 천신접거상 (其50 전절) 석가보 석가강생석종성불연보 제4【보요경】(其50 후절) 불본행집경 권16 사궁출가품 상 (其51)
其52(1곡)	함께 성을 넘을 사람과 말을 정함	석가보 석가강생석종성불연보 제4之2【인과경】
其53(1곡)	태자의 맹세	석가보 석가강생석종성불연보 제4之2【보요경】
其54~56 (3곡)	유성출가(逾城出家)	석가보 석가강생석종성불연보 제4之2【인과경】(其54) 석가씨보 출가심교적 체발사속상 (其55 전절, 其56) 석가보 석가강생석종성불연보 제4【보요경】(其55 후절)
其57(1곡)	출가에 대한 궁중의 반응	석가보 석가강생석종성불연보 제4【보요경】
其58(1곡)	두 선인에게 선정을 익힘	알 수 없음
其59~60 (2곡)	나운의 탄생	불본행집경 권55 나후라인연품 상 (其59) 잡보장경 권10 나후라인연 제107 (其60)
其61~62 (2곡)	가사산 고행	석가보 석가강생석종성불연보 제4【보요경】(其61·62 전절) 석가씨보 출가심교적 동사고행상(其61·62 후절)
其63~64 (2곡)	니련수에서의 목욕과 장자 딸의 우유죽 공양	석가보 석가강생석종성불연보 제4【관불삼매경】
其65~66 (2곡)	필발라수 아래에서의 결가부좌	석가보 석가강생석종성불연보 제4【관불삼매경】(其65 전절, 其66 후절) 불본행집경 권26 향보리수품 중 (其65 후절) 석가씨보 출가심교적 욕신수식상 (其66 전절)
其67~74 (8곡)	마왕의 항복	석가보 석가강생석종성불연보 제4之3【보요경·수태경·관불삼매경·잡보장경】
其75~78(4곡)	우바국다 존자의 항마	아육왕전 권5 상나화수인연
其79~81(3곡)	성불과 그 때의 상서	석가씨보 승시성불적 단혹성각상【인과경】
其82(1곡)	성불의 증명과 알림	알 수 없음
其83(1곡)	화엄경 설법	불조통기 권3 교주석가모니불본기 제1之3상
其84(1곡)	제천의 청전법륜(請轉法輪)	석가보 석가강생석종성불연보 제4之4【인과경】

其85전절 (0.5곡)	십지경 설법	알 수 없음
其85후절 ~92(7.5곡)	상인 교화	불본행집경 권32 이상봉식품 하
其93~94 (2곡)	녹야원 설법	대지도론 권16 (其93·94 전절) 현우경 권2 찬제파리품 제12 (其93·94 후절)
其95(1곡)	용과 하늘의 귀의	석가씨보 설법개화적 우우용공상 (其95 전절) 석가씨보 설법개화적 승기수법상 (其95 후절)
其96(1곡)	삼보의 넓힘	석가씨보 설법개화적 출가표승상 (其96 전절) 석가씨보 설법개화적 성고화경상 (其96 후절)
其97(1곡)	점교(漸敎) 설법	불조통기 권3 교주석가모니불본기 제1之3상
其98~110 (13곡)	가섭울비라의 출가	중본기경 권상 화가섭품 제3
其111(1곡)	죽원정사 설법	석가보 석가죽원정사연기 제19【담무덕률·보살장경】
其112(1곡)	사리불과 목련의 출가	알 수 없음
其113~115 (3곡)	정반왕이 석존의 환국을 청함	석가보 석가강생석종성불연보 제4之5【보요경】
其116~118 (3곡)	정반왕과 우타야의 대화	
其119~125 (7곡)	정반왕과 석존의 대화	중본기경 권상 환지부국품 제6
其126(1곡)	석존의 조달 교화	
其127(1곡)	환국 때의 장엄과 상서	석가보 석가강생석종성불연보 제4之5【보요경】
其128~129 (2곡)	정반왕 및 석가족 교화	중본기경 권상 환지부국품 제6(其128, 其129후절) 석가보 석가강생석종성불연보 제4之5【보요경】 (其129 후절)
其130~132 (2곡)	조달이 지옥에 떨어짐	석가씨보 성범후윤 종형조달생멸상【중본기경·대지도론】(其130, 其131 전절) 종문연등회요 권1 (其131 후절, 其132)
其133~136 (4곡)	석존과 조달의 전생 인연(기바조 이야기)	불본행집경 권59 파제리가등인연품 하
其137(1곡)	나운의 친자 확인	잡보장경 권10 (其137 전절) 석가보 석가강생석종성불연보 제4之5【보요경】 (其137 후절)

其138~146 (9곡)	나운의 출가	석가보 석가자나운출가연기 제13 【미증유경】 (其138~146 전절) 불설미증유인연경 권상 (其146 후절)
其147(1곡)	대가섭의 출가	석가씨보 법왕화상 설법개화적 도금색대가섭연 【인과경】
其148~172 (25곡)	수달의 기원정사 건립	석가보 석가기원정사연기 제20 【현우경】
其173(1곡)	기원정사에서의 석존 설법	석가보 석가기원정사연기 第20 【현우경】 (其173 前節) 불조통기 권3상 교주석가모니불본기 제1之3하 (其173 후절)
其174전절 (0.5곡)	수달의 석존 발조탑(髮爪塔) 조성	석가보 석가발조탑연기 제21 【십송률】
其174후절 ~175(1.5곡)	수달의 깨달음과 승천(昇天)	석가보 석가기원정사연기 제20 【잡아함경】
其177(1곡)	아나율과 발제의 출가	석가보 석가종제아나율발제출가기 제11 【담무덕율】
其178~181 (4곡)	난타의 출가	석가보 석가종제손타라난타출가연기 제12 【잡보장경】
其182~199 (18곡)	나건하라국의 독룡·나찰 교화	관불삼매해경 권7 관사위의품 제6
其200~211 (12곡)	아미타경 설법	불설아미타경
其212~219 (8곡)	16관경 설법	불설관무량수경
其220~250 (31곡)	원앙부인의 극락왕생	안락국태자경
*其251~260 (10곡)	약사경 설법	약사유리광여래본원공덕경
其261~266 (6곡)	정반왕의 죽음	석가보 석가부정반왕니원기 제15 【정반왕니원경】
其267(1곡)	대애도의 출가	석가보 석가이모대애도출가기 제14 【중본기경】
其268(1곡)	5백 군적(群賊)의 교화	대방편불보은경 권5 자품 제7
其269~271 (3곡)	난타용왕궁 설법	대운륜청우경
其272~274 (3곡)	영산에서의 석존의 신변	묘법연화경 서품 제1

其275(1곡)	석존의 묘법 설법 준비	묘법연화경 방편품 제2
其276~278 (3곡)	화택유(火宅喩) 설법	묘법연화경 비유품 제3
*其279~282 (4곡)	궁자유(窮子喩) 설법	묘법연화경 신해품 제4
其283~293 (11곡)	석존과 시방여래의 성불 인연	묘법연화경 화성유품 제7
其294~295 (2곡)	3겁(劫) 3천불(佛)의 성불 인연	석가보 석가동삼천불연보 제6【약왕약상관경】
其296~302 (7곡)	다보여래의 법화경 찬탄	묘법연화경 견보탑품 제11
*其303~309 (7곡)	악인과 여인의 성불	묘법연화경 제바달다품 제12
	무진수(無盡數)의 보살들이 땅에서 솟아 나옴	묘법연화경 종지용출품 제15
其310~311 (2곡)	양의치자유(良醫治子喩) 설법	묘법연화경 여래수량품 제16
其312(1곡)	구원성불(久遠成佛) 설법의 공덕과 그 상서	묘법연화경 분별공덕품 제17
其313~317 (5곡)	상불경보살의 법화경 수지	묘법연화경 상불경보살품 제20
其318~320 (3곡)	석존과 분신여래의 신력	묘법연화경 여래신력품 제21
其321(1곡)	분신여래와 다보여래의 귀환	묘법연화경 촉루품 제22
其322~324 (3곡)	묘음보살의 석존·다보여래 공양	묘법연화경 묘음보살품 제24
其325~339 (15곡)	관세음보살의 공덕과 방편력	묘법연화경 관세음보살보문품 제25
其340(1곡)	보현보살의 묘법 호지	묘법연화경 보현보살권발품 제28
其341(1곡)	대가섭의 정법 전지	불조통기 권5【매계집】
其342~346 (5곡)	보은경 설법	대방편불보은경 권1 서품 제1 (其342~343 전절, 其344 전절) 대방편불보은경 권1 효양품 제2 (其343 후절, 其344 후절~346)
其347~348 (2곡)	사리불의 멸도	대방편불보은경 권5 자품 제7

其349~405 (57곡)	수대나 태자의 보시행	태자수대나경
其406~411 (6곡)	수사제 태자의 효양행	대방편불보은경 권1 효양품 제2
其412~414 (3곡)	도리천위모 설법	석가보 우전왕조석가전단상기 제23 【증일아함경】 (其412 전절) 석가보 석가모마하마야부인기 제16 【도리천위모설법경】 (其412 후절~414)
其415~417 (3곡)	지장경 설법	지장보살본원경 도리천궁신통품 제1 (其415) 지장보살본원경 분신집회품 제2 (其416·417)
其418 전절 (0.5곡)	우전왕과 파사익왕의 불상 조성	석가보 우전왕조석가전단상기 제23 【증일아함경】 석가보 파사익왕조석가금상기 제24 【증일아함경】
其418 후절 ~420(2.5곡)	석존의 염부제 귀환	석가보 석가모마하마야부인기 제16 【도리천위모설법경】 (其418 후절, 其419 전절, 其420) 석가보 우전왕조석가전단상기 제23 【관불삼매경】 (其419 후절)
其421(1곡)	불상의 불사 부촉	석가보 우전왕조석가전단상기 제23 【관불삼매경】
其422~429 (8곡)	인욕태자의 효양행	대방편불보은경 권3 논의품 제5
*其430~444 (15곡)	녹모부인의 공덕행	
其445~494 (50곡)	선우태자의 보시행	대방편불보은경 권4 악우품 제6
其495~496 (2곡)	불법 전수에 관한 설법	법원주림 권30 주지편 제22 【대집경·법주기】
其497~499 (3곡)	대애도의 멸도	석가보 석가이모대애도니원기 제17 【불모니원경·증일아함경】
其500~519 (20곡)	목련구모(目連救母)	목련경
其520~522 (3곡)	석존의 열반 예고	석가보 석가쌍수열반기 제27 【장아함경】
其523~524 (2곡)	열반경 설법	석가보 석가쌍수열반기 제27 【대반열반경】
*其525~576 (52곡)	일체 중생과 순타의 최후 공양	석가보 석가쌍수열반기 제27 【대반열반경】
	임종유교(臨終遺敎)	대반열반경후분 권상 유교품 제1 석가보 석가쌍수열반기 제27 【쌍권대반니원경】

*其525~576 (52곡)	쌍림열반(雙林涅槃)	대반열반경후분 권상 응진환원품 제2 법원주림 권12 천불편 제5 【파사론】 대반열반경후분 권하 기감다비품 제3
	석존의 다비	석가보 석가쌍수반열반기 제27 【마야경】 대반열반경후분 권하 기감다비품 제3
	균분사리(均分舍利) 및 사리탑 조성	석가보 석가팔국분사리기 제28 【니원경】 석가보 석가천상용궁사리보탑기 제29 【처태경】
	법장(法藏) 결집	알 수 없음+조당집 【칠사기】
	대가섭과 아난의 멸도	알 수 없음
其577 전절 (0.5곡)	아육왕의 전생 공덕	석가보 아육왕조팔만사천탑기 제31 【잡아함경】
其577 후절 (0.5곡)	아육왕의 8만 4천탑 조성	
其578~579 (2곡)	우바국다·빈두로 존자와 아육왕의 대화	
其580 전절 (0.5곡)	사미 단정의 범지 교화	석가보 아육왕조팔만사천탑기 제31 【비유경】
其580 후절 (0.5곡)	태자 법익의 먼 눈이 다시 밝아짐	석가보 아육왕조팔만사천탑기 제31 【법익경】
其581 전절 (0.5곡)	석존의 제자 박구라의 청빈함	석가보 아육왕조팔만사천탑기 제31 【잡아함경】
其581 후절 (0.5곡)	아육왕의 염부제 보시	
其582~583 (2곡)	결사(結詞)	

　위의 【표13】을 통해, 〈월인천강지곡〉은 서사·본사·결사의 세 부분으로 되어 있고, 본사는 석존의 전생 및 탄생부터 전법(轉法)·열반에 이르기까지의 사적과, 아육왕의 불교 홍포에 관한 내용 등이 삽화를 단위로 하여 서술되어 있음을 알 수 있다. 〈월인천강지곡〉의 본사는 여타의 불전(佛傳)들과 마찬가지로 '팔상'에 의거하여 그 서사단락을 나눌 수 있다. 곧 ①전생(其3-11), ②탄생(其12-29), ③궁중생활(其

30-42), ④출가(其43-57), ⑤수도(其58-64), ⑥성불(其65-82), ⑦전법(其83-519), ⑧열반(其520-576), ⑨아육왕의 불교 홍포(其577-581) 등이 그것이다.

이들 단락은 ①·③과 ⑨를 제외하고는 팔상과 대응된다.193) 팔상은 석존의 일생을 중심 사건 위주로 그 시간적 순서에 따라 정리한 것으로, 〈월인천강지곡〉이 팔상의 전개 방식을 따르고 있다는 점은, 일단 작품의 구성 원리가 시간적 순행의 원리임을 알 수 있게 한다. ①과 ⑨의 서사단락은 팔상에 없지만, 각각 탄생 이전과 열반 이후의 내용이므로, 시간적 순행의 구성 원리에서 벗어나지 않는다.

그러나 삽화들의 구체적인 배열은 이러한 서사단락의 전개 양상과 차이를 보이고 있다. '전법' 단락은 대체로 시간적 선후 관계가 정확히 파악되지 않는 사적들로 구성되어 있으며, 其27~29와 其75~78 등의 삽화는 그 앞뒤의 삽화들과 시간 순차의 방법으로 연결된 것이 아니다. '탄생' 단락에 포함되어 있는 其27~29는 석존이 탄생한 지 1087년 뒤에 일어난 사건이고,194) '성불' 단락의 其75~78은 석존 열반 100년 후의 사적이기 때문이다.195) 그리고 전법 단락에 속한 대부분의 삽화들은 아래의 인용문에서 보듯이 그 구체적인 연대를 확인할 수가 없다.

---

193) 구체적으로, 팔상의 도솔래의와 비람강생은 〈월인천강지곡〉의 '탄생'에, 사문유관·유성출가는 '출가', 설산수도는 '수도', 그리고 수하항마·녹원전법·쌍림열반은 각각 '성불'·'전법'·'열반'에 대응된다.
194) 이들 노래가 수록된 『월인석보』 권2의 49ㄴ-4에는 "後에 一千 여든닐굽 힛자히"라는 구절이 있고, 그 협주에 "後漢 明帝 永平 세찻 히 庚申이니"라고 되어 있다.
195) 이 삽화의 중심인물인 우바국다 존자는 석존의 법맥을 이은 인도의 24조(祖) 가운데 제4조로, 석존이 열반한 지 100년 후의 인물이다. 우바국다는 其578·579의 중심인물이기도 하다.

(1) · 입태　　　　　　　주(周) 소왕(昭王) 25년 계축(癸丑) 7월 15일
　　· 탄생　　　　　　　　　　　　　　26년 갑인(甲寅) 4월 8일
　　· 작명(3세)　　　　　　　　　　　　28년 병진(丙辰)
　　· 태자의 학문(7세)　　　　　　　　32년 경신(庚申)
　　· 무예시합(10세)　　　　　　　　　35년 계해(癸亥)
　　· 결혼(17세)　　　　　　　　　　　42년 경오(庚午)
　　· 사문유관(19세)　　　　　　　　　44년 임신(壬申)
　　· 유성출가(19세)　　　　　　　　　44년 임신(壬申) 2월
　　· 선정을 익힘(22세)　　　　　　　　47년 을해(乙亥)
　　· 나운 탄생(25세)　　　　　　　　　50년 무인(戊寅)
　　· 니련수에서의 목욕(30세)　목왕(穆王) 4년 계미(癸未)
　　· 수하항마(30세)　　　　　　　　　4년 계미(癸未)
　　· 나운출가(33세)　　　　　　　　　7년 병술(丙戌)
　　· 기원정사 건립(34세)　　　　　　　8년 정해(丁亥)
　　· 대애도 출가(58세)　　　　　　　　32년 신해(辛亥)
　　· 법화경 설법(71세)[196]　　　　　　45년 갑자(甲子)
　　· 쌍림열반(79세)　　　　　　　　　53년 임신(壬申)
　　· 가섭존자의 멸도　　　　고왕(考王) 5년 병진(丙辰)
　　· 아난존자의 멸도　　　　여왕(厲王) 11년 계미(癸巳)
　　· 아육왕의 8만 4천탑 조성　　　　　46년 무진(戊辰)

『석보상절』 및 『월인석보』의 몇몇 삽화에는 사건 당시 석존의 나이

---

[196] 이 내용은 『석보상절』 권13의 협주를 옮긴 것으로, 『월인석보』 권11의 11ㄱ4~6에는 "이쩨 부텻 나히 닐흔 둘히러시니 穆王 마순 여슷찻 히 乙丑ㅣ라"고 되어 있다. 『석보상절』과 『월인석보』의 이러한 차이는 참고한 문헌의 차이에 기인한 것으로 보이는데, 이에 대한 구체적인 내용은 김기종, 「월인천강지곡의 배경과 구성방식 연구」, 『불교어문논집』 4, 한국불교어문학회, 1999, pp.195~196에 정리되어 있다.

및 연대가 협주로 명시되어 있는데, 위의 인용문은 〈월인천강지곡〉으로 노래된 삽화의 해당 사항을 정리한 것이다. 괄호 안의 숫자는 석존의 나이를 가리킨다. (1)에서 인용하지 않은 내용을 포함하여 『석보상절』 및 『월인석보』의 협주에 명기된 불령(佛齡) 및 연대는 대체로 불교사서(佛敎史書)인 『불조역대통재』와 『불조통기』에 의거한 것으로 보인다.197)

『석보상절』 및 『월인석보』의 편찬자가 그 연대를 파악하고 있는 (1)의 삽화 중, 전법 단락에 해당하는 것은 나운 출가·기원정사 건립·대애도 출가·법화경 설법의 네 삽화뿐이다. 전법 단락이 其83~519의 437곡으로 되어 있는 점을 떠올린다면 그 비중은 매우 작다고 할 수 있다. 이렇듯 전법 단락에 속한 삽화들의 연대 파악이 분명하지 못한 이유는 이들 삽화의 저경이 대부분 대승경전이라는 점에 기인한다. 일반적으로 대승경전에는 석존이 설법한 장소가 밝혀져 있지만 그 시기는 언급되어 있지 않다. 그리하여 중국의 제종(諸宗)에서는 경전의 내용·사상을 통해 그 경전의 가르침이 설해진 시기를 구분하였는데, 이를 교상판석(敎相判釋)이라 부른다. 대표적인 교상판석으로는 화엄종의 5교(敎) 10종(宗)설과 천태종의 5시(時) 8교(敎)설이 있다.

여기에서, 교상판석에 의한 삽화 배열의 가능성을 생각해 볼 수 있다.198) 실제로, 몇몇 노래는 천태종의 '5시 8교'199)와 관련이 있다. 곧

---

197) 김기종, 위의 논문, p.197.
198) 이종석, 「월인천강지곡과 선행불교서사시의 비교연구」, 서울대 석사학위논문, 2001, p.181에서는, 전법 단락의 삽화배열이 천태종의 5시 8교설에 의한 것이라고 하였다. 반면에 민영규, 「개제」, 『월인석보 제 7·제8』, 연세대 동방학연구소, 1957, p.10과, 최병헌, 「월인석보 편찬의 불교사적 의의」, 『진단학보』 75, 진단학회, 1993, p.219에서는, 『월인석보』의 내용 및 체제는 천태의 5시설 및 화엄종의 교판과 관련이 없다고 지적하였다.
199) '5시'는 석존 일생의 교화 과정을 다섯 시기로 구분한 것으로 제1 화엄시(華嚴時), 제2 아함시(阿含時), 제3 방등시(方等時), 제4 반야시(般若時), 제5 법화(法

其83과 其272~340은 5시설의 화엄시와 법화시에 해당하고, 其97은 '8교' 가운데 돈교와 점교에 관한 내용이다. 그러나 이 외에 '5시 8교'의 내용을 노래한 〈월인천강지곡〉은 없으며, 삽화의 배열에 있어서도 5시설의 영향은 보이지 않는다. 其83 이후와 其272 이전에 배열된 삽화들은 아함시·방등시·반야시와 관련이 없는 내용이고, 其340 이후의 노래에는 천태종의 교상판석에서 전혀 언급되지 않은 『대방편불보은경』· 『태자수대나경』· 『목련경』 등의 경전이 큰 비중으로 노래되어 있는 것이다. 그러므로 『석보상절』의 편자 및 〈월인천강지곡〉의 작자는 천태종의 '5시 8교'를 의식하고 있었지만, 구성의 원리로 수용하지는 않았다고 하겠다.

결국, 전법 단락에 배열된 삽화들은 그 시간적 선후 관계가 확실한 근거를 갖고 있지 못하며, 시간 순차 외의 방법으로도 〈월인천강지곡〉의 삽화들이 연결된 것이라 할 수 있다. 이에, 구체적인 몇몇 예를 통해 〈월인천강지곡〉의 삽화 전개 양상과 그 원리를 살펴보면 다음과 같다.

(2) ㉮나건하라국의 독룡·나찰 교화(其182-199) → ㉯아미타경 설법(其200-211) → ㉰16관경 설법(其212-219) → ㉱원앙부인의 극락왕생(其220-250) → ㉲약사경 설법(其251-260) → ㉳정반왕의 죽음(其261-266) → ㉴대애도의 출가(其267) → ㉵5백 군적 교화(其268) → ㉶난타용왕궁 설법(其269-271)

華)·열반시(涅槃時)를 말한다. '8교'는 석존 일대의 설교를 교화 방법에 따라 네 가지로 분류하고, 또 교화 내용인 교법에 따라 넷으로 나눈 것을 합하여 가리키는 말이다. 전자를 화의사교(化儀四敎)라 하고, 후자를 화법사교(化法四敎)라 하는데, 화의사교는 돈교(頓敎)·점교(漸敎)·비밀교(秘密敎)·부정교(不定敎)를 말하고, 화법사교는 장교(藏敎)·통교(通敎)·별교(別敎)·원교(圓敎)를 뜻한다.

제4장 텍스트의 구조와 주제의식 155

인용문 (2)는 其182~271의 삽화 배열 양상을 앞의 【표13】에서 옮겨온 것이다. (2)의 삽화들은 대부분 대승경전이 저경으로, 앞에서 언급했듯이 그 시간적 선후 관계를 파악할 수 없고,200) 서사내용의 인과관계 또한 분명하지 않다. 그런데 이들 삽화는 서사내용 및 그 의미에서 관련성을 보이고 있어 주목을 요한다.

먼저, ㉯~㉮의 삽화들은 모두 '정토'에 관한 내용이라는 점을 지적할 수 있다. ㉯와 ㉰의 저경인 『아미타경』과 『관무량수경』은 정토삼부경에 속하는 경전들이고, ㉱는 관세음보살의 전신인 원앙부인이 보살행으로 인해 서방정토인 극락세계에 왕생했다는 내용이다. ㉮의 삽화는 비록 극락에 관한 내용은 아니지만 동방의 정토인 정유리세계에 관해 서술하고 있으므로, 이 삽화 역시 앞의 삽화들과 연결된다고 할 수 있다. 그리하여 이들 삽화는 '정토의 장엄상(㉯) → 정토왕생의 방법(㉰) → 정토왕생의 실례(㉱) → 정토왕생의 쾌락(㉮)'이라는 서사내용의 전개 양상을 보인다. 其200~211의 ㉯는 극락의 모습에 대한 묘사이고, ㉰는 극락왕생의 방법인 16관법에 관한 서술이며, ㉱는 극락왕생의 실례로 볼 수 있기 때문이다. 본서의 제3장 2절에서 인용한 바 있는 ㉮의 其260 후절은 "藥師 十二願에 淨瑠璃 이러커시니 往生快樂이 달옴이시리잇가"로 되어 있다.

삽화 ㉲의 경우는, 정반왕의 '죽음'에 관한 내용이라는 점에서 ㉯~㉮의 '정토' 및 '왕생'과 연결된다. 정토는 사후세계이고, 왕생은 사후의 일이기 때문이다. 이에 비해, ㉮·㉯·㉳의 삽화는 다른 삽화들과의 연관성을 쉽게 찾을 수 없다. 이들 삽화 가운데 ㉯·㉳는 구체적인 노

---

200) 다만 ㉳의 삽화는 시간 순차에 의해 ㉲ 삽화 뒤에 배열된 것임을 알 수 있다. 저경인 『석가보』에 명시되어 있지는 않지만, 왕비인 대애도의 출가는 정반왕의 사후에 일어난 사건일 것이기 때문이다.

랫말을 통해 ㉯~㉴와의 관련성을 엿볼 수 있다.

  (3) 化人 方便力이 單騎로 기피 드르샤 五百群賊이 ᄒᆞ 사래 다 디니
     世尊 大光明이 十方ᄋᆞᆯ ᄉᆞ뭇 비취샤 ㉠一切衆生이 ᄒᆞᆫ 病도 다 업스니
                                                  〈其268〉

  (4) 難陀龍王宮에 眞實力 내샤 一切龍王ᄋᆞᆯ 다 모도시니
     輪盖龍王의게 陀羅尼ᄅ 니르샤 五種雨障ᄋᆞᆯ 다 업게 ᄒᆞ시니 〈其269〉

     龍王이 憐愍心으로 衆生ᄋᆞᆯ 爲ᄒᆞ야 閻浮提예 비 줄 일 묻ᄌᆞᄫᆞ니
     世尊이 威神力으로 龍王ᄋᆞᆯ 勅ᄒᆞ샤 祈雨國에 비 줄 일 니르시니
                                                  〈其270〉

     大慈行 니르시니 行ᄒᆞ리 이시면 ㉡內外怨賊이 다 侵掠 몯ᄒᆞ리
     諸佛號 니르시니 디니리 이시면 ㉢無量苦惱 ㅣ 다 滅除ᄒᆞ리 〈其271〉

위의 (3)은 삽화 ㉮, (4)는 ㉯에 해당하는 노래를 옮긴 것이다. 其268의 ㉮는 화인(化人)으로 변신한 석존이 신통력으로 5백 명의 도적을 교화한 내용이고, ㉯의 其269~271은 석존이 용왕들에게 비를 내리게 하는 방법에 관해 설한 내용으로 되어 있다. 이 두 삽화는 저경 및 석보상절의 분량에 비해 상당히 적은 곡수의 〈월인천강지곡〉으로 노래되었다는 공통점이 있고, 노래된 내용의 강조에 있어서도 저경과 조금은 차이를 보인다.

  인용문의 밑줄 친 ㉠~㉢은 저경에서 강조되지 않던 사건으로, 특히 ㉠의 "一切衆生이 ᄒᆞᆫ 病도 다 업스니"는 저경에 없는 표현인 것이다.[201] 이를 통해, 〈월인천강지곡〉의 작자는 석존의 5백 군적 교화와

---

201) 해당 석보상절인 『월인석보』 권10의 30ㄱ5~30ㄴ2에는 "十方 一切衆生ᄋᆞᆯ 차

난타용왕궁 설법 사적의 서사의미를 각각 '일체중생의 무병(無病)'과 '원적(怨賊)의 침략 및 무량 고뇌의 제거'로 파악하였음을 알 수 있다. 여기에서, ㉠·㉤와 ㉡~㉤의 연관성을 찾을 수 있는데, ㉡~㉤의 서사의미는 '중고(衆苦)의 멸제(滅除)'란 주제로 포괄할 수 있는 것이다. 죽음·질병·원적의 침략 등은 중고의 구체적인 양상에 해당하기 때문이다.

그리고 나건하라국의 독룡·나찰 교화에 관한 ㉤의 삽화 역시 이러한 '중고의 멸제'라는 주제와 관련이 있다고 할 수 있다. 삽화 ㉤는 나건하라국왕의 요청을 받은 석존이 독룡과 나찰을 교화한 내용으로, 국왕이 도움을 요청한 계기는 독룡과 나찰로 인한 백성의 가난과 전염병이다.202) 곧 ㉤의 서사의미는 '가난과 질병의 제거'로 볼 수 있으므로, 이 삽화 역시 여타의 삽화들과 연결되는 것이다.

이상의 논의를 통해, 其182~271의 삽화들은 서사내용 및 서사의미의 친연성을 보이고 있으며, 각 삽화의 서사의미가 모여 '중고의 멸제'라는 주제를 형성하고 있음을 알 수 있다. 이러한 사실은 이들 삽화의 전개 원리가 각 삽화의 서사의미를 토대로 배열되는 주제적 인과의 원리임을 보여준다. 다음으로, 其342~519의 삽화 전개 양상을 살펴보도록 하겠다.

(5) ⓐ대가섭의 정법 전지(其341) → ⓑ보은경 설법(其342-346) → ⓒ사리불의 멸도(其347-348) → ⓓ수대나태자의 보시행(其349-405) → ⓔ수사제태자의 효양행(其406-411) → ⓕ도리천 설법 및 염부제 귀환(其

비취시니 이 光明 맛나ᅀᆞᄫᆞ니 눈 머디도 보며 구브디도 펴며 손 발 저디도 쓰며 邪曲히 迷惑ᄒᆞ니도 眞言을 보ᅀᆞᄫᆞ며"로 되어 있다.
202) "那乾訶羅國 古仙山 毒龍池ㅅ ᄀᆞ새 羅刹穴ㅅ 가온ᄃᆡ 다ᄉᆞᆺ 羅刹이 이셔 암 龍이 ᄃᆞ외야 毒龍ᄋᆞᆯ 얻더니 龍도 무뤼 오게ᄒᆞ며 羅刹도 어즈러비 ᄃᆞ닗ᄊᆡ 네 히를 艱難ᄒᆞ고 쟝셕 흉ᄒᆞ거늘"(月釋 7:27ㄴ1~28ㄱ1)

412-421) → ⓖ인욕태자의 효양행(其422-429) → ⓗ녹모부인의 공덕행(其430-444) → ⓘ선우태자의 보시행(其445-494) → ⓙ불법 전수에 관한 설법(其495-496) → ⓚ대애도의 멸도(其497-499) → ⓛ목련 구모(其500-519)

(5)의 삽화들은 앞에서 살펴본 (2)와 마찬가지로, 대승경전이 그 저경의 중심을 이루고 있으며, 삽화들 사이의 시간적인 선후 관계 또한 파악되지 않는다. 그렇지만 이들 삽화는 (2)와 달리, 인용문의 내용을 통해서도 각 삽화들이 서로 관련되어 있음을 알 수 있다. 위의 (5)에서 보듯, ⓐ와 ⓙ를 제외한 ⓑ~ⓛ의 삽화는 대체로 '보시'와 '효도'에 관한 내용이기 때문이다.203)

그런데 이 보시와 효도는 앞 장에서 지적한 바 있듯이, ⓑ보은경 설법의 저경인 효양품 제2에서 제시하고 있는 '보은'을 위한 구체적인 방법이다.204) 이러한 사실을 고려하면, ⓒ~ⓛ의 각 삽화들은 보시와 효도에 관한 다양한 서사내용을 통해 ⓑ에서 제시한 '보은'이라는 주제를 형성하고 있는 것이 된다. 이를 통해, 其341~519는 其182~271처럼 하나의 서사단락을 이루고 있으며, 이들 삽화 역시 주제적 인과의 원리에 의해 배열된 것임을 알 수 있다.

끝으로, 시간 순차의 배열에서 벗어난 예로 언급한 바 있는 其27~

---

203) ⓕ도리천 설법 및 염부제 귀환과 ⓚ대애도의 멸도 삽화의 경우는, 여타의 삽화들과 달리 그 이름에서 직접 드러나지 않고, 해당 〈월인천강지곡〉에 '효도'라는 시어가 보이지 않지만, 모두 효도에 관한 내용으로 볼 수 있다. 석존이 도리천에 간 이유는 어머니인 마야부인의 해탈을 위해서이고, ⓚ의 중심인물인 대애도는 석존의 계모이기 때문이다.

204) ⓑ의 결사인 다음의 其346에서도 이러한 사실을 확인할 수 있다. 참고로, 其346을 인용하면 다음과 같다. "五趣ㅣ 如來ㅅ 父母ㅣ 실씨 菩提를 일우시니 生生劫劫에 孝心이시니/ 如來 五趣ㅅ 父母ㅣ 실씨 恩惠를 펴시니 劫劫生生애 慈心이시니"

29와 其75~78에 대해 살펴보도록 하겠습니다.

　　周昭王 **嘉瑞**를 蘇由ㅣ 아라 술바ᄂᆞᆯ 南郊애 돌흘 무드시니
　　漢明帝ㅅ **吉夢**을 傅毅 아라 술바ᄂᆞᆯ 西天에 使者 보내시니 〈其27〉

　　여윈 못 가온ᄃᆡ 몸 커 그우닐 龍을 현맛 벌에 비늘을 ᄲᆞ라뇨
　　色雲ㅅ 가온ᄃᆡ **瑞相** 뵈시ᄂᆞᆫ 如來ㅅ긔 현맛 衆生이 머리 좃ᄉᆞ바뇨
　　　　　　　　　　　　　　　　　　　　　　　　〈其28〉

　　世尊 오샤ᄆᆞᆯ 아ᄉᆞᆸ고 소사 뵈ᅀᆞᆸᄂᆞ니 녯 ᄠᅳ들 고티라 ᄒᆞ시니
　　世尊ㅅ 말을 듣ᄌᆞᆸ고 도라보아ᄒᆞ니 제 몸이 고텨 드외니 〈其29〉

위의 인용문은 其27~29를 차례대로 옮긴 것이다. 其27 전절은 중국 주나라 소왕 때의 사적으로, 태자 탄생 시의 상서에 관해 서술하고 있는 其24~26의 뒤에 배열되어 있다. 이 其27 전절은 其26까지의 노래들과 함께 석존 탄생 당시의 상황에 관한 내용이라는 점에서, 중국과 카필라국이라는 공간상의 차이가 있긴 해도 시간 순차의 배열 방법에서 벗어나는 것은 아니다.

문제는 其27 후절과 其28~29인데, 이들 삽화는 모두 후한(後漢) 명제(明帝) 때의 사적이다. 전자는 명제가 불법을 구하기 위해 사신을 인도에 보낸 내용이고, 후자는 석존 화신(化身)의 교화로 인해 도교의 천존(天尊)인 재동제군이 불법에 귀의했다는 내용이다. 이 두 삽화는 시간적 순서뿐만 아니라 서사내용에 있어서도 앞뒤의 삽화들과 거리가 있는 것이나, 그럼에도 其27 후절~29가 '단생'(其12-26)과 '궁중생활'(其30-42) 사이에 배열된 것은, 其12~26의 중심 모티프인 '상서'와의 관련성 때문으로 보인다.

인용문의 밑줄 친 부분인 '가서' '길몽' '서상'의 시어는 관련 석보상절 및 저경에 없는 표현으로,205) 其26 전절의 첫구인 "祥瑞도 하시며"와 연결된다. 곧 이 其27~29는 그 시간적 순서에는 어긋나지만, 其12~25에서 여러 차례 강조되고206) 其26에서 화자의 논평으로 마무리하고 있는,207) 탄생 단락의 서사적 의미를 강화하기 위해 이 단락의 뒤에 배열된 것이라 할 수 있다.208)

其75~78의 4곡은 우바국다 존자의 항마에 관한 삽화이다. 석존의 항마에 관한 내용인 其67~74의 뒤에 배열되어 있다. 석존이 열반한 지 100년 후의 인물인 우바국다의 항마담(降魔譚)이 其67~74 뒤에 배열된 이유는, 우선 '마왕의 항복'이라는 서사내용과 관련이 있다고 할 수 있다. 그렇지만 보다 직접적인 이유는 앞 삽화의 서사의미를 강화하기 위한 의도에 기인한 것으로 보인다.

其75~77209)에서 '대자비(大慈悲)' '자비심(慈悲心)'이란 시어210)의

---

205) 其29 전절의 '嘉瑞'는 『월인석보』 권2 48ㄴ3~49ㄱ2의 "四月ㅅ 八日에 ᄀᆞ룸과 우믌 므리 다 넚디고 뫼히며 宮殿이며 드러치고 常例ㅅ 벼리 아니 돋고 五色光이 太微宮의 ᄢᅦ오 西方이 고른 靑紅色이어늘"에 해당한다. 그리고 후절의 '吉夢'은 64ㄴ7~65ㄱ2의 "明帝 ᄭᅮ메 ᄒᆞᆫ 金 사ᄅᆞ미 ᄠᅳᆯ헤 ᄂᆞ라 오시니 킈 크시고 머리예 힛 光 잇더시니"에 해당한다.
206) 其13 전절의 '五瑞', 其17의 "祥瑞 하거늘", 其18 전절의 "本來 하신 吉慶에" 등이 그것이다.
207) 참고로, 其26을 옮기면 다음과 같다. "祥瑞도 하시며 光明도 하시나 ᄀᆞᆺ 업스실 씨 오늘 몯 ᄉᆞᆲ뇌/ 天龍도 해 모ᄃᆞ며 人鬼도 하나 數 업슬씨 오늘 몯 ᄉᆞᆲ뇌"
208) 논의의 중복을 피하기 위해, 탄생 단락의 서사의미 등에 대한 보다 구체적인 논의는 다음 절의 관련 항목으로 미룬다.
209) 구체적으로, 其75 후절의 "大慈悲 世尊ㅅ긔 버릇 업습던 일을 魔王이 뉘으츠니이다"와, 其76 전절의 "큰 龍을 지사 世尊ㅅ 몸애 감아늘 慈悲心ᄋᆞ로 말 아니 ᄒᆞ시니", 그리고 其77 전절의 "바리 ᄲᅳ리ᄂᆞᆫ 쇠 거츨언마른 慈悲心ᄋᆞ로 구지돔 모ᄅᆞ시니"가 그것이다.
210) 이들 시어 역시 其27~29의 '가서' '길몽'과 마찬가지로 관련 석보상절 및 저경

반복은 청자(독자)로 하여금 자연스럽게 석존의 항마담과 그 뒤에 배열된 삽화들의 서사의미가 '석존의 자비심'임을 알 수 있게 한다. 其67~74가 석존의 항마 과정이라는 서사내용을 통해 '석존의 자비심'이라는 서사의미를 드러낸다면, 其75~78은 직접적인 시어를 통해 서사의미를 표출하고 있는 것이다. 그러므로 이 삽화는 其27 후절~29와 마찬가지로 앞 삽화의 서사의미를 보완 내지 강화하기 위해 삽입된 것이라 하겠다.

지금까지, 구체적인 몇몇 예를 통해 〈월인천강지곡〉의 삽화 전개 양상과 그 원리에 대해 살펴보았다. 〈월인천강지곡〉은 석존의 일대기라는 특성 상, 석존의 탄생·출가·성불·열반 등에 관한 사적들이 그 시간적 순서에 따라 배열된다. 그러나 시간적 선후 관계 및 서사내용의 인과관계가 분명하지 못한 삽화들의 경우는, 각 삽화의 서사의미를 토대로 배열되는 주제적 인과의 방법에 의해 전개되어 있다. 이러한 배열 방법은 위에서 살펴본 其182~271과 其342~519뿐만 아니라 석존의 전법에 관한 其83~519 전체에 걸쳐 나타나 있다.

결국, 〈월인천강지곡〉은 시간적 순행의 원리에 의해 전개되면서도, 전법(轉法) 사적에 해당하는 삽화들의 경우는 주제적 인과의 원리에 의해 배열된 것이라고 정리할 수 있다.

2) 서사와 결사의 형식과 의미

〈월인천강지곡〉의 서사와 결사를 그 곡차의 순서대로 제시하면 아래와 같다.

에 없는 표현이다.

巍巍 釋迦佛 無量無邊 功德을 劫劫에 어느 다 ᄉᆞᆯᄫᆞ리   〈其1〉

世尊ㅅ 일 ᄉᆞᆯᄫᅩ리니 萬里外ㅅ 일이시나 눈에 보논가 너기ᅀᆞᄫᆞ쇼셔
世尊ㅅ 말 ᄉᆞᆯᄫᅩ리니 千載上ㅅ 말이시나 귀예 듣는가 너기ᅀᆞᄫᆞ쇼셔 〈其2〉

色身을 숨건댄 閻浮提에 ᄂᆞ리샤 跋提河이 滅度ᄒᆞ시나
法身을 숨건댄 常寂光 ᄒᆞ시니잇가 어드러로 가시니잇가   〈其582〉

가시다 호리잇가 눈알ᄑᆡ ᄀᆞ득히시ᄂᆞᆯ 顚倒衆生이 어늬 ᄉᆞᆯᄫᆞ리 〈其583〉

먼저, 서사의 其1은 말로 표현할 수 없을 만큼 석존의 공덕이 무량하고 무변하다는 내용이고, 其2는 무량무변한 공덕을 석존의 일과 말씀을 중심으로 서술할 것이니, 청자(독자)는 눈에 보는 것처럼, 귀에 들리는 것처럼 여기라는 화자의 당부이다.

其1은 석존의 공덕에 대한 화자의 단순한 찬탄[211]이 아니라, 찬탄을 통해 〈월인천강지곡〉의 주제가 석존의 무량무변한 공덕임을 제시한 것이다. 그리고 其2는 其1에서 제시한 주제를 석존의 일과 말 중심으로 서술할 것임을 알리고, 아울러 〈월인천강지곡〉에 대한 청자(독자)의 태도까지 제시한 것이라 할 수 있다. 그러므로 其1·2의 서사는 작품 전체의 주제 및 내용을 집약하여 제시한 것이라 하겠다.[212] 그리고

---

211) 其1을 전재강, 「월인천강지곡의 서사적 구조와 주제 형성의 다층성」, 『안동어문학』 4, 안동어문학회, 1999, p.173에서는 여래에 대한 찬탄으로, 신명숙, 「여말선초 서사시 연구」, 단국대 박사학위논문, 2004, p.147에서는 찬탄이자 분위기 도입을 위한 총서로 보았다.
212) 조규익, 「월인천강지곡의 서사적 성격」, 『조선조 악장의 문예미학』, 민속원, 2005, p.241에서는, "1장은 말 그대로 〈월인천강지곡〉 전체의 총서이고, 2장은 앞으로 펼쳐질 사건들을 통해 청자나 독자들이 인식해야 할 교술적 내용을 암시하고 유념할 것을 당부한 부분으로, 말 그대로 서사다"라고 하였다. 그러나 본문에서 설명했듯이 〈월인천강지곡〉의 其2는 〈용비어천가〉의 제2장과 달리, 其1의 내

이러한 서사의 내용은 其3~581의 본사에 서술되어 있는 석존의 일대기가, 석존이 중생들에게 베푼 구체적인 공덕, 그 중에서도 〈월인천강지곡〉의 작자가 중요하게 여긴 석존의 공덕을 드러내고 있음을 암시한다고 할 수 있다.

다음으로, 〈월인천강지곡〉의 결사는 몇몇 선행 연구자에 의해 여래에 대한 예경과 독자에 대한 경계,213) 또는 其1의 내용을 반복했을 것214)이라고 추정된 바 있다. 그러나 위의 인용문에서 알 수 있듯, 其582와 其583은 석존의 공덕에 대한 예경 및 청자에 대한 당부의 내용으로 되어 있지 않다. 其582에서 화자는, 석존의 육신은 돌아가셨지만 법신은 상적광토에 계신 것인지, 아니면 어디로 가신 것인지를 묻고 있으며, 其583은 이 질문을 받아 석존은 전도된 중생들이 모를 뿐이지 우리의 눈앞에 가득하다는 내용으로 되어 있다.215) 곧 이 其582·583은 화자의 자문자답 형식으로 '불신(佛身)의 편재(遍在) 내지는 상주(常住)'를 노래하고 있는 것이다.

용을 부연·보충한 것으로, 其1과 다른 층위의 노래가 아니다. 또한 其2는 〈월인천강지곡〉의 교술적 내용을 암시하고 있지 않다. 其2의 '눈에 보논가' '귀예 듣는가'의 시어는 其3부터의 노래가 서사적인 내용임을 보여주고 있기 때문이다.

213) 전재강, 앞의 논문, p.178.
214) 조규익, 위의 논문, p.242.
215) 其582 후절의 '상적광'은 상적광토로, 천태종의 불신론(佛身論)에서 나온 용어인데, 부처님의 몸을 셋으로 나눈 삼신[법신(法身)·보신(報身)·응신(應身)] 중, 법신불이 머물고 있는 불국토를 뜻한다. 법신은 영원불멸한 만유의 본체인 법에 인격적 의의를 지닌 신(身)을 붙여 일컬은 '이치로서의 부처님[이불(理佛)]'을, 보신은 보살위(菩薩位)의 수행으로 얻어진 불신이 세속에 대한 진리의 표현으로 드러난 '형상을 지닌 부처님[형불(形佛)]'을, 응신은 부처님이 중생을 교화함에 있어 교화의 대상인 중생의 근기에 맞도록 몸을 드러낸 '변화한 부처님[화불(化佛)]'을 의미한다. 또한 其582 전절의 '색신'은 눈으로 볼 수 있는 불신이란 뜻으로, 삼신론(三身論)의 보신과 응신을 포괄하는 용어이다. 김월운 역, 『석가여래행적송』, 동문선, 2004, p.16 참고.

이렇듯 선행 연구자들의 예상과 달리 〈월인천강지곡〉의 결사가 불신의 편재를 노래하고 있는 이유는 다음 절에서 행할 서사단락의 구체적인 분석을 통해 밝혀지겠지만, '월인천강(月印千江)'이라는 제명(題名)을 통해서도 그 이유의 일단을 짐작할 수 있다. '월인천강'은 『월인석보』 권1 '月印千江之曲 第一'의 표제 옆에 부기(附記)된 "부톄 百億世界예 化身ᄒ야 敎化ᄒ샤미 드리 즈믄 ᄀᆞᄅᆞ매 비취요미 ᄀᆞᄐᆞ니라"라는 주석을 통해, 모든 중생을 교화하는 석존의 공덕을 뜻하는 것임을 알 수 있다. 서사에서 제시하고 있는 석존의 무량무변한 공덕이 '월인천강'인 것이다.

그런데 其583의 협주에는, 이 '월인천강'이 조금 다른 의미로 쓰이고 있다. 곧 "이 자취로 보면 세상에서 말하는 부처님이 거래(去來)가 있다는 것이 옳지만, 실(實)을 의거하여 보면 와도 온 바가 없어 마치 달이 천강에 비침과 같다"216)는 언급이 그것이다. 이러한 '월인천강'의 의미는 운묵이 지은 〈석가여래행적송〉의 주석에도 다음과 같이 설명되어 있다. "마치 달이 허공에 뜨면 그림자가 모든 물에 비치는데 그림자는 한량이 없으나 달은 본래 하나이듯, 부처님도 그러하여 비록 만억 국토에 자취를 나투시나 본래 몸은 하나일 뿐이다."217)

물론 이 언급들과 『월인석보』 권1의 협주가 전혀 다른 사실을 말하고 있는 것은 아니다. 다만, 『월인석보』 권1의 협주는 달이 천강을 비추고 있다는 사실 자체를 강조하고, 其583과 〈석가여래행적송〉의 주

---

216) "迹此觀之, 世云佛有去來可矣, 據實而觀, 來無所來, 月印千江." 己和, 『金剛般若波羅蜜經五家解說誼』 卷上 法會因由分 第1. (『한국불교전서』 7, 동국대 출판부, 1986, p.25)

217) 김월운 역, 같은 책, p.52. 원문은 다음과 같다. "如月昇空, 影臨衆水, 影雖無量, 月本是一, 佛亦如是, 雖迹現於萬億國土, 而本身是一也."(『한국불교전서』 6, 동국대 출판부, 1986, p.493)

석은 천강에 비추어진 달이 하나임을 강조한 차이가 있는 것이다. 다시 말하면, 전자는 중생을 교화하는 법신의 '작용'에 주목한 것이고, 후자는 이러한 작용을 가능하게 하는 법신의 '본체'에 주목한 것이라 할 수 있다.218)

이렇게 볼 때, 〈월인천강지곡〉에서의 '월인천강'은 진리인 법신의 체(體)와 용(用)을 모두 포함하는 의미로, 서사는 '월인천강'의 용(用)적 측면을, 결사는 '월인천강'의 체(體)를 나타낸 것이 된다. 불신(佛身)의 측면에서는, 서사는 보신과 응신으로서의 석존을, 결사는 법신으로서의 석존을 표현한 것이라 할 수 있다. 따라서 서사와 결사는 같은 내용의 다른 표현으로, 〈월인천강지곡〉의 주제가 석존의 무량무변 공덕과 불신(佛身)의 편재(遍在)임을 집약하여 제시한 것이라고 하겠다.

여기에서, 〈월인천강지곡〉 전체의 형식적 짜임새가 〈용비어천가〉와 달리,219) 1행[其1]-2행[其2~582]-1행[其583]으로 이루어져 있는 이유에 대한 해명이 가능하다. 〈월인천강지곡〉의 1-2-1행 구조는 위에서 지적한 '월인천강'의 의미를 시가형식을 통해 구현한 것으로 볼 수 있기 때문이다. 즉, 其1의 1행은 '달', 곧 보살위(菩薩位)의 정진과 수행

---

218) 이 외에, 『염불삼매보왕론』 권중에는 법신·보신·응신의 상호 관계를 달의 체(體)와 그 빛, 그리고 그 그림자와 같다고 하여 '일월삼신(一月三身)'이란 용어로 표현하고 있다. 곧 "법신의 이체(理體)가 유일상주불변(唯一常主不變)인 것을 달의 체(體)에 비유하고, 보신의 지혜가 법신의 이체에서 생기어 일체를 비추는 것을 달의 빛에 비유하며, 응신은 변화하는 작용으로 기연(機緣)에 따라서 나타나는 불신(佛身)이므로 달의 그림자가 물에 비치는 것에 비유한 것이다"라고 하였다. 홍법원 편집부, 『불교학대사전』, 홍법원, 1993, p,601.
219) 조동일은 〈용비어천가〉의 1행(제1장)-2행(제2~124장)-3행(제125장)의 구조에 대해, "한 줄에서 두 줄로, 두 줄에서 세 줄로 나아가는 것을 보여주어 왕조의 창업이 천·지·인 삼재와 일치한다는 것을 시가형식을 통해 구현했다"고 하였다. 조동일, 『한국문학통사 2』, 지식산업사, 2004(제3판), p.265.

으로 얻게 된 보신을, 其2 이하의 노래는 계속 겹쳐지는 행으로 '천강에 비친 물 속의 달', 곧 중생을 교화하는 응신과 보신을 의미한다. 그리고 其583의 마지막 1행은 이러한 보신과 응신이 법신에 다름 아니라는 점을 보여주는 것이다.

결국, 〈월인천강지곡〉은 법신의 체와 용의 관계가 하나이면서 둘이고 둘이면서 하나임을 1-2-1행의 형식적 짜임을 통해 나타낸 것이라 할 수 있다. 이에 덧붙여, 2행의 其582와 1행의 其583이 곡차가 구분되어 있음에도 3행이 모여야 온전한 의미를 갖는다는 점은, 보신·응신·법신이 셋이면서 하나이고 하나이면서 셋인 관계를 나타낸 것으로도 볼 수 있다.

3) 전체 짜임 및 서사단락의 설정

논의의 편의상, 〈월인천강지곡〉의 서사단락 설정과 분석에 앞서, 관련 선행 연구의 논의 내용을 살펴보고 그 문제점을 지적하면 다음과 같다.

조흥욱은 『월인천강지곡(상)』에 수록된 其194까지의 노래들을 ①전생사적(其3-9) ②조상사적(其10-11) ③잉태와 탄생(其12-32) ④태자시절(其33-42) ⑤출가와 고행(其43-62) ⑥성도(其63-85) ⑦설법과 교화(其86-194)의 서사단락으로 구분한 뒤, 이 7개의 단락을 아래와 같이 영웅서사시의 일반적인 서사단락에 대응시켰다.[220]

조상 사적 ·· 고귀한 혈통
탄생 사적 ·· 비정상적 출생

---
[220] 조흥욱, 「월인천강지곡 연구」, 서울대 박사학위논문, 1994, pp.104~105.

태자 시절 사적 ……………………………… 탁월한 능력
출가와 고행 사적 ……………………………… 기아와 죽음
성도 ……………………………………………… 죽음의 극복
설법과 교화 …………… 자라서의 위기, 투쟁에서의 승리

그리하여 "영웅문학에 등장하는 영웅의 일대기라는 서사구조는 〈월인천강지곡〉에서 노래되는 석가의 일대기에도 그대로 적용됨을 알 수 있다. 따라서 〈월인천강지곡〉은 기본적으로 영웅서사시적 전개구조를 가지고 있다고 하겠다. 이러한 서사단락의 전개 구조는 이미 〈용비어천가〉에서 이루어진 방식으로, 〈월인천강지곡〉의 서사시적 구성이 〈용비어천가〉를 전범으로 하여 이루어진 것임을 알 수 있다"221)라고 하였다.222)

조규익은 〈월인천강지곡〉의 구조가 〈용비어천가〉의 구조와 같을 것이라는 전제 아래, 〈월인천강지곡〉은 '총서 → 서사(序詞) → 서사부[전생담/출생-출가 이전/출가-정각 이전/정각-입멸] → 교술부 → 결사'의 구조로 되어있다고 보았다. 그리고 '서사단락'이란 용어 대신 '시퀀스'란 용어를 사용하여 〈월인천강지곡〉의 서사부를 다음과 같은 5개의 시퀀스로 구분하고 있다.223)

· S1(전생담) : 억울하게 죽은 소구담이 대구담에 의해 구담씨로 환생, 번성하다.　　　　　　　　　　　　　　　　　　　〈其3-18〉

---

221) 조흥욱, 「월인천강지곡의 내용 특징 연구」, 『어문학논총』 23, 국민대 어문학연구소, 2004, p.61.
222) 조흥욱은 서사구조뿐만 아니라 〈월인천강지곡〉에 사용된 모티프들 또한 〈용비어천가〉가 그 전범으로, 그 결과 "〈월인천강지곡〉에서 그려지는 영웅으로서의 석가의 모습은 〈용비어천가〉에서 그리고자 했던 유교적 영웅의 모습이 강조된 형태로 형상화된 것"이라고 보았다. 조흥욱, 위의 논문, p.70.
223) 조규익, 앞의 논문, pp.275~278.

- S2(태자의 탄생-출가 이전) : 태자(석존)가 탄생하여 세속에서 성장하다.
〈其19-51〉
- S3(출가·수행) : 태자가 출가, 수행하다. 〈其52-82〉
- S4(정각·중생구제) : 태자가 정각을 이루고 중생을 제도하다.
〈其83-194〉
- S5(입멸) : 석존이 입멸하다.

위의 두 논의는 그 내용에 차이가 있지만, 〈용비어천가〉와의 관련선상에서 〈월인천강지곡〉의 서사구조를 파악하고 있으며, 『월인천강지곡(상)』만을 작품 분석의 대상으로 삼고 있다는 공통점을 보인다. 이러한 공통점은 이들 논의가 문제점을 보이게 된 원인이기도 하다.

조흥욱의 논의는 구체적인 서사단락의 설정과 분석을 통해 〈월인천강지곡〉의 영웅서사시적 면모를 밝혔다는 점에서,[224] 조규익의 연구는 〈월인천강지곡〉이 삽화구조를 취하고 있다는 기존의 논의에서 더 나아가 서사구조를 체계적으로 파악하고 정리했다는 점에서 그 의의가 크다고 할 수 있다.

그러나 조규익의 논의는 그 대상을 『월인천강지곡(상)』으로 한정하고 〈용비어천가〉와의 친연성을 강조한 나머지, 〈월인천강지곡〉의 실상과는 다르게 '교술부'를 설정했다는 문제점을 보인다. 1998년 학계에 소개된 『월인석보』 권25에 〈월인천강지곡〉의 마무리 부분과 결사가 전하고 있음에도 불구하고, 이에 대한 어떠한 언급 없이 〈용비어천

---

224) 사재동 또한 "〈월인천강지곡〉은 여러 개의 단편서사시들이 체계적으로 집합하여 장편서사시로 조성됨으로써 영웅서사시의 전형적인 서사 구조를 갖추고 있다"라고 하여, 〈월인천강지곡〉이 영웅서사시의 구조로 되어 있음을 지적한 바 있으나, 구체적인 논거를 제시하지는 않았다. 사재동, 「월인천강지곡의 몇 가지 문제」, 『어문연구』 11, 어문연구회, 1982, p.291~292 참고.

가〉의 작품구조에 의거하여 〈월인천강지곡〉의 구조를 파악하고 있는 점은 문제가 아닐 수 없다.

조흥욱의 논의 역시, 텍스트의 범위를 其194까지가 아닌 현전하는 노래 전체로 확장할 경우, 〈월인천강지곡〉의 서사구조를 파악하기에는 무리가 있다는 문제점을 지적할 수 있다. 사실, 其86~194의 설법과 교화 단락이 과연 영웅서사시의 '자라서의 위기'와 '투쟁에서의 승리' 유형에 대응될 수 있는 지도 의문이다.[225] 또한 其520~581의 '열반과 불교의 홍포'는 '영웅의 일생' 유형의 어디에 해당하는지 궁금하다.

그렇지만 조흥욱의 논의를 받아들인다고 하더라도, 〈월인천강지곡〉의 서사단락과 '영웅의 일생' 유형의 대응은 이 작품의 문학적 성격을 파악하는데 한계가 있다. 작품 전체의 3/4에 해당하는 전법(轉法) 사적의 其83~519는, 그의 논의에 따른다면 모두 '자라서의 위기'와 '투쟁에서의 승리'에 대응되기 때문이다. 결국, 영웅서사시의 구조로 〈월인천강지곡〉을 설명하기에는 무리가 있으며, 〈월인천강지곡〉의 문학적 성격을 해명하기 위해서는 보다 세분화된 단락 구분 및 구조 파악이 선행되어야 할 것이다.

다음에 살펴볼 논의들은 위의 두 논의와 달리, 〈용비어천가〉와의 관련성을 크게 의식하지 않은 채, 현전 〈월인천강지곡〉 전체를 대상으로 작품의 구조를 파악하고 있다.

김기종은 〈월인천강지곡〉의 구조를 그 의미단락별로 나누어 현전하는 노래의 곡차와 함께 아래와 같이 제시하였다.[226]

---

225) 조흥욱은 성불 이후의 설법과 교화의 사적들이 주로 적대적 관계에 있는 이교도들을 설법으로 교화하는 내용으로 이루어져 있다고 하면서, "이교도들은 불법의 전파를 막는 존재들이기 때문에 그들과의 대결은 '자라서의 위기'이고, 그들을 교화하여 불법의 세계로 귀의시키는 것은 '투쟁에서의 승리'이다"라고 하였다. 조흥욱, 앞의 논문, pp.60~61.

① 총서(其1-2)　　② 본생(其3-11)　　③ 탁태(其12-16)
④ 탄생(其17-29)　　⑤ 성장(其30-42)　　⑥ 출가(其43-57)
⑦ 수도(其58-66)　　⑧ 성도(其67-84)　　⑨ 전법(其85-518)
⑩ 열반(其519-523)　　⑪ 불법 홍포　　⑫ 총결

그리고 위의 단락 구분을 통해서 〈월인천강지곡〉은 대체로 여타의 불전(佛傳)에서도 볼 수 있는 팔상 구조에 ②와 ⑫가 첨가되었고, 노래 전체에서 차지하는 ⑨전법의 비중이 상대적으로 크다는 점을 지적하였으며, 바로 이러한 점이 〈월인천강지곡〉이 불교서사시로서 갖는 독특한 국면이라고 하였다.[227]

전재강은 〈월인천강지곡〉의 행과 장의 구조가 인과・나열 관계를 유지하고 있으며, 장의 배열이 삼세(三世) 인과 즉, 과거・현재・미래의 시간적인 질서에 의한 사건의 전개로 되어 있다고 전제한 뒤, 작품의 전체 구조를 다음과 같이 파악하고 있다.[228]

・서사(찬탄과 독자에 대한 당부) : 其1, 其2
・본사(여래의 과거, 현재, 미래)
　　①여래의 과거 전생 : 其3-18
　　②출생 이후 여래의 활동 : 其19 … 其324 …
　　③여래 사후 경전 결집과 조탑 과정 : 其577 … 其583…
・결사(예경과 독자에 대한 경계) :

김기종과 전재강의 논의는 현전하는 노래 전체를 대상으로 작품의

---

226) 김기종, 앞의 논문, p.206.
227) 김기종, 같은 논문, pp.208~209.
228) 전재강, 앞의 논문, pp.172~173.

구조를 파악하고, 이를 통해 〈월인천강지곡〉의 서사시적 면모를 구체적으로 밝히고 있다는 점에서 그 의의가 있다고 하겠다. 그러나 이들 논의 역시 그 문제점을 지적할 수 있다. 김기종이 '전법부'의 방대함을 〈월인천강지곡〉과 여타의 불교서사시를 구별 짓는 특징으로 본 것은 주목할 만한 견해라고 할 수 있다. 그렇지만 〈월인천강지곡〉의 3/4을 차지하는 노래들을 체계적인 정리 없이 '전법부'의 한 단락으로 묶은 것은 문제가 있다고 할 것이다.

이러한 문제점은 전재강의 논의에서 더욱 두드러진다. 전재강은 석존의 과거·현재·미래라는 시간을 기준으로 〈월인천강지곡〉의 서사부를 3개의 단락으로 나누고 있는데, ①과 ③에 비해 ②의 비중이 지나치게 크다는 문제점이 있다. 앞서 조흥욱의 논의를 살펴보면서 지적한 문제점과 같은 맥락이라 할 수 있다. 그리고 서사단락을 구분하는 근거로 '시간'을 제시한 점 역시 문제점으로 지적할 수 있다. 其349~411과 其422~494는 석존의 전생에 관한 이야기로, ②출생 이후 여래의 활동에 포함시킬 수 없기 때문이다.

이상, 〈월인천강지곡〉의 작품 구조에 대해 논의한 주요 연구업적들을 살펴보고 그 문제점을 지적했다. 기존의 논의들은 연구 대상과 구체적인 내용에서 차이가 있지만, 팔상 내지는 시간적 흐름에 의해 〈월인천강지곡〉의 구조를 파악하고, 성불 이후의 전법 사적에 관한 체계적인 정리가 없다는 공통된 문제점을 보인다. 이제, 이러한 문제점들을 염두에 두면서 〈월인천강지곡〉의 전체 짜임 및 서사단락을 제시하면 아래와 같다.

- 서사 〈其1-2〉
- 본사

(1) 성불 〈其3-97(95곡)〉
(2) 석가족 및 외도 교화 〈其98-181(84곡)〉
(3) 발고여락(拔苦與樂)의 설법 〈其182-271(90곡)〉
(4) 영산회(靈山會) 설법 〈其272-340(69곡)〉
(5) 성불의 인연 〈其341-519(179곡)〉
(6) 열반과 불교의 홍포 〈其520-581(62곡)〉
· 결사 〈其582-583〉

〈월인천강지곡〉은 서사, 본사, 결사의 3단 구조로 파악되고, 그 틀 안에서 서사부(敍事部)인 본사가 6개 단락으로 나누어짐으로써 전체가 8단 구조를 이룬다. 선행 연구에서 여러 단락으로 구분했던 전생~성불 단락을 여기에서는 하나의 단락으로 처리하고, 선행 연구의 '전법부' 또는 '설법과 교화' 단락은 서사내용 및 의미에 따라 (2)~(5) 단락으로 세분한 것이다.

각 서사단락은 다시 하위 단락으로 나눌 수 있고, 하위 단락은 하나 이상의 삽화로, 삽화는 하나 이상의 사건들로 이루어져 있다. 예를 들어, (1)의 '성불' 단락은 ①전생 ②탄생 ③궁중생활 ④출가 ⑤수도 ⑥성불 ⑦초전법륜(初轉法輪)의 하위 단락으로 구성되어 있고, 각각의 하위 단락은 여러 삽화들로 구성되어 있는 것이다. 그리고 하나의 삽화는 1행으로 된 경우도 있지만, 대부분 1곡 이상으로 되어 있는데, 5곡 이상의 삽화인 경우는 대체로 '도입-사건부-마무리'로 이루어져 있다.

위의 (1)~(6) 단락은 〈월인천강지곡〉의 구성 원리와, 서사·결사의 의미를 고려하여 설정한 것으로, (1)~(3)은 서사의 '석존의 무량무변한 공덕'과 직접적인 관련이 있고, (4)~(6)은 결사의 '불신의 편재 및 상주'와 연결된다. 전자는 구체적인 교화와 설법의 사례를 통해 석존의 공덕을 제시하고 있으며, 후자는 '성불'과 '법신'에 관해 서술하고 있기 때문이다.

(4) 단락은 누구나 성불할 수 있다는 '일불승'이 중심 내용이고, (5) 단락은 대부분 석존이 성불하게 된 이유를 보여주는 본생담으로 구성되어 있으며, (6) 단락의 저경으로 추정되는『대반열반경후분』과『석가보』석가쌍수반열반기 제27 등은 주로 불성(佛性) 및 법신의 상주에 관한 내용인 것이다.229) 다시 말해서, (1)~(3) 단락은 '월인천강'의 용(用)적 측면을, (4)~(6) 단락은 '월인천강'의 체(體)를 나타낸다고 할 수 있다.

이렇듯 〈월인천강지곡〉의 전체 짜임을 구성 원리와 서사·결사의 의미에 의해 8단락으로 파악하는 것은, 팔상 또는 영웅서사시의 서사구조로 〈월인천강지곡〉을 이해하는 것과는 큰 차이가 있다. 이러한 차이와 보다 구체적인 서사단락의 설정 근거는, 각 단락 별로 서사내용과 서사의미를 살펴보는 과정에서 자연스럽게 밝혀질 것이므로, 다음 절로 그 논의를 미루기로 한다.

2. 서사단락의 분석

1) 성불

'성불' 단락은 석존의 전생 이야기부터 시작하여 부처가 되기까지의 과정, 그리고 성불 직후의 여러 사적들에 관한 내용으로 되어 있다. 불전(佛傳)의 팔상 구조로는 쌍림열반을 제외한 모든 부분이 여기에 속한

---

229) 이에 대한 구체적인 논의는 다음 절의 관련 항목에서 다룰 것이다.

다. 이 단락은 다시 아래와 같은 7개의 하위 단락으로 나눌 수 있다.

[1] 전생 〈其3~11(9곡)〉
[2] 탄생 〈其12~29(18곡)〉
[3] 궁중생활 〈其30~42(13곡)〉
[4] 출가 〈其43~57(15곡)〉
[5] 수도 및 고행 〈其58~64(7곡)〉
[6] 성불 〈其65~82(18곡)〉
[7] 초전법륜(初轉法輪) 〈其83~97(15곡)〉

하위 단락의 설정에 있어서, [1]전생 단락의 조상 삽화(其10-11)와, [2]탄생의 중국고사(中國故事)(其27-29)[230)는 그 내용 및 성격상 하나의 단락으로 독립시킬 수 있다.[231)] 그러나 여기에서는 이들 삽화가 각각 전생과 탄생 단락의 서사의미 및 주제를 강화해주는 기능을 담당한다고 보아, 해당 단락에 포함시킨 것이다. 그리고 앞에서 살펴보았던 몇몇 선행 논의에서는 석존의 전생담을 其3~18로 파악하고 있는데,[232)] 이들 노래 중 其12~18은 석존의 잉태 및 마야부인의 출산 준비에 관한 내용으로, 석존의 전생담이 아닌 현생담에 속한다. [7]초전법륜의 경우는, 성불 이후의 설법과 교화에 관한 내용이라는 점에서 '성불' 단락에 포함시킨 것이 의문일 수 있겠으나, 이들 노래는 그 내용 및 성격이 '석가족 및 외도 교화' 단락의 노래들과 다르다. 또한 서사의

---

230) 앞 절에서 논의했던 '주소왕 때의 嘉瑞'(其27 전절)·'한명제의 서역구법'(其27 후절)·'석존 화신의 道author 天尊 교화'(其28-29) 삽화를 가리킨다.
231) 조흥욱(앞의 논문, p.104)은 其3~9의 전생사적과 其10~11의 조상사적으로 서사단락을 구분하고 있다.
232) 조규익과 전재강의 논의가 그것이다.

미 및 주제에 있어서도 [6]성불 단락과 보다 친연성을 보이고 있다.
 이제, 위에서 제시한 하위 단락별로 그 구체적인 내용을 살펴보기로 하겠다.

(6) 阿僧祇 前世劫에 님금 位ㄹ ㅂ리샤 精舍애 안잿더시니
 五百 前世 怨讐ㅣ 나랏 쳔 일버사 精舍롤 디나아가니   〈其3〉

 어엿브신 命終에 甘蔗氏 니ᅀᅳ샤믈 大瞿曇이 일우니이다
 아ᄃᆞᆨᄒᆞᆯ 後世예 釋迦佛 ᄃᆞ외싫ᄃᆞᆯ 普光佛이 니ᄅᆞ시니이다   〈其5〉

 닐굽 고즐 因ᄒᆞ야 信誓 기프실ᄊᆡ 世世예 妻眷이 ᄃᆞ외시니
 다ᄉᆞᆺ 꾸믈 因ᄒᆞ야 授記 ᄇᆞᆯᄀᆞ실ᄊᆡ 今日에 世尊이 ᄃᆞ외시니 〈其8〉

(7) 名賢劫이 엳제 後ㅅ일을 뵈요리라 一千靑蓮이 도다 펫더니
 四禪天이 보고 디나건 일로 혜야 一千世尊이 나싫ᄃᆞᆯ 아니 〈其9〉

(8) 衆生이 ᄃᆞ톨ᄊᆡ 平等王을 셰ᅀᆞᄫᆞ니 瞿曇氏 그 姓이시니
 겨지비 하라ᄂᆞᆯ 尼樓ㅣ 나가시니 釋迦氏 일로 나시니   〈其10〉

 長生인 不肖ᄒᆞᆯᄊᆡ 늠이 나아간ᄃᆞᆯ 百姓들히 늠을 다 조ᄎᆞ니
 尼樓는 賢ᄒᆞᆯᄊᆡ 내 나아간ᄃᆞᆯ 아바님이 나를 올타 ᄒᆞ시니 〈其11〉

 위의 인용문은 전생 단락의 其3~11을 옮긴 것으로, (6)은 석존의 전생 삽화의 일부이고, (7)은 사선천(四禪天)의 예언 삽화, (8)은 석존의 조상인 니루(尼樓)에 관한 이야기이다.
 (6)은 내용과 성격이 조금 다른 두 편의 삽화로 되어 있다. 其3~5 전절은 소구담이 누명을 쓰고 억울하게 죽었으나, 스승인 대구담이 소구담의 피로 자식을 만들어 구담씨의 명맥을 잇게 하였다는 내용이고,

其5 후절~8은 선혜가 과거불인 보광불에게 꽃과 몸으로 공양한 결과 지금의 석존이 된 것이라는 내용이다. '소구담'과 '선혜'는 모두 석존의 전신으로, 이 두 삽화는 본생담이 된다. 그런데 이들 삽화는 본생담이라는 공통점이 있을 뿐, 전자가 석존의 성씨인 구담씨 또는 감자씨233)의 유래를, 후자는 석존의 성불 인연을 보여준다는 점에서 차이가 있다.

그렇지만 이 두 삽화는 위의 인용문에서 보듯 其5를 통해, 석존이 성불하게 된 과거의 인연이라는 하나의 의미망을 형성하고 있다.234) 그리고 其5와 其8 후절의 밑줄 친 부분은 이들 노래의 관심이 석존이 성불하게 된 이유보다는 석존의 출현이 미리 예정된 것이라는 사실 자체에 있음을 보여준다. 곧 其3~8의 본생담은 석존이 성불하게 된 구체적인 이유를 제시하고 있는 '성불의 인연' 단락의 노래들235)과 달리, 석존 출현의 당위성 내지는 필연성을 강조하고 있는 것이다.

이러한 석존 출현의 당위성 내지 필연성은 (7)과 (8)에 의해 강화되고 있다. (7)은 명현겁의 처음에 1천 연꽃이 핀 것을 본 사선천이, 과거의 일을 헤아려 이 겁에 1천 세존이 나실 것을 예언했다는 내용이다.

---

233) 석가·구담·감자는 모두 석존의 성씨를 가리킨다. 『월인석보』 권1의 협주 8ㄱ7~8ㄴ1에는 "小瞿曇이 甘蔗園에 사ᄅ실ᄊᆡ 甘蔗氏라도 ᄒᆞ더니라"라고 되어 있다.
234) 其5의 후절은 『월인석보』 권2의 내용으로 볼 때, 인용하지 않은 其7의 전절 "다ᄉᆞᆺ 곳 두 고지 空中에 머믈어늘 天龍八部ㅣ 讚嘆ᄒᆞᅀᆞᆸ거니"와 후절 "옷과 마리를 路中에 펴아시ᄂᆞᆯ 普光佛이 또 授記ᄒᆞ시니"의 사이에 배열되어야 하는 사건이다. 곧 보광불이 선혜에게 석가불이 될 것이라는 수기를 준 사건은, 선혜가 공양한 일곱 송이의 꽃이 공중에 머물러 있는 사건 직후의 일인 것이다. 그런데도 〈월인천강지곡〉의 작자가 이 사건을 소구담 삽화의 결말인 其5의 전절 뒤에 배치한 것은 이 두 삽화의 서사 의미를 일치시키려는 의도로 보인다.
235) 예를 들면, '수대나 태자의 보시행'은 其405 후절의 "布施 아니 마ᄅᆞ샤 正覺 을 일우시니"의 노랫말을 통해 보시를, '인욕태자의 효양행'은 其429 전절의 "前劫에 布施 즐겨 父母 孝道ᄒᆞ실ᄊᆡ 菩提를 일우시니"를 통해 보시와 효도를 구체적인 성불의 이유로 제시하고 있다.

(8)의 경우는, 인류 최초의 왕인 평등왕이 구담씨이고, 그 후손인 니루가 석종(釋種)의 시조가 되었다는 내용이다. (7)은 '명현겁'이라는 시간을 통해서, (8)은 석존의 조상이 인류 최초의 왕이라는 혈통의 고귀함을 통해, 석존의 출현 및 성불이 예정된 것임을 나타내고 있는 것이다. 결국, 其3~11의 전생 단락은 석존 출현의 당위성 내지 필연성 제시(其3-8) → 겁(劫)을 통한 증명(其9) → 혈통을 통한 강조(其10-11)라는 서사의미의 전개를 보여주고 있다고 하겠다.

다음으로, [2]탄생 단락은 잉태(其12-16)·탄생(其17-26)·중국고사(其27-29)의 세 부분으로 되어 있다. '잉태'는 탁태의 결정(其12-13) → 입태(其14-15) → 주태(其16)의 삽화가 순차적으로 배열되어 있고, '탄생'은 출산 준비(其17) → 탄생 직전의 상서(其18) → 태자의 탄생(其19-21) → 하늘과 궁중의 반응(其22-23) → 태자 탄생 직후의 상서(其24-26)라는 삽화 전개의 양상을 보이고 있다. 그런데 앞에서 이미 지적한 바 있듯이 이 단락에서는 '상서'가 강조되어 있다. 곧 탄생 삽화의 앞뒤에 각각 2곡과 3곡으로 탄생 직전과 직후의 상서로운 사건이 서술되어 있는 것이다. 또한 앞 절에서 인용하고 논의한 바 있는 其27~29 역시 상서를 노래하고 있다.

(9) 날둘이 츠거늘 어마님이 毘藍園을 보라 가시니
  <u>祥瑞</u> 하거늘 아바님이 無憂樹에 쏘 가시니　　　　〈其17〉

  <u>本來</u> 하신 <u>吉慶</u>에 地獄도 뷔며 沸星별도 ᄂᆞ리니이다
  <u>本來</u> 볼ᄀᆞ 光明에 諸佛도 비취시며 明月珠도 ᄃᆞᆺᄇᆞ니이다
　　　　　　　　　　　　　　　　　　　　　　　　〈其18〉

(10) 天龍 八部ㅣ <u>큰 德</u>을 ᄉᆞ랑ᄒᆞᅀᆞᄫᅡ 놀애를 블러 깃거ᄒᆞ더니

魔王 波旬이 큰 德을 새오ᅀᄫᅡ 앉디 몯ᄒᆞ야 시름ᄒᆞ더니 〈其22〉

諸王과 靑衣와 長者ㅣ 아들 나ᄒᆞ며 諸釋아들도 ᄯᅩ 나니이다
象과 쇼와 羊과 麂馬ㅣ 삿기 나ᄒᆞ며 蹇特이도 ᄯᅩ 나니이다 〈其24〉

梵志 外道ㅣ <u>부텻 德을 아ᅀᄫᅡ</u> 萬歲를 브르ᅀᄫᆞ니
優曇鉢羅ㅣ <u>부텨 나샤ᄆᆞᆯ 나토아</u> 金고지 퍼디ᅀᄫᆞ니   〈其25〉

<u>祥瑞</u>도 하시며 <u>光明</u>도 하시나 ᄀᆞᆯ 업스실쌔 오늘 몯 숣뇌
天龍도 해 모ᄃᆞ며 人鬼도 하나 數 업슬쌔 오늘 몯 숣뇌 〈其26〉

  (9)는 태자가 탄생하기 직전에 있었던 사건이고, (10)은 탄생 직후의 사건이다. (9)와 (10)은 모두 태자의 탄생과 관련되어 나타난 상서로운 일을 서술하고 있다. 특히 其17·18·26은 상서 또는 상서를 의미하는 시어를 반복하여 노래의 내용을 강조하고 있다. 인용하지는 않았지만, 입태 삽화의 其14 또한 석존이 마야부인의 태에 들어갈 때의 상서를 노래한 것이다.[236]

  이렇듯 탄생 단락에서 '상서'가 강조되고 있는 이유는 其18·22·25 등의 밑줄 친 부분을 통해 짐작할 수 있다. 其18의 "本來 하신 吉慶에"와 "本來 ᄇᆞᆯᄀᆞᆫ 光明에"는 태자가 태어나기 전에 이미 경사로운 일이 많았고 광명 또한 밝았음을 나타내고 있으며, 其22의 '큰 德'과 其25의 "부텻 德을 아ᅀᄫᅡ"와 "부텨 나샤ᄆᆞᆯ 나토아"는 태자가 태어나자마자 부처의 덕을 갖췄음을 서술하고 있다.

  이들 노랫말은 태자가 태어나기 전에 이미 부처가 될 것이 정해져 있었음을 보여주는 것이라 할 수 있다. 곧 전생 단락에서 보광불의 수기

---

236) 참고로, 其14를 인용하면 다음과 같다. "沸星 도ᄃᆞᆶ 제 白象을 ᄐᆞ시니 힛 光明을 ᄲᅦ시니이다/ 天樂을 奏커늘 諸天이 조ᄍᆞᄫᆞ니 하ᄂᆞᆶ 고지 드르니이다"

와 겁·혈통의 증명을 통해 제시되었던 석존 출현의 당위성 내지 필연성이 탄생 단락에서는 상서를 통해 강조되고 구체화되어 있는 것이다. 결국, 탄생 단락에서의 '상서'의 강조는 석존의 성불이 이미 예정되어 있음을 보여주기 위한 작자의 의도에 기인한 것이라 할 수 있다.237)

석존의 출현 및 성불이 예정된 것이라는 이러한 전생과 탄생 단락의 주제는 [6]성불 이전까지의 단락에 반복되어 나타난다.

(11) 補處ㅣ ᄃᆞ외샤 兜率天에 겨샤 十方世界예 法을 니르더시니
釋種이 盛ᄒᆞᆯ씨 迦夷國에 ᄂᆞ리샤 十方世界예 法을 펴려ᄒᆞ시니
〈其12〉

(12) 大寶殿에 뫼호샨 相師ㅣ 보ᅀᆞᆸ고 出家 成佛을 아ᅀᆞᄫᆞ니
香山애 사논 阿私陀ㅣ 보ᅀᆞᆸ고 저의 늘구믈 우ᅀᆞᄫᆞ니 〈其30〉

(13) 無量劫 부톄시니 주거가논 거싀 일을 몯보신ᄃᆞᆯ 매 모ᄅᆞ시리
淨居天 澡缾이 주근 벌애 ᄃᆞ외야ᄂᆞᆯ 보시고ᅀᅡ 안디시 ᄒᆞ시니 〈其43〉

인용문 (11)~(13)은 탄생·궁중생활·출가 단락의 도입부를 차례대로 옮긴 것이다. 인용문의 '보처' '출가 성불' '무량겁 부톄' 등의 시어는 하위 단락을 구분하는 기준 내지 근거이자, 유사한 시어의 반복을 통해 전생·탄생의 하위 단락뿐만 아니라, 이 단락들의 서사의미가 '석존의 성불 예정' 또는 '석존 출현의 당위성 제시'임을 암시하고 있다.

[3]궁중생활 단락은 태자의 성장 과정과 태자 결혼의 두 부분으로 나눌 수 있다. 전자는 其30~35에 해당하고, 其36~42의 노래는 후자에

---

237) 이러한 추정은 인용문 (9)·(10)의 밑줄 친 노랫말이 其17의 "祥瑞 하거늘"을 제외하고는 모두 해당 석보상절 및 저경에 없는 내용이라는 점에서도 뒷받침될 수 있다.

속한다. 태자의 성장 과정은 점상(其30) → 마야부인의 죽음(其31) → 작명(其32) → 부왕의 양육(其33) → 태자즉위식(其34) → 태자의 학문 (其35)에 관한 삽화의 순서로 되어 있고, 태자의 결혼은 무예시합을 통한 결혼(其36-41)과 결혼생활(其42) 삽화로 이루어져 있다. 이 단락은 '석존의 성불 예정'이란 서사의미를 아래의 인용문과 같이 태자의 문무(文武) 능력이 탁월하다는 서사내용을 통해 나타내고 있다.

(14) 蜜多羅는 두 글을 빗화사 알씨 太子ㅅ긔 말을 몯 슬ᄫ니
太子는 여쉰 네 글을 <u>아니 빗화 아ᄅ실씨</u> 蜜多羅ᄅᆞ ᄯᅩ ᄀᆞᄅ치시니
⟨其35⟩

(15) 제 간을 뎌리 모ᄅᆞᆯ씨 둘희 쏜 살이 세낱 붖ᄲᆞᆫ ᄢᅦ여디니
<u>神力이 이리 세실씨</u> ᄒᆞᆫ번 쏘신 살이 네닐굽 부피 ᄢᅦ여디니 ⟨其40⟩

따해 살이 ᄢᅦ여늘 醴泉이 소사나아 <u>衆生을 救ᄒᆞ더시니</u>
뫼해 살이 박거늘 天上塔애 ᄀᆞ초아 永世ᄅᆞᆯ 流傳ᄒᆞᅀᄫᆞ니 ⟨其41⟩

(14)는 태자가 글을 배우지 않고도 스스로 알아서 오히려 스승인 밀다라를 가르쳤다는 삽화이다. (15)는 태자가 야수다라와 결혼하기 위해 이복동생인 난타와 사촌동생인 조달과 함께 힘겨루기·활쏘기 시합을 하는 삽화의 마무리 부분을 옮긴 것이다. 이들 삽화는 각각 태자의 나이 7세와 10세 때의 사적으로,[238] 태자는 이미 어린 나이에 학식과 무예 실력을 갖추고 있었음을 보여주고 있다. 특히 (15)의 "神力이 이리 세실씨"와 "衆生을 救ᄒᆞ더시니"는 태자의 무예 실력이 출중하다는

---

238) 이들 노래의 해당 『석보상절』인 권3의 협주에는 각각 "이 ᄢᅴ 부텻 나히 닐구비러시니 昭王ㄱ 셜흔 둘찻 ᄒᆡ 庚申이라"와 "지조 겻구싫 제 부텻 나히 열히러시니 昭王ㄱ 셜흔 다ᄉᆞᆺ찻 ᄒᆡ 癸亥오"라고 되어 있다.

사실에서 더 나아가, 어린 나이에 이미 부처로서의 능력과 공덕을 갖추었음을 드러내고 있다.

其43～57의 [4]출가 단락은 태자의 출가 결심과 유성출가의 두 부분으로 되어 있다. 전자는 정거천의 출가 촉구(其43) → 사문유관(其44) → 출가 결심을 부왕께 알림(其45) → 아들 나운의 잉태(其46) → 정반왕의 출가 방해(其47-49)에 관한 삽화의 순서로 되어 있다. 후자는 출가 직전의 상서(其50-51) → 함께 성을 넘을 사람과 말을 정함(其52) → 태자의 맹세(其53) → 유성출가(其54-56) → 출가에 대한 궁중 반응(其57)의 삽화 전개 양상을 보이고 있다.

앞에서 인용했던 출가 단락의 도입부인 其43 중, 전절의 "無量劫 부톄시니 주거가는 거시 일울 몯보신들 매 모루시리"와, 후절의 "보시고사 안디시 ᄒ시니"는 관련『석보상절』및 저경에 없는 내용이다. 곧 이들 노랫말은, 정거천이 죽은 벌레로 변하여 까마귀에게 먹히는 장면을 연출했다는 사건에 대한 화자의 해석 내지는 의미 부여인 것이다. 특히 태자가 헤아릴 수 없이 오랜 세월 동안 부처였다는 노랫말을 통해 〈월인천강지곡〉의 화자는 태자의 출가가 이미 무량겁 이전에 예정된 것임을 보여주고 있다.

(16) 出家호려 ᄒ시니 하늘해 放光ᄒ샤 諸天神이 ᄂ려오니이다
　　 出家ᄒ싫 ᄢ에실ᄊᆡ 城 안ᄒᆞᆯ 재요리라 烏蘇慢이 쏘 오니이다 〈其50〉

　　 디나건 無量劫에 修行이 니그실ᄊᆡ 몬 일우옳갓 疑心이 업스시나
　　 未來옛 衆生ᄃᆞᆯ홀 精進을 뵈시릴ᄊᆡ 아니 오리라 盟誓 ᄒ시니이다
　　　　　　　　　　　　　　　　　　　　　　　　　　〈其53〉

위의 (16)은 출가 직전의 상서를 서술하고 있는 其50과, 태자의 맹세

에 관한 내용의 其53을 옮긴 것이다. 其53은 앞에서 언급한 其43과 마찬가지로 사건에 대한 화자의 해석으로 되어 있다. 이 노래는 태자가 출가하기 직전에, 정각을 얻기 전에는 돌아오지 않을 것이라고 맹세한 내용으로 되어 있는데, "아니 오리라 盟誓 ᄒᆞ시니이다"를 제외하고는 『석보상절』 및 저경에 없는 화자의 논평에 해당한다. 〈월인천강지곡〉의 화자는 이 논평으로 태자의 성불이 예정된 것임을 보여주고 있는 것이다. 시어와 서사내용을 통해 간접적으로 서사의미를 드러내고 있는 여타의 단락들과 달리, 출가 단락은 석존의 성불 예정 및 석존 성불의 필연성을 화자의 직접적인 의미 부여를 통해 나타내고 있는 특징을 보인다.

其50의 경우는, 오소만(烏蘇慢)을 포함한 여러 천신들이 태자 곁으로 내려왔다는 내용으로, 인용하지 않은 其51과 함께 출가 직전의 상서에 해당한다. 상서에 관한 노래는 이 두 곡을 제외하고는 보이지 않는데, 탄생 단락에 비해 그 비중이 줄어들었다고 하겠다. 이러한 점은 바로 위에서 지적한 사실과 관련이 있는 듯하다. 출가 단락은 한 곡의 대부분이 화자의 의미부여로 되어 있는 其43과 其53의 존재로 인해, 탄생 단락에 비해 '상서'를 통한 석존 성불의 필연성에 대한 강조가 약화된 것이라 할 수 있다.

(17) 阿藍迦蘭이그에 不用處定을 <u>三年</u>을 니기시니
     鬱頭藍弗의그에 非非想處定을 <u>三年</u>을 ᄯᅩ 니기시니   〈其58〉

(18) 耶輸ㅣ 前世예 六里를 뼈디실ᄊᆡ <u>六年</u>을 몯 나ᄒᆞ시니
     羅雲이 前世예 六日을 니ᄌᆞ실ᄊᆡ <u>六年</u>을 몯 나앳더시니   〈其59〉

(19) 伽闍山 苦行애 <u>六年</u>을 안ᄌᆞ샤 마리 우희 가치 삿기 치니

憍陣如 유무에 三分이 슳ᄒᆞ샤 술위 우희 쳔 시러 보내시니 〈其61〉

雜草木 것거다가 ᄂᆞ출 거우ᅀᆞᄫᆞᆯ 무슴잇든 뮈우시리여
ᄒᆞ낱 ᄲᅩᆯ 좌샤 슬히 여위신ᄃᆞᆯ 金色잇든 가시시리여 〈其62〉

[5]수도 및 고행 단락은 선정 학습(其58)·나운 탄생(其59-60)·가사산 고행(其61-62)·니련수에서의 목욕과 장자 딸의 우유죽 공양(其63-64)에 관한 삽화들로 구성되어 있다. 인용문 (17)은 석존이 출가한 뒤 아람가란과 울두람불의 두 선인에게 선정을 배웠다는 내용이고, (18)은 아들 나운이 석존이 출가한 지 6년 만에 태어났다는 삽화의 일부이며, (19)는 석존이 가사산에서 고행하고 있는 모습을 묘사한 것이다.

인용문의 밑줄 친 부분을 통해, 이 단락은 석존의 일생 중 12년 동안의 사적을 서술한 것임을 알 수 있다. 12년 동안의 사적이 7곡으로 노래되었고, 그 중에서도 수도 및 고행을 노래한 〈월인천강지곡〉이 3곡이라는 점은,239) 여타의 불전(佛傳)에 비해 '수도 및 고행' 사적의 비중이 현저히 줄어든 것이라 할 수 있다. 대부분의 불전에서 석존이 성불하게 된 이유로 강조되고 있는240) 이 사적이, 〈월인천강지곡〉에서 그 비중이 약화된 이유는 [1]전생~[4]출가 단락의 서사의미에 기인한다. 곧 석존의 성불 예정 내지는 성불의 필연성을 강조하고 있는 이들 단락에서, 수도 및 고행의 결과로서의 성불은 그 서사맥락에서 벗어나기 때문이다. 이러한 점은 출가 단락의 其44에서도 볼 수 있다.

---

239) 인용하지 않은 其63~64의 '니련수에서의 목욕과 장자 딸의 우유죽 공양'은 '고행이 포기'로 볼 수 있는 내용이므로, 고행과 직접적인 관련이 없다.
240) 일례로, 최고의 불교서사시로 평가받는 마명(馬鳴)의 『불소행찬(佛所行讚)』에서 고행 및 수도에 관한 내용은 총 28품 중, 추구태자품(推求太子品) 제9·병사왕예태자품(甁沙王詣太子品) 제10·답병사왕품(答甁沙王品) 제11·아라람울두람품(阿羅籃鬱頭籃品) 제12의 네 품에 해당한다.

其44의 사문유관 삽화는 『석보상절』 권3의 16ㄱ7~21ㄱ2에 걸쳐 서술되고 있지만, 〈월인천강지곡〉으로는 한 곡으로 노래되어 있다.241) 이 사문유관은 석존이 출가를 결심하게 된 직접적인 동기가 되는 사건으로, 모든 불전(佛傳)에서 빠지지 않고 중요하게 언급되는 사적이다. 그런데 〈월인천강지곡〉은 해당『석보상절』이 많은 분량임에도 불구하고 한 곡의 노래로 처리하고 있는 것이다. 이 역시 '석존의 출가 예정'이라는 출가 단락의 서사맥락에 일치시키려는 작자의 의도에 의한 것이라 할 수 있다.

[6]성불 단락의 삽화들은 '필발라수 아래에서의 결가부좌(其65-66) → 마왕의 항복(其67-74) → 우바국다 존자의 항마(其75-78) → 성불과 그 때의 상서(其79-81) → 성불의 증명과 알림(其82)'의 전개 양상을 보인다.

> 金剛座 빗이고 獅子座를 셰슥바 <u>八萬 부톄</u> 안자 제여곰 뵈시니
> 盲龍이 눈 뜨고 迦茶龍이 보슥바 <u>네 부텨</u> 供養을 니서 ᄒᆞᅀᆞᆸ니
> 〈其65〉

위의 인용문은 성불 단락의 도입부라 할 수 있는 其65를 옮긴 것이다. 전절은 제천(諸天)이 석존을 위해 필발라수 아래에 자리를 만들었다는 내용이고, 후절은 필발라수 근처에 살던 가다룡(迦茶龍)이 석존에게 공양을 했다는 사건이다. 밑줄 친 '八萬 부톄'와 '네 부텨'의 시어는 관련『석보상절』 및 저경에 없는 표현으로, 전자는 8만 제천의 눈에 비친 석존을, 후자는 가다룡이 과거에 공양했던 세 분의 부처와 석존

---

241) "東南門 노니샤매 늘그니 病ᄒᆞ니를 보시고 모ᄉᆞᆷ을 내시니/ 西北門 노니샤매 주그니 比丘僧을 보시고 더욱 바츠시니"〈其44〉

을 가리킨다. 저경 및 『석보상절』에서 이 삽화는 석존의 성불에 대한 복선의 기능을 가졌으나, 〈월인천강지곡〉에서는 석존이 마왕의 항복을 받기 전에 이미 부처였음을 보여주고 있는 것이다.

(20) 正覺을 일우시릴씨 魔宮에 放光ᄒᆞ샤 波旬이를 降히요리라
　　波旬이 꿈을 ᄭᆞ고 臣下와 議論ᄒᆞ야 瞿曇이를 降히요리라 〈其67〉

　　세 쏠을 보내야 여러 말 솔ᄫᅡ며 甘露를 勸ᄒᆞᅀᆞᄫᆞ니
　　衆兵을 뫼화 온 樣子ㅣ ᄃᆞ외야 淨甁을 무우려 ᄒᆞ니　　〈其68〉

　　白毫로 견지시니 각시 더러본 아래 ᄀᆞ린 거시 업게 ᄃᆞ외니
　　一毫도 아니 뮈시니 鬼兵 모딘 잠개 나ᅀᅡ 드디 몯게 ᄃᆞ외니 〈其69〉

　　寶冠을 바사 견져 地獄 잠개 뫼화 瞿曇이를 모디 자ᄇᆞ라 터니
　　白毫를 드러 견지샤 地獄이 믈이 ᄃᆞ외야 罪人들히 다 人間애 나니
　　　　　　　　　　　　　　　　　　　　　　　　　〈其73〉

　　魔王이 말 재야 부텻긔 나ᅀᅡ 드니 현날인들 迷惑 어느 플리
　　부텻 智力으로 魔王이 업더디니 二月ㅅ 八日에 正覺 일우시니 〈其74〉

인용문 (20)은 '마왕의 항복' 삽화의 일부를 옮긴 것이다. 이 삽화는 도입부(其67), 석존과 마왕의 대결(其68-73), 석존의 성정각(成正覺)(其74)으로 이루어져 있다. 그리고 '석존과 마왕의 대결'은 마왕의 세 딸·중병(衆兵)과 석존의 대결(其68-71), 6천(天) 8부(部)의 귀병(鬼兵)들과 석존의 대결(其72-73)에 관한 삽화로 나눌 수 있다. (20)의 其68과 其73 전절은 마왕의 세 딸·중병·귀병의 공격을, 其69와 其73 후절은 이에 대한 석존의 대응을 서술한 것이다. 인용문을 통해, 其67~74는 시어나 논평을 통한 직접적인 서사의미의 제시보다는 석존과 마왕

의 대결이라는 서사내용의 서술에 충실함을 알 수 있다. 이 삽화의 서사의미는 앞 절에서 지적한 바 있듯이 其75~78에 드러나 있다.

(21) 優婆麴多尊者ㅣ 妙法을 펴거늘 魔王이 글외니이다
大慈悲 世尊ㅅ긔 버릇 업습던 일을 魔王이 뉘으츠니이다 〈其75〉

큰 龍을 지사 世尊ㅅ 몸애 감아늘 慈悲心으로 말 아니 ᄒᆞ시니
花鬘을 밍ᄀᆞ라 尊者ㅅ 머리예 연자늘 神通力으로 모ᄀᆞᆯ 구디 미니
〈其76〉

바리 ᄲᅳ리ᄂᆞᆫ 쇠 거츨언마ᄅᆞᆫ 慈悲心으로 구지돔 모ᄅᆞ시니
수플에 나ᄂᆞᆫ 부톄 거츨언마ᄅᆞᆫ 恭敬心으로 期約을 니ᄌᆞ니 〈其77〉

구지돔 모ᄅᆞ샤도 世尊ㅅ 德 닙ᄉᆞᄫᅡ 罪를 버서 地獄을 ᄀᆞᆯ아 나니
期約을 니저도 尊者ㅅ 말 降服ᄒᆞ야 절ᄒᆞ고 하늘해 도라가니 〈其78〉

(21)은 우바국다 존자의 항마에 관한 삽화의 전곡을 옮긴 것이다. 이 삽화는 우바국다의 항마 이야기임에도 불구하고 모든 곡이 석존과의 관련선상에서 서술되어 있다. 其75 후절과 其76~78의 전절은 모두 석존과 마왕에 관한 사건인 것이다. 곧 其75~78은 앞에서 언급했던 '자비심'이란 시어 외에도, 마왕에 대한 석존과 우바국다의 대처 방식의 대비라는 서사내용을 통해 석존의 자비심을 강조하고 있는 것이다. 특히 其78 전절의 "구지돔 모ᄅᆞ샤도 世尊ㅅ 德 닙ᄉᆞᄫᅡ"는 마왕이 많은 죄를 지었음에도 지옥에 떨어지지 않은 이유에 대한 화자의 해석으로, '세존의 덕'인 자비심을 강조한 것이다. 이 其75~78은 其67~74와 구체적인 서사내용은 다르지만, '석존의 자비심 강조'라는 동일한 서사의미를 형성한다고 할 수 있다.

(22) 大法을 몰라 드르씨 涅槃호려 터시니 諸天이 請ᄒᆞᅀᆞᄫᆞ니
    方便으로 알에 ᄒᆞ샤 三乘을 니ᄅᆞ시릴씨 諸佛이 讚歎ᄒᆞ시니 〈其84〉

(23) 흥졍바지들히 길흘 몯 녀아 天神ㅅ긔 비더니이다
    수픐 神靈이 길헤 나아 뵈야 世尊을 아ᅀᆞᆸ게 ᄒᆞ니이다 〈其86〉

    世尊ㅅ 慈悲心에 ᄒᆞ나흘 바드면 네 ᄆᆞᅀᆞ미 고ᄅᆞ디 몯ᄒᆞ리
    世尊ㅅ 神通力에 흔ᄃᆡ 누르시니 네 바리 브터 어우니 〈其89〉

(24) 舍那身이 뵈샤 보ᄇᆡ 옷 니브샤 頓敎를 뉘 아라 듣ᄌᆞᄫᆞ리
    丈六身이 뵈샤 헌 오ᄉᆞᆯ 니브샤 漸敎를ᅀᅡ 다 아라 듣ᄌᆞᄫᆞ니 〈其97〉

[7]초전법륜 단락은 다음의 삽화들로 구성되어 있는데, ①화엄경 설법(其83) ②제천의 청전법륜(其84) ③십지경 설법(其85 전절) ④상인 교화(其85 후절-92) ⑤녹야원 설법(其93-94) ⑥용과 천인(天人) 귀의(其95) ⑦삼보의 구비(其96) ⑧점교 설법(其97) 등이 그것이다. 이 삽화들은 성불 직후의 사적으로, 석존이 성불한 뒤에 행한 설법과 교화라는 점에서 其98 이하의 노래들과 친연성을 보인다. 그러나 其83~97은 주로 석존의 자비심을 보여주는 서사내용으로 되어있다는 점에서 其98 이하의 노래와 차이가 있으며, 이러한 이유로 필자는 이 삽화들을 성불 단락에 포함시킨 것이다.

위의 (22)는 열반하려는 석존에게 제천이 법륜 굴리기를 청하는 삽화이고, (23)은 상인 교화에 관한 삽화의 일부이며, (24)는 석존의 점교 설법에 관한 내용이다. 인용하지 않은 여타의 삽화들도 그렇지만, 특히 이 삽화들은 석존의 자비심을 보여준다고 할 수 있다. (22)에서 석존이 열반에 들려고 한 이유와 전법을 하게 된 이유는 모두 중생에 대한 석존의 자비심이고, (24)에서 석존은 돈교의 가르침을 어려워하

는 중생들을 위해 헌옷을 입고 알기 쉬운 점교를 설하고 있다.

그리고 (23)의 其89는, 상인들이 공양한 음식을 담을 바리가 없는 것을 알고 사천왕이 각각 바리를 가져오자, 석존이 이 네 개의 바리를 하나의 바리로 만들었다는 내용인데, 이러한 석존의 행동을 화자는 '世尊ㅅ 慈悲心' 때문인 것으로 보고 있다. 이 其89 전절을 제외하고는 '자비심'이란 시어나 화자의 논평이 보이지 않지만, (22)~(24)에서 인용한 서사내용을 통해, 이들 삽화의 서사의미 역시 [6] 단락과 마찬가지로 '석존의 자비심'임을 알 수 있는 것이다.

끝으로, 성불 단락 전체의 주제에 대해 언급할 차례다. 지금까지 논의한 대로 [1]전생~[5]수도 및 고행 단락의 주제는 '석존의 성불 예정' 내지는 '성불의 필연성'이라고 할 수 있다. 그러나 이 주제는 성불과 성불 이후의 서사내용 및 서사의미를 포괄할 수 없다. 그러므로 [6]과 [7] 단락을 포함한 성불 단락 전체의 주제를 도출해야 하는 것이다. 이런 관점에서 볼 때, 其67~78의 서사의미 및 其78의 '세존의 덕'이란 시어는 시사하는 바가 크다.

사실, 이 '세존의 덕'은 其78에서 처음 나온 시어가 아니라, 탄생 단락의 其22와 其25에도 보인다. 앞에서 지적한 바 있듯이 其22와 其25의 '큰 덕'과 '부텻 덕'은, 석존이 부처의 덕성을 갖추고 태어났으며 이를 통해 석존의 성불이 예정된 것임을 보여주고 있는데, 其67~78의 서사의미와 연결시키면 다음과 같이 추론할 수 있다. 곧, 석존이 갖추고 태어난 부처로서의 덕성은 바로 자비심이고,[242] [1]전생~[5]수도 및 고행 단락에서 강조된 성불의 필연성은 이 자비심에 근거한 것이다.

---

242) 앞에서 인용하지 않았던 탄생 단락의 其21은 "三界 受苦ㅣ라 ᄒᆞ샤 仁慈ㅣ 기프실ᄊᆡ 하ᄂᆞᆯ 짜히 ᄀᆞ장 震動ᄒᆞ니/ 三界 便安케 호리라 發願이 기프실ᄊᆡ 大千世界 ᄀᆞ장 블ᄀᆞ니"로 되어 있다.

다시 말해서, 성불 이전의 단락이 '상서' '부텻 덕' 등의 시어와 화자의 논평을 통해 석존 성불의 필연성을 강조하면서 그 근거인 석존의 덕성을 암시하고 있다면, 성불과 초전법륜 단락은 구체적인 서사내용과 '자비심'이란 시어를 통해 석존의 덕성을 직접적으로 제시한 것이라 할 수 있다. 이러한 추정은 其98~其271의 노래가 '석존의 공덕'에 관한 내용이라는 점에서 뒷받침될 수 있다. 석존이 중생들에게 베푼 구체적인 공덕을 청자(독자)에게 알리기에 앞서, 석존의 덕성에 관해 서술하는 것이 서사 전개의 맥락상 자연스럽고 필요하기 때문이다.

이상, 其3~97의 성불 단락에 대해 살펴보았다. 성불 단락의 주제는 '석존의 덕성'으로, 전생부터 수도 및 고행까지의 하위 단락은 석존의 출가 및 성불의 필연성을 강조하고 있으며, 성불과 초전법륜에 관한 삽화들은 석존이 갖춘 덕성으로서의 자비심을 드러낸다고 하겠다.

2) 석가족 및 외도 교화

'석가족 및 외도 교화' 단락은 초전법륜 이후의 전법(轉法)에 관한 사적으로, 석존이 석가족 및 이교도를 교화하여 그들을 출가 내지는 불법에 귀의시킨 내용으로 되어 있다. 이 단락을 구성하고 있는 삽화들을 제시하면 아래와 같다.

    [1] 가섭울비라의 출가 〈其98~110(13곡)〉
    [2] 죽원 설법 〈其111(1곡)〉
    [3] 사리불과 목련의 출가 〈其112(1곡)〉
    [4] 환국(가비라국 교화) 〈其113~137(25곡)〉
    [5] 나운의 출가 〈其138~146(9곡)〉

[6] 대가섭의 출가 〈其147(1곡)〉
[7] 기원정사의 건립 〈其148~175(28곡)〉
[8] 아나율과 발제의 출가 〈其177(1곡)〉
[9] 난타의 출가 〈其178~181(4곡)〉

먼저, [1]가섭울비라의 출가 삽화에 대해 살펴보도록 하겠다. 이 삽화는 배화교도(拜火敎徒)들의 스승이자 마갈타국의 국사(國師)로 숭앙받던 가섭울비라243)가 석존의 교화로 인해 출가하여 나한(羅漢)이 되는 과정을 서술하고 있다.

(25) 摩竭陀ㅅ 甁沙ㅣ 世尊ㅅ긔 술ᄫᅩ디 道를 일우샤 날 救ᄒᆞ쇼셔 ᄒᆞ니
    迦葉鬱卑羅ㅣ 國人을 뵈요리라 지블 지어 龍을 치더니   〈其98〉

    千百億 變化ㅣ샤 正道ㅣ 노ᄑᆞ신 들 아래브터 모ᄉᆞ매 아ᅀᆞᄫᅩ디
    제 道理 붓그리다가 一千梵志 더블오 이 날애ᅀᅡ 머리 좃ᄉᆞᄫᆞ니
                                            〈其109〉

    몸이 업스샤 五方애 뵈어시ᄂᆞᆯ 一千比丘ㅣ 울워ᅀᆞᄫᆳ더니
    몸이 도라오샤 三示現 닐어시ᄂᆞᆯ 一千比丘ㅣ 羅漢이 ᄃᆞ외니 〈其110〉

---

243) 조규익, 앞의 논문, p.292에서는 "가섭은 석존의 10대 제자 가운데 두타(頭陀) 제일이었다. 그가 바로 모든 번뇌의 티끌을 털어 없애고 의식주에 탐착하지 않으며 청정하게 불도를 수행한 마하가섭이다. 이교도이면서 불을 뿜는 용을 길러 대중적 인기를 누리고 있던 가섭을 두타 제일의 수행자로 만든 과정 자체가 극적이다 …(중략)… 111·147장은 가섭과 관련되긴 하나 이야기의 완결을 지향하는 측면에서는 부가적인 내용으로, 일종의 후일담이다"라고 하였다. 그러나 其98~110의 중심인물인 가섭울비라는 其147의 중심인물인 '두타 제일'의 마하가섭과 전혀 별개의 인물이다. 또한 其111은 뒤에서 살펴보겠지만, 울비라가섭 및 마하가섭과 아무런 관련이 없는 이야기이다.

인용문 (25)는 석존이 가섭을 교화하게 된 계기를 보여주고 있는 도입부와, 가섭이 제자들과 함께 출가하고 나한이 되었다는 마무리 부분을 옮긴 것이다. 其109 후절의 '一千梵志'와, 其110의 '一千比丘'는 〈월인천강지곡〉에서는 직접 드러나 있지 않지만, 저경을 통해 가섭의 제자 5백 명과 가섭의 두 동생인 나제가섭(那提迦葉)·가야가섭(迦耶迦葉)의 제자 5백 명을 가리키는 것임을 알 수 있다.

인용하지 않은 其99~108은, 其109 전절의 "千百億 變化ㅣ샤"를 통해 짐작할 수 있듯이, 석존이 '변화', 즉 신통력으로 가섭을 교화한 사건들로 이루어져 있다. 편의상, 이들 노래는 독룡의 항복(其99-103)과 가섭 교화(其104-108)에 관한 삽화로 나눌 수 있는데, 전자는 가섭이 기르던 독룡을 석존이 신통력으로 항복시킨 사적이다. '독룡'은 마갈타국의 백성들이 가섭에게 귀의하게 된 가장 큰 이유로, 석존이 독룡을 항복시킨 것은 가섭을 교화하기 위한 일환이라 할 수 있다. 其99의 "남기 높고도 불휘를 바히면 여름을 다 따먹ᄂ니/ 術法이 놉다흔들 龍을 降服히면 外道ㅣ들 아니 조쫏ᄇ리"는 이를 잘 보여준다.

후자의 경우는, 석존이 사천하(四天下)의 과일을 가지고 와 가섭에게 준 사건(其104), 천제석이 석존을 위해 못을 만들고 수미산에서 빨래돌을 가져온 사건(其105), 그리고 석존이 못에 들어가니 큰나무 가지가 저절로 굽어지고, 강에 들어가자 물결이 갈라졌다는 사건(其107) 등으로 구성되어 있다. 언급하지 않은 其106·108 역시 석존의 신이한 사적으로 되어 있고, 其110 또한 석존이 5방의 공중에서 차례대로 자신의 몸을 보여주는 신통력을 보인 뒤 삼시현(三示現)에 관한 설법을 하고 있다는 점에서, 其98~110의 이 삽화는 교화의 수단으로 석존의 신통력이 강조되어 있음을 알 수 있다.

이러한 신통력의 강조는 이 삽화뿐만 아니라 〈월인천강지곡〉 전체에 걸쳐 나타나 있는 내용적 특징 중의 하나로,244) 석존 또는 불도(佛道)의 위대함을 보여주는 것245)이라 할 수 있다. 그런데 석존이 직접 신통력으로 이교도 내지 적대자를 교화한 과정이 상세하게 서술되어 있는 삽화는 이 [1]가섭울비라의 출가가 유일한 예에 속한다. 신통력이 강조되어 있는 여타의 삽화들은 신통력의 주체가 제자거나 금강신(金剛神) 등이고,246) 석존이 신통력의 주체일 경우에는 그 서술이 소략하다. 여타의 삽화들과 달리, 석존이 직접 여러 차례 신통력을 보이고 있다는 것은 그만큼 가섭의 교화가 쉽지 않았음을 의미한다고 할 수 있는데, 위에서 인용한 其109의 "아래브터 므슴애 아ᅀᆞᄫᅩ딕"와 '이 날애 ᅀᅡ'는 이러한 사정을 암시한다.

이렇듯 가섭의 교화가 어려웠던 이유는 저경인 『중본기경』 화가섭품 제3의 관련 내용을 통해 가섭의 교만심에 기인한 것임을 알 수 있다. 〈월인천강지곡〉에는 직접 나타나 있지 않지만, 저경에서는 其99~103과 其104~108의 각 사건이 끝날 때마다 "석존이 신령하기는 하지만 나의 도의 참됨보다는 못하다"라는 가섭의 언급이 실려 있다.247) 결국,

---

244) 김기종(앞의 논문, pp.212~216)은 〈월인천강지곡〉의 내용적 특징을 신이성의 강조·효의 강조로 보았고, 이종석(앞의 논문, p.179)은 신통력의 강조·가족간의 사랑·실제적 목적을 가진 불경의 삽입 등으로 보았다. 〈월인천강지곡〉이 신이성 내지 신통력을 강조한 이유에 대해서, 김기종은 합리적인 종교인 유교에 대한 하나의 반론으로, 이종석은 부처의 위대한 힘 속에서 안정을 바라는 왕실의 의도에 기인한 것이라고 하였다. 전재강, 앞의 논문, p.17에서도 신통력의 강조는 "당시 현실적으로 우세한 힘을 가지고 신하와 백성들을 안정적으로 통치하고자 했던 왕실의 정치적인 입장"이 반영된 것으로 보았다.

245) 조규익, 앞의 논문, p.292.

246) [7]기원정사의 건립 삽화 중, 其157~167은 석존의 제자인 사리불이 신통력으로 외도를 교화하고 있으며, 其182~199의 나건하라국의 독룡·나찰 교화 삽화에서 독룡과 나찰을 신통력으로 굴복시키는 주체는 금강신과 석존이다.

247) 저경에는 "大道人實神 雖爾未如我已得阿羅漢也"와 "大道人雖神故不如我眞

[1]가섭울비라의 출가 삽화는 석존이 신통력을 보여 가섭을 출가시킨 이야기라 요약되고, 그 서사의미는 '교만심의 제거'라 할 수 있을 것이다.

> (26) 竹園에 瓶沙ㅣ 드러 내 몸애 欲心 업거늘 世尊이 아라 오시니
> 竹園에 부톄 드르샤 衆生이 欲心 업슳 둘 阿難이드려 니르시니
> 〈其111〉

위의 (26)은 죽원 설법에 관한 其111을 인용한 것이다. 이 노래의 저경인『석가보』석가죽원정사연기 제19는, 그 제목에서 알 수 있듯이 마갈타국의 병사왕이 죽원정사를 지어 석존에게 보시한 이야기가 중심을 이루고 있다. 그러나〈월인천강지곡〉은 석존이 죽원정사에서 설법한 내용을 중심으로 서술하고 있으며, 병사왕이 죽원정사를 보시한 사건은 노랫말 자체로는 파악할 수 없고 저경을 통해서 "내 몸에 欲心 업거늘"이란 구절이 이 사건을 표현한 것임을 알 수 있다.

본서의 제3장 2절에서 제시한 바 있듯이, "내 몸에 欲心 업거늘" "衆生이 欲心 업슳 둘"은 각각 저경으로는 "世尊若初來所入處 便當布施作僧伽藍"[248]과, "所有貪欲瞋恚愚癡衆生 入此竹園不發貪欲瞋恚愚癡"[249]에 해당한다. 곧〈월인천강지곡〉의 화자는 병사왕의 정사 보시를 "욕심 업거늘"로 해석한 것이며, 후자의 경우는 탐욕·진에·우치의 삼독(三毒)을 '욕심'이란 시어로 포괄한 것이다.

여기에서, 其111의 서사의미는 '무욕(無欲)의 강조'임을 알 수 있는데, 이 무욕은 석가족 및 외도 교화 단락에 속하는 대부분 삽화들의 서

道"의 구절이 반복되어 나타난다.『대정신수대장경』제4권, pp.150~152 참고.
248)『대정신수대장경』제50권, p.63상.
249)『대정신수대장경』제50권, p.63중.

사내용 및 의미와 연결된다는 점에서 주목을 요한다. 其111의 '욕심'은 탐·진·치의 삼독을 포괄하는 개념으로, 탐욕만을 지칭하는 좁은 의미의 욕심이 아닌 넓은 의미의 욕망을 가리킨다고 할 수 있다.250) 이렇게 볼 때, [1] 삽화의 서사의미인 '교만심의 제거'는 넓은 의미에서 무욕에 포함된다.251) 교만심은 '우치'인 어리석음에서 기인하기 때문이다. 그리고 뒤의 [4]환국·[5]나운의 출가·[7]기원정사의 건립 삽화에서 강조하고 있는 내용 역시 무욕으로 포괄될 수 있는 것이다.

(27) 少時事 닐어시늘 優陀耶ㅣ 듣ㅈᄫ며 아들님이 ᄯᅩ 듣ᄌᄫ시니
　　　今日事 모ᄅᆞ실ᄊᆡ 優陀耶ㅣ 술ᄫ며 아들님이 ᄯᅩ 술ᄫ시니 〈其116〉

(28) 지블 빗이샤ᄃᆡ 七寶로 ᄭᅮ미시며 錦繡 쇼ᄒᆞᆯ 펴고 앉더시니
　　　나모 아래 안ᄌᆞ샤 諸天이 오ᅀᆞᄫ며 寶床 袈裟를 天龍이 받ᄌᆞᆸᄂᆞ니 〈其117〉

　　　珍羞盛饌을ᅀᅡ 맛내 좌시며 즘 자싫제 風流ㅣ ᄀᆞ바ᅀᆞᆸ더니
　　　持鉢乞食ᄒᆞ샤 衆生을 爲ᄒᆞ시며 三昧定에 釋梵이 뵈ᅀᆞᆸᄂᆞ니 〈其118〉

(29) 오ᄉᆞᆯ 빗이샤ᄃᆡ 七寶로 ᄭᅮ미실ᄊᆡ 고ᄫᆞ시고 쳔쳔ᄒᆞ더시니

---

250) 『중아함경』 권10(『대정신수대장경』 제1권, p.485중)에 다음과 같은 언급이 있다. "부처님이시여! 무욕이란 무슨 뜻입니까? 부처님께서 답하셨다. 아난이여! 무욕이란 해탈하게 한다는 뜻이다. 아난이여! 만약 욕(欲)이 없다면 음(婬)·노(怒)·치(癡) 등에서 벗어날 수 있다." (世尊, 無欲爲何義. 世尊答曰, 阿難, 無欲者, 令解脫義. 阿難, 若有無欲者, 便得解脫一切淫怒癡) 여기에서의 '무욕'은 욕망이 없음을 뜻한다. 其111에서 화자가 저경의 탐·진·치를 '欲心'으로 표현한 것은 『중아함경』의 이 언급과 일치한다. 한편, 『중아함경』의 '음'과 '노'는 '탐'과 '진'을 가리킨다.
251) 이 삽화의 其101에는 다음의 인용문에서 보듯이 '욕화(欲火)'란 시어가 보인다. "龍이 블을 吐ᄒᆞ야 모딘 일ᄅᆞᆯ 훨씬 龍堂을 말이ᅀᆞᆸ더니/ 欲火를 ᄒᆞ마 ᄢᅵ샤 害ᄒᆞᅀᆞᄫᆞ리 업슬ᄊᆡ 龍堂이 드러가시니"

마리룰 갓ㄱ시고 누비옷 니브샤 붓그료미 엇뎨 업스신가 〈其120〉

므슴으란 아니 닷고 오ㅅ로 빗오믈 이롤ㅅ아 붓그리다니
현마 七寶로 우며도 됴타 호리잇가 法엣 오시ㅅ아 眞實ㅅ 오시니
〈其121〉

金銀 그르세 담온 種種 차반이러니 비론 바볼 엇뎨 좌시ᄂᆞᆫ가
法이 마시 ᄃᆞ외야 차반ᄋᆞᆯ 니조ᄃᆡ 衆生 救호리라 밥비러 먹노이다
〈其122〉

香水예 沐浴더시니 草木 서리예 겨샤 므슴 믈로 ᄯᅴ 시스시ᄂᆞᆫ가
正道ㅣ 모시 ᄃᆞ외야 그 므레 沐浴ᄒᆞᆯᄊᆡ 三毒이 업사 快樂이 ᄀᆞᆺ 업스니
〈其124〉

(30) 子息올 ᄃᆞᄉᆞ샤 正法 모ᄅᆞ실ᄊᆡ 世間ㅅ 드트를 가ᄌᆞᆯ벼 니ᄅᆞ시니
三界 救호려 ᄒᆞ샤 肉身 일우신ᄃᆞᆯ 世間ㅅ 드트를 므슴만 너기시리
〈其125〉

[4]환국 삽화는 석존이 성불한 후 처음으로 본국인 가비라국에 돌아와서 겪은 사건들로 구성되어 있다. 구체적으로, 이 삽화는 정반왕이 석존의 환국을 청함(其113-115) → 정반왕과 우타야·석존의 대화(其116-125) → 석존의 조달 교화(其126) → 환국 때의 장엄과 상서(其127) → 정반왕 및 석가족 교화(其128-129) → 조달이 지옥에 떨어짐(其130-132) → 석존과 조달의 전생 인연(其133-136) → 나운의 친자 확인(其137)이라는 사건 전개 양상을 보인다. 나운의 친자 확인에 관한 내용인 其137은, 대부분의 선행 연구에서 나운의 출가 삽화에 포함시키고 있는데,[252] 나운의 친자 확인은 석존이 환국하여 가비라국에 있을 당시의 사건이고, 나운 출가 삽화의 도입부인 其138은 석존이 가비

라국을 떠난 뒤의 일이다.253) 그러므로 其137은 나운 출가 삽화가 아닌 환국 삽화에 포함시켜야 한다.

위의 인용문 (27)~(30)은 환국 관련 사적 가운데 곡수의 비중이 가장 큰 '정반왕과 우타야·석존의 대화'를 옮긴 것이다. 이 삽화는 ㉠도입부(其116)·㉡정반왕과 우타야의 대화(其117-118)·㉢정반왕과 석존의 대화(其119-124)·㉣마무리(其125)로 이루어져 있다. (27)·(28)은 ㉠과 ㉡, (29)는 ㉢의 일부를 인용한 것이고, (30)은 화자의 논평으로 된 이 삽화의 마무리 부분이다. (28)의 전절은 정반왕, 후절은 우타야의 발화 내용이고, (29)에서 其120·122 전절·124 전절은 정반왕의 질문이며, 其121·122 후절·124 후절은 이에 대한 석존의 대답이다.

인용문을 통해 (28)과 (29)는 그 내용이 유사함을 알 수 있다. (28)은 과거와 현재의 석존의 거처·음식·잠자리에 관한 내용이고, (29) 역시 태자 시절과 부처가 된 지금의 의복·음식·목욕에 관한 내용이다. 인용하지 않은 其119와 其123은 각각 운송수단과 거처에 관해 서술하고 있다. 곧 其117~124는 대체로 의(衣)·식(食)·주(住)라는 인간의 기본 욕구에 관한 정반왕과 석존의 입장 차이를 보여주는 것이라 할 수 있다.

그리고 其124 후절의 "三毒이 업사 快樂이 ᄀᆞᆺ 업스니"와, 화자의 논평인 其125 전절의 "子息을 ᄃᆞᄉᆞ샤 正法 모ᄅᆞ실ᄊᆡ"를 통해, 화자는 무욕을 강조하고 있음을 알 수 있다. 의식주의 기본 욕구에 관한 정반왕과 석존의 문답이 8곡이나 되는 〈월인천강지곡〉으로 노래되어 있다는

---

252) 조흥욱·전재강·이종석·조규익 등의 논의가 이에 해당한다.
253) 其138 전절 "目連일 보내샤 耶輸ㅅ긔 유무ᄒᆞ샤 羅雲이를 모되 보내라"의 대본인 『석보상절』 권6 1ㄱ5~1ㄴ8은 "부톄 目連이ᄃᆞ려 니ᄅᆞ샤ᄃᆡ 네 迦毗羅國에 가아 아바닚긔와 아ᄌᆞ마닚긔와 아자바님내ᄭᅴ 다 安否ᄒᆞᅀᆞᆸ고 耶輸陁羅ᄅᆞᆯ 달애야 恩愛ᄅᆞᆯ 그쳐 羅睺羅ᄅᆞᆯ 노하 보내야 상재 ᄃᆞ외에 ᄒᆞ라 羅睺羅ㅣ 得道ᄒᆞ야 도라가사 어미ᄅᆞᆯ 濟渡ᄒᆞ야 涅槃 得호ᄆᆞᆯ 나 ᄀᆞᆮ게 ᄒᆞ리라"로 되어 있다.

점은, 그만큼 화자가 석존의 공덕으로 무욕을 중시하고 있으며, 동시에 무욕이 쉽지 않은 경지임을 보여주는 것이라 할 수 있다. 이러한 '무욕'의 어려움은 조달에 관한 아래의 인용문에서도 확인된다.

(31) 調達이 性이 모딜씨 虛空애 거러 뵈샤 년글 ᄀ티 救호려 ᄒ시니
　　　부텻 거름 보ᅀᆞᄫᆞᆫ들 本來ㅅ 性이 모디라 나도 ᄀ티 術을 호려 ᄒ니
　　　　　　　　　　　　　　　　　　　　　　　　　　〈其126〉

(32) 調達인 곳갈ᄋᆞᆯ 밧고 五逆 ᄆᆞᅀᆞᆷᄋᆞᆯ 계와 阿鼻地獄애 드러가니
　　　和離ᄂᆞᆫ 象이 몬 걷고 舍利弗 欺弄ᄒ야 蓮花地獄애 드러가니
　　　　　　　　　　　　　　　　　　　　　　　　　　〈其130〉

　　　나고져 식브녀 阿難일 브리신대 오샤ᅀᅡ 내 나리이다
　　　엇데 오시리오 阿難이 對答ᄒ대 아니 오시면 내 이쇼리라 〈其132〉

(33) ᄂᆞᆷ 爲혼 ᄆᆞᄋᆞᆷᄋᆞᆫ 萬福이 몯ᄂᆞ니 耆婆鳥이 됴ᄒᆞᆫ 일 ᄉᆞᆯ보리
　　　믄졈 머근 ᄆᆞᄋᆞᆷᄋᆞᆫ ᄒᆞᆫ 福도 업ᄂᆞ니 耆婆鳥이 모딘 일 ᄉᆞᆯ보리 〈其133〉

　　　ᄒᆞᆫ 머리 자거늘 ᄒᆞᆫ 머리 ᄀᆞ봐이샤 됴ᄒᆞᆫ 곳 머거 ᄂᆞᆷᄋᆞᆯ 爲ᄒ니
　　　두 머리 ᄀᆞ봐이셔 ᄒᆞᆫ 머릴 자라 ᄒ야 모딘 곳 먹고 저도 주그니
　　　　　　　　　　　　　　　　　　　　　　　　　　〈其135〉

　　　됴ᄒᆞᆫ 곳 머근 머리ᄂᆞᆫ 일홈이 迦嘍茶ㅣ러니 世尊ㅅ 몸이 이 넉시러시니
　　　모딘 곳 머근 머리ᄂᆞᆫ 優婆迦嘍茶ㅣ러니 調達이 몸이 뎌 넉시러니
　　　　　　　　　　　　　　　　　　　　　　　　　　〈其136〉

(31)은 석존의 조달 교화에 관한 삽화이고, (32)는 지옥에 떨어진 조달에 관한 其130~132의 일부를, (33)은 석존과 조달의 전생 인연에

관한 삽화의 일부를 인용한 것이다. 위의 인용문을 통해 알 수 있듯이, 其130의 "調達인 곳갈을 밧고"와 "和離는 象이 몯 걷고"를 제외한 (32)·(33)은, 석존이 환국한 당시에 있었던 사건이 아니다. 그럼에도 (32)와 (33)이 석존의 환국 삽화에 포함된 것은, (31)과 서사내용 및 의미가 유사하기 때문인 듯하다.

(31)은 석존이 조달을 교화하기 위해 허공을 걸어다니는 신통력을 보였으나, 조달은 오히려 석존의 신통력을 시샘하였다는 내용이다. 이 삽화에서 조달은 교화되지 않은 것이다. 그리고 (32)는 오역죄(五逆罪)를 지어 지옥에 떨어진 조달이 자신의 죄를 끝까지 뉘우치지 않았다는 내용으로 되어 있다. (33)의 경우는, 오랜 과거에도 조달은 악한 행동을 했음을 보여주고 있다. 이들 삽화는 모두 석존의 교화 실패를 보여주고 있는 것이다.

그리고 탐·진·치 삼독의 관점에서 본다면, (31)의 내용은 조달의 우치, (32)는 진에, (33)은 탐욕을 보여주는 것으로, 其111의 '欲心'으로 포괄할 수 있다. 곧 (31)~(33)은 석존에게 끝내 귀의하지 않고 잘못을 뉘우치지도 않는 조달의 이야기를 통해, 삼독이라는 욕심을 버리는 것이 얼마나 힘든 일인지를 보여주고 있는 것이다. 이러한 무욕의 어려움을 통해 무욕의 중요성을 강조하고 있는 것이라 할 수 있다. 결국, [4]환국 삽화는 앞의 [1]·[2] 삽화와 마찬가지로 '무욕의 강조'가 그 주제임을 알 수 있다고 하겠다.

(34) 目連의 神通力이 눈 알픽 뵈숩고 永世快樂룰 ᄀ장 슬봐도
　　　耶輸ㅅ 慈悲心에 먼 혜미 업스실씨 一生 셜본 뜯 ᄀ장 니ᄅ시니
〈其139〉

妻眷이 ᄃᆞ외ᅀᆞ바 하ᄂᆞᆯᄀᆞᆺ 셤기ᅀᆞᆸ다니 三年이 몯 차 世間 ᄇᆞ리시니

車匿이 돌아보내샤 盟誓로 알외샤디 道理 일워 도라오려 ᄒ시니
〈其140〉

鹿皮옷 니브샤 묏골애 苦行ᄒ샤 六年에 도라오샤디
恩惠를 니ᄌ샤 親近히 아니ᄒ샤 路人올 ᄀ티 ᄒ시니 〈其141〉

어버이 여흽고 눔을 브텨 이쇼디 어이 아ᄃ리 입게 사노이다
人生올 즐기리잇가 주구믈 기드리노니 목숨 므거버 손소 몯 죽노이다
〈其142〉

셟고 애받븐 ᄠᅳ디여 누를 가줄빓가 사ᄅᆞ미라도 즁ᄉᆡᆼ만 몯ᄒ이다
사ᄅᆞ미 이러커늘ᅀᅡ 아ᄃᆞᆯ올 여희리잇가 妻眷 ᄃᆞ외여 셜부미 이러ᄒᆞᆯᄊᆞ
〈其143〉

셜본 잃 中에 離別이 甚ᄒ니 어이 아ᄃᆞᆯ 離別이 엇던고
道理를 일우샤 慈悲를 펴시ᄂ니 이런 일이 慈悲 어늬신고 〈其144〉

[5]나운 출가 삽화는 '도입부(其138) → 나운의 출가에 대한 야수의 입장(其139-144) → 나운의 출가(其145) → 석가족의 50 동자 출가(其146 전절) → 석존이 나운에게 설법함(其146 후절)'의 내용 전개로 되어 있다. 위의 (34)는 나운의 어머니인 야수다라가 나운을 출가시키기 위해 석존이 보낸 목련에게 자신의 처지와 입장을 하소연하고 있는 其139~144를 옮긴 것이다. 其140~144는 其139 후절의 '一生 셜본 ᄠᅳᆮ'에 해당한다. 이 노래들은 관련『석보상절』의 내용에 대한 전체적인 요약이라기보다는 해당『석보상절』의 구절 그대로를 율문으로 옮긴 것이다.254) 곧 〈월인천강지곡〉의 작자는 야수다라의 '一生 셜본 ᄠᅳᆮ'을 중

---

254) 김기종, 앞의 논문, p.202.

시한 것으로, 이를 통해 앞의 (28)·(29)와 (31)~(33)과 마찬가지로 '무욕'의 어려움을 드러낸 것이라 할 수 있다. 모자간의 정 역시 넓은 의미의 '욕(欲)'에 해당될 수 있기 때문이다.

한편, (34)의 其139 후절과 其144 후절, 그리고 인용하지 않은 其146 전절255)에는 각각 '자비심'·'자비'·'자심(慈心)'이란 시어가 보이는데, 성불 단락의 '자비심'이 석존의 구체적인 덕성을 의미한다면, 이 삽화에서의 '자비심'은 욕심을 버린 마음 즉, '무욕'의 결과로 생긴 마음을 암시하는 것이 아닐까 싶다.

다음으로, [7]기원정사 건립의 경우는, 앞의 삽화들과 달리 '무욕'과의 관련성을 쉽게 찾을 수 없다. 이 삽화는 그 내용상 크게 세 부분으로 나눌 수 있는데, 수달의 기원정사 건립(其148-172)과 기원정사에서의 석존의 설법(其173), 그리고 수달의 승천에 관한 삽화(其174-175)가 그것이다. '수달의 기원정사 건립'은 수달이 석존을 뵙고 정사 짓기를 청함(其148-152) → 수달이 정사터를 얻음(其153-154) → 외도의 정사 건립 방해(其155-156) → 사리불과 외도 노도차의 신통력 대결(其157-167) → 정사터 측량(其168~170) → 기원정사의 완성과 그 상서(其171~172)라는 사건 전개 양상을 보인다. 사건 전개의 양상과 곡수의 비중을 통해 알 수 있듯이, 삽화 [7]의 중심 사건은 사리불과 노도차의 신통력 대결이라 할 수 있다. 그리고 이 삽화의 서사의미 역시 아래 인용문의 화자 논평에서 제시하고 있는 교화 수단으로서의 '신통력 강조'로 볼 여지가 있다.

---

255) 참고로, 其146을 보이면 다음과 같다. "耶輸를 깃교리라 쉰 아히 出家ᄒ니 父王ㅅ 善心이 엇더ᄒ시니/ 羅雲이 글외어시늘 다시 說法ᄒ시니 世尊ㅅ 慈心이 엇더ᄒ시니"

(35) 勞度差이 幻術이 漸漸 외야갈씨 돗가비룰 제 몸이 드외니
　　　舍利弗 神力이 漸漸 有餘홀씨 毘沙門을 자내 드외니　　〈其163〉

　　　둗니며 머믈며 안주며 누부믈 空中에 千萬 變化 ㅣ 러니
　　　須陀洹 斯陀含 阿那含 阿羅漢을 卽日에 千萬人이 일우니 〈其165〉

　　　神力이 有餘홀씨 幻術 이길쑨 아니라 濟渡衆生이 幾千萬이어뇨
　　　幻術이 입게 드욀씨 神力降服쑨 아니라 願爲沙門이 幾千萬이어뇨
　　　　　　　　　　　　　　　　　　　　　　　　　　〈其166〉

　　　당이아지 벌에 술위뼈 거스는 둘 世間ㅅ 사룸이 다 웃느니이다
　　　勞度差 外道 ㅣ 舍利弗 겻구던 둘 이내 무숨애 더욱 웃노이다
　　　　　　　　　　　　　　　　　　　　　　　　　　〈其167〉

　(35)는 其157~167의 일부로, 석존의 수제자인 사리불과 기원정사의 건립을 방해하는 외도의 우두머리 노도차와의 신통력 대결을 서술하고 있다. 其163의 밑줄 친 부분과, 其166·167은 관련 『석보상절』 및 저경에 없는 화자의 논평에 해당한다. 이들 노래는 신력(神力)을 강조하고 있으며, 특히 其166은 〈월인천강지곡〉의 작자가 신력을 중생제도의 효과적인 방법으로 인식하고 있음을 암시한다. 이렇게 볼 때, [7]의 삽화는 앞 삽화들의 서사의미에서 조금은 벗어나 있다고 말할 수 있다.
　그런데 其157~167 이외의 노래에서는 신통력이 강조되어 있지 않고, 대신 화자의 논평으로 '정성' 또는 '공경'이란 시어가 보이고 있어 주목을 요한다.

(36) 精誠으로 뵈수볼씨 四諦를 닐어시늘 須陀洹을 곧 일우수븅니
　　　精誠으로 請호숩고 精舍 지수려커늘 舍利弗을 곧 보내시니 〈其152〉

아흔 훈 劫을브터 이 長者ㅣ 發心 너버 어느 劫에 功德이 져긇가
닐굽 부텨 爲ᄒᆞᄉᆞ바 이 따해 精舍 지ᅀᅥ 어느 부텻긔 恭敬이 덜리잇가
〈其169〉

須達이 精誠일ᄊᆡ 十八億衆 爲ᄒᆞ샤 妙法을 니ᄅᆞ시니
公主ㅣ 精誠일ᄊᆡ 無比身이 뵈샤 勝鬘經을 니ᄅᆞ시니 〈其173〉

    위의 其152는 수달과 석존의 만남에 관한 삽화의 일부로, 수달이 석존의 설법을 듣고 수다원을 얻었다는 사건과, 석존에게 정사 짓기를 청한 내용으로 되어 있다. 화자는 이 사건들을 각각 "精誠으로 뵈ᅀᆞᄫᆞᆯᄊᆡ"와 "精誠으로 請ᄒᆞᅀᆞᆸ고"의 결과로 해석하고 있다. 其169는 수달이 사리불과 정사를 지을 터를 측량했다는 삽화의 일부이다. 수달이 전생에도 비바시불(毗婆尸佛)·시기불(尸棄佛) 등의 여섯 부처를 위해 기원정사의 터에 정사를 지었다는 내용인데, 이 사건을 화자는 "어느 劫에 功德이 져긇가"와 "어느 부텻긔 恭敬이 덜리잇가"의 결과로 해석하고 있다. 기원정사에서 석존이 처음으로 묘법과 『승만경』을 각각 설법했다는 其173 역시 이 사건들의 원인을 수달과 승만공주의 정성으로 파악하고 있다.256)
    이렇듯 〈월인천강지곡〉의 화자는 신통력 못지않게 '정성' 또는 '공경'을 강조하고 있는데, 그 이유는 '무욕'과의 관련성 때문으로 보인다. [5]나운 출가 삽화의 '자비심'을 무욕의 결과로 볼 수 있다면, 정성 또

---

256) 한편, 이종석, 앞의 논문, pp.137~138에서는, 『승만경』이 천태종의 교상판석에서 언급하고 있는 '방등시'의 대표적인 경전이라는 점을 근거로, 其173 후절의 승만경 설법은 천태종의 교상판석에 의한 배열로 보았고, 이 삽화를 '방등시'라고 명명하였다. 그러나 '승만경 설법'이 기원정사에 관한 사적에 편입된 이유는, 『승만경』의 중심인물인 승만부인이 기원정사가 속한 사위국의 공주라는 점에 기인한 것으로 보인다.

는 공경은 '무욕'을 위한 방법으로 볼 수 있기 때문이다. 이러한 추정과, 其111 전절의 '무욕'이 죽원정사를 보시한 병사왕의 마음을 의미한다는 앞의 지적을 고려할 때, 수달의 기원정사 건립에 관한 其148~175의 서사의미 역시 '무욕'의 강조라고 할 수 있다. 사리불과 외도의 신통력 대결은 기원정사 건립의 과정에 속한다는 점에서 필자의 이러한 추정은 별 무리가 없어 보인다.

끝으로, 석존의 사촌 동생들인 아나율·발제와, 이복동생인 난타의 출가에 관한 [8]과 [9]의 삽화는, 그 주제가 '무욕'과 관련되어 있음을 서사내용 및 시어를 통해 쉽게 확인할 수 있다.

(37) 七年을 믈리져 ᄒ야 出家를 거스니 跋提 말이 긔 아니 웃브니
    七日을 믈리져 ᄒ야 出家를 일우니 阿那律 말이 긔 아니 올ᄒ니
    〈其177〉

(38) 難陀를 救호리라 比丘 밍ᄀᆞᄅᆞ시고 뷘 房을 딕ᄒ라 ᄒ시니
    가시 그리ᄫᆞᆯ씨 世尊 나신 ᄉᆡ로 녯 지븨 가리라 ᄒ니 〈其178〉

    가신 樣 무르시고 눈 먼 납 무러시ᄂᆞᆯ 世尊ㅅ 말을 웃비 너기니
    忉利天을 뵈시고 地獄을 뵈여시ᄂᆞᆯ 世尊ㅅ 말을 깃비 너기니
    〈其180〉

(37)은 [8]아나율·발제의 출가, (38)은 [9]난타 출가 삽화의 일부를 옮긴 것이다. (37)은 발제가 7년 뒤에 출가할 것을 아나율에게 말하자, 아나율이 7일 뒤에 출가할 것을 권하여 함께 출가하였다는 내용이다. 其177 전절에서 발제가 출가를 미룬 이유는 나타나 있지 않지만, 대본인 『월인석보』 권7 1ㄴ5~2ㄱ2의 "우리 이제 안족 出家 말오 지븨 닐굽 ᄒᆡ를 이셔 五欲을 ᄆᆞᅀᆞᆷᄀᆞ장 편 後에ᅀᅡ 出家ᄒᆞ져"라는 구절을 통해 그

이유를 알 수 있다. 곧 5욕(欲)의 즐거움이 그 이유인 것이다.

(38)의 경우는, 석존이 난타를 비구로 만들었지만 난타는 출가한 뒤에도 아내를 그리워하여 집으로 돌아가려 했다는 사건과, 석존이 눈먼 원숭이와 도리천의 천녀를 난타에게 보여주어 아내를 그리워하는 마음을 잊게 하였다는 사건으로 되어 있다. 이 내용만으로도 이 삽화는 '색욕(色欲)의 버림'이라는 서사의미를 제시하고 있음을 알 수 있다. 결국, [8]과 [9]의 삽화는 그 서사의미가 각각 '오욕의 버림'과 '색욕의 버림'으로, 앞 삽화들의 '무욕'이라는 주제와 연결된다고 할 수 있다.

지금까지 其98~181의 〈월인천강지곡〉에 대해 살펴보았다. 이 단락은 석존이 석가족 또는 외도를 교화하여 불법에 귀의시킨 내용의 삽화들로 되어 있는데, 각 삽화들은 외도 및 석가족이 여러 양상의 욕망, 즉 '교만심[1] → 재물욕과 삼독[2] → 의식주의 욕구[4] → 모자간의 정[6] → 재물욕[7] → 오욕[8] → 색욕[9]' 등을 버리고 불법에 귀의하는 과정을 보여준다. 그리고 이러한 '사욕(捨欲)' 내지 '무욕'은 서사내용 및 화자의 논평을 통해 석존이 중생들에게 베푼 대표적인 공덕으로 제시되어 있다고 정리할 수 있다.

3) 발고여락(拔苦與樂)의 설법

이 단락은 그 이름에서 알 수 있듯이, 대체로 '발고여락'이 중심 내용인 아래의 삽화들로 구성되어 있다.

    [1] 나건하라국의 독룡·나찰 교화 〈其182~199(18곡)〉
    [2] 아미타경 설법 〈其200~211(12곡)〉
    [3] 16관경 설법 〈其212~219(8곡)〉

[4] 원앙부인의 극락왕생 〈其220~250(31곡)〉
[5] 약사경 설법 〈其251~260(10곡)〉
[6] 정반왕의 죽음 〈其261~266(6곡)〉
[7] 대애도의 출가 〈其267(1곡)〉
[8] 5백 군적 교화 〈其268(1곡)〉
[9] 난타용왕궁 설법 〈其269~271(3曲)〉

위의 삽화들은 대부분 석존의 설법에 해당하는데, 특히 '~설법'이라고 제목을 명기한 [2]·[3]·[9]는 삽화 전체가 설법의 내용임을 도입부나 마무리 부분의 노랫말을 통해 보여주고 있다. 곧 其200의 "極樂世界예 阿彌陀 功德을 世尊이 니ᄅ시니/ 祇桓精舍애 大衆이 모댓거늘 舍利弗이 듣ᄌᆞᄫᆞ니"와, 其212 후절의 "韋提希 願ᄒᆞᆸ바 西方애 니거지이다 十六觀經을 듣ᄌᆞᆸ긔 ᄒᆞ시니", 그리고 其271의 "大慈行 니ᄅ시니"와 "諸佛號 니ᄅ시니"가 그것이다.

앞에서 살펴본 '석가족 및 외도 교화' 단락이 주로 其2에서 제시한 '세존ㅅ 일'을 중심으로 其1의 '무량무변 공덕'을 서술하고 있다면, 이 단락은 '세존ㅅ 말'을 중심으로 석존의 공덕을 보여주고 있는 것이라 할 수 있다. 이제, 삽화별로 그 구체적인 내용을 살펴보도록 하겠다.

석존의 독룡·나찰 교화에 관한 [1]의 삽화는 '독룡과 나찰의 교화'(其182-195)와 '불영(佛影) 설법'(其196-199)의 두 부분으로 나눌 수 있다. 전자는 ㉮국왕이 석존에게 도움을 청함(其182) → ㉯석존과 4대 제자가 나건하라국으로 날아감(其183-188) → ㉰독룡·나찰의 항복(其189-195)이라는 사건 전개 양상을 보인다.

(39) 那乾訶羅國이 毒龍 羅刹ᄋᆞᆯ 계워 方攘앳 術이 속절업더니

弗波浮提王이 梵志 空神의 말로 精誠엣 香이 金蓋드외니 〈其182〉

(40) 이 네 弟子들히 五百比丘옴 드려 이리 안자 ᄂᆞ라가니
千二百五十 弟子ㅣ ᄯᅩ 神力을 내여 鴈王 ᄀᆞ티 ᄂᆞ라가니 〈其187〉

弟子들 보내시고 衣鉢을 디니샤 阿難이를 더브러 가시니
諸天들 조ᄍᆞᆸ거늘 光明을 너피샤 **諸佛**이 흔ᄢᅴ 가시니 〈其188〉

(41) 金剛神 金剛杵에 블이 나거늘 毒龍이 두리여 터니
世尊ㅅ 그르메예 甘露를 쓰리어늘 **毒龍이 사라나ᅀᆞᆸ**니 〈其190〉

滿虛空 金剛神이 各各 金剛杵ㅣ어니 모딘들 아니 저ᄊᆞᄫᆞ리
滿虛空 世尊이 各各 放光이어시니 **모딘들 아니 깃ᄉᆞᄫᆞ리** 〈其191〉

國王이 變化 보ᅀᆞᄫᅡ <u>됴흔</u> ᄆᆞᅀᆞᆷ 내니 臣下도 ᄯᅩ 내니이다
龍王이 金剛杵 저허 모딘 ᄆᆞᅀᆞᆷ 고티니 羅刹도 ᄯᅩ 고티니이다
〈其195〉

인용문 (39)~(41)은 삽화 [1]의 ㉮~㉰를 옮긴 것이다. (39)는 석존이 나건하라국의 독룡과 나찰을 교화하는 계기인 삽화의 도입부이다. ㉰의 끝부분인 (40)은 석존과 제자들이 나건하라국을 향해 날아가는 모습을 묘사하고 있는데, 其187은 석존의 제자들이, 其188은 석존·아난·제천·제불이 나건하라국으로 가는 모습이다. 其187의 '이 네 弟子들히'는 其183~186에서 한 곡씩 차례대로 언급되어 있는 마하가섭·목련·사리불·가전연(迦旃延)을 가리킨다.

(41)은 삽화 [1]의 중심 사건으로, 불법을 수호하는 신(神)인 금강신과 석존이 신통력으로 독룡 및 나찰을 교화했다는 내용이다. 그런데 인용한 노래는 석존과 금강신이 행한 교화의 내용 및 성격이 같지 않

음을 보여준다. 곧, 금강신은 금강저(金剛杵)의 두려움을 앞세워 독룡·나찰을 교화하고 있으며, 이에 반해 석존은 감로(甘露)와 광명으로 독룡·나찰을 기쁘게 하고, 더 나아가 국왕 및 신하들을 교화하고 있는 것이다. 이러한 서사내용의 대비는 석존의 위대함을 보여주는 것이라 할 수 있고, 밑줄 친 "毒龍이 사라나ᅀᄫ니"와 "모딘들 아니 깃ᄉᄫ리"를 통해, 그 위대함은 악한 중생에게도 삶과 기쁨을 주는[與樂] 석존의 신통력에 근거한 것임을 짐작할 수 있다.

(42) 뷘 바리 <u>供養이러니</u> 부톄 <u>神力</u> 내샤 <u>無量衆을 ᄌᆞ래 겻그니</u>
　　 天養을 먹ᄉᄫ니 念佛三昧예 드러 <u>諸佛ㅅ</u> 말을 다 듣ᄌᄫ니
　　　　　　　　　　　　　　　　　　　　　　　　〈其196〉

　　 諸天의 말 우ᄉᆞ샤 이베 放光ᄒ시니 **無數諸佛**이 菩薩 드리시니
　　 龍이 堀애 안ᄌᆞ샤 王城에 드르시니 無數諸國에 如來 說法더시니
　　　　　　　　　　　　　　　　　　　　　　　　〈其198〉

위의 (42)는 석존이 대중들에게 하늘 음식을 먹게 해주었다는 내용의 其196과, 불영(佛影) 설법 삽화의 일부를 인용한 것이다. 其196은 앞 절에서 이미 지적했던, 나건하라국의 왕이 석존에게 도움을 요청하게 된 이유와 관련이 있다. 국왕은 독룡과 나찰로 인한 백성의 가난과 질병의 괴로움 때문에 석존의 도움을 요청한 것으로, 전절의 "뷘 바리 供養이러니"는 석존과 제자들에게 공양할 음식조차 없는 나건하라국의 가난을 암시하고, "無量衆을 ᄌᆞ래 겻그니"는 석존이 신통력으로 이러한 가난을 해결했음을 보여준다. 그리고 석존이 음식을 순 뒤에 설법했고, 그 때서야 백성들이 석존과 제불의 설법을 들었다는 후절의 표현은 〈월인천강지곡〉의 작자가 부국(富國)의 중요성을 드러낸 것으로 읽

혀질 수 있다.

여기에서, 나건하라국의 독룡·나찰 교화 삽화가 큰 비중으로 '발고여락의 설법' 단락의 처음에 배열된 이유를 짐작할 수 있다. 곧 이 삽화는 석존의 신통력이 강조되어 있는 흥미로운 내용뿐만 아니라, 국가의 가난과 관련된 내용이라는 점에서 큰 비중으로 서술된 것이다. 〈월인천강지곡〉의 작자는 '중고(衆苦)'의 여러 양상 가운데 무엇보다도 국가의 가난을 먼저 해결해야 할 괴로움으로 인식했음을 알 수 있다.

한편, 인용문 (40)과 (42)에는 '제불(諸佛)'이란 시어가 보이는데, 삽화 [1]의 제불은 석존과 함께 교화와 설법의 주체로 등장한다. 其188의 제불은 석존과 함께 독룡·나찰을 교화하기 위해 나건하라국으로 가고 있으며, 其196·198의 제불은 석존과 함께 대중들에게 설법을 하고 있다. 성불의 예정 및 필연성을 보여주는 장치로서의 제불[257]이 아닌, 설법과 교화의 주체로서의 제불의 등장은 이 삽화가 유일한 예에 속한다. 이러한 점은 '발고(拔苦)'의 어려움, 구체적으로는 가난 구제의 어려움을 암시하는 것이라 할 수 있다.

이 제불 외에도 '발고여락의 설법' 단락은 앞의 단락들과 달리, 석존 이외의 부처 및 보살들이 삽화의 중심인물로 등장하고 있다. 아미타불·약사불·관세음보살 등이 그들로, 이러한 여러 부처의 등장은 [1] 삽화의 제불 등장 이유와 마찬가지로, 그만큼 괴로움의 소멸이 어렵고 이를 위해서는 석존뿐만 아니라 다른 부처의 도움 또한 필요하다는 점을 보여주는 것이라 할 수 있다.

(43) ②十萬億土 디나아 혼 世界 잇ᄂᆞ니 일훔이 極樂이니

---

[257] 其16 후절의 "諸佛菩薩이 오시며"와 其18 후절의 "本來 붉근 光明에 諸佛도 비취시며" 등이 여기에 해당한다.

十劫을 누려오신 흔 부톄 겨시니 일훔이 阿彌陀ㅣ시니　〈其201〉

부텻 光明이 十方애 비취시며 壽命이 그슴 업스시니
衆生 快樂이 衆苦를 모르며 목숨이 ▽시 업스니　〈其202〉

③欄楯이 七重이며 羅網이 七重이며 七重 行樹에 四寶ㅣ ▽주니
蓮모시 七寶ㅣ며 樓閣이 七寶ㅣ며 四邊 階道애 四寶ㅣ ▽주니
〈其203〉

④阿彌陀ㅅ 일훔을 稱念이 至誠이면 功德이 ▽ 업스리이다
若一日 若二日 三四五六七日에 功德이 어루 일리이다　〈其210〉

이 목숨 무출 날애 阿彌陀ㅣ 聖衆 드리샤 갏 길흘 알외시리
七寶池 蓮ㅅ곶 우희 轉女爲男ᄒ야 죽사릴 모르리　〈其211〉

　[2]아미타경 설법 삽화는 ①도입부(其200) ②극락세계와 아미타불의 소개(其201-202) ③극락세계의 장엄상(其203-209) ④아미타불 명호의 공덕(其210-211)에 관한 내용으로 되어 있다. 위의 (43)은 ②~④를 차례대로 인용한 것이다. 인용문 ②는 서방정토인 극락세계와 이 세계의 부처인 아미타불에 관한 소개로, 아미타불의 목숨은 끝이 없으며, 극락의 중생 또한 수명이 끝이 없고 중고(衆苦)가 없음을 서술하고 있다. ③은 극락세계의 장엄상을 서술하고 있는 其203~209의 7곡 가운데 1곡만을 옮긴 것으로, 극락에 있는 난순·나망·행수(行樹)·연못·누각 등에 대한 묘사이다.
　인용하지 않은 6곡은 8공덕수(功德水)의 연꽃(其204) → 하늘 꽃과 하늘 음악(其205) → 잡색중조(雜色衆鳥)(其206-207) → 나망행수(羅網行樹)(其208-209)에 관한 묘사로 되어 있다. 곡수의 비중으로 볼 때, 이 '극락세계의 장엄상'이 삽화 [2]의 중심 내용임을 알 수 있는데,

이것은 작자의 의도에 의한 것이라 할 수 있다.

　이 삽화의 저경인 『아미타경』의 내용은 크게 극락과 아미타불의 소개, 극락세계의 장엄상, 그리고 '칭명염불(稱名念佛)'의 왕생 방법으로 나눌 수 있다. 인용문 ④의 其210~211은 저경의 칭명염불에 해당한다. 그런데 이 칭명염불은 其210의 "功德이 ᄀᆞ 업스리이다"와 "功德이 어루 일리이다"에서 보듯, 〈월인천강지곡〉에서는 왕생의 방법이 아닌 공덕을 짓기 위한 방법으로 제시되어 있다. 그리고 其211 전절의 "갏 길흘 알외시리"는 저경에 없는 표현으로,258) 그 협주에 "갏 길 알외샤ᄆᆞᆫ 아랫 卷에 닐어 겨시니라"라고 되어 있다. 여기에서 '아랫 卷'은 삽화 [3]이 수록된 『월인석보』 권8을 가리키고, '갏 길'은 왕생의 방법을 의미한다.

　이러한 사실과, [3]의 저경인 『관무량수경』 역시 극락의 장엄상에 관한 내용이 있지만 〈월인천강지곡〉에서는 왕생의 방법인 16관법만을 서술하고 있다는 점을 고려하면, 다음과 같은 설명이 가능하다. 곧 〈월인천강지곡〉의 『아미타경』·『관무량수경』 수용 태도는 삽화 [2]와 [3], 더 나아가 [2]~[5]의 서사내용의 인과성을 고려한 작자의 의도에 기인한 것이다. 그 결과, [2]~[5]의 삽화들은 앞절에서 지적한 대로 '정토의 장엄상[2]→ 정토왕생의 방법[3]→ 정토왕생의 실례[4]→ 정토왕생의 쾌락[5]'이라는 전개 양상을 보이게 된 것이라 할 수 있다.

　다음으로, [3]16관경 설법은 바로 앞에서 언급했듯이 극락왕생의 방법에 대한 서술이 중심을 이루고 있다.

---

258) 其211 전절의 대본인 『월인석보』 권7 71ㄱ7~71ㄴ5은 "그 사ᄅᆞ미 命終홀 쩌긔 阿彌陁佛이 聖衆 두리시고 알픽 와 뵈시리니 이 사름 命終홀 저긔 ᄆᆞᅀᆞ미 어즐티 아니ᄒᆞ야 즉자히 極樂國土애 가아 나리니"로 되어 있다.

(44) 보샤미 멀리잇가 善心이 오을면 안존 고대셔 말가히 보리니
　　가샤미 멀리잇가 善根이 기프면 彈指ㅅ ᄉᅀᅵ예 반ᄃᆞ기 가리니
〈其213〉

　　初觀과 二觀ᄋᆞᆫ 日想 水想이시며 三觀ᄋᆞᆫ 地想이시니
　　四觀과 五觀ᄋᆞᆫ 樹想 八功德水想 六觀ᄋᆞᆫ 總觀想이시니 〈其214〉

　　雜想이 十三觀이며 上中下 三輩想이 遲速間애 快樂이 ᄀᆞᆮᄒᆞ리
　　功德이 기프니ᄂᆞᆫ 上品三生애 나ᄃᆡ 一日後에 蓮ㅅ고지 프리니
〈其216〉

　　莊嚴이 뎌러ᄒᆞ실ᄊᆡ 快樂이 뎌러ᄒᆞ실ᄊᆡ 極樂世界를 ᄇᆞ라ᄉᆞᆸ노이다
　　輪廻도 이러ᄒᆞᆯᄊᆡ 受苦도 이러ᄒᆞᆯᄊᆡ 娑婆世界를 여희야지이다
〈其219〉

　인용문 (44)는 저경에 없는 내용인 其213·其219와, 16관법에 관한 내용인 其214~217의 일부를 옮긴 것이다. 其214는 제1~6관, 其216은 제13·14관을 서술한 것이고, 인용하지 않은 其215·其217은 각각 제7~12관과 제15·16관을 서술하고 있다. 其213은 화자가 왕생의 방법으로, 온전한 '선심(善心)'과 깊은 '선근(善根)'을 제시한 것이라 볼 수 있는데, 이렇게 본다면 其214~217의 16관법은 선심이 온전하지 못하고 선근이 깊지 않은 중생을 그 대상으로 하는 것이 된다.
　其219의 경우는, 화자의 논평이라기보다는 극락왕생에 대한 화자의 서원이라 할 수 있다. "莊嚴이 뎌러ᄒᆞ실ᄊᆡ 快樂이 뎌러ᄒᆞ실ᄊᆡ"와 "輪廻도 이리ᄒᆞᆯᄊᆡ 受苦도 이리ᄒᆞᆯᄊᆡ"라는 노랫말은, 이 삽화의 서사의미가 '발고여락(拔苦與樂)'임을 알 수 있게 한다. 이러한 서사의미는 극락세계의 장엄상을 서술하고 있는 [2]의 삽화에도 해당된다. 이 其219는 서

사내용의 전개상, 其212~218뿐만 아니라 其200~211의 결사로도 볼 수 있기 때문이다. 그리고 [5]약사경 설법 삽화의 其260 후절이 "徃生 快樂이 달옴 이시리잇가"라는 화자의 논평으로 되어 있다는 점에서, 이 '발고여락'은 [2]~[5]의 서사의미 및 주제라고 할 수 있다.

정토의 장엄상과 왕생의 방법을 서술하고 있는 [2]·[3]의 삽화에 이어, 왕생의 실례(實例)를 보여주고 있는 [4]원앙부인의 극락왕생은, 앞의 삽화들과 달리 화자의 논평이나 서사의미를 제시하고 있는 시어를 찾아볼 수 없다. 사건의 개요는 아래와 같다.

① 범마라국(梵摩羅國)의 광유성인(光有聖人)이 임정사(林淨寺)에서 교화하고, 서천국(西天國)의 사라수왕(沙羅樹王)이 400국을 거느렸음. (其220)
② 사라수왕이 승렬바라문(勝熱婆羅門)의 청으로 8명의 궁녀를 광유성인에게 보냄. (其221-223)
③ 사라수왕을 임정사의 유나(維那)로 삼고 싶다는 광유성인의 청으로 사라수왕이 원앙부인·승렬바라문과 함께 길을 떠남. (其224-226)
④ 원앙부인이 임정사로 가는 도중 발병이 나서 더 이상 못 가게 되자, 자신의 몸을 죽림국(竹林國) 자현장자(子賢長者)의 종으로 팖. (其227-231)
⑤ 사라수왕과 원앙부인의 이별. (其232-236 전절)
⑥ 사라수왕의 임정사 생활. (其236 후절-237)
⑦ 안락국이 태어나고, 나이 7세가 되자 아버지인 사라수왕을 만나러 임정사로 향함. (其238-239)
⑧ 안락국이 사라수왕을 만남. (其240-244)

⑨ 안락국이 죽림국으로 돌아와 원앙부인이 자현장자에게 죽임을 당한 사실을 알고, 어머니의 시신을 수습하며 서방에 합장을 함. (其245-247)
⑩ 극락세계의 48용선(龍船)이 공중으로부터 오고, 배 안의 대보살들이 원앙부인과 안락국을 맞이함. (其248)
⑪ 광유성인·사라수왕·원앙부인·안락국은 각각 지금의 석존·아미타불·관세음보살·대세지보살이라는 등장인물의 소개. (其249-250)

삽화 [4]는 아미타불의 협시보살인 관세음보살과 대세지보살의 전생담으로, 두 보살의 전신인 원앙부인과 안락국이 극락에 왕생하는 과정을 서술하고 있다. 그런데 위의 사건 개요에서 보듯, 서술의 중심은 원앙부인과 사라수왕의 이별, 안락국과 사라수왕의 이별 등의 '가족의 이산(離散)'에 있음을 알 수 있다. 반면, 극락왕생에 관한 노래는 其248의 1곡에 불과하다.

(45) 비들 바ᄃ샤 내 일훔 조쳐 聖人ㅅ긔 받ᄌᄫ쇼셔
　　푸롬도 **셜ᄫ시며** 뎌 말도 **슬프실ᄊᆡ** 兩分이 ᄀ장 우르시니 〈其228〉

　　王이 드르샤 **눉믈을 흘리시고** 夫人ㅅ ᄠᅳ들 어엿비 너기샤
　　아ᄃᆞᆯ옷 나거든 安樂國이라 ᄒᆞ고 ᄯᆞᆯ이어든 孝養이라 ᄒᆞ라 〈其235〉

(46) 아래 네 어미 나를 여희여 **시름으로** 사니거늘ᅀᅡ
　　오ᄂᆞᆯ 네 어미 너를 여희여 **눉믈루** 사니ᄂᆞ니라 〈其242〉

　　아기 하딕ᄒᆞ샤 아바님 여희ᅀᆞᇙ 제 **눉믈을 흘리시니**
　　아바님 **슬ᄒᆞ샤** 아기 보내ᅀᆞᇙ 제 놀애를 브르시니 〈其243〉

(47) 長者ㅣ 怒ᄒᆞ야 夫人ᄋᆞᆯ 주기ᅀᆞᆸ더니 놀애를 브르시니이다
　　　고ᄫᆞ님 몯 보ᅀᆞᄫᅡ **술읏 우니다니** 오ᄂᆞᆳ날애 넉시라 마로렷다
〈其246〉

(48) 極樂世界옛 四十八龍船이 空中에 ᄂᆞ라 오시니
　　　接引衆生ᄒᆞ시ᄂᆞᆫ **諸大菩薩ᄃᆞᆯ히 獅子座로 마자 가시니**　〈其248〉

　　인용문 (45)～(48)은 ④·⑤·⑧·⑨의 일부와 ⑩을 차례대로 옮긴 것이다. (45)는 원앙부인과 사라수왕, (46)은 안락국과 사라수왕의 이별 장면이고, (47)은 원앙부인의 죽음에 관한 서술이며, (48)은 원앙부인과 안락국의 극락왕생에 관한 내용이다. "諸大菩薩ᄃᆞᆯ히 獅子座로 마자 가시니"에서 보듯, (48)이 모자가 극락에 왕생했음을 암시하고 있는 서술에 머무르고 있는데 반해, (45)～(47)은 부부·부자·모자간의 이별이라는 서사내용뿐만 아니라, '눉믈'·'슬ᄒᆞ샤' 등의 시어 반복을 통해 '가족의 이산(離散)'에 대한 괴로움을 드러내고 있다. 곧 이 삽화는 극락왕생의 즐거움보다는 가족 이산의 괴로움을 강조하고 있는 것이다. 물론 '가족 이산의 괴로움'에 대한 강조는 저경인 『안락국태자경』의 내용에 기인한 것으로, 앞에서 언급했듯이 〈월인천강지곡〉의 화자는 어떠한 논평 없이 저경의 내용을 충실히 서술하고 있다.

　　그런데 저경에서는 '괴로움'의 강조뿐만 아니라 이 괴로움을 극복하는 방법인 '왕생게(往生偈)' 또한 제시·강조되어 있다.259) 왕생게는 인용문의 ⑤에 처음 나타난 후 계속 언급되면서 위기를 극복하게 하는 핵심 모티프의 기능을 담당하고 있다.260) 이에 비해, 〈월인천강지곡〉

---

259) 참고로, 『월인석보』 권8 95ㄴ5～96ㄱ1에 실려 있는 왕생게를 옮겨오면 다음과 같다. "願往生, 願往生, 願在彌陁會中坐, 手執香花常供養. 願往生, 願往生, 願生極樂見彌陁, 獲蒙摩頂受記荊. 願往生, 願往生, 往生極樂蓮花生, 自他一時成佛道."

에서는 其232·233·237·241 후절261)에 나타나 있지만 '발고(拔苦)'의 방법으로 강조되어 있지는 않다. 또한 저경에 수록된 4편의 가요 중, 이 왕생게만 〈월인천강지곡〉으로 노래되지 않았다는 점은,262) 〈월인천강지곡〉에서 왕생게의 비중이 축소되었음을 보여준다. 결국, 왕생게의 비중 축소와, '눉믈'·'슳ᄒᆞ샤' 등의 시어 반복으로 인해, [4]의 삽화는 '가족 이산의 괴로움'이라는 서사의미를 형성한다고 할 수 있다.

한편, 이 삽화의 서사의미는 삽화 [3]의 결사인 其219와 연결될 여지가 있어 주목을 요한다. 곧 其219 후절의 "輪廻도 이러ᄒᆞᆯ써 受苦도 이러ᄒᆞᆯ써 娑婆世界를 여희야지이다"는, 其220으로 시작하는 삽화 [4]의 도입부로 볼 수도 있기 때문이다. 其219 전절의 "莊嚴이 뎌러ᄒᆞ실써 快樂이 뎌러ᄒᆞ실써 極樂世界를 ᄇᆞ라ᄉᆞᆸ노이다"가 삽화 [2]·[3]의 내용과 직접적인 관련이 있고, 후절에 해당하는 내용은 보이지 않는다는 점은, 이러한 추정을 뒷받침한다. 이렇게 볼 때, 삽화 [4]의 '괴로움'은 극락왕생을 해야 하는 이유로서 강조된 것이라 할 수 있다. 괴로움이 클수록 왕생에

---

260) 오대혁, 「안락국태자경과 이공본풀이의 전승관계」, 『불교어문논집』 6, 한국불교어문학회, 2001, p.251. 한편, 사재동, 「안락국태자경에 대하여」, 『국어국문학』 91, 국어국문학회, 1984, p.343에서는 "이 작품을 알뜰하게 압축시키면 바로 이 가요(왕생게)가 되고 이 가요를 풀어놓으면 바로 이 작품이 된다"고 하였다.
261) "사ᄅᆞ미 善을 닷ᄀᆞ면 利益을 受ᄒᆞᄂᆞ니 往生偈를 ᄀᆞᄅᆞ치ᅀᆞᆸ노니"(其232), "往生偈를 외오시면 헌 오시 암ᄀᆞᆯ며 골폰 비도 브르리이다"(其233), "왼녁 손ᄋᆞ로 往生偈 자ᄇᆞ샤 길 우희 외오더시니"(其237), "아기 말 숩고 往生偈를 외오신대 아바님이 안ᄋᆞ시니이다"(其241) 등이 이에 해당한다.
262) 其244의 "아라 녀리 그츤 이런 이본 길헤 눌 보리라 우러곰 온다/ 大慈悲 鴛鴦鳥와 功德 닷ᄂᆞᆫ 내 몸이 正覺 날애 마조 보리어다"와, 其245 후절의 "安樂國이는 아비를 보라 가니 어미 몯 보아 시름 깊다", 그리고 其246 후절의 "고ᄫᆞ님 몯 보ᅀᆞᄫᅡ 술읏 우니다니 오ᄂᆞᆳ날애 넉시라 마로롓다"는 『안락국태자경』 수록의 가요를 〈월인천강지곡〉으로 옮긴 것이다. 其243 후절과 其245·246 전절의 "놀애를 브르시니"는 이러한 사실을 암시한다.

대한 희구는 더욱 커진다는 점에서, 〈월인천강지곡〉의 화자는 괴로움의 강조를 통해 '발고(拔苦)'의 당위성을 강조한 것은 아닐까 싶다.

(49) 아바님 셔울 겨샤 아들와 孫子 그리샤 病中에 보고져 ᄒᆞ시니
부톄 靈鷲山애 겨샤 아ᅀᆞ와 아들 ᄃᆞ리샤 空中에 ᄂᆞ라 오시니
〈其261〉

첫 放光 보ᅀᆞᆸ고 百姓들히 우ᅀᆞᆸ거늘 生死 受苦를 如來 니ᄅᆞ시니
세 光明 보시고 아바님 便安커시늘 부텨 오샤ᄆᆞᆯ 大稱王이 술ᄫᆞ니
〈其262〉

아바님이 손 드르샤 부텻 발 ᄀᆞᄅᆞ치샤 셜볼 ᄠᅳᆮ 업다 ᄒᆞ시니
부톄 손 드르샤 아바님 머리 ᄆᆞ니샤 됴ᄒᆞᆫ 法 술ᄫᆞ시니 〈其263〉

아바닚 가ᄉᆞᆷ 우희 부텻 손 연ᄌᆞ샤도 나ᄋᆞᆯ 몯 믈려 淨居에 가시니
ᄒᆞ물며 貪欲 계워 목숨 催促ᄒᆞ고 人生 앗기리 긔 아니 어리니
〈其264〉

[6]정반왕의 죽음 삽화는 도입부(其261) → 병상설법(其262-263) → 정반왕의 죽음(其264) → 정반왕의 장례(其265-266)로 이루어져 있는데, 위의 (49)는 '정반왕의 장례'를 제외한 其261~264를 인용한 것이다. 其261은 병상의 정반왕이 아들인 석존·난타와 손자인 나운을 그리워했다는 전절과, 석존이 이를 알고 가비라국으로 갔다는 후절의 사건으로 되어 있다. 其262는 석존이 가비라국에 도착하여 백성들에게 생사의 수고에 대한 설법을 했다는 내용과, 정반왕이 석존 일행의 몸에서 나온 광명을 보고 병이 나았다는 내용이다. 후절의 '세 광명'은 석존·난타·나운의 광명을 가리킨다.

그리고 其263·264는 석존이 설법하여 정반왕의 마음을 편안하게 해 드렸지만, 결국 정반왕은 죽어서 정거천에 태어났음을 서술하고 있는 데, 其264의 후절은 전절 곧, 정반왕의 죽음에 대한 화자의 논평이다. 이상의 내용 정리를 통해, 이 삽화의 서사의미는 其264에 드러나 있음을 알 수 있다. 곧 석존의 신통력과 설법으로도 정반왕의 죽음을 막을 수 없었다는 전절의 내용과 탐욕심에 대한 화자의 경계는, 그만큼 죽음이라는 괴로움을 벗어나기 어렵다는 화자의 인식을 보여준다. 이 삽화 역시 바로 위에서 살펴본 삽화 [4]와 마찬가지로 괴로움을 강조함으로써 '발고'의 당위성을 나타내고 있는 것이다.

끝으로, [8]5백 군적 교화와 [9]난타용왕궁 설법 삽화는 이미 앞에서 지적한 바 있듯이, 서사내용이 아닌 "一切衆生이 흔 病도 다 업스니"(其268후절)와, "內外怨賊이 다 侵掠 몯ᄒ리" "無量苦惱ㅣ 다 滅除ᄒ리"(其271)라는 노랫말을 통해, '일체중생의 무병(無病)'과 '원적의 침략 및 무량 고뇌의 멸제(滅除)'라는 서사의미를 제시하고 있다. 이들 노랫말 중, "無量苦惱ㅣ 다 滅除ᄒ리"는 삽화 [9]뿐만 아니라, 지금까지의 논의에서 확인했듯이 발고여락 설법 단락 전체의 주제에 해당한다. 其271 후절이 저경 및 해당 석보상절에서는 其270 앞의 내용이라는 점에서, 이 노랫말이 其182~272의 끝 곡에 배치된 것은 〈월인천강지곡〉 작자의 의도로 보여진다.

이상, '발고여락의 설법' 단락의 구체적인 내용에 대해서 살펴보았다. 이 단락에서 제시되어 있는 중고(衆苦)의 양상은 '가난과 질병[1], 죽음[2]·[3]·[5]·[6], 가족의 이산[4], 가뭄·원적의 침략[8]·[9]' 등으로 정리할 수 있다. 그리고 이러한 중고멸제(衆苦滅除) 즉, '발고여락'은 석존의 설법 및 신통력을 통해 이루어지는데, 삽화 [1]~[3]·[5]에서는 '여락(與樂)', [4]·[6]은 '고(苦)', [8]·[9]의 삽화는 '발고(拔苦)'의 측면이 강조되어 있음을 알 수 있다.

4) 영산회(靈山會) 설법

'영산회 설법' 단락은263) 『법화경』의 28품 가운데 16품의 내용을, 각 품을 단위로 하여 서술한 것이다. 『법화경』은 다음의 세 가지 내용으로 되어 있다. 모든 사람은 누구나 성불할 수 있다는 일불승(一佛乘) 설법과, 석존은 아주 오랜 과거에 성불하였고 수명이 무량하여 항상 존재한다는 구원성불(久遠成佛)의 설법, 그리고 묘음·관세음·보현보살 등의 중생 구제를 위한 보살도의 실천이 그것이다.264) 대체로, 일불승 설법은 방편품 제2~안락행품 제14, 구원성불의 설법은 종지용출품 제15~촉루품 제22, 보살도의 실천은 약왕보살본사품 제23~보현보살권발품 제28의 내용에 해당한다. 『법화경』의 중심 교설인 '일불승'은 방편품 제2에, '구원성불'은 여래수량품 제16에 설해져 있고, 그 외의 품은 일불승과 구원성불을 이해시키기 위한 비유 및 삽화 등으로 되어 있다.

이상의 내용을 고려하면, 이 단락은 아래와 같은 4개의 하위 단락으로 나눌 수 있다.

[1] 석존의 신변 〈其272~274(3곡)〉
[2] 일불승 설법 〈其275~302(28곡)〉

---

263) 이 단락의 이름은 『석보상절』 권13 협주의 "이 브터 法華經 이르시논 靈山會라"와, 『월인석보』 권11 협주의 "이 브터 妙法蓮華經 니르시논 靈山會라"에 의거한 것이다.
264) 박경훈, 「법화경 해제」, 불광교학부 편, 『경전의 세계』, 불광출판부, 1990, pp. 333~335 참고.

[3] 구원성불의 설법 〈其310~321(12곡)〉[265]
[4] 보살의 실천도 〈其322~340(19곡)〉

먼저, [1] 단락은 '영산회 설법' 전체의 도입부로, 석존이 일불승과 구원성불의 가르침을 설하기에 앞서, 영산에 모인 대중들에게 신변(神變)을 보이는 내용이다.

(50) 諸佛와 菩薩 比丘와 衆生을 보ᅀᆞᄫᆞ며 說法音聲을 쏘 듣ᄌᆞᄫᆞ니
布施와 修行 得道와 涅槃을 보ᅀᆞᄫᆞ며 舍利寶塔을 쏘 보ᅀᆞᄫᆞ니
〈其273〉

變化 뵈샤ᄆᆞᆯ 彌勒이 疑心ᄒᆞ샤 文殊ㅅ긔 무르시니
大法 니ᄅᆞ싫 ᄃᆞᆯ 文殊ㅣ 아ᄅᆞ샤 彌勒끠 對答ᄒᆞ시니 〈其274〉

其273은 석존이 대중들에게 보인 신변의 구체적인 내용이고, 其274는 신변의 이유가 석존이 大法, 즉 '일불승'과 '구원성불'을 설하기 위한 것임을 보여주고 있다.

[2]일불승 설법 단락은 다음과 같은 여러 삽화들로 구성되어 있다. 곧 ①묘법 설법 준비(其275) ②화택유 설법(其276-278) ③궁자유 설법(其279-282) ④시방 여래의 성불 인연(其283-293) ⑤3겁 3천불의 성불 인연(其294-295) ⑥다보불의 법화경 찬탄(其296-302) ⑦악인과 여인의 성불 등이 그것이다.

(51) 三昧로 니르샤 妙法 아니 니ᄅᆞ실ᄊᆡ 舍利弗이 請ᄒᆞᅀᆞᆸ더니

---

265) [2] 단락의 28곡과 [3] 단락의 12곡은 현재 전하는 곡수로, 其303~309의 부전(不傳) 노래를 포함시키면 그 곡수는 더 늘어날 것이다.

四衆도 疑心홀씨 妙法 닐오려 터시니 增上慢이 믈러나ᄉᆞᄫᆞ니
〈其275〉

(52) 長者ㅣ 지븻 블을 子息이 아니 져흘씨 아비 말을 몰라 드르니
世間 煩惱ㅅ 블을 衆生이 아니 져흘씨 부텻 말을 몰라 듣ᄌᆞᄫᆞ니
〈其276〉

세 술윗 주려 ᄒᆞ야 블 밧긔 나거ᅀᅡ 큰 술위를 주어 깃기니
三乘을 니ᄅᆞ샤 三界 밧긔 나거ᅀᅡ 一乘을 닐어 들이시니 〈其278〉

命終이 거의어늘 보비를 다 주니 아ᄃᆞᆯ이 ᄀᆞ장 깃그니
涅槃이 거싀어시늘 一乘을 니ᄅᆞ시니 菩薩이 ᄀᆞ장 깃ᄉᆞᄫᆞ시니
〈其282〉

위의 (51)은 [2] 단락의 도입부인 묘법 설법 준비 삽화를, (52)는 화택유 설법과 궁자유 설법 삽화의 일부를 인용한 것이다. (51)은 석존이 일불승 설법을 하기 직전의 상황으로, 석존이 사리불과 영산에 모인 대중들의 청에 의해 묘법, 즉 일불승을 설법하려고 하자, 모임에 있던 교만한 사람들이 자리를 떠났다는 내용이다. 저경인 방편품 제2에서는 (51)의 사건 뒤에, 석존을 포함한 모든 부처가 이 세상에 나타난 목적은 일불승을 설하기 위한 것이라는 언급과, 일불승의 구체적인 내용이 서술되어 있지만,266) 〈월인천강지곡〉에서는 이 내용을 생략하고 있다.

---

266) 『석보상절』 권13 46ㄴ8~63ㄱ6의 "舍利弗아 엇뎨 諸佛 世尊이 다믄 ᄒᆞᆫ 큰 잀 因緣으로 世間애 나시ᄂᆞ다 ᄒᆞ거뇨 ᄒᆞ란ᄃᆡ 諸佛世尊이 衆生을 부텻 知見을 여러 淸淨을 得게 호려 ᄒᆞ샤 世間애 나시며 衆生이그에 부텻 知見을 뵈요리라 ᄒᆞ샤 世間애 나시며 衆生이 부텻 知見을 알에 호려 ᄒᆞ샤 世間애 나시며 衆生이 부텻 知見 道애 들에 호려 ᄒᆞ샤 世間애 나시ᄂᆞ니 舍利弗아 이러호미 諸佛이 ᄒᆞᆫ 큰 잀 因緣으로 世間애 나시논디라 …(중략)… 舍利弗아 너희들히 ᄒᆞᆫ ᄆᆞᅀᆞᄆᆞ로 信解ᄒᆞ야 부텻

이러한 생략은 (52)의 내용과 중복을 피하기 위한 〈월인천강지곡〉 작자의 의도로 보인다. (52)는 밑줄 친 부분에서 알 수 있듯이 화택과 궁자의 비유를 통해 일불승을 설명하고 있기 때문이다. 其276~278과 其281·282의 전절은 각각 화택유와 궁자유를 요약·서술하고 있으며, 후절은 화택유와 궁자유의 의미를 제시하고 있다. 그리하여 (51)과 (52)는 '일불승 설법 준비 → 비유를 통한 일불승 설법'이라는 서사 내용의 전개 양상을 보인다고 할 수 있다.

(53) 디나건 無量劫에 大通智勝佛이 道場애 안잿더시니
　　　그 쁴 梵天王과 四王 諸天이 華樂♀로 供養ᄒᆞᆸ니　〈其283〉

　　　魔軍 降伏 ᄒᆡ샤디 佛法이 아니 뷜씨 열 小劫을 안ᄌᆞ시니
　　　出家 아니ᄒᆞ샤 世間에 겨싫 제 十六子ᄅᆞᆯ 나ᄒᆞ시니　〈其284〉

　　　아ᄃᆞᆯ님내 모다 童子로 出家ᄒᆞ샤 聞法을 請ᄒᆞ시니
　　　부톄 드르시고 二萬劫을 디나샤 法華經을 니ᄅᆞ시니　〈其286〉

　　　八千劫 니ᄅᆞ시고 八萬四千劫을 禪定에 드렛더시니
　　　열 여슷 沙彌 八萬四千劫을 法華經을 쏘 니ᄅᆞ시니　〈其287〉

　　　열 여슷 分이 菩提ᄅᆞᆯ 일우샤 十方世界예 現ᄒᆞ야 겨시니
　　　몬 分 일홈이 智積이러시니 阿閦如來샤 歡喜國에 겨시니　〈其288〉

　　　ᄆᆞᆺ아ᅀᆞ 分이 釋迦如來시니 娑婆世界예 妙法을 펴시ᄂᆞ니
　　　열 여슷 沙彌 敎化ᄒᆞ신 衆生이 未來世예 佛道애 드ᄉᆞᆸ리　〈其293〉

마ᄅᆞᆯ 바다 디니라 諸佛如來 거즛말 업스시니 **녀나몬 乘이 업고 오직 흔 佛乘이라** 舍利弗아 아라라 諸佛ㅅ 法이 이러ᄒᆞ야 萬億方便으로 맛당흔 고ᄃᆞᆯ 조차 說法ᄒᆞ시ᄂᆞ니 너희 ᄒᆞ마 諸佛ㅅ 方便을 아라 ᄂᆞ외야 疑心 업스니 ᄆᆞᅀᆞ매 ᄀᆞ장 깃거 **당다이 부톄 ᄃᆞ욇 고ᄃᆞᆯ 알라**"에 해당한다.

인용문 (53)은 시방여래의 성불 인연 삽화의 일부를 옮긴 것이다. 이 삽화는 석존을 포함한 시방(十方)의 여래가 전생의 사미 시절에 대통지승불(大通智勝佛)의 『법화경』 설법을 들었고, 그들 또한 『법화경』을 중생들에게 설법하여, 그 결과 현재의 시방 여래가 된 것이라는 내용이다. 인용하지 않은 노래를 포함한 其288 후절~其293 전절은 시방에 존재하는 열여섯 분의 부처 이름을 나열하고 있으며, 其293 후절은 시방여래의 사미 시절에 『법화경』 설법을 들었던 중생들도 미래세에 성불할 것임을 서술하고 있다. 대통지승불과 시방여래의 전신인 '열 여슷 사미'가 설했던 '법화경'은, 구체적으로 일불승의 교설을 가리킨다. 其283~293을 수록하고 있는 『월인석보』 권14에는 시방여래의 성불 인연담에 이어 다음과 같은 석존의 설명이 실려 있는데, 57ㄴ7~58ㄱ1의 "이 經을 시러 드러 오직 佛乘으로 滅度를 得ᄒ고 ᄂ외야 녀나ᄆᆫ 乘이 업스니"가 그것이다.

한편, 저경인 화성유품 제7에는 이 삽화 외에도 '화성(化城)의 비유'가 실려 있다.267) 화성의 비유는, 성문(聲聞)과 연각(緣覺)의 이승(二乘)들이 열반을 얻은 것은 참된 열반이 아닌 것으로, 마치 화성(化城)과 같다는 내용이다. 일불승을 비유로 설명하고 있는 '화성유'가 아닌, (53)이 노래된 것은 〈월인천강지곡〉의 작자가 서사내용의 인과성을 고려한 결과라 할 수 있다. 시방(十方)의 여래가 일불승 설법에 의해 성불하였다는 (53)의 삽화는, (52)에서 제시된 '일불승'에 대한 증명 내지는 그 실례로 볼 수 있기 때문이다.

여기에서, 『석가보』 석가동삼천불연보(釋迦同三千佛緣譜) 제6의 내용인 其294·295가 其283~293 뒤에 배열된 이유 또한 해명이 가능하

---

267) 『월인석보』 권14의 74ㄱ3~81ㄴ1에 해당한다.

다. 본서의 제3장 1절에서 인용하고 언급한 바 있는 其294·295는, 석존이 과거에 묘광불(妙光佛)로부터 들은 53불의 이름을 3천 명의 제자에게 가르쳐 주어, 그 사람들이 과거·현재·미래의 3겁(劫)에 걸쳐 부처가 되었고 될 것이라는 내용이다. 其283~293이 누구나 성불할 수 있다는 '일불승'을 '시방'이라는 공간적인 측면에서 증명하고 있다면, 其294·295는 '3겁'이라는 시간적인 측면에서 증명하고 있는 것이다. 이를 통해, 이 삽화는 앞 삽화의 서사내용을 보완 내지 강화하기 위한 〈월인천강지곡〉 작자의 의도로 인해 삽입된 것임을 알 수 있다.

(54) 七寶 꾸뮨 塔이 空中에 소사 多寶佛이 드렛더시니
釋迦世尊이 妙法펴시는 둘 多寶佛이 讚歎ᄒᆞ시니　〈其296〉

菩薩로 成佛ᄒᆞ샤 滅度 後ㅅ 본증이 多寶世尊ㅅ 發願이시니
花香과 風流로 寶塔애 供養이 諸天人鬼 精誠이ᅀᆞᆸ니　〈其297〉

多寶如來ᄂᆞᆫ 法華經 讚歎ᄒᆞ샤 본증으로 오라 터시니
釋迦如來ᄂᆞᆫ 法華經 付囑ᄒᆞ샤 涅槃애 드로려 ᄒᆞ시니　〈其302〉

위의 인용문은 다보불의 법화경 찬탄 삽화의 일부이다. 이 삽화는 석존이 『법화경』을 설법하고 있을 때, 갑자기 땅 속으로부터 칠보탑이 솟아나 공중에 머물렀고, 그 탑 안에 있는 다보불이 『법화경』과 석존의 공덕을 찬탄했다는 내용으로 되어 있다. 여기에서의 '법화경' 역시 일불승의 가르침을 가리킨다. 이 삽화의 중심인물인 다보불은, 其297과 其302의 밑줄 친 부분에서도 알 수 있듯이, 『법화경』의 가르침이 진리임을 증명하고 찬탄하는 부처이다.[268] 곧 이 삽화는 앞 삽화들과 마찬가

---

268) 이러한 사실은, 『월인석보』 권15 67ㄱ4~68ㄱ3의 다음과 같은 석존의 언급을

지로 일불승 설법에 대한 증명 내지 실례를 보여준다고 할 수 있다.

이 삽화 뒤의 〈월인천강지곡〉으로 추정한 제바달다품 제12의 내용 또한 악인과 여인의 성불 사례를 통해 일불승을 증명하고 있다는 점을 고려하면, [2]일불승 설법 단락은 '비유를 통한 일불승 설법'과 '일불승 설법의 증명'의 두 부분으로 되어 있다고 하겠다. 구체적으로, 전자는 일불승 설법 준비(其275) → 화택유(其276-278) → 궁자유(其279-282)를 통한 일불승 설법, 후자의 경우는 공간(其283-293) → 시간(其294-295) → 부처(其296-302) → 악인과 여인의 성불을 통한 일불승 설법의 증명이라는 서사내용의 전개 양상을 보인다. 그리고 이러한 서사 전개로 인해, 일불승 설법에 관한 저경의 방편품 제2~안락행품 제14 가운데, 이와 직접적인 관련이 없는 7품은 〈월인천강지곡〉에서 제외된 것이라 할 수 있다.

다음으로, [3]구원성불의 설법은 ①도입부 ②양의치자유 설법(其310-311) ③구원성불 설법의 공덕과 상서(其312) ④상불경 보살의 법화경 수지(其313-317) ⑤석존과 분신여래의 신력(其318-320) ⑥분신여래와 다보여래의 귀환(其321) 등의 삽화들로 구성되어 있다. 그런데 이들 삽화 중 ④~⑥의 삽화는 사실, '구원성불의 설법'에만 해당하는 것은 아니다.

(55) 威音王如來 像法 오라샤미 四天下앳 微塵數ㅣ러시니
　　 常不輕比丘ㅣ 업시움 업스실씨 四衆에 長常 절이러시니 〈其313〉

통해서도 확인할 수 있다. "그쯰 부톄 大樂說菩薩ᄃ려 니르샤ᄃᆡ …(중략)… 부톄 겨샤ᄃᆡ 일후미 多寶ㅣ러시니 그 부톄 菩薩道 行ᄒᆞ싫 제 큰 誓願을 지ᅀᆞ샤ᄃᆡ 내 成佛ᄒᆞ야 滅度ᄒᆞᆫ 후에 十方國土애 **法華經 니ᄅᆞ리 잇거든** 내 塔廟ㅣ 이 經 드로ᄆᆞᆯ 爲ᄒᆞ야 그 알ᄑᆡ 소사 現ᄒᆞ야 **證明이 ᄃᆞ외야 讚歎ᄒᆞ야** 닐오ᄃᆡ 됴타 호리라"

常不輕 말쏘믄 너희 菩薩行 닷가 당다이 부톄 드외리니
모딘 놈이 말은 이 比丘ㅣ 智慧 업서 妄量앳 授記라 ᄒ더니 〈其314〉

常不輕比丘ㅣ 녇 分이시리잇가 오ᄂᆞᆳ날애 世尊이시니
威音王如來ㅅ긔 法華經 受ᄒᆞ실ᄊᆡ 오ᄂᆞᆳ날애 부톄 ᄃᆞ외시니 〈其317〉

(56) 如來 손ᄋᆞᆯ 내샤 菩薩들 모니시고 八方如來ᄅᆞᆯ 가쇼셔 ᄒ시니
菩薩들히 몸 구펴 如來ㅅ긔 말 ᄉᆞᆲ바시ᄂᆞᆯ 寶塔如來ᄅᆞᆯ 겨쇼셔 ᄒ시니
〈其321〉

　(55)는 삽화 ④의 일부를, (56)은 삽화 ⑥을 인용한 것이다. (55)는 석존의 전신인 상불경 비구의 성불 인연에 관한 이야기이고, (56)은 석존이 분신 여래와 다보불을 본래 있던 곳으로 돌려보내는 장면이다. 인용하지 않은 其318~320의 삽화 ⑤는, 석존과 분신 여래가 신력을 보여 시방과 후세의 중생들에게『법화경』을 부촉하는 내용으로 되어 있다. 이상의 내용을 통해, ④~⑥의 삽화는 구원성불의 설법과 직접적으로 관련이 없으며, ①~③의 삽화만이 구원성불에 관한 내용임을 알 수 있다.
　그렇지만 삽화 ④의 경우는, 석존의 성불에 관한 내용이라는 점과 구원성불의 설법 삽화 뒤에 배열되어 있다는 점에서, '구원성불 설법의 증명 내지는 그 실례(實例)'로 볼 여지가 있다. 그런데 이 삽화는 석존이 성불하게 된 이유를 其317의 밑줄 친 부분에서 보듯 '법화경의 수지(受持)'로 제시하고 있어, 헤아릴 수 없이 오랜 세월 전에 석존이 이미 부처였다는 '구원성불'의 증명 내지 실례로는 적합히지 않아 보인다.
　오히려 이 삽화는 구원성불 보다는 일불승의 실례로 보여지는데, 其314의 "당다이 부톄 ᄃᆞ외리니"는 이러한 추정을 뒷받침한다. 모든 비

구들이 마땅히 부처가 될 것이라는 상불경 비구의 언급은 바로 일불승의 가르침인 것이다. 그렇다고 ④의 삽화가 '일불승의 실례'에 해당한다는 것은 아니다. 다른 삽화들과의 서사맥락 또한 고려해야 하기 때문이다. 곧, 이 삽화는 구원성불에 관한 ①~③과 『법화경』의 부촉 및 마무리인 ⑤·⑥의 서사맥락을 고려할 때, 일불승과 구원성불의 가르침을 포괄하는 '법화경'의 유통을 강조하는 내용으로 파악할 수 있다.

(57) 如來ㅅ 成佛이 오라샤 過劫을 몯 혜숩거니 나며 드로미 겨시리잇가
衆生 善根을 爲ᄒᆞ샤 方便을 부러 내실ᄊᆡ 滅度를 뵈시니이다
〈其310〉

子息을 몯다 ᄀᆞᄅᆞ쳐 날 그려 從킈 호리라 凶聞을 들이니이다
衆生을 몯다 救ᄒᆞ샤 날 그려 알의 호리라 涅槃을 뵈시니이다
〈其311〉

(58) 如來 壽命 니ᄅᆞ싫 제 현맛 菩薩와 현맛 衆生이 功德 得ᄒᆞ야시뇨
菩薩 法利 니ᄅᆞ싫 제 현맛 莊嚴과 현맛 供養이 祥瑞를 펴아뇨
〈其312〉

인용문 (57)과 (58)은 현재 전하지 않는 종지용출품 제15의 내용을 제외한, 구원성불 설법 삽화의 전곡이다. (57)의 밑줄 친 부분은 훼손된 노랫말로, 필자가 『월인석보』 권17 및 저경을 참고하여 재구한 것이다. (57)은 구원성불의 가르침을 양의치자(良醫治子)의 비유를 통해 제시한 것이고, (58)은 구원성불 설법의 공덕과 그로 인한 상서가 매우 많음을 서술하고 있다. 위의 인용문을 통해, '구원성불의 설법'은 곡수뿐만 아니라, 노래의 내용에 있어서도 '일불승 설법'에 비해 그 비중이 매우 약화되었음을 알 수 있다.[269]

이러한 비중의 약화는 다음 항목에서 살펴볼 '성불의 인연' 단락과 관련이 있어 보인다. 〈월인천강지곡〉의 서사단락 중, 가장 큰 비중을 차지하고 있는 '성불의 인연' 단락은 주로 석존이 성불한 이유 및 방법에 관한 삽화들로 구성되어 있는데, 구원성불을 강조하게 되면 성불의 이유와 방법에 대한 필요성은 그만큼 줄어들게 되어, 〈월인천강지곡〉의 서사맥락 및 작자의 의도에서 벗어나기 때문이다. 또한 앞에서 언급했듯이 '성불' 단락의 其43·其53 등은 석존이 무량겁(無量劫) 이전에 이미 성불하였음을 밝히고 있으므로, 이 단락에서 서사맥락을 벗어나면서까지 다시 강조할 필요는 없었을 것이다.

(59) 妙音이 ᄀᆞ마니 겨샤 千萬 고ᄌᆞᆯ 내샤 法座ㅅ 겨틔 도다 뵈ᅀᆞᄫᆞ시니
多寶ㅣ 오라커시ᄂᆞᆯ 千萬 菩薩 ᄃᆞ리샤 世尊 알ᄑᆡ 安否ᄒᆞᅀᆞᄫᆞ시니
〈其323〉

數업슨 祥瑞로 오샤 兩分ㅅ긔 供養ᄒᆞ시니 文殊菩薩이 보ᅀᆞᄫᆞ시니
ᄀᆞᆺ업슨 功德 이르샤 衆生 救ᄒᆞ시논 ᄃᆞᆯ 華德菩薩이 듣ᄌᆞᄫᆞ시니
〈其324〉

(60) 無盡意 묻ᄌᆞᄫᆞ샤ᄃᆡ 엇던 因緣으로 觀世音 일홈을 이리 곧ᄂᆞ니잇가
世尊이 對答ᄒᆞ샤ᄃᆡ 아ᄆᆞ란 受苦ㅣ라도 觀世音 일ᄏᆞ라 다 버서나ᄂᆞ니라
〈其325〉

블에 드러도 ᄉᆞ디 아니ᄒᆞ며 믈에 드러도 녀튼 ᄃᆡ 나리니

---

269) 其310·311이 저경인 여래수량품 제16은, 구원성불에 관한 석존의 설법과 여래의 멸도에 관한 석존의 설법, 그리고 양의치자의 비유로 구성되어 있는데, 양의치자유만이 〈월인천강지곡〉으로 노래된 것이다. 참고로, 구원성불·여래의 멸도·양의치자유는 각각 『월인석보』 권17의 2ㄱ3~13ㄱ3·13ㄱ3~15ㄴ1·15ㄴ1~22ㄴ5에 해당한다.

鬼國에 뻐디여도 모딘 樣ᄒᆞ리 업스며 病ᄒᆞᆶ 귓것도 눈으로 몯보리니
〈其326〉

ᄂᆞ올ᄋᆞᆯ 굴이거나 모딘 藥ᄋᆞᆯ 머거도 모딘 몸애 도라 디리니
범을 맞나거나 ᄇᆞ얌ᄋᆞᆯ 맞나아도 제 도라가 머리 숨으리니 〈其329〉

無盡意 묻ᄌᆞᄫᆞ샤ᄃᆡ 노녀 說法ᄒᆞ야 方便이 엇뎨 ᄒᆞ니잇가
世尊이 對答ᄒᆞ샤ᄃᆡ 나랏 衆生ᄋᆞᆯ 조차 變化로 ᄀᆞᆯ치ᄂᆞ니라
〈其333〉

부텨도 現ᄒᆞ시며 辟支佛도 現ᄒᆞ시며 聲聞도 現ᄒᆞ시ᄂᆞ니
梵王과 帝釋과 自在天도 現ᄒᆞ시며 大自在天도 現ᄒᆞ시ᄂᆞ니 〈其334〉

摩睺羅伽 人非人 等과 金剛神도 現ᄒᆞ시ᄂᆞ니
娑婆世界예 衆生ᄋᆞᆯ 爲ᄒᆞ샤 方便之力이 이러ᄒᆞ시니 〈其338〉

(61) 寶威德上王佛國에 普賢菩薩이 드리신 無量菩薩이 祥瑞로 오시니
耆闍崛山 中에 普賢菩薩이 請ᄒᆞ샤 後五百歲예 妙法 블교리이다
〈其340〉

[4] 단락은 ①묘음보살의 석존·다보불 공양(其322-324), ②관세음보살의 공덕과 방편력(其325-339), 그리고 ③보현보살의 묘법 호지(其340) 삽화로 구성되어 있다. 위의 (59)~(61)은 삽화 ①~③을 차례대로 인용한 것이다. (59)는 정광장엄(淨光莊嚴) 국토의 묘음보살이 사바세계에 와서 석존과 다보불에게 공양하였다는 내용이다. 其324 전절의 '양분(兩分)'은 석존과 다보불을 가리킨다.

이 삽화는 其324 후절의 "衆生 救ᄒᆞ시ᄂᆞ 둘"을 통해 (60)의 삽화와 연결된다고 할 수 있는데, 관세음보살의 공덕과 방편력에 관해 서술하고 있는 (60)은 중생의 구제에 관한 내용이기 때문이다. 그리고 이 '중

생 구제'는 ①과 ②의 삽화가 〈월인천강지곡〉으로 노래된 이유로도 볼 수 있다. '보살의 실천도'에 해당하는 저경의 약왕보살본사품 제23~보현보살권발품 제28 중, 약왕보살본사품 제23·묘장엄왕본사품 제27 등은 약왕보살·화덕보살 등의 보살이 중심인물이지만, '중생의 구제' 와 직접적인 관련이 없다는 점에서 제외된 것이라 보여진다. ③의 삽화는 중생 구제에 관한 내용이 아니지만, 영산회 설법 단락의 마무리에 해당하는 내용으로 인해 채택된 것이라 할 수 있다.

其325~329의 삽화 ②는 크게 '관세음' 명호의 공덕과 관세음보살의 방편력으로 나눌 수 있다. 전자는 其325~332, 후자는 其333~339에 해당하고, 其325와 其333은 전자와 후자의 도입부라 할 수 있다. '관세음 명호의 공덕'은 화재(火災)·수재(水災)·귀신·원적(怨賊)·저주·독약·맹수·폭우 등의 12가지 고난에서 중생을 구제해주는 관세음보살의 공덕을 서술하고 있다. 인용문 (60)은 그 일부만을 옮긴 것으로, 其326과 其329는 관세음보살의 이름을 부르면 화재·수재·귀난(鬼難)과, 저주·독약·맹수로 인한 괴로움에서 벗어날 수 있다는 내용이다. '관세음보살의 방편력'은 중생을 교화하는 관세음보살의 32가지 응신(應身)을 나열하고 있는데, 其334·338은 관세음보살이 부처·벽지불·성문·마후라가·금강신 등으로 현신(現身)하여 중생을 구제하고 있음을 보여주고 있다.

'영산회 설법' 단락 전체의 마무리인 (61)의 경우는, 보위덕상왕불국(寶威德上王佛國)에 있던 보현보살이 『법화경』 설법을 듣기 위해 자신의 권속과 함께 영산에 와서 석존에게 설법을 들은 뒤, 석존 멸도 후의 5백 년 동안 『법화경』의 가르침을 밝힐 것을 다짐했다는 내용이다. 其340 후절의 '기사굴산'은 영산의 이칭(異稱)이다.

지금까지, 『법화경』의 내용을 노래하고 있는 영산회 설법 단락에 대해 살펴보았다. 이 단락은 석존의 일불승 설법이 그 중심을 이루고 있고, 그 중에서도 일불승의 증명 내지 그 실례(實例)에 대한 내용이 강조되어 있으며, 일불승 설법 못지않게 보살들의 중생 구제에 관한 내용 또한 강조되어 있음을 알 수 있다. '일불승'은 석존이 이 세상에 출현한 본래의 목적이라는 점으로 인해 강조된 것이라 여겨지는데, '중생 구제' 또한 강조·제시 되어있다는 점은 〈월인천강지곡〉의 작자가 이것 역시 석존 출현의 목적으로 파악한 것이라 할 수 있다. 그리고 일불승은 누구나 성불할 수 있다는 의미이므로, 이 단락은 성불의 이유 및 방법에 관한 성불의 인연 단락에 앞서, '성불의 근거'라는 서사의미를 제시한다고 볼 수 있다.

결국, 영산회 설법 단락은 석존의 출현 목적이 누구나 성불할 수 있도록 해 주고, 또한 중생의 구제에 있음을 보여준다. 그리고 〈월인천강지곡〉 전체의 서사맥락에 있어서는, '성불의 근거'라는 다음 단락에 대한 전제의 기능을 담당한다고 정리할 수 있다.

5) 성불의 인연

전체 〈월인천강지곡〉의 약 1/3을 차지하고 있는 '성불의 인연' 단락은, 대체로 석존이 성불한 이유 및 방법에 관한 아래의 삽화들로 구성되어 있다.

[1] 마하가섭의 정법 전지 〈其341(1곡)〉
[2] 보은경 설법 〈其342~346(5곡)〉
[3] 사리불의 멸도 〈其347~348(2곡)〉
[4] 수대나 태자의 보시행 〈其349~405(57곡)〉

[5] 수사제 태자의 효양행 〈其406~411(6곡)〉
[6] 도리천 설법 및 염부제 귀환 〈其412~421(10곡)〉
[7] 인욕태자의 효양행 〈其422~429(8곡)〉
[8] 녹모부인의 공덕행 〈其430~444(15곡)〉
[9] 선우태자의 보시행 〈其445~494(50곡)〉
[10] 불법 전수에 관한 설법 〈其495~496(2곡)〉
[11] 대애도의 멸도 〈其497~499(3곡)〉
[12] 목련 구모 〈其500~519(20곡)〉

먼저, [1]의 삽화는 이른바 '염화미소(拈華微笑)'에 관한 이야기로, 석존이 영산회상(靈山會上)에서 제자인 마하가섭에게 정법(正法) 전지(傳持)의 임무를 맡겼다는 내용이다.

(62) 涅槃大會예 四衆을 뵈요리라 梵天의 고줄 자바 드르시니
金色頭陀ㅣ ㅎ오사 우서늘 正法眼藏을 맛됴려 ㅎ시니 〈其341〉

인용문의 '금색두타'는 마하가섭을 가리키고,[270] '정법안장'은 석존이 깨달은 진리를 의미한다. '열반대회'는 『월인석보』권20 및 저경에 '영산회'로 되어 있는데,[271] 앞 단락의 영산회와 구분하기 위해 저경과

---

[270] 『월인석보』권20 2ㄱ6~3ㄱ2의 협주에는 마하가섭이 금색두타란 이름을 갖게 된 이유에 관한 다음과 같은 이야기가 실려 있다. "金色頭陀는 大迦葉이라 摩訶迦葉이 녜 金비지 드외 옛더니 毗婆尸佛이 涅槃ㅎ신 後에 四衆이 塔 이르ᅀᆞᆸ더니 塔中엣 像ᄂᆞ칭 金色이 헐디 겨시거늘 그ᄢᅴ ᄒᆞᆫ 艱難ᄒᆞᆫ ᄯᆞ리 金구슬 가져 金비지게 가 부텻 ᄂᆞᆾ 꾸미ᅀᆞᆸ고라 請ᄒᆞ고 因ᄒᆞ야 둘히 發願호ᄃᆡ 願ᄒᆞᆫ 둔 우리둘히 姻업슨 夫妻 드외아지이다 ᄒᆞ니 이 因緣으로 九十一劫을 모미 다 金色이러니"
[271] 저경인 『불조통기』권5의 "梵王在靈山會上"(『대정신수대장경』제49권, p.170 상)과, 『월인석보』권20 1ㄴ3의 "大梵天王이 靈山會예 와"가 그것이다.

는 다른 어휘로 표현한 것이라 할 수 있다.

> (63) 阿難이 乞食거늘 梵志 구지드니 對答말을 모르니이다
> 　　　阿難이 묻ᄌᆞ바늘 世尊이 우스시니 報恩經을 니르시니이다 〈其342〉
>
> 　　　娑婆世界 平ᄒᆞ야 山川을 업게 ᄒᆞ샤 大衆을 보그 ᄒᆞ시니
> 　　　五趣衆生을 뵈샤 父母ㅅ 恩을 나토샤 大衆을 알의 ᄒᆞ시니 〈其344〉
>
> 　　　五趣ㅣ 如來ㅅ 父母ㅣ 실ᄊᆡ 菩提롤 일우시니 生生劫劫에 孝心이시니
> 　　　如來 五趣ㅅ 父母ㅣ 실ᄊᆡ 恩惠롤 펴시니 劫劫生生애 慈心이시니
> 　　　　　　　　　　　　　　　　　　　　　　　　　　〈其346〉

위의 (63)은 [2]보은경 설법 삽화의 일부를 인용한 것이다. 其342는 석존이 『보은경』을 설법하게 된 계기를 보여주는 도입부이고, 其344 전절은 인용하지 않은 其343과 함께 『보은경』 설법시의 상서에 관해 서술하고 있다. 其344 후절~346은 석존의 설법으로, 여래는 태어나고 죽는 동안 헤아릴 수 없이 많은 형상의 일체 중생에게 몸을 갖추어 태어났기 때문에 일체 중생이 여래의 부모이고, 여래 또한 일체 중생의 부모가 된다는 내용과, 석존이 오랜 세월 동안 고행·효도·보시 등을 통해 부모의 은혜를 갚았고, 그 결과 지금의 부처가 된 것이라는 내용으로 되어 있다.

其344 후절~346의 이러한 내용은 앞 절에서 이미 지적했듯이 이 단락을 구성하고 있는 삽화들의 서사내용 및 의미와 연결된다. 보시와 효도를 강조하고 있는 [3]~[12]의 삽화는 이 삽화, 그 중에서도 其346의 "生生劫劫에 孝心이시니"와 "劫劫生生애 慈心이시니"의 구체적인 실례로 볼 수 있기 때문이다. 그러므로 [2]보은경 설법 삽화는 '성불의 인연' 단락의 도입부 성격을 띤다고 할 수 있다.

(64) 如來 涅槃ᄒ시싫 둘 舍利弗이 아ᅀᆞᆸ고 虛空 中에 소라 주그니
　　　舍利弗의 滅度를 大衆이 슬커늘 慈悲力에 일워 뵈시니 〈其347〉

　　　過劫에 大光明王이 오ᄂᆞᆯ 如來시니 臣下 브리샤 布施ᄒ더시니
　　　그 ᄢᅴ 흔 大臣이 오ᄂᆞᆯ 舍利弗이니 님금 슬ᄊᆞᆸ바 몬져 주그니 〈其348〉

인용문 (64)는 사리불의 멸도에 관한 [3]의 삽화이다. 其347은 사리불이 석존의 열반을 보지 않으려고 먼저 멸도하였다는 사건과, 석존이 사리불의 멸도를 슬퍼하는 중생들을 위해 신통력으로 사리불을 만들어 그들에게 보여주었다는 사건을 서술하고 있다. 其348은 석존과 사리불의 전생담으로, 석존의 전신인 대광명왕이 바라문의 청으로 자신의 몸을 보시하려고 하자, 사리불의 전신인 대신(大臣)이 왕의 죽음을 볼 수가 없어 먼저 목숨을 끊었다는 내용이다.

　이 삽화의 중심 사건인 사리불의 멸도는 [2]보은경 설법 삽화와 관련이 없어 보인다. 그러나 인용문을 통해 〈월인천강지곡〉은 저경에서 강조하지 않은 其347 후절의 사건을 채택하고, '자비력' '보시'의 시어를 사용하여 이 삽화의 서사의미를 其346의 '자심(慈心)'과 연결시키고 있음을 알 수 있다. 그러므로 삽화 [3]은 앞의 삽화에 이어 '석존의 자심과 보시'라는 서사의미를 보여준다고 하겠다.

　다음으로, 본생담인 其349~405의 [4]수대나태자의 보시행은 가장 많은 곡수의 〈월인천강지곡〉으로 노래된 삽화이다. 이 삽화의 개요를 제시하면 아래와 같다.

① 아주 오랜 옛날 섭파국(葉波國)의 습파왕(濕波王)이 신령께 빌어 태자를 얻음. (其349)
② 태자가 성장하면서 부모님께 효도하고 보시하였으며, 결혼하여

아들 야리(耶利)와 딸 계나연(罽那延)을 낳음. (其350-351)
③ 적국의 요청으로 태자가 나라의 보물인 코끼리 수단연(須檀延)을 보시하자, 부왕이 태자에게 12년 동안 단특산(檀特山)에 있으라는 명령을 내림. (其352-355)
④ 태자 가족이 대궐을 떠나 단특산으로 가는 도중에 백성과 바라문들에게 보시함. (其356-361)
⑤ 태자 가족의 평화로운 산중 생활. (其362-368)
⑥ 구류국(鳩留國) 바라문의 요청으로 태자가 아들과 딸을 보시함. (其369-383)
⑦ 태자를 시험하려고 제석천이 바라문으로 변하여 태자비를 달라고 하자, 태자는 태자비를 보시하고, 제석천은 본래의 모습으로 돌아와 소원을 말하라고 함. (其384-387)
⑧ 구류국의 바라문이 태자의 두 아이를 팔러 섭파국의 시장에 갔는데, 장자가 태자의 아이들을 알아보고 습파왕에게 이 사실을 알림. (其388-390)
⑨ 태자의 두 아이가 대궐에 들어가 습파왕을 만나고, 대화를 통해 태자를 귀양보낸 습파왕을 힐책함. (其391-396)
⑩ 습파왕이 두 아이에게 태자의 안부를 물은 뒤, 사람을 보내 태자를 부르고, 태자의 보시를 허락함. (其397-400)
⑪ 수대나 태자·태자비·야리·계나연·습파왕·구류국 바라문 등이 각각 지금의 세존·야수·나운·나한(羅漢) 말리(末利)의 어머니·정반왕·제바달다 등이라는 등장인물의 소개. (其400-403)
⑫ 화자의 논평. (其404-405)

위의 개요에서 알 수 있듯이, 이 삽화는 석존의 전신인 수대나 태자의 보시행이 그 중심내용이라 할 수 있는데, 태자가 행한 보시의 구체적인 내용을 〈월인천강지곡〉에서 옮겨오면 다음과 같다.

(65) 妃子를 드리샤 보비로 비스더시니 오누의를 나ㅎ시니
　　 아바닚긔 請ㅎ샤 府庫를 여르시니 것바ᅀᅵ를 救ㅎ시니 〈其351〉

　　 怨讐ㅅ 나라히 듣고 太子ㅅ 仁慈를 아라 須檀延을 모디 求ㅎ더니
　　 太子ㅅ 仁慈ㅣ 기프샤 怨讐ㅅ 나라ᄒᆞᆯ 니자 須檀延을 넌즈시 주시니
　　 　　　　　　　　　　　　　　　　　　　　　　　　　　〈其352〉

(66) 大闕에 나싫 제 二萬夫人들히 明珠로 보내ᅀᆞᄫᆞ니
　　 셔울 나싫 제 四千大臣들히 寶華로 보내ᅀᆞᄫᆞ니 〈其356〉

　　 北門을 나샤 百姓을 주시니 百姓들히 셜버 말ㅎ더니
　　 즘게예 안ᄌᆞ샤 百姓을 여희시니 百姓들히 눖믈로 도라오니 〈其357〉

(67) 두 아길 드리샤 술위를 ᄐᆞ시고 ᄆᆞᆯ을 메여 긋이시니이다
　　 ᄒᆞᆫ 婆羅門을 보샤 ᄆᆞᆯ 請커늘 즉재 글어 주시니이다 〈其358〉

　　 두 아길 연ᄌᆞ시고 妃子는 미르시며 太子는 그ᅀᅳ더시니
　　 네 婆羅門을 보샤 술위를 주시며 寶衣를 바사 내시니 〈其359〉

(68) 두 아기 나갯거시늘 太子ㅣ 블러 니ᄅᆞ샤 布施 ᄠᅳ들 ᄀᆞ장 알외시니
　　 두 아기 듣ᄌᆞᄫᆞ시고 아바닚 겨틔 드라 셜본 ᄠᅳ들 ᄀᆞ장 ᄉᆞᆯᄫᆞ시니
　　 　　　　　　　　　　　　　　　　　　　　　　　　　　〈其372〉

　　 帝釋이 믹 바도리라 婆羅門이 ᄃᆞ외야 妃子를 주쇼셔 ᄒᆞ니
　　 太子ㅣ 고디 드르샤 妃子를 긋어내샤 婆羅門을 주어 보내시니
　　 　　　　　　　　　　　　　　　　　　　　　　　　　　〈其384〉

(65)는 태자가 부왕의 부고(府庫)를 열어 나라 안의 거지들을 구제했다는 사건과, 나라의 보물인 코끼리를 적국에 보시했다는 사건으로 되어 있다. 후자의 其352는 태자가 고난을 겪게 되는 계기로, 후절의 "太子ㅅ 仁慈ㅣ 기프샤"는 보시가 자심(慈心)에 바탕을 둔 것임을 보여주고 있다. 이를 통해, 삽화 [2]의 其346 후절에서 제시한 '자심'이 바로 '보시'를 가리키는 것임을 알 수 있다.

(66)은 왕의 부인과 대신들이 이별의 선물로 준 명주(明珠)와 보화(寶華)를 전송하러 나온 백성들에게 나누어주었다는 내용이고, (67)은 유배지인 단특산으로 가는 도중에 만난 5명의 바라문들에게 차례대로 말·수레와 태자·태자비·두 아이의 옷을 주었다는 내용이다. (68)의 경우는, 코끼리·명주·수레 등의 재물뿐만 아니라 자신의 두 아이와 아내까지 보시한 사건을 서술하고 있다. 이러한 태자의 보시행에 대해 〈월인천강지곡〉의 화자는 其404·405에서 다음과 같이 논평하고 있다.

(69) 나라히 쳔 뫼호ᄆᆞᆫ 百姓 爲ᄒᆞᄂᆞ니 쳔이 업스면 뉘 아니 分別ᄒᆞ리
　　　나라히 武備 닷고ᄆᆞᆫ 敵國 爲ᄒᆞᄂᆞ니 武備 늘의면 뉘 아니 分別ᄒᆞ리
　　　　　　　　　　　　　　　　　　　　　　　　〈其404〉

　　　象이 ᄠᅳᆯ 뒤 업서 怨讐ㅣ 절로 오니 그 낤 말이 긔 아니 넌가ᄫᆡ니
　　　布施 아니 마ᄅᆞ샤 正覺ᄋᆞᆯ 일우시니 그 낤 말이 내내 웃브리
　　　　　　　　　　　　　　　　　　　　　　　　〈其405〉

其404 전절은 (65)의 其351, 其404 후절~其405 전절은 其352의 사건에 대한 화자의 논평이고, 其405 후절은 (65)~(68) 전체에 대한 화자의 해석으로, 석존이 성불한 이유를 과거에 행한 '마르지 않은 보시' 때문으로 보고 있다. 이 삽화가 가장 많은 곡수로 노래되었다는 점을

고려하면, 〈월인천강지곡〉의 작자는 '보시'를 성불의 이유 내지는 방법의 핵심으로 파악하고 또한 중시했음을 알 수 있다. 보시에 관한 [9]의 삽화가 其445~494의 50곡으로 노래되어 있다는 점은 이러한 사실을 뒷받침한다.

삽화 [4]가 보시행에 관한 여러 본생담 가운데 『석보상절』에 채택되고 가장 많은 곡수의 〈월인천강지곡〉으로 노래된 이유는, 위에서 인용한 (65)~(68)에서 보여주고 있는 다양한 보시의 양상에 기인한 것이라 할 수 있다. 이 삽화만큼 내용의 흥미를 유지하면서도 보시의 다양한 양상을 보여주는 이야기는 드물기 때문이다.

그리고 (65)·(68)의 내용이 대승불교에서 보시의 이상으로 추구하고 있는 무주상보시(無住相布施)의 구체적인 실례로 볼 수 있다는 점 또한 이 삽화가 큰 비중으로 노래된 이유로 지적할 수 있다. 나라의 보물을 적국에게 줄뿐만 아니라, 자신의 처자까지 바라문에게 준 태자의 행동은 대승경전, 특히 『금강경』의 "보살은 사물에 머물러서 보시를 행해서는 안되며, 그 어디에도 머물러서 보시를 행해서는 안 된다"272)는 무주상보시에 다름 아니기 때문이다.273) 결국, [4]수대나 태자의 보시행은 이야기 자체의 흥미성과 보시의 다양한 모습, 그리고 보시의

---

272) "菩薩於法, 應無所住, 行於布施." 구마라집 역, 『금강경』 묘행무주분(妙行無住分) 제4.(『대정신수대장경』 제8권, p.749상)
273) 이종석(같은 논문, pp.150~151)은 이 삽화와 마찬가지로 보시에 관한 내용을 서술하고 있는 其422~429의 '인욕태자의 효양행'을 분석하면서, "보시와 효도도 결국은 불교계 내에서 권장될 덕목인 것은 확실하고, 보시는 특히 육바라밀에 속하는 것이 사실이기는 하지만, 일반적인 대승불교의 수준 높은 발전과 병행하여 요구되는 깨달음을 위한 수준이 되기에는 부족하다고 할 수밖에 없을 것이다. …(중략)… 불교가 대중화된 만큼 불교의 이해 수준의 저하를 반증하는 것"이라고 하였다. 이러한 이종석의 견해는 명백한 오류로, 『금강경』은 본문에 인용한 구절 외에도 여러 곳에서 깨달음을 얻기 위한 방법으로 무주상보시를 역설하고 있다.

참모습을 보여준다는 점으로 인해 〈월인천강지곡〉에서 큰 비중을 차지하게 된 것이라 할 수 있다.

(70) 過劫에 羅閣王이 아들님낼 보내샤 세 나라해 님금 사모시니
그 ᄢᅴ 羅睺大臣이 님금 업스시긔 ᄒᆞ야 두 아들을 조쳐 주기니
〈其406〉

열나ᄋᆞᆾ 길헤 닐웻 糧食ᄲᅮ닐씨 아바님이 方便이러시니
ᄒᆞᆫ 分이 주그샤미 三分 두고 나ᅀᆞᆯ씨 아들님이 孝道ᄒᆞ시니 〈其408〉

精進이 勇猛ᄒᆞ샤 成道ㅣ ᄲᆞᄅᆞ싫 ᄃᆞᆯ 天帝釋의 讚歎이ᅀᆞᆸ니
父母님 사ᄅᆞᅀᆞᄫᅡ 나라해 도라오샤ᄆᆞᆫ 아들닚 福德이시니 〈其410〉

[5]수사제 태자의 효양행 삽화는 앞의 삽화와 마찬가지로 석존의 성불 인연에 관한 본생담이다. 그렇지만 여기에서는 성불의 이유로 보시가 아닌 효도가 제시되어 있다. 이 삽화는 석존의 전신인 수사제가 굶주린 부모를 위해 자신의 살을 베어 공양했다는 내용으로, 저경에는 '효도'라는 표현이 없지만, 인용문에서 보듯 其408 후절은 "아들님이 孝道ᄒᆞ시니"로 되어 있다. 그리고 이 노랫말로 인해, 其410 전절의 "精進이 勇猛ᄒᆞ샤 成道ㅣ ᄲᆞᄅᆞ싫 ᄃᆞᆯ"에서 '정진'은 효도로 읽히게 된다. 곧 〈월인천강지곡〉의 작자는 其346 전절의 '효심'과 연결시키려는 의도에서 '효도'라는 시어를 사용하였고, 그 결과 이 삽화는 '효도를 통한 석존의 성불'이라는 서사의미를 드러낸다고 하겠다.

[6]도리천 설법 및 염부제 귀환은 본생담이 아닌 현생담으로, 도리천 설법과 염부제 귀환의 두 부분으로 나눌 수 있는데, 도리천 설법은 도리천위모 설법(其412-414)과 지장경 설법(其415-417) 삽화로 구성되

어 있다. 석존의 염부제 귀환은 불상 조성(其418전절) → 석존의 염부제 귀환(其418후절-420) → 금상의 불사 부촉(其421)이라는 사건 전개를 보인다.

(71) 帝釋이 世尊끠 請ᄒᆞᅀᆞᄫᆞ디 忉利天에 가 어마님 보쇼셔
 文殊ㅣ 摩耶끠 請ᄒᆞᅀᆞᄫᆞ샤디 歡喜園에 가 아ᄃᆞ님 보쇼셔 〈其412〉

 처ᅀᅥᆷ ᄇᆞ라ᅀᆞᄫᅡ 涅槃을 듣ᄌᆞᄫᆞ시고 煩惱를 여희시니
 다시 說法ᄒᆞ신대 須陀洹을 得ᄒᆞ시고 눖믈로 여희시니 〈其414〉

(72) 諸佛菩薩 天龍이 忉利天에 몯거시ᄂᆞᆯ 法王子ㅣ 數 모ᄅᆞ시니
 過劫 當世 未來예 地藏이 救ᄒᆞ싫 둘 世尊이 닐어 들이시니 〈其415〉

 如來 地藏ᄉᆞ긔 如來ㅅ 功德 니ᄅᆞ샤 後世衆生ᄋᆞᆯ 付囑ᄒᆞ시니
 地藏이 如來ㅅ긔 ᄌᆞ갓 功德 ᄉᆞᆯᄫᆞ샤 後世衆生ᄋᆞᆯ 救호려 ᄒᆞ시니
 〈其417〉

(73) 金像이 禮拜커시ᄂᆞᆯ 世尊이 合掌ᄒᆞ신대 百千化佛이 ᄯᅩ 合掌ᄒᆞ시니
 金像이 佛事ᄒᆞ싫둘 世尊이 讚歎ᄒᆞ신대 百千化佛이 ᄯᅩ 讚歎ᄒᆞ시니
 〈其421〉

인용문 (71)은 도리천위모설법, (72)는 지장경 설법 삽화의 일부를 옮긴 것이다. (71)은 석존이 제석의 청으로 도리천에 가서 어머니인 마야부인에게 설법하여 번뇌를 여의고 수다원을 얻게 하였다는 사건이다. (72)는 도리천이 주처(住處)인 지장보살에게 석존이 설법을 하고 후세의 중생 제도를 부촉하였다는 내용이다. 其415의 '법왕자'는 문수보살의 이칭(異稱)이다.

(71)의 삽화는 효도라는 시어가 없지만, 어머니를 위해 도리천에 가

고, 또한 어머니로 하여금 깨달음을 얻게 하였다는 점에서 석존의 보은 내지는 효도를 보여준다고 할 수 있다. (72)는 (71)과 전혀 별개의 사건이고, 어머니에게 설법한 사건과 지장경 설법을 한 사건의 선후 관계도 분명하지 않지만, 도리천이라는 같은 공간으로 인해 (71) 뒤에 배열된 것이라 여겨진다. (73)의 경우는, 석존이 금불상에게 후세의 불사(佛事)를 부촉한 사건으로, 其421의 '금상'은 其418 전절에서 서술된 파사익왕이 만든 불상을 가리킨다.

(74) 寶塔이 소스시니 七寶ㅣ ス더시니 彌勒이 묻ᄌᆞᄫᆞ시니
　　　寶塔 因緣을 衆心이 疑心터니 世尊이 니르시니　　　〈其424〉

　　　阿僧祗 前劫에 波羅㮈王이 太子를 求ᄒᆞ더시니
　　　열두햇 만애 第一夫人이 太子를 나ᄊᆞᄫᆞ시니　　　〈其425〉

　　　아바님 病 重ᄒᆞ샤 藥을 몯 ᄒᆞᅀᆞ거늘 목숨 ᄇᆞ려 救ᄒᆞᅀᆞᄫᆞ시니
　　　아바님 슳ᄒᆞ샤 檀香ᄋᆞ로 ᄉᆞᅀᆞᄫᅡ 寶塔 일어 供養ᄒᆞ시니　〈其427〉

　　　前劫에 布施 즐겨 父母 孝道ᄒᆞ실ᄊᆡ 菩提를 일우시니
　　　이 싸해 寶塔 셰야 太子 供養이실ᄊᆡ 世尊ㅅ긔 소사 뵈ᅀᆞᄫᆞ니
　　　　　　　　　　　　　　　　　　　　　　　　　　〈其429〉

[7]인욕태자의 효양행 삽화는 [4]·[5]의 삽화와 같은 본생담이다. 성불의 이유로 각각 보시와 효도를 제시하고 있는 이들 삽화와 달리, 삽화 [7]은 보시와 효도를 함께 제시하고 있다. 인욕태자가 자신의 골수와 눈동자로 아버지의 중병(重病)을 고쳤다는 내용의 이 삽화는, 부모를 위해 자신의 몸을 바친 삽화 [5]와 유사하다. 그런데 이러한 유사한 행동을 [5]는 '효도'로, 이 삽화는 其429 전절을 통해 '보시와 효도'로

표현하고 있는 것이다.274) 그리하여 [2]~[7]의 서사의미는 다음과 같은 전개 양상을 보인다. 곧 '효도와 보시[2] → 보시[3] → 보시[4] → 효도[5] → 효도[6] → 효도와 보시[7]'가 그것이다. 이와 같은 서사의미의 전개 양상은 보시와 효도가 모두 성불의 이유 및 방법임을 보여주고자 한 〈월인천강지곡〉 작자의 의도에 기인한 것이라 할 수 있다.

[9]선우태자의 보시행은 앞에서 살펴본 [4]의 삽화와 같은 보시행에 관한 본생담이다. 삽화 [4]와 마찬가지로 이 삽화의 개요를 제시하면 아래와 같다.

① 석존이 광명을 비추어 지옥에 있는 제바달다를 아프지 않게 하고, 전세에도 제바달다를 구했음을 대중에게 말함. (其445-446)
② 아주 오랜 옛날 바라내왕(波羅㮈王)의 제1·제2 부인이 각각 선우와 악우를 낳았는데, 어려서부터 선우는 인자하여 보시하기를 즐기고, 악우는 악독하여 항상 형인 선우를 해치려고 함. (其447-450)
③ 선우가 나라 안을 노닐다가 중생의 괴로움을 보고 나라 재물의 2/3를 보시함. (其451-455)
④ 선우와 악우가 중생을 구할 보주(寶珠)를 얻기 위해 배를 타고 길을 떠남. (其456-459)
⑤ 선우가 온갖 어려움 끝에 용궁에서 보주를 얻음. (其460-463)
⑥ 악우가 자고 있는 선우의 눈을 찌르고 보주를 빼앗아 본국으로 돌아감. (其464-470)

---

274) 其429 전절의 대본인 『석보상절』 권11의 22ㄴ2~22ㄴ7은 "菩薩이 無量阿僧祇劫에 父母 孝養ㅎᄉᆞ보디 오시며 차바니며 지비며 니블 쇼히며 모맷 骨髓 니르리 뻐 호미 이러ᄒᆞ니 이러 혼 因緣으로 成佛ᄒᆞ매 니르로니"라고 되어 있다.

⑦ 선우가 이사발국(利師跋國)으로 가서 걸식하다가, 유승(留承)의 집에 머무름. (其471-476)
⑧ 선우가 유승의 집에서 나와 동산에서 유승이 만들어준 명쟁(鳴箏)을 연주하다가 이사발국의 공주를 만나고 결혼까지 함. (其477-481)
⑨ 선우의 멀었던 두 눈이 다시 밝아지고, 이사발국왕이 선우가 바라내국의 태자임을 알게 됨. (其482-484)
⑩ 선우가 본국에서 길렀던 기러기로 인해, 선우의 부모가 소식을 알게 됨. (其485-488)
⑪ 선우가 본국으로 돌아와 악우에게서 보주를 찾음. (其489-490)
⑫ 보주의 위덕. (其491-493)
⑬ 선우·국왕·왕비·악우가 각각 지금의 석존·정반왕·마야부인·제바달다라는 등장인물의 소개. (其494)

이 삽화는 본생담이기는 하지만 앞의 [4]·[5]·[7]과는 달리, 석존의 성불 인연과 직접적인 관련이 없다. 이러한 사실은 위의 사건 개요를 통해 알 수 있다. 또한 도입부인 其446 후절의 "前世예 모딜어늘 즈걔 救터신 돌 세존이 니르시니"는, 석존이 지금뿐만 아니라 과거에도 제바달다를 구제한 예화(例話)로서 ②~⑫를 설한 것임을 보여주고 있다. 그리고 〈월인천강지곡〉의 구체적인 내용에 있어서도 '성불'이라는 시어 및 이를 의미하는 화자의 논평은 보이지 않는다.

그렇지만 도입부에서 제시하고 있는 제바달다의 구제 또한 저경 및 〈월인천강지곡〉에서는 강조되어 있지 않다. 이와 관련된 〈월인천강지곡〉은 其490의 1곡뿐이고, 그 내용도 "악우를 보시니 쇠줄 갈 메옛더니 쇠줄 갈홀 고대 그르시니/ 惡友를 안ᄋᆞ샤 寶珠를 무르시니 寶珠를 다시 어드시니"로 되어 있어, 악우의 구제보다는 오히려 보주를 다시 얻은 사건에 서술의 중심이 있는 것이다. 이렇게 볼 때, 삽화 [9]에서 강조되어 있는 '보시'는 앞 삽화들에 이어 성불의 이유로 제시된 것이라 할 수 있을 것이다.

(75) 善友ㅣ 노니샤 衆生苦를 보시고 눉믈을 흘리시니
아바님 무러시눌 衆生苦 솔ᄫ시고 布施를 請ᄒ시니 〈其451〉

나랏 쳔 三分에 두 分을 쓰샤ᄃᆡ 布施를 낟비 너기시니
大臣이 세 말애 ᄒᆞᆫ 말을 드르샤 寶珠를 어두려 ᄒ시니 〈其455〉

(76) 沐浴 ᄀᆞᄆᆞ샤 옷 ᄀᆞ라 니브샤 寶珠에 盟誓ᄒ샤ᄃᆡ
衆生을 爲ᄒ야 受苦를 ᄎᆞ마 寶珠를 求ᄒ다이다 〈其491〉

東녁 大風애 虛空이 조ᄒ야 구룸이 곧 업스니
閻浮提 天下애 더러본 것 업거늘 비온 ᄲᅳᆯ이 무루피 티니 〈其492〉

옷과 구슬와 보쇠와 곳과 金銀 七寶ㅣ 다 오니이다
이를ᄊᆞ 나타 風流 니르리 오니 寶珠ㅅ 威德이 긔 엇더ᄒ니 〈其493〉

(75)는 사건 개요에서 제시한 ③의 일부로, 선우가 보주를 구하러 길을 떠나게 된 계기를 보여주고 있다. 곧 선우는 백성들의 괴로운 삶의 현장을 목격한 뒤 국왕의 재물을 2/3나 보시했지만, 백성들의 생활이 크게 나아질 기미를 보이지 않으므로, 무궁무진한 보시가 가능한 보주를 구할 결심을 하게 된 것이다. (76)은 보주의 위덕(威德)을 서술하고 있는데, 其491은 선우가 목욕재계하고 보주 앞에서 서원한 사건이고, 其492·493은 보주의 위덕으로 쌀·옷·꽃·칠보·음악 등이 하늘에서 비 내리듯 쏟아졌다는 내용이다.

이 (75)와 (76)을 통해, [9]의 삽화가 50곡이나 되는 〈월인천강지곡〉
으로 노래된 이유를 짐작할 수 있다. 그 이유는 백성 및 국가의 가난과
관련된 내용에 기인한 것으로 추정된다. 고난 및 갈등의 계기가 '중생
고(衆生苦)'로 표현된 백성의 가난이고, 갈등이 해결되는 보주의 위덕
이 가난의 해결에 집중하고 있다는 점은, 위정자로서의 〈월인천강지
곡〉 작자의 관심을 끌 수밖에 없었을 것이기 때문이다. 이 외에, 이야
기 자체의 흥미성이 또 다른 이유가 되었을 것임은 물론이다. 특히 이
삽화가 후대에 소설화되어 널리 유통되었다는 점은 이러한 추정을 뒷
받침한다.

(77) 彌勒菩薩와 賢劫菩薩이 正法을 맛드라 ᄒᆞ시니
　　 十六羅漢과 百億羅漢이 佛法을 디니라 ᄒᆞ시니　　　〈其495〉

　　 人生이 十歲어든 暫間ㅅ 더들습고 百歲어든 敎化를 行ᄒᆞ리
　　 人生이 六萬歲어든 空中에 涅槃ᄒᆞ고 八萬歲어든 彌勒이 ᄂᆞ리시리
　　　　　　　　　　　　　　　　　　　　　　　　　　　〈其496〉

(78) 涅槃이 갓갑거시늘 大愛道ㅣ 시름ᄒᆞ샤 滅度를 願ᄒᆞ더시니
　　 神通으로 아라시늘 大愛道ㅣ 請ᄒᆞ신대 滅度를 許ᄒᆞ시니 〈其497〉

　　 帝釋이 말이ᄉᆞᆸ거늘 恩惠를 가포리라 平床 드르샤 ᄂᆞ라 가시니
　　 겨지비 더럽건마ᄅᆞᆫ 修行이 이다 ᄒᆞ샤 舍利 바ᄃᆞ샤 讚歎ᄒᆞ시니
　　　　　　　　　　　　　　　　　　　　　　　　　　　〈其499〉

인용문 (77)은 [10]불법 전수에 관한 설법을 옮긴 것이고, (78)은
[11]대애도 멸도 삽화의 일부이다. (77)의 其495는 석존이 미륵보살과
현겁의 보살들에게 정법을 맡기고, 16명의 나한과 백억의 나한들에게

불법을 전지(傳持)하게 했다는 사건이다. 其496은 16명의 나한이 사람의 평균 수명이 100세가 될 때 교화를 행하고 6만세가 될 때 멸도할 것이며, 8만 세가 될 때 미륵불이 내려올 것이라는 내용으로 되어 있다.

대애도의 멸도에 관한 [11]의 삽화는, 석존의 계모인 대애도가 석존이 머지않아 열반할 것을 알고 자신의 멸도를 석존에게 청했다는 其497과, 대애도와 5백 명의 비구니가 공중에서 신통력을 보인 뒤 동시에 멸도했다는 其498, 그리고 대애도의 다비를 서술하고 있는 其499의 3곡으로 되어 있다. 이들 노래 중, 석존이 은혜를 갚기 위해 손수 대애도의 시신이 놓인 평상을 들고 화장할 장소로 날아갔다는 其499의 전절은, 이 삽화의 서사의미가 석존의 보은 내지는 효도임을 알 수 있게 한다.

[12]목련 구모 삽화는 석존의 제자인 목련이 석존의 도움을 받아 어머니를 지옥에서 구한 내용이다. 구체적으로, 이 삽화는 '나복이 집을 떠나 장사하러 감(其500-502) → 나복의 어머니가 삼보를 업신여긴 죄로 아비지옥에 떨어짐(其503-508) → 나복이 출가하여 목련으로 개명함(其509-510) → 목련이 천궁(天宮)에서 어머니를 찾지 못함(其511-512) → 목련이 아비지옥에서 어머니를 만남(其513-515) → 석존의 도움으로 목련의 어머니가 지옥에서 벗어나 도리천에 태어남(其516-519)'이라는 서사내용의 전개 양상을 보인다.

앞에서 이미 언급했듯이 이 목련이야기는 불교 신자뿐만 아니라 일반 대중들에게도 널리 알려져 있는데, 그 이유는 무엇보다 이 삽화에서 비중 있게 다뤄지고 있는 지옥의 참상에 대한 치밀한 묘사 때문이라 할 수 있다.[275] 그런데 〈월인천강지곡〉에서는 지옥에 관한 묘사가

---

275) 『월인석보』 권23 78ㄴ2~81ㄴ2의 "目連이 그 말 듣줍고 싸해 업더디여 우다가 니러 地獄애 가 도녀 보더니 …(중략)… 이눈 南閻浮提예셔 즁싱이 骨髓 즐겨 먹던

1곡도 노래되지 않았다.276) 대신 아래의 인용문에서 보듯, 석존의 활약이 저경에 비해 강조되어 있다.

(79) 目連이 슬허 우러 여슷 地獄애 가 보아 어미를 몯 어더니
    獄이 하 重홀씨 阿鼻地獄올 몯 여라 世尊ㅅ긔 도라 오ᅀᆞᄫᆞ니
    〈其514〉

    世尊ㅅ 袈裟 닙고 世尊ㅅ 바리 바다 가 世尊ㅅ 錫杖올 세 번 후ᄂᆞ니
    獄門이 절로 열오 獄主ㅣ 恭敬ᄒᆞ야 獄主ㅣ 어밀 내야 뵈니 〈其515〉

    世尊이 救호리라 空中에 소ᄉᆞ샤 光明이 地獄을 비취시니
    閻羅王이 보ᅀᆞᄫᅡ 獄門올 여니 罪人이 하ᄂᆞᆯ해 나니   〈其516〉

    어미롤 드려와 世尊ㅅ긔 뵈ᅀᆞᄫᅡ 五百戒롤 듣ᄌᆞᄫᆞ니이다
    天母ㅣ ᄂᆞ려와 마자 忉利天에 가 快樂올 누리니이다   〈其519〉

其514에서 목련은 어머니가 있는 아비지옥의 문을 열지 못하여 석존에게 도움을 요청하고 있으며, 其515는 목련이 석존의 가사·바리·석장을 가지고 가서야 지옥에서 어머니를 만날 수 있었다는 내용이다. 목련이 어머니를 만나기는 했지만 구할 수 없게 되자, 其516에서 석존은 직접 목련의 어머니를 구하기 위해 광명을 지옥에 비추고 있다. 그

사ᄅᆞ미니 이제 내 소내 와 受苦ᄒᆞᄂᆞ니이다"가 이에 해당한다.
276) 다만, 其514 전절의 "目連이 슬허 우러 여슷 地獄애 가 보아"는 여섯 지옥에 대한 묘사인 『월인석보』 권23의 78ㄴ2~81ㄴ2를 축약하여 표현한 것이다. 한편, 지옥의 내용이 〈월인천강지곡〉에서 노래되지 않은 이유에 대해 김승우(앞의 논문, p.116)는, 〈월인천강지곡〉이 일차적으로 소헌왕후의 추도를 목적으로 제작되었다는 사실과 관련이 있는 것으로 보았다. 곧 "일차적으로 비(妃)의 죽음을 추도하기 위한 목적으로 지어진 작품에서 장황하게 지옥의 형상이 묘사된다는 것은 오히려 어색한 일이다"라고 하였다.

리고 其519는 석존이 5백계를 설하여 목련의 어머니를 도리천에 태어나게 하였음을 서술하고 있다.

물론 이상의 내용은 저경에 있는 것이다. 그러나 지옥에 대한 묘사는 생략하면서도 석존의 활약상을 충실하게 서술하고 있다는 점은, 〈월인천강지곡〉의 작자가 (79)의 내용을 강조한 것이라 할 수 있다. 그리고 이러한 강조는 其346의 후절에서 제시한 '석존의 자심(慈心)'을 부각시키기 위한 의도로 보인다. 곧 이 삽화는 효도 외에도 '자심'이라는 서사의미를 드러내고 있다고 하겠다.

이상, '성불의 인연' 단락을 구성하고 있는 삽화들에 대해 살펴보았는데, 이들 중 석존의 성불 인연을 직접적으로 보여주는 삽화는 [2]·[4]·[5]·[7]의 네 삽화뿐이다. 그러나 이들 삽화의 서사의미로 제시되어 있는 '보시'와 '효도'는, 여타의 삽화들에도 해당된다. 곧 이 단락은 '효도와 보시[2] → 보시[3]·[4] → 효도[5]·[6] → 효도와 보시[7] → 효도[8] → 보시[9] → 효도[11]·[12]'라는 서사의미의 전개 양상을 보이고 있는 것이다. 그리고 정법 전지에 관한 [1]·[10]과, 중생 제도 및 불사의 부촉에 관한 [6]의 其417·421이 일정한 간격을 두고 반복되어 나타나 있는 점은, 이 단락에서 제시하고 있는 보시와 효도가 성불의 이유 및 방법뿐만 아니라, 석존이 전수(傳授)하고 부촉한 정법의 내용임을 암시하고 있는 것이라 여겨진다. 곧 〈월인천강지곡〉의 작자는 불법(佛法)의 핵심을 보시와 효도로 파악한 것이라 할 수 있다.

6) 열반과 불교의 홍포

〈월인천강지곡〉의 마지막 서사단락인 '열반과 불교의 홍포'는 이미 앞에서 여러 차례 언급했듯이, 현재 其520~524와 其577~581의 10곡만이 전한다. 그렇지만 본서 제3장 2절의 '부전 〈월인천강지곡〉의 내용 및 저경 추정' 결과를 통해, 이 단락은 아래와 같은 4개의 하위 단락으로 나누어짐을 알 수 있다.

    [1] 석존의 열반 〈其520~524〉
    [2] 석존의 다비
    [3] 균분사리 및 사리탑 조성
    [4] 불교의 홍포 〈其577~581〉

여기에서는 논의의 편의상, 현전 〈월인천강지곡〉에 대해 먼저 살펴본 뒤, 부전 〈월인천강지곡〉은 중심 내용을 위주로 일괄해서 다루기로 하겠다.

[1]석존의 열반 단락은 ①열반 예고(其520-522) ②열반경 설법(其523-524) ③일체 중생과 순타의 최후 공양 ④임종유교 ⑤열반과 일체 대중의 반응 등의 삽화들로 구성되어 있다.

(80) 녯날애 波旬이 涅槃을 請ᄒᆞᅀᆞ바늘 外道ㅣ 몯 降ᄒᆞ얫다 ᄒᆞ시니
    後ㅅ날애 波旬이 涅槃을 請ᄒᆞᅀᆞ바늘 석들을 기드리라 ᄒᆞ시니
                                           〈其520〉

    싸히 드러쳐 阿難이 놀라니 阿難이 請을 아니 드르시니
    香塔애 가샤 比丘를 뫼호시니 比丘 우루믈 말라 ᄒᆞ시니 〈其521〉

    正法이 流布ᄒᆞ야 北方애 오라실씨 平床座를 北首ᄒᆞ라 ᄒᆞ시니
    <u>人生이 뎌ᄅᆞ되 佛性은 오라릴씨</u> 跋提河애 滅度호려 ᄒᆞ시니
                                             〈其522〉

(81) 衆生을 爲ᄒᆞ샤 큰소릴 내샤 色界天에 니르시니
　　　衆生을 조ᄎᆞ실씨 큰소릴 아ᅀᆞ바 大涅槃經을 듣ᄌᆞᄫᆞ니　〈其523〉

　　　娑羅雙樹에 光明을 펴샤 大千世界 볼ᄀᆞ니이다
　　　六趣衆生이 光明을 맞나ᅀᆞ바 惡趣와 煩惱ㅣ 업스니이다　〈其524〉

　인용문 (80)은 ①열반 예고, (81)은 ②열반경 설법 삽화를 옮긴 것이다. 열반 예고 삽화는 '마왕이 석존의 열반을 청함(其520) → 열반 소식에 대한 비구들의 반응(其521) → 석존이 열반 장소를 말함(其522)'이라는 사건 전개 양상을 보인다. 여기에서, 其522 후절의 "人生이 쟐로ᄃᆡ 佛性은 오라릴씨"는 주목을 요하는데, 이 표현은 저경인『석가보』석가쌍수반열반기 제27에 없는 표현이기 때문이다.
　앞 장에서 인용한 바 있듯이 저경에는 "유위(有爲)의 법은 영원하지 못하여 반드시 닳아 없어지는 것이니 …(중략)… 지금의 나는 위없는 정각(正覺)을 이루었으므로 다시 성명(性命)을 버리고 몸을 여기에 두는 것이니"[277]라고 되어 있다. 곧 其522 후절의 "人生이 쟐로ᄃᆡ 佛性은 오라릴씨"는 〈월인천강지곡〉 작자의 의도적인 표현으로, 이를 통해 이 삽화의 서사의미가 '불성(佛性)의 상주(常住)'임을 보여주는 것이라 할 수 있다. 불성과 법신(法身)은 같은 의미라는 점에서, 이 삽화는 [2]·[3] 단락의 관련『석보상절』및 저경의 여러 곳에서 볼 수 있는 '법신의 상주'와도 연결된다고 하겠다.
　(81)은 열반경 설법의 도입부로, 석존이 중생의 부류에 따라 각기 다른 목소리로 열반경을 설법했다는 내용과, 석존이 사라쌍수에 광명을 놓아 대천세계와 육취(六趣)의 중생을 비추니, 대천세계에 악취(惡趣)

---

277) "有法無常要歸磨滅…(中略)…今我成無上正覺, 復捨性命厝身於此."(『대정신수대장경』제50권, p.71상)

가 없어지고 육취 중생의 번뇌가 없어졌다는 내용이다. 其524 뒤에 열반경 설법의 구체적인 내용에 관한 몇 곡의 〈월인천강지곡〉이 있을 것으로 보이지만, 현재의 상태에서는 확실하지 않다. 다만, 저경인 『석가보』 제27에는 ③일체 중생과 순타의 최후 공양 삽화 뒤에 "모든 중생들은 다 불성이 있다(諸衆生皆有佛性)"라는 석존의 언급이 반복되는, 『열반경』의 설법 내용이 실려 있다는 사실을 지적할 수 있을 뿐이다.278) 만약 이 내용이 其524 이후의 〈월인천강지곡〉으로 노래되었다면, 이 삽화의 서사의미 역시 '불성의 상주'라고 할 수 있을 것이다.

(82) 王舍城 김ᄀ새 闍耶이 精誠이 흔 우훔 供養이러니
    閻浮提 天下애 阿育王 功業이 八萬四千 寶塔이러니   〈其577〉

    優波麴多尊者ㅣ 벌에 주긂가 ᄒᆞ야 萬八千 羅漢ᄋᆞᆯ 더브러 오니
    賓頭盧尊者ㅣ 그려기ᄀᆞ티 ᄂᆞ라 無量數 羅漢ᄋᆞᆯ 더브러 오니
                                            〈其578〉

    몰애로 布施홀씨 容貌ㅣ 구즌 둘 優波麴多ㅣ 니ᄅᆞ니이다
    뫼ᄒᆞᆯ 드러 가니 涅槃 말라 ᄒᆞ샨 둘 賓頭盧ㅣ 니ᄅᆞ니이다 〈其579〉

    梵志 모디러 네 ᄂᆞ치 ᄃᆞ외어늘 端正이 드러 기니
    겨지비 모디러 두 눈을 쎄혀아늘 鬼神이 도로 븥기니   〈其580〉

    薄拘羅ㅣ 말 업더니 淸白ᄋᆞᆯ 나토아 ᄒᆞ낱 돈ᄋᆞᆯ 아니 바ᄃᆞ니
    阿育王 發願이 커 閻浮提ᄅᆞᆯ 내야 億百千金을 ᄌᆞ라게 ᄒᆞ니 〈其581〉

---

278) 참고로, 그 부분을 옮겨오면 다음과 같다. "爾時世尊大悲熏心, 知諸衆生各各所念, 將欲隨順畢竟利益, 卽從臥起結跏趺坐…(中略)…當知如來, 亦不畢定入於涅槃, 何以故, 如來常住不變易故."(『대정신수대장경』 제50권, pp.71중~72상)

[4]불교의 弘布 단락은 ①삼장(三藏) 결집 ②가섭과 아난의 멸도 ③ 아육왕의 불법 홍포에 관한 삽화들로 이루어져 있는데, 위에서 인용한 삽화 ③은 다음과 같은 사건 전개 양상을 보인다. 곧 ㉠아육왕의 8만 4천탑 조성(其577) → ㉡아육왕과 우바국다·빈두로 존자의 대화(其578-579) → ㉢사미 단정(端正)의 범지 교화(其580전절) → ㉣태자 법익의 눈이 다시 밝아짐(其580후절) → ㉤박구라의 청빈함(其581전절) → ㉥아육왕의 염부제 보시(其581후절)가 그것이다. ③의 삽화는 해당 『석보상절』권24의 내용을 축약하여 서술한 것이고,279) 사건의 배열에 있어서도 ㉠과 ㉥만 일치하고 있을 뿐, 그 외의 사건들은 『석보상절』의 배열순서와 다르다.

사건의 구체적인 내용 역시 위의 (82)에서 확인할 수 있듯이, 서사내용의 인과관계를 파악하기가 어렵다. 다만 其578·579와, 其580·581의 각 절은 그 중심 모티프가 유사함을 알 수 있다. 其578·其579는 '존자', 其580은 '범지'와 '계집'이라는 악인, 그리고 其581은 '보시'라는 모티프에서 일치하고 있는 것이다. 곧 이들 노래는 별개의 사건임에도 불구하고 모티프의 유사성으로 인해 하나의 곡으로 묶인 것이라 할 수 있다. 그리하여 其577~581은 여타의 〈월인천강지곡〉과는 달리 단편적인 사건의 나열에 불과하고, 그 서사의미 역시 쉽게 파악되지 않는다고 하겠다.

끝으로, 현재 전하지 않는 노래인 [2]석존의 다비와 [3]균분사리 및 사리탑 조성 단락에 대해 간략하게나마 살펴보도록 하겠다. [2] 단락은 석존의 입관(入棺) → 불모산화(佛母散花) → 석존의 다비라는 내용

---

279) 예를 들어 其578~579의 ㉡는, 『석보상절』권24 32ㄴ6~41ㄱ5의 '석존 설법처의 묘탑 건립과 대제자의 사리탑 공양'과 41ㄱ5~48ㄴ7의 '보리수와 승중 공양'에 해당한다. 그리고 ㉢과 ㉣은 각각 13ㄱ4~23ㄱ7과 48ㄴ8~52ㄴ8에 해당한다.

전개를 보이고, [3] 단락은 석존 사리의 구시성(拘尸城) 안치와 제왕·제천·용왕의 균분사리(均分舍利)에 관한 삽화로 구성되어 있다.

(83) 그 쁴 世尊이 神力으로 棺ㅅ 둡게를 열티게 ᄒ시고 合掌ᄒ야 니러 안ᄌ시니 터럭 구무마다 一千光明을 펴시고 光明마다 一千化佛이 現ᄒ샤 다 合掌ᄒ야 摩耶의로 向ᄒ야 ᄉᆞᆯᄫᆞ샤ᄃᆡ …(중략)… 諸佛이 비록 滅度ᄒ야도 法僧寶ㅣ 샹녜 잇ᄂᆞ니 願ᄒᆞᆫᄃᆞᆫ 어마니미 시름 마ᄅᆞ시고 無上行ᄋᆞᆯ 슬펴 보쇼셔 ᄒ시니라　　　　　　　　〈釋詳 23:28ㄴ5~30ㄱ4〉

(84) 祐律師ㅣ 닐오ᄃᆡ 부톄 本來 至極寂靜ᄒᆞᆫ 그에 住ᄒ샤 ᄒᆞᆫ 일도 업거신 마ᄅᆞᆫ 世間ᄋᆞᆯ 조ᄎᆞ샤 世間애 나아 뵈시ᄂᆞ니 衆生이 처ᅀᅥᆷ 乃終을 보ᅀᆞᄫᆞᆯᄊᆡ 뎡 法身은 나며 드르샤미 업스시니라 그럴ᄊᆡ 거즛말로 둥 알패라 ᄒᆞ샤ᄃᆡ 뵈야ᄒᆞ로 甘露를 펴시며 거즛 일로 올ᄒᆞᆫ 녀브로 누버 겨시다가 ᄯᅩ 光明을 펴시니 이 病 업스샨 주리라 ᄯᅩ 一千白氈으로 ᄢᅳᅀᆞᄫᅡ 이쇼ᄃᆡ 두 바를 迦 葉이 뵈시며 金棺이 다다잇다가 摩耶의 니러 合掌ᄒ시니 이 업디 아니ᄒᆞ 샨 주리라　　　　　　　　　　　〈釋詳 23:44ㄱ2~45ㄱ1〉

(83)과 (84)는 각각 '불모산화'와 '석존의 다비' 삽화에 해당하는 『석보상절』 권23의 일부를 인용한 것이다. (83)은 도리천에서 석존의 열반 소식을 듣고 내려온 마야부인에게 석존이 관 덮개를 열고 일어나 무상행(無上行)을 할 것을 권하는 장면이다. (84)는 『석가보』의 찬자인 승우 율사가 석존의 열반 및 다비 사적에 대해 논평한 것이다. (83)과 (84)는, 밑줄 친 부분인 "法僧寶ㅣ 샹녜 잇ᄂᆞ니"와 "法身은 나며 드르샤 미 업스시니라"를 통해, '법신의 상주'를 강조하고 있음을 알 수 있다. 『석보상절』의 이 (83)·(84)가 〈월인천강지곡〉으로 노래되었는지 알 수 없지만, 이 외에도 [2]·[3] 단락의 관련 『석보상절』 및 저경이 대부분

'법신의 상주'에 관한 내용을 포함하고 있다는 점에서, 부전 〈월인천강지곡〉의 서사의미 및 주제가 '법신의 상주'일 가능성은 크다고 하겠다.

3. 서사구조와 그 의미

　이상, 〈월인천강지곡〉의 서사부(敍事部)를 구성원리와 서사·결사의 의미를 고려하여 6개의 단락으로 설정한 뒤, 각 단락별로 서사내용 및 서사의미에 대해 살펴보았다. 지금까지의 논의 내용을 요약·정리하면 다음과 같다.
　〈월인천강지곡〉 其3~581의 서사부는 서사내용 및 그 의미에 따라 1) 성불(其3-97), 2) 석가족 및 외도 교화(其98-181), 3) 발고여락의 설법(其182-271), 4) 영산회 설법(其272-340), 5) 성불의 인연(其341-519), 6) 열반과 불교 홍포(其520-581)의 6단락으로 나누어진다.
　먼저, 1)단락은 석존이 성불하기까지의 과정과, 성불 직후의 여러 사적에 관한 삽화들로 구성되어 있다. 이 단락은 전생·탄생·궁중생활·출가·수도·성불·초전법륜의 하위 단락으로 나눌 수 있는데, 전생~수도 단락은 성불의 필연성을 강조하면서 그 근거인 '석존의 덕성'을 암시하고 있으며, 성불·초전법륜 단락은 석존의 덕성으로 자비심을 제시하고 있다. 2)단락은 석가족과 외도의 출가 및 교화 사적을 통해, 석존이 그들로 하여금 교만심·재물욕·색욕 등의 여러 욕망을 버리게 하여 불법에 귀의시키고, 깨달음을 얻게 한 '공덕'을 보여주고 있다.
　3)단락은 석존이 『아미타경』·『약사경』 등의 대승경전을 설법한 내용과, 독룡·5백 군적 등의 교화 사적에 관한 삽화들로 구성되어 있다. 각 삽화들은 석존 및 여러 부처가 설법과 신통력으로 중생들을 가난

·죽음·가족 이산 등의 중고(衆苦)에서 벗어나게 한 '공덕'을 드러내고 있다. 『법화경』의 내용인 4)단락과 석존의 성불 인연에 관한 5)단락은, 각각 일불승이라는 '성불의 근거'와 보시·효도라는 '성불의 방법'을 제시하고 있다. 끝으로, 6)단락은 석존이 비록 열반하였으나 석존의 가르침, 즉 법신은 항상 이 세상에 머무르고 있다는 서사내용을 통해, 4)·5)단락에 이어 '성불의 성격' 내지는 '불신의 본질'을 보여준다.

이상의 내용을 통해, 〈월인천강지곡〉의 서사구조는 '1) 석존의 덕성 → 2) 석존의 공덕1 → 3) 석존의 공덕2 → 4) 성불의 근거 → 5) 성불의 방법 → 6) 불신의 본질'로 파악되고, 각 단락은 '자비심 → 사욕(捨欲) → 발고(拔苦) → 일불승(一佛乘) → 보시와 효도 → 법신의 상주'라는 주제를 제시한다고 정리할 수 있다. 1)~3)단락의 주제는 서사에서 제시한 '석존의 공덕'에 해당하고, 4)~6)단락은 결사의 '불신(佛身)의 편재(遍在)'와 관련된다. 곧 〈월인천강지곡〉의 주제는 '석존의 공덕과 불신의 편재'라고 할 수 있다.

그런데 〈월인천강지곡〉은 其2의 "눈에 보논가 너기슨븡쇼셔" "귀예 듣는가 너기슨븡쇼셔"를 통해 청자(독자)의 존재를 상정하고 있다. 이러한 점과, 곡수의 비중에 있어 성불의 방법 단락이 서사(敍事)의 중심을 이루고 있다는 점을 고려하면, 〈월인천강지곡〉은 청자(독자)에게 석존의 공덕과 불신의 편재를 알리는 것뿐만 아니라, 이를 통해 성불의 방법인 보시와 효도의 실천을 권장하는 데 그 목적이 있다고 할 수 있다. 정법의 전지 및 전수에 관한 其341·417·421·495가 성불의 방법 단락에 반복되어 나타나 있고, 이 단락 뒤에 '불신의 본질' 단락이 배열되어 있어, 이로 인해 서사 전개의 맥락에서 이 '정법'과 다음 단락의 '불신'이 효도와 보시로 읽힐 수 있다는 점은 이러한 추정을 뒷받침한다.

한편, 〈월인천강지곡〉의 서사 전개에 있어 보시와 효도는 비록 성불의 방법으로 제시되어 있지만, 이 효도와 보시 역시 석존이 중생에게 베푼 공덕의 구체적인 내용이라 할 수 있다. 그리고 보시는 앞의 서사 단락 분석에서 언급했듯이 사욕(捨欲)을 위한 방법이기도 하다. 결국, 〈월인천강지곡〉의 주제의식은 '석존의 구체적인 공덕[사욕·발고·보시·효도] 제시와 이의 실천'으로 정리할 수 있다고 하겠다.

이렇게 볼 때, 〈월인천강지곡〉은 작자인 세종의 심상을 표출하거나[280] 왕실의 희원(希願)을 담은[281] 시가가 아니라, 흥미 있는 서사내용을 통해 석존의 구체적인 공덕, 즉 사욕·보시·효도라는 사회윤리의 실천을 강조하고 권장한 시가라 할 수 있다.[282] 그리고 이러한 주제의식은 '숭유억불'이라는 제작 당시의 시대적 배경과 밀접한 관련이 있다. 그렇다고 불교의 실천 윤리에 대한 〈월인천강지곡〉의 강조가 숭유억불 정책에 대응하여 불교 중흥과 대중 포교 자체에 그 목적이 있었다는 것은 아니다.[283] 이에 대한 구체적인 논의와, 〈월인천강지곡〉의 문학적 성격에 대한 종합적인 고찰은 다음 장에서 다룰 것이다.

---

280) 본서 제1장 1절의 '연구사 검토' 항목에서 살펴본 바 있는 김종우, 조규익, 김승우의 논의가 이에 해당한다.
281) 전재강의 논의가 이에 해당한다.
282) 신명숙(앞의 논문, p.140)은, "〈월인천강지곡〉은 정음의 실용성을 시험하려는 목적과 민중을 교화하려는 이중적 목적을 띤 것이다"라고 하였지만, '교화'의 구체적인 내용과 성격은 언급하지 않았다.
283) 사재동, 「월인천강지곡의 몇 가지 문제」, 『어문연구』 11, 어문연구회, 1982, p.298에서는 "〈월인천강지곡〉은 소헌왕후의 명복을 기원한다는 명분을 내세우기는 했지만, 기실 숭유배불(崇儒排佛)의 정책에 대응하여 불교 중흥·대중 포교에 이념을 두고 찬성(撰成)된 것이다"라고 하였고, 김기종(앞의 논문, pp.215~216)은 "효의 강조는 승려의 출가문제와 관련하여 유사(儒士)들이 내세운 '무부무군(無父無君)의 배덕(背德)'이라는 배불 논리에 대한 반론으로 읽혀질 수 있다"고 하였다.

제5장 유통과 문학적 성격

1. 시대적 배경과 제작 동인(動因)

〈월인천강지곡〉의 제작 동기와 경위를 알려주는 현전 문헌기록은 『월인석보』 권1에 수록된 세조의 「어제 월인석보 서」가 유일하다.

(1) ㉠옛날 병인년(1446, 세종 28년)에 소헌왕후가 빨리 돌아가셔서 설움과 슬픔으로 어쩔 줄을 모르고 있었는데, 세종이 나에게 말씀하시기를, "추천(追薦)에 전경(轉經)만한 것이 없으니 네가 석보(釋譜)를 만들어 번역함이 마땅하다"고 하셨다. 내가 자명(慈命)을 받고 생각을 더욱 넓게 하여 승우와 도선의 두 율사(律師)가 각각 보(譜)를 만든 것을 얻어 보았으나 상략이 같지 않았다. 두 책을 합하여 『석보상절』을 만들어 이루고, 정음으로 번역하여 사람마다 쉽게 알게 하여 진상하였더니 보시고 곧 찬송을 지으시되 이름을 '월인천강지곡'이라고 하시니, 이제 와서 높이 받들기를 어찌 소홀히 하겠는가? …(중략)… ㉡우러러 율추(聿追)를 생각하건대, 모름지기 일을 마저 이루어냄을 먼저 해야 할 것이니, 만기(萬幾)가 비록 많으나 어찌 겨를이 없겠는가? 자지 않고 음식을 잊어 해가 다 가며 날을 이어, 위로 돌아가신 부모를 위하고 망아(亡兒)를 함께 위하여 빨리 지혜의 구름을 타고 제진(諸塵)에서 멀리 벗어나 바로 자성(自性)을 꿰뚫어 알아 각지(覺地)를 문득 증득(證得)하게 하기 위하여, 옛 글에 강론하여 가

다듬고 지극하게 추궁하며 새로 만드는 글에 고쳐 다시 더하였다.284)

위의 인용문은 「월인석보 서」의 일부로, ㉠은 『석보상절』 및 〈월인천강지곡〉, ㉡은 『월인석보』와 관련된 내용이다. 이 ㉠과 ㉡을 통해, 〈월인천강지곡〉은 세종이 소헌왕후의 추천을 위해 제작된 『석보상절』을 보고 '곧' 지은 것이고, 『월인석보』는 세조가 돌아가신 부모와 죽은 아들이 자성(自性)을 깨달아 윤회의 굴레에서 벗어날 수 있게 하기 위해 『석보상절』과 『월인천강지곡』을 증수·합편한 것임을 알 수 있다. 이러한 「월인석보 서」의 내용으로 인해, 대부분의 기존 논의에서는 〈월인천강지곡〉의 제작 동기 및 목적을 소헌왕후의 추천으로 보았고, 그 결과 〈월인천강지곡〉을 세종의 심상을 표출한 시가 또는 기복적인 성격의 시가로 파악한 것이라 할 수 있다.285)

그러나 앞 장에서 논의한 〈월인천강지곡〉의 내용 및 성격과, 〈월인천강지곡〉 제작 이전에 이미 소헌왕후의 명복을 빌기 위한 『법화경』·『아미타경』 등의 사경(寫經)이 조성되었다는 사실은, 〈월인천강지곡〉의 제작에 소헌왕후의 추천 외의 또 다른 목적이 있었음을 보여준다.

---

284) "昔在丙寅, 昭憲王后奄棄榮養, 痛言在疚罔知攸措. 世宗謂予, 薦拔無如轉經, 汝宜撰譯釋譜. 予受慈命, 益用覃思, 得見祐宣二律師, 各有編譜而詳略不同. 爰合兩書撰成 석보상절, 就譯以正音, 俾人人易曉, 乃進賜覽, 輒製讚頌, 名曰月印千江, 其在于今 崇奉曷弛. …(中略)… 仰思聿追, 必先逃事, 萬幾縱浩, 豈無閑暇. 廢寢忘食, 窮年繼日, 上爲父母仙駕, 兼爲亡兒, 速乘慧雲, 迥出諸塵, 直了自性, 頓證覺地, 乃講劘硏精於舊卷, 櫽括更添於新編."

285) 본서 제1장의 연구사 검토에서 살펴본 문학적 연구 외에도, 배석범, 「악장의 언어질서 연구」, 한국정신문화연구원 한국학대학원 박사학위논문, 1997, p.53에서는, 작품의 내용이 아닌 「월인석보 서」에 의거하여 〈월인천강지곡〉의 화자와 청자를 세종과 소헌왕후로 보았고, "〈월인천강지곡〉은 남편이 죽은 자신의 부인을 추모하는 내용"이라고 하였다. 그리고 차현실(앞의 논문, p.28)은 배석범의 논의에서 더 나아가 〈월인천강지곡〉을 '추천의식의 수행문'으로 파악하고 있다.

곧 소헌왕후의 추천은 제작의 표면적인 이유이고, 보다 본질적인 이유 및 목적이 있었다는 것이다. 그리고 그것은 '숭유억불'이라는 시대적 배경과 〈월인천강지곡〉의 주제의식을 고려할 때, 백성의 교화와 지치(至治)를 위한 불교의 '순화'에 있었다고 추정할 수 있다. 여기에서 '순화'는 백성의 교화와 나라의 통치를 위해 도움이 되는 불교 교리의 선양을 의미한다.

주지하다시피, 태조~세종대에 걸쳐 행해진 종파(宗派)의 축소·사찰 토지 및 노비의 몰수·불사(佛事) 제한 등의 불교 억압 정책은 교단의 위축을 가져왔지만, 신앙생활에는 큰 영향을 미치지 못하여 백성들은 여전히 불교를 숭신(崇信)하였다.286) 그리하여 철저한 불교 억압책을 주장하는 사간원에서도 "불교가 세상에 유행한 지가 이미 오래되어 습속으로 익숙해졌으므로 그 법을 갑자기 제거할 수가 없으며, 그 무리들을 하루아침에 모두 몰아낼 수 없다"287)고 하여, 불교 억압책의 현실적 한계를 인정하고 있다.

세종은 여기에서 더 나아가, "불법이 일어난 뒤로부터 역대 인주(人主)가 혹은 어질고 혹은 어질지 못하나, 2천여 년 동안에 능히 다 사태(沙汰)시킨 임금도 있지 않고, 또한 다 사태한 날도 있지 않다. 간혹

---

286) 『세종실록』기사의 여러 곳에서는 이러한 사실이 잘 나타나 있는데, 특히 다음의 인용문은 서민과 왕실뿐만 아니라 재상·상인·악공 등의 전 계층이 불사에 적극적으로 참여했음을 보여준다. "都人稱曰齋, 以飮食供饋者絡繹不絶, 其日齋爲名者, 或限一日, 或限一時, 皆以飯僧也. 或一二家或四五家或數十家共辦, 人爭趨造之. 宦者與別監時有以上命, 多齋饌物往饋之. 諸大君諸君及宰樞之信佛者, 富商大賈, 皆盛備饋餉焉. 其所饋飯餠, 皆以盆爲數, 一家所供, 幾至百數, 積之如山. 其饋餉也, 樂工俳優之徒, 多聚循行, 奏樂以娛之, 名之曰音聲供養."(『세종실록』권80, 20년 기유 2월 19일)
287) "若以佛氏之教, 行於世也已久, 習俗旣熟, 其法不可遽斥, 其徒不可一朝盡去."(『세종실록』권12, 3년 임술 7월 2일)

명철한 임금이 있어 부처와 중을 사태시켰으나, 그 법을 다 없애버린 사람은 없다"288)라고 하여, 불교의 교리는 없앨 수 없다는 인식을 보이고 있다.

여기에서, 세종이 〈월인천강지곡〉을 제작한 의도를 엿볼 수 있다. 곧 세종은 철저한 억압 정책에도 불구하고 여전히 신앙의 대상으로 숭신(崇信)되고 있는 불교를 보면서, 백성들의 교화와 나라의 통치에 도움이 되는 방향으로 이끌 방안을 생각했을 것이고, 그 결과 불교의 교조인 석존 일대기의 제작을 기획했던 것이라 추정된다. 그리고 백성들을 교화하기 위해 편찬한 『삼강행실도(三綱行實圖)』의 보급이 미진했다는 점 또한 〈월인천강지곡〉 제작의 한 원인이 되었을 것으로 보인다.

『삼강행실도』는 효(孝)·충(忠)·열(烈)의 유교윤리를 백성들에게 보급하기 위해 1434년(세종 16)에 간행된 교화서이다.289) 이 책의 편찬 목적·체재·보급 대상 및 방법 등은 세종의 명으로 윤회가 쓴 아래의 반포교서(頒布敎書)에 잘 드러나 있다.

(2) ㉠오직 오전(五典)을 도타이 하여 오교(五敎)를 펴는 도리에 밤낮으로 마음을 다하고 생각을 두었으나, 어리석은 백성이 향하여 갈 바를 몰라 흐리멍덩하게 본받는 바가 없다. ㉡이에 유신(儒臣)에게 명하여 고금의 충신·효자·열녀 중에서 뛰어나게 본받을만한 자를 뽑아서 그 사실을 따라 기록하고, 아울러 시찬(詩贊)을 저술하여 편집하였으나, 오히려 어

---

288) "自佛法之興, 歷代人主, 或賢或否, 垂二千餘載, 未有能盡汰之君, 亦未有盡汰之日, 間有明哲之君, 沙汰佛僧, 固無有盡去其法者."(『세종실록』 권121, 30년 임인 7월 18일)
289) 『삼강행실도』의 간행경위와 내용 및 그 의미 등에 대해서는 다음의 논문들에서 자세히 논의되었다. 김원용, 「삼강행실도에 대하여」, 『삼강행실도』, 세종대왕기념사업회, 1982. 김항수, 「삼강행실도 편찬의 추이」, 『진단학보』 85, 진단학회, 1998. 김훈식, 「삼강행실도 보급의 사회사적 고찰」, 『진단학보』 85, 진단학회, 1998.

리석은 백성들이 아직도 쉽게 깨달아 알지 못할까 염려하여, 그림을 붙이고 이름하여 '삼강행실(三綱行實)'이라 하니, 인쇄하여 널리 펴서 거리에서 노는 아이들과 골목 안 여염집 부녀들까지도 모두 쉽게 알기를 바란다. …(중략)… ⓒ다만 백성들이 문자를 알지 못하여 책을 비록 나누어 주었을지라도, 남이 가르쳐 주지 아니하면 역시 어찌 그 뜻을 알아서 감동하고 착한 마음을 일으킬 수 있겠는가? …(중략)… 서울의 한성부 5부와 외방의 감사·수령은 널리 학식이 있는 자를 구하여 두터이 장려를 더하도록 하되, 귀천을 말할 것 없이 항상 가르치고 익히게 하여, 부녀까지도 친속(親屬)으로 하여금 정성껏 가르쳐 분명히 깨달아 모두 다 알도록 하라. ㉠입으로 외우고 마음으로 생각하여 아침에 더하고 저녁에 진취하여, 그 천성의 본연을 감발하지 않는 자가 없게 되면, 아들은 효도를 다할 것을 생각하고, 신하는 충성을 다할 것을 생각하며, 남편과 아내도 모두 자기의 도리를 다하게 되어, 사람들은 의리를 알고 스스로 새롭게 하려는 뜻을 진작할 것이다. 그렇게 되면 교화가 행해지고 풍속이 아름다워져서 더욱 지치(至治)의 세상에 이르게 될 것이므로, 오직 너희 예조는 나의 지극한 마음을 중외(中外)에 효유하라.290)

(2)의 ㉠은 편찬 목적, ㉡은 체재 및 구성, 그리고 ㉢은 보급 대상 및 방법에 관한 내용이다. 곧 ㉠은 『삼강행실도』 편찬의 목적이 '우부

---

290) "惟是敦典敷敎之道, 夙夜盡心, 載念愚民於趨向, 無所則效. 爰命儒臣, 編輯古今忠臣孝子烈女之卓然可法者, 隨事記載, 并著詩贊, 尙慮愚夫愚婦未易通曉, 付以圖形, 名曰三綱行實, 鋟梓廣布. 庶幾街童巷婦, 皆得易知.…(中略)…第以民庶不識文字, 書雖頒降, 人不訓示, 則又安能知其義而興起乎.…(中略)…京中漢城府五部, 外方監司守令, 旁求有學識者, 敦加奬勸, 無貴無賤, 常令訓習, 至於婦女, 亦令親屬諄諄教之, 使曉然共知. 口誦心惟, 朝益暮進, 莫不感發其天性之本然, 爲人子者思盡其孝, 爲人臣者思盡其忠, 爲夫爲婦亦皆盡道, 人知義方, 振起自新之志. 化行俗美, 益臻至治之風, 惟爾禮曹, 體予至懷, 曉諭中外."(『세종실록』 권64, 16년 갑술 4월 27일)

우부(愚夫愚婦)'의 교화와 이를 통해 '지치지풍(至治之風)'을 이루고자 함에 있음을 밝힌 것이고, ⓒ은 이 책이 효자·충신·열녀의 구체적인 사례와 이에 대한 그림·시·찬으로 구성되었음을 보여주고 있다. ⓒ은 보급의 방법으로, 서울에서는 한성부와 오부의 관리가, 지방에서는 감사와 수령이 학식 있는 사람을 널리 구하여 한문을 모르는 백성들에게 『삼강행실도』의 내용을 가르치도록 하고 있다. 이 『삼강행실도』는 부자·군신·부부의 삼강 윤리를 하나의 윤리체계로 정립하고, 일반 백성에게 보급하는 구체적인 방법을 마련했다는 점에서 그 의의가 있다.291) 그러나 구체적인 보급 방법을 마련했음에도 불구하고 『삼강행실도』를 통한 백성의 교화는 별 성과를 거두지 못한 듯하다.

(3) 임금이 말하기를, "앞서 김문(金汶)이 아뢰기를 '언문(諺文)을 제작함에 불가할 것은 없습니다' 하였는데, 지금은 오히려 불가하다 하고, 또 정창손(鄭昌孫)은 말하기를 '『삼강행실도』를 반포한 후에 충신·효자·열녀의 무리가 나옴을 볼 수 없는 것은, 사람이 행하고 행하지 않는 것이 사람의 자질 여하에 있기 때문입니다. 어찌 꼭 언문으로 번역한 후에야 사람이 모두 본받을 것입니까?' 하였으니, 이따위 말이 어찌 선비의 이치를 아는 말이겠느냐? 아무짝에도 쓸데없는 용속(庸俗)한 선비이다." 하였다.292)

(4) 여러 도의 관찰사에게 하유(下諭)하기를, "내가 나라를 다스리는 도리를 생각하건대 교화보다 앞서는 것이 없으며, 교화의 시행은 학교에서 시작되는 것이다. 국가에서 학교를 설치하고 선비를 양성하는 것이 지극

---

291) 김횡수, 위의 논문, p.236.
292) "上曰, 前此金汶啓曰, 制作諺文, 未爲不可, 今反以爲不可. 又鄭昌孫曰, 頒布三綱行實之後, 未見有忠臣孝子烈女輩出, 人之行不行, 只在人之資質如何耳. 何必以諺文譯之, 而後人皆效之. 此等之言, 豈儒者識理之言乎, 甚無用之俗儒也."
(『세종실록』 권103, 26년 경자 2월 20일)

하지 않은 것이 아니지만 배우는 사람들이 허망한 곳으로 치달아 효제충신(孝悌忠信)으로써 근본을 삼지 않을까 염려스럽다. 그러므로 일찍이 여러 도에 하유하여 널리 『소학(小學)』과 『삼강행실도』를 간행하여 큰 사람·작은 사람 할 것 없이 모두 배우고 익히도록 하여 효과를 성취하도록 바랐었다. <u>그런데도 식견이 없는 관리들이 태만스럽게 봉행(奉行)하지 않으므로 실효를 듣지 못하니 참으로 한탄스럽다.</u> 경들은 나의 생각을 잘 알아서 전철을 밟지 말도록 하라."293)

인용문 (3)은 최만리가 한글 창제를 반대하는 상소를 올린 것에 대한 세종의 언급으로, 밑줄 친 부분은 『삼강행실도』의 간행을 통한 백성의 교화가 미진했음을 보여주고 있다. (4)는 성종이 관찰사들에게 하유(下諭)한 내용인데, 성종은 『삼강행실도』의 보급이 미진한 이유를 관리들의 태만 때문으로 보고 있다. 이상의 내용을 통해, 세종은 『삼강행실도』을 통한 백성의 교화를 보완하는 차원에서 석존의 일대기인 〈월인천강지곡〉 제작을 기획했음을 짐작할 수 있다.

당시의 백성들에게 불교 및 석존은 유교 윤리와 『삼강행실도』 수록의 인물들보다 친숙한 존재였고, 사찰의 불사(佛事)에는 많은 백성들이 참여하므로 감사·수령을 통하지 않고서도 교화가 가능하기 때문이다. 이러한 의도로 인해, 세종은 석존일대기의 맥락에서 벗어남에도 불구하고 『안락국태자경』·『대방편불보은경』·『목련경』 등의 가족윤리와 관련된 불전(佛典)을 『석보상절』에 편입시키고, 〈월인천강지곡〉에서는 성불의 방법으로 효도를 제시한 것이라 할 수 있다.294)

---

293) "諭諸道觀察使曰, 子惟治國之道, 莫先於敎化, 敎化之行, 必始於學校. 國家設學養士, 非不至也, 而慮恐學者騖於虛遠, 不以孝悌忠信爲本. 故嘗下論諸道, 廣刊小學三綱行實, 人無大小, 皆令學習, 以冀成效. 第俗吏慢不奉行, 實效未聞, 誠可嘆也. 卿體子懷, 毋踵前轍." (『성종실록』 권69, 7년 갑자 7월 23일)

한편, 〈월인천강지곡〉에서 석존의 공덕으로 강조하고 있는 '사욕(捨欲)' 또는 '무욕(無欲)'은, 일반 백성보다는 당시의 승려들과 직접적인 관련이 있어 보인다.

(5) 불교의 도는 마땅히 깨끗하며 욕심을 적게 하는 것으로 근본을 삼아야 하겠거늘, 지금 무식한 승려의 무리들이 그 근본을 돌아보지 않고, 절을 세운다 하고 부처를 만든다 하며, 설법을 한다 하고 재를 올린다 하며, 천당·지옥이니 화복이니 하는 말로 우매한 백성을 현혹하여 백성의 입 속의 먹을 것을 빼앗고, 백성의 몸 위에 입을 것을 벗겨다가 흙과 나무에 칠을 하며 옷과 음식을 바치니, 정사를 좀먹고 백성을 해침이 이보다 더 큼이 없습니다.295)

(6) 석가는 천축국 정반왕의 아들로서, 성을 넘어 출가하여 설산에서 도를 닦고 성중(城中)에서 걸식하였습니다. 초조(初祖) 달마와 6조 혜능이 혹은 장삼을 입고 벽을 향하여 좌선하였으며, 혹은 웃옷을 벗어 메고 방아를 찧었으며, 종을 두고 공양하였다는 것은 듣지 못하였습니다. 국가에서 회암사는 불교의 수법도량(修法道場)이요, 진관사는 수륙도량(水陸道場)이므로, 노비를 넉넉하게 주어 공양하게 하였으니, 여기에 있는 자는 진실로 마음을 깨끗하게 가지고 욕심을 적게 하여, 불조(佛祖)의 임금을 수(壽)하게 하고 나라를 복되게 하는 정신을 계승하고, 국가의 무거운 은혜에 보답하여야 할 것인데, 이제 회암사 승려 가휴·정후와 진관사 승려 사익·성주 등 수십여 인은 항상 절의 계집종과 음욕을 방자히 행하여 삼보를 더럽혔고 국법을 범하였습니다.296)

---

294) 김흥식, 위의 논문, p.273에서는 『삼강행실도』 간행의 목적이 가족윤리를 보급하여 사회질서를 안정적으로 유지하는 데 있었다고 하였다.
295) "佛氏之道, 當以淸淨寡欲爲本, 今無識僧徒, 不顧其本, 日創寺造佛, 日法筵好事, 將天堂 地獄禍福之說, 眩惑愚民, 奪民口中之食, 脫民身上之衣, 以塗土木, 以供衣食, 蠱政害民, 莫甚於此."(『세종실록』 권1, 즉위년 갑신 10월 8일)

위의 (5)는 사헌부에서 올린 척불소(斥佛疏)이고, (6)은 의정부의 상소이다. 인용문을 통해, 당시 유학자 관료들이 불교를 배척하는 기본 입장을 알 수 있다. 배불 유학자들은 불교 교리의 근본이 청정(淸淨)과 과욕(寡欲)에 있음을 긍정하면서, 승려들이 이 근본 교리를 돌보지 않는 불교 교단의 타락과 허위성을 배불의 전제로 제시하고 있는 것이다.297) (5)·(6) 외에도 유학자들의 척불소에는 대부분 '청정'과 '과욕'을 불교 교리의 핵심으로 파악하고 또한 긍정하고 있다.

청정과 과욕은 〈월인천강지곡〉의 '사욕' 및 '무욕'에 해당하므로, '사욕'의 강조는 직접적으로 당시 승려들에 대한 교화의 성격을 띤다. 곧 〈월인천강지곡〉은 불교 정책적 성격을 갖는다고도 할 수 있는데, 선·교 양종의 폐합(廢合)과 사찰 토지의 몰수 등이 교단에 대한 제도적 정비라면, 교조인 석존의 일생을 통한 '사욕'의 강조는 승려들의 폐단을 시정하기 위한 불교 순화 정책으로 볼 수 있기 때문이다. 그러므로 〈월인천강지곡〉의 제작은 불교 중흥을 위한 대중 포교와는 그 성격이 조금은 다르다고 하겠다.

(7) 예로부터 제왕이 천하와 국가를 다스리는 것은 인·의를 숭상함으로써 정치하는 도리의 아름다움에 이르지 않음이 없으며, 또한 청정에 근본함으로써 정치를 수행하는 근원을 맑게 하지 않음이 없다. …(중략)… 하물며 불교는 삼교가 높이는 것이요 모든 덕의 주제가 되는 것이 아니

---

296) "釋迦以天竺淨飯王之子, 踰城出家, 修道雪山, 乞食城中. 初祖達摩, 六祖惠能 或被衲面壁, 或袒爲春役, 俱未聞以臧獲奉養者也. 國家以檜巖作法之場, 津寬水陸之所, 優給奴婢, 以資供養, 居是者, 誠宜淸淨寡欲, 以續佛祖, 壽君福國, 以報重恩. 今檜巖寺僧可休·正厚, 津寬寺僧斯益·省珠等數十餘人, 常與寺婢恣行淫欲, 汚染三寶, 以干邦憲."(『세종실록』 권6, 1년 무진 11월 28일)
297) 금장태, 『세종조 종교문화와 세종의 종교의식』, 한국학술정보, 2003, p.63 참고.

라. 그러므로 역대의 제왕이 혹은 불교를 존숭하기도 하고 혹은 신봉하기도 하였던 것은 불교에 헛되고 구차스럽게 매달린 것만이 아니다.298)

위의 인용문은 『석보상절』 편찬의 실무를 담당했던299) 김수온의 「복천사기(福泉寺記)」의 일부이다. 이 글에서 김수온은, 유교는 인·의의 원리로 치도(治道)의 아름다움을 이루고, 불교는 청정의 가르침으로 치도의 근원을 맑게 하는 것이라 하여, 유교와 불교가 모두 치도에 유용한 것임을 강조하고 있다. 따라서 제왕이 불교를 신봉하는 것은 복이나 받고자 하는 구차한 행위가 아니라, 불교를 통해 치도를 바로 잡아가는 효과를 추구한 것이라고 보았다.300)

여기에서, 〈월인천강지곡〉의 '사욕'은 승려의 교화 수단에서 더 나아가 '지치지풍(至治之風)'을 이루기 위한 치도의 이념으로 강조된 것임을 짐작할 수 있다. 〈월인천강지곡〉에서 석존의 공덕으로 제시한 사욕과, 성불의 방법으로 강조한 보시, 그 중에서도 '무주상보시'는 몸과 마음의 청정함을 얻기 위한 방법이기 때문이다. 김수온이 『석보상절』뿐만 아니라 『월인석보』의 편찬에도 관여했으며,301) 그의 형인 신미(信眉)와 함께 세종의 불교관 및 신불(信佛)에 큰 영향을 미쳤다는 사실302)은 이러한 추정을 뒷받침한다.

---

298) "自古帝王之治天下國家也, 莫不崇仁義以臻治道之美, 亦莫不本淸淨以澄出治之原.…(中略)…況佛氏爲三敎之尊, 萬德之主乎, 故歷代帝王或崇或信, 非徒苟焉而已也."(『식우집(拭疣集)』 권2 「복천사기(福泉寺記)」, 『이조명현집』 2, 성균관대 대동문화연구원, 1986, p.620)
299) 이러한 사실은 세종실록 28년 12월 2일조의 "命副司直金守溫增修釋迦譜"란 기사를 통해 알 수 있다.
300) 금장태, 『세종조 종교문화와 세종의 종교의식』, 한국학술정보, 2003, p.148.
301) 「월인석보 서」의 협주에는, 세조가 『월인석보』를 편찬하면서 자문을 구했던 인물로 신미(信眉)·수미(守眉)·홍준(弘濬) 등과 함께 김수온의 이름이 명기되어 있다.

결국, 〈월인천강지곡〉의 제작은 왕실 내심의 안정을 위한 것이 아니라, 통치자의 입장에서 지치지풍을 이루기 위한 유불(儒佛)의 공존을 모색한 것이라 할 수 있다. 이렇게 볼 때, 〈월인천강지곡〉의 1-2-1 행의 형식 구조는 법신의 체(體)와 용(用)의 관계가 하나이면서 둘이고 둘이면서 하나임을 나타내는 동시에, 유교와 불교가 지치(至治)에 있어서 불이(不二)의 관계303)에 있음을 드러낸 것이라 하겠다.

　이외에, 〈월인천강지곡〉의 제작 동인으로 훈민정음의 보급을 지적할 수 있고, 당시 숭불주였던 명제(明帝)가 보내왔다는 『제불여래보살명칭가곡(諸佛如來菩薩名稱歌曲)』의 영향 또한 고려할 수 있을 것이다. 『제불여래보살명칭가곡』의 내용이 불명호(佛名號)의 찬탄(讚嘆)이라는 점에서 서사시인 〈월인천강지곡〉과는 거리가 있고, 이 보다는 세종의 '친제 신성 칠곡(親製新聲七曲)'304)과 직접적인 관련이 있는 것으로 보인다. 그러나 찬불가라는 점과 명칭이 유사하다는 점에서 〈월인천강지곡〉 제작의 한 원인(遠因)으로 작용했을 것이라 짐작할 수 있다.

---

302) "守溫能詩文, 性酷好浮屠, 貪緣得幸, 以前直長, 不數年超拜正郎, 嘗以未爲製敎爲恨, 至是特授之. 凡守溫除拜, 率非銓曹所擬, 多出內旨. 上連喪二大君, 王后繼薨, 悲哀憾愴, 因果禍福之說, 遂中其隙. 守溫兄僧信眉倡其妖說, 守溫製讚佛歌詩, 以張其敎. 嘗大設法會于佛堂, 選工人, 以守溫所製歌詩, 被之管絃, 調閱數月, 而後用之. 上之留意佛事, 守溫兄弟贊之也." (세종실록 권123, 31년 병자 2월 25일)

303) 여기에서의 '불이(不二)'는 『금강경』・『화엄경』 등의 경전에서 설하고 있는 개념으로, 단순히 둘이 아니라는 의미보다는 하나[一]이면서 둘[多]이고 둘[多]이면서 하나[一]임을 뜻한다.

304) 세종이 '신성'을 지었다는 사실과 그 노랫말은 김수온의 『사리영응기』를 통해 알 수 있다. '친제 신성'과 『사리영응기』는 다음 절에서 살펴볼 것이다.

2. 제작 경위와 전승의 양상

1) 제작 경위의 문제

〈월인천강지곡〉의 제작 경위를 구체적으로 알려주는 현전 문헌기록은 불행히도 없다. 단행본 『월인천강지곡(상)』은 그 서문이 없고, 『세종실록』의 어느 곳에서도 〈월인천강지곡〉에 관한 기사를 찾아 볼 수 없다. 다만 「월인석보 서」를 통해, 〈월인천강지곡〉이 『석보상절』을 보고 세종이 지은 것이라는 단편적인 사실만을 알 수 있을 뿐이다.

그런데 몇몇 연구자들은 「월인석보 서」가 숭불주인 세조대의 기록이라는 점과, 『세종실록』의 어느 곳에서도 〈월인천강지곡〉에 대한 기사를 찾을 수 없다는 점 등을 들어 세종의 친제설에 의문을 제기하고 실제 작자를 추정하였다.305) 또한, 방대한 분량의 〈월인천강지곡〉을 '곧' 지을 수 없다는 전제 아래, 〈월인천강지곡〉은 현전 『석보상절』이 아닌, 현전 『석보상절』로 번역되기 이전의 한문본을 대본으로 하여 지은 것이라는 주장이 나오기도 했다.

그러나 〈월인천강지곡〉의 받침표기는 세종 개인의 표기법306)이며, 『월인석보』 권1에 실려 있는 '世宗御製月印千江之曲 昭憲王后同證正覺'의 패기(牌記)와, 세조가 〈월인천강지곡〉을 듣고 눈물을 흘렸다는 『세조실록』의 기사307)에서도 세종의 친제라는 사실이 확인된다. 그리고 〈월인

---

305) 박병채(「월인천강지곡의 찬자에 대한 재론」, 『서정범박사 화갑기념논문집』, 1986)는 김수온으로, 사재동(「월인천강지곡의 몇 가지 문제」, 『어문연구』 11, 어문연구회, 1982)은 불교계 인사로 보고 있다.
306) 안병희, 「월인천강지곡의 교정」, 『국어사자료연구』, 문학과 지성사, 1992, p.65.
307) "上御恩政殿, 與宗宰諸將談論, 令各進酒. 又命永順君溥, 授八妓諺文歌詞, 令唱之, 卽世宗御製月印千江之曲. 上慕世宗黙然, 呼戶曹判書盧思愼與語, 良久墮淚, 思愼亦伏俯泣下, 左右皆變色."(세조실록 권45, 14년 신미 5월 12일)

천강지곡〉의 대본 문제에 있어서는, 이미 본고의 작품 분석을 통해 현전『석보상절』인 한글본을 대본으로 하고 있음을 확인한 바 있다.308)

〈월인천강지곡〉의 제작 경위에 관한 기존의 연구에서는 이「월인석보 서」외에 몇몇 방증자료가 제시되었는데,「월인석보 서」를 통해서는 완성 및 간행연대를 알 수 없기 때문이다. 기존의 논의에서는, ①『월인석보』권1에 수록된 수양대군의「석보상절 서」, ②소헌왕후가 승하한 날짜인 1446년(세종 28) 3월 24일부터「석보상절 서」의 완성연대인 1447년(세종 29) 7월 25까지의 실록 기사에 나오는 '불경(佛經)'이라는 어휘, ③『세종실록』28년 12월 2일 조의 "命副司直金守溫增修釋迦譜"라는 기사, ④초간본『석보상절』권9의 제3 표지 안쪽에 붓글씨로 적힌 "正統 拾肆年(1449년, 세종 31) 貳月初肆日嘉善大夫黃海道觀察黜陟使兵馬都節制使兼判海州牧事申"이라는 기록, ⑤초간본『석보상절』권6의 난상에 적힌 9월 9일~12일의 교정 날짜, ⑥내불당(內佛堂) 건립과 관련된 1448년(세종 30) 7월 17일부터 12월 5일까지의 실록 기사와 김수온의『사리영응기(舍利靈應記)』309) 등이 거론되었다.

사실, 위의 자료들은 대체로 〈월인천강지곡〉보다는『석보상절』의 편찬 경위와 직접적인 관련이 있는 것이라고 할 수 있다. 그렇지만, 단행본『월인천강지곡』의 서문 및 발문이 발견되지 않고 있는 지금의 상

---

308) 김기종, 앞의 논문, pp.199~206에서는,『석보상절』권6과 해당 〈월인천강지곡〉과의 비교 검토를 통해 "〈월인천강지곡〉은『석보상절』의 삽화를 단위로 하여 요약 및 적구(摘句)의 방법으로 시가화한 것"이라고 하였다. 그리고 박금자,「월인천강지곡의 간텍스트성」,『텍스트언어학』8, 한국텍스트언어학회, 2000, pp.53~54에서도 〈월인천강지곡〉은 현전하는『석보상절』을 대본으로 하여 그 내용을 요약한 것이라고 하였다.
309)『사리영응기』는 1권 1책의 목활자본으로, 동국대·규장각·육당문고에 소장되어 있다. 또한 김수온의 문집인『식우집』권2에도 실려있다.

태에서는, 『석보상절』의 편찬 경위를 통해 대략적으로나마 『월인천강지곡』의 완성 및 간행시기를 추정할 수밖에는 없다고 할 것이다. 그러므로 이들 자료를 중심으로 먼저 『석보상절』의 편찬 경위를 살펴본 다음, 이를 토대로 『월인천강지곡』의 완성 및 간행시기를 추정하도록 하겠다.

기존 연구에서 방증자료로 거론된 ①~⑥의 해석에 있어 가장 문제가 된 부분은 ②의 '불경'과 ③의 '석가보'였다. 이들 어휘의 해석에 있어 연구자들마다 이견을 보인 결과, 〈월인천강지곡〉의 제작 경위 문제에 많은 논란이 있어 왔다. 여기에서, 관련 선행 논의를 간략하게나마 소개하면 다음과 같다.

박병채는 『세종실록』 31년 2월25일 조310)의 기사에 나오는 '찬불가시(讚佛歌詩)'를 〈월인천강지곡〉으로 추정하였고, 또한 『세종실록』 28년 5월 18일 조의 '불경'과 『세종실록』 28년 12월 2일 조의 '증수석가보(增修釋迦譜)'를 현전 『석보상절』의 모본(母本)인 한문본 『석보상절』로 보았다.311) 사재동은 〈월인천강지곡〉이 마명의 『불소행찬』처럼 불교문학·불교서사시이면서 동시에 불경으로 인식되었으리라는 전제 하에, 『세종실록』 28년 3월 26일 조, 5월18일 조, 10월5일 조의 기사에 나오는 '불경'을 『월인천강지곡』으로 추정하였다.312)

그리고 조흥욱은 소헌왕후의 별세시기인 세종 28년 3월부터 「석보상절 서」가 이루어진 시기인 세종 29년 7월까지의 실록 기사에 나오는 '불경'을 한문본 『석보상절』로 추정하였고, 그 결과 『석보상절』의 제작 경위에 대해 "『석보상절』의 편찬은 소헌왕후 별세 후 3일 만인 세종 28년 3월 27일에 작업이 시작되었으며, 동(同) 5월 18일에는 그 일부

---

310) "守溫制讚佛歌詩以長其教." (『세종실록』 권123, 세종 31년 병자 2월25일)
311) 박병채, 위의 논문, pp.90~108.
312) 사재동, 위의 논문, pp.285~290.

분이 완성되었고, 10월 4일에는 그 작업이 일차적으로 마무리되었음을 알 수 있다. 그리고 이렇게 완성된『석보상절』은 같은 해 12월 2일 김수온에 의해 증보 수찬 작업이 시작되게 된다."313)라고 하였다.

그러나 ②의 실록기사 중, 소헌왕후가 승하한지 이틀째 되는 날인 세종 28년 3월 26일부터 10월 15일까지의 기사는 같은 사건의 진행과정을 보여준다.314) 즉, 소헌왕후의 명복을 빌기 위한 사경불사가 이루어져 사경된 '불경'이 완성되고, 그 불경들에 대한 두 차례의 전경법회(轉經法會)가 베풀어진 것이다. 사경은 강희안과 이영서가 담당하였고, 정효강이 그 일을 주관하였다. 위에 살펴본 기존 논의들은 이러한 실록 기사의 전체적인 문맥을 고려하지 않은 채 연구자의 논지에 필요한 기사만을 인용하여, '불경'을 '석가보'와 함께『석보상절』또는『월인천강지곡』으로 추정한 것이라 할 수 있다. 이 '불경'은 본서의 제3장 2절에서 지적한 바 있듯이, 소헌왕후의 추천을 위해 조성된『법화경』·『아미타경』·『범망경』·『대승기신론』·『지장경』·『자비참법』등의 사경을 가리킨다.

그렇다면 ③의 '석가보'는 무엇을 가리키는 것일까? 이 석가보는 '석존의 일대기를 다룬 책'이라는 의미의 일반명사라기보다는, 「월인석보 서」에도 언급되어 있는 승우의『석가보』를 가리키는 것이라 여겨진다. 「월인석보 서」에는 '석존의 일대기'라는 의미로 '석보(釋譜)'라는 어휘를 사용하고 있으며, 같은『세종실록』의 다음과 같은 기사에서도 '석가보'라는 어휘가 보인다.

---

313) 조흥욱, 앞의 논문, p.18.
314) 이 기사들의 구체적인 내용은 김기종, 앞의 논문, pp.164~167에 자세히 정리되어 있다.

(8) 박안신(朴安臣) 등이 일본 국왕에게 회답하는 서간을 받들고 떠나갔는데, 그 서간에 말하기를, …(중략)… 사신으로 왔었던 규주(圭籌)가 돌려달라고 요청한 사람 53명도 그에게 맡겨서 떠나보냅니다. 변변치 못한 신물(信物)로 금자 사경의 『인왕호국반야바라밀경』 1부, 금자 사경의 『아미타경』 1부, 금자 사경의 『석가보』 1부, 청지(靑紙)에 금자 사경한 단본(單本) 『화엄경』 1부….315)

(9) 일본국 회례사 상호군(上護軍) 박안신과 부사 대호군(大護軍) 이예(李藝)가 돌아와서 임금께 보고를 하였는데 임금이 내전으로 불러 접견하였다. 안신 등이 아뢰었다. …(중략)… 금자로 사경한 『화엄경』·『호국인왕경』·『아미타경』·『석가보』 등 네 가지 불경은 실로 우리 전하가 귀중히 보관하고 있던 것입니다.316)

일본 국왕의 요청으로 금자(金字) 사경(寫經)의 『아미타경』 등 네 가지의 불경을 사신 편에 보냈다는 위 기사의 내용에서, 이 네 가지 불경의 하나로 '석가보'의 이름이 보이는데, 여기서의 석가보는 중국에서 만들어진 대표적 불전(佛傳)이라 할 수 있는 승우의 『석가보』를 가리키는 것이라 할 수 있다. 석존의 일대기를 다룬 문헌 중에서, '석가보'라는 서명은 승우의 『석가보』가 유일한 것이며, 중국과 우리나라에서 오래 전부터 중요하게 여겨 온 책이기 때문이다. 더구나, 『화엄경』·『아미타경』 등 구체적인 경전 이름을 거론하면서 유독 『석가보』만을 '석

---

315) "安臣等奉回答, 日本國王書乃行其書曰…(中略)…來使圭籌請還人口五十三名 就付發遣. 不腆信物, 金字仁王護國般若波羅密經一部, 金字阿彌陀經一部, 金字釋迦譜一部, 靑紙金字單本華嚴經一部."(『세종실록』 권23, 6년 계축 2월 7일)
316) "日本國回禮使, 上護軍朴安臣, 副使大護軍李藝, 復命上引見于內殿安臣等啓曰…(中略)…金字華嚴經·護國仁王經·阿彌陀經·釋迦譜等, 四經實我殿下之寶."(『세종실록』 권23, 6년 무오 12월 17일)

존의 일대기를 다룬 책'이라는 의미의 일반명사로 썼을 리는 없을 것이기 때문이다. 조선왕조실록의 기술관례 상, 만약 소헌왕후의 추천을 위해 새로이 조성된 석존의 일대기를 의미한 것이었다면, 같은 실록의 기사에도 나오는 '석가보'라는 명칭 대신, 「월인석보 서」에서처럼 '석보'라는 어휘를 사용했을 것이다.

그러므로 ③에서의 '증수석가보(增修釋迦譜)'는 『석가보』의 내용을 재구성하는 것은 물론, 『법화경』·『아미타경』·『대방편불보은경』 등의 불전(佛典)을 석존 일대기로서의 문맥에 맞게 선택·배열하는 것을 뜻한다고 할 수 있다. 결국, 『석가보』를 중심으로 하고 여러 불전을 그 구성으로 하는 현전『석보상절』은 1446년 12월에 본격적인 편찬이 시작된 것이라고 하겠다.

다음으로, ①과 ④~⑤를 통해서는 구체적인 『석보상절』의 완성 및 간행연대를 추정할 수 있다. ①「석보상절 서」의 완성연대는, 당대 문헌의 간행에 있어 서문의 연대와 간행의 연대가 일치한다는 점에 근거하여 『석보상절』의 간행연대로 보는 연구자들이 많다.317) 그러나 예외는 있을 수 있고,318) 앞에서 추정한 결과를 따른다면 간행연대라기보다는 국역을 포함한 『석보상절』 원고의 완성연대로 보는 것이 더 타당할 듯하다. 본격적인 『석보상절』의 편찬 작업은 1446년 12월에 시작된 것이므로, 총 24권의 활자본인 『석보상절』이 1447년 7월에 간행까지

---

317) 이동림·이병주·김영배·안병희 등의 연구자가 이에 속한다.
318) 『동국정운(東國正韻)』의 경우, 신숙주가 쓴 「동국정운 서」의 연대는 29년 9월 하순으로 되어 있고, 『세종실록』의 29년 9월 29일 조에도 "이 달에 『동국정운』이 완성되니 모두 6권인데 간행을 명하였다."라는 기록이 있다. 그러나 실제로 간행되어 제도(諸道)와 성균관 등에 배포된 것은 세종 30년 11월이었다. 천혜봉, 「새로 발견된 초참본 월인석보 권제7·8」, 『현대사학의 제문제』, 일조각, 1977, pp.480~481 참조.

되었다고 하기에는 무리가 있기 때문이다.

이와 같이 완성연대를 1447년 7월이라고 볼 때, ⑤9월 9~12일의 교정 날짜는 1448년 9월 9~12일이 되므로, 이 시기 이전에 『석보상절』은 간행되었을 것이다. 그러므로 『석보상절』은 1447년 7월까지 한문본 『석보상절』의 국역이 일단 완료되고, 그 후 교정과 활자 제작 등이 진행되어, 1448년 9월 이전에는 간행된 것이라고 할 수 있다.

끝으로, ⑥의 실록기사 중, 12월 5일 조의 기사와 김수온의 『사리영응기』는 궁궐 안에 새로이 조성된 내불당의 낙성을 기념하는 경찬회(慶讚會)에 관해 기록하고 있는데, 후자가 전자에 비해 상세하다.

『사리영응기』는 열성(列聖)의 명복을 빌기 위해 궁궐 안에 불당을 새로 조성하라는 1448년 7월 19일[319]의 세종의 교지로부터 시작하여, 불당의 준공과 불상의 안치, 그리고 12월 6일의 경찬회에서 사리가 출현한 사실에 이르기까지의 과정을 날짜순으로 기록한 것이다.[320] 그 가운데, 11월 20일의 불당 준공일과, 세종이 궐내에서 재계(齋戒)를 시작한 28일 사이의 기록에는 세종이 친히 지었다는 '친제신성(親製新聲)'의 곡명 및 그 악장이 소개되어 있다.[321] 이 '친제신성'은 12월 5일

---

[319] 『사리영응기』의 서두는 "上之三十有一年 秋七月十九日癸卯"로 시작되는데, 박범훈(『한국불교음악사연구』, 장경각, 2000, p.339)은 '上之三十有一年'을 1449년으로 파악하여 "『세종실록』의 기록과 『사리영응기』의 기록에 1년의 차가 있는데 앞으로 좀더 연구해야 할 과제로 생각된다"고 하였다. 그리고 최정여(「세종조 망비 추선의 주변과 석보 및 찬불가 제작」, 『계명논총』 5, 계명대, 1968, p.33)는 "31년으로 표기한 것은 30년의 오기(誤記)이다"라고 하였다. 이들 연구자는 『사리영응기』가 이루어진 당시의 '上之三十有一年'을 실록의 '세종 31년'으로 본 것이다. 그러나 『사리영응기』는 즉위년을 포함한 것이고, 실록은 즉위년과 원년을 구별한 것이므로, 결국 전자의 '上之三十有一年'은 바로 실록의 세종 30년, 곧 1448년인 것이다.

[320] 구체적인 날짜에 있어서 실록의 기사와 조금씩 차이를 보이고 있다.

[321] "親制新聲, 仰鴻慈之曲·發大願之曲·隆善道之曲·妙因緣之曲·布法雲之曲·

조의 실록 기사에 보이는 '신악(新樂)'을 가리킨다.

여기에서 주목할 점은, 『석보상절』의 원고가 완성되어 그 간행이 마무리되는 시점과 내불당 건립이 착수된 시기가 거의 일치한다는 사실이다. 또한 내불당의 경찬회에서 연주되었다는 세종의 '친제신성'은 〈월인천강지곡〉과 친연성을 보인다. 『사리영응기』의 '친제신성'과 〈월인천강지곡〉과의 관련성은 일찍이 권상로의 소개[322]와 최정여의 연구[323]를 통해서도 지적된 바 있다. 특히 최정여는 〈용비어천가〉의 음악명이 취풍형(醉豊亨)·치화평(致和平)·여민락(與民樂)인 것처럼, 앙홍자지곡(仰鴻慈之曲)·발대원지곡(發大願之曲) 등의 '친제신성' 역시 〈월인천강지곡〉을 노랫말로 하는 음악일 가능성을 주장하였다. 이러한 견해는 『사리영응기』에 〈월인천강지곡〉의 이름이 보이지 않는 이유에 대한 합당한 설명이 있기 전에는 설득력이 없다고 하겠으나, 그 가능성만은 아직 유효하다고 생각한다.

지금까지, ①~⑥의 자료를 중심으로 『석보상절』의 편찬 경위를 살펴보았는데, 이제 이를 토대로 『월인천강지곡』의 완성 및 간행시기를 추정해보도록 하겠다.

〈월인천강지곡〉은 세종이 한글본인 현전 『석보상절』을 대본으로 하여 지은 것이므로, 한문본 『석보상절』의 국역이 완료되는 시점을 전후로 하여 〈월인천강지곡〉은 한글로 지어지기 시작했을 것이다. 그리고

演甘露之曲·依定慧之曲. 其樂章則有九, 曰歸三寶, 曰贊法身, 曰贊報身, 曰贊化身, 曰贊藥師, 曰贊彌陀, 曰贊三乘, 曰贊八部, 曰希冥資." 악장의 경우, 문집에 수록된 『사리영응기』에는 그 제목만이 실려있으나, 단행본에는 5언 6구의 한시로 된 악장 전문이 협주에 실려있다.

322) 권상로, 「李朝時代 佛敎諸歌曲과 名稱歌曲의 관계」, 『일광』 7, 중앙불교전문학교 교우회, 1936.
323) 최정여, 위의 논문, pp.33~34.

교정날짜가 적혀있는 『석보상절』 권6에는, '月印千江之曲 上'의 판심제 (版心題)가 있는 낙장이 끼어있으므로, 늦어도 1448년 8월에는 책으로 간행되었음을 알 수 있다. 결국, 『월인천강지곡』은 『석보상절』의 원고가 완성된 1447년 7월과 『석보상절』 간행의 하한선인 1448년 8월 사이의 기간에 완성 및 간행된 것이라고 할 수 있다. 『석보상절』의 교정 및 간행과 거의 같은 시기에 『월인천강지곡』 또한 지어지고 간행된 셈이다.

아직 확실하지는 않지만, 앞에서 언급했던 내불당과의 관련성까지 감안한다면 『석보상절』 및 『월인천강지곡』은 내불당 건립이 착수되는 1448년 7월 이전에 간행이 완료되었다고도 볼 수 있다. 〈월인천강지곡〉은 현전 『석보상절』의 대목을 요약과 적구(摘句)의 방법으로 직접 한글로 지은 것이고, 『석보상절』의 활자를 이용하였을 것이므로, 『석보상절』의 교정 및 활자 제작과 동시에 병행되었더라도 완성 및 간행에 그리 오래 시간이 걸리지는 않았을 것이다. 「월인석보 서」의 '첩제(輒製)'라는 어휘는 이러한 사정을 나타낸 것이라고 여겨진다.

2) 전승의 양상과 성격

제작 경위와 마찬가지로, 〈월인천강지곡〉의 구체적인 유통 양상에 대해 알려주는 현전 기록은 없다. 다만, '월인천강지곡'이란 어휘가 보이는 몇몇 자료를 통해 그 대강을 알 수 있을 뿐이다.

(10) 영릉(英陵)이 늘그막에 불교를 좋아하여 　　英陵晩好釋迦談
　　　북악산 허리에나 암사를 시녔시 　　　　　　城北山腰創一菴
　　　가요를 만들어 사녀(士女)들에게 나누어주었으나 　**爲製歌謠頒士女**
　　　다만 전국 술이지 주흥은 몰랐네. 　　　　　只緣醇酎不知酣324)

위의 (10)은 김시습의 7언 절구인 「내불당」을 옮긴 것이다. 이 시는 1463년(세조 9) 가을, 김시습이 효령대군의 청으로 내불당에 와서 10일간 『법화경』을 교정하는 동안에 쓴 것이다.325) 전구(轉句)의 "爲製歌謠頒士女" 옆에는 '卽月印千江等曲'이란 부기(附記)가 있는데, 이를 통해 〈월인천강지곡〉은 사녀를 대상으로 내불당에서 불려졌음을 알 수 있다. 비록 세종이 사녀들에게 가요를 나누어 준 사실만을 읊고 있지만, 내불당을 창건했다는 승구(承句) 다음에 이 내용이 있다는 점은 내불당이 〈월인천강지곡〉의 주요 연행공간이었음을 보여준다고 하겠다. 한편, "只緣醇酊不知醒"은 세종의 신불(信佛) 태도에 대한 언급으로, 앞 절에서 언급했던 〈월인천강지곡〉의 불교 순화적 성격을 암시한다고도 할 수 있다.

다음으로, 앞에서 인용했던 세조 14년 5월 12일의 실록 기사326)는, 사정전(思政殿)의 연회에서 8명의 기녀가 〈월인천강지곡〉을 연행했음을 보여준다. 이 기사는 '월인천강지곡'이란 어휘가 보이는 유일한 실록기사이기도 한데, 〈월인천강지곡〉이 〈용비어천가〉와 마찬가지로 궁중의 연회에서 불려졌음을 알 수 있게 한다. 그렇다고 〈월인천강지곡〉이 악장의 기능을 담당했다고는 할 수 없고, 이 기사는 예외적인 경우에 속한다고 보는 것이 옳다. 〈월인천강지곡〉을 제작한 사실조차 『세종실록』에 기록되지 않는 상황에서, 이 작품이 세종 당대에 궁중에서 연행되기는 무리였을 것이기 때문이다.

---

324) 김시습, 「내불당」, 『매월당속집』 권2.(『국역 매월당집』 5, 세종대왕기념사업회, 1980, p.27)
325) "癸未秋因買書入京, 時主上譯蓮經, 孝寧大君以我識文, 承乏讐校一旬於內佛堂, 因咏其創起之緣."(위의 책, 같은 곳)
326) "上御恩政殿, 與宗宰諸將談論, 令各進酒. 又命永順君溥, 授八妓諺文歌詞, 令唱之, 卽世宗御製月印千江之曲."(『세조실록』 권45, 14년 신미 5월 12일)

(11) 달은 하늘 위에 물은 땅에　　　　　月在天上水在地
　　　그 중간의 거리가 9만 8천 리　　　　中間九萬八千里
　　　달이 어찌하여 물 속에 있나　　　　月胡爲乎在水中
　　　내가 그 까닭을 모르네마는　　　　　我自不知其所以
　　　달도 또한 몸을 천 백 억에 나누니　月亦分身千百億
　　　물이 여기 있으면 또한 달 있네　　　有水於是亦有月
　　　회의 물이 맑고 또 잔잔한데　　　　 淮之水淸且漣漪
　　　달이 와서 인치니 빛이 더 희네　　　月來印之光更白
　　　원래 만수가 본디 한 이치　　　　　 由來萬殊本一理
　　　한 달이 천으로 나뉨이 당연한 이치 一月分千理自爾
　　　스님이여 가서 월인천강곡을 읽어보소 **師乎去讀月印千江曲**
　　　도가 본디 하나도 아니요 둘도 아니로세 **道本不一亦不二**327)

　　인용문은 서거정(1420~1488)이 지은 「제회월헌시축(題淮月軒詩軸)」의 전문이다. 이 시를 통해서는 우선, 앞의 두 자료와 달리 〈월인천강지곡〉이 독서물로 향유되었음을 알 수 있다. 곧 미련(尾聯)의 "師乎去讀月印千江曲"은 이러한 사실을 보여준다. 그런데 『월인석보』의 권두서명은 '월인천강지곡/석보상절'로 되어 있다는 점에서,328) 인용문 (11)의 '월인천강지곡'은 『월인석보』를 가리킬 가능성도 있다. 그리고 창작 연대는 알 수 없지만, 그 내용으로 서거정의 나이를 생각해볼 때, 단행

---

327) 서거정, 「제회월헌시축(題淮月軒詩軸)」, 『속동문선』 권4.(『국역동문선』 10, 민족문화추진회, 1971, pp.259~260)
328) 안병희, 「월인석보의 편간과 이본」, 『진단학보』 75, 진단학회, 1993, p.183에 서는, "고서 목록 작성의 관행에 따르면, 권두서명과 같이 '월인천강지곡/석보상절'이라 되어야 하나(실제로 그 이름으로 등록한 고서 목록서가 있다) 세조의 「어제월인석보서」와 판심서명의 '월인석보'에 근거하여 학계에서는 월인석보라 불러왔다"고 하였다.

본 『월인천강지곡』보다는 1459년에 간행된 『월인석보』일 가능성이 더욱 크다고 할 수 있다.

다음으로 주목할 점은, 이 시의 끝 구가 "道本不一亦不二"로 되어 있다는 것이다. 이 구절은 〈월인천강지곡〉의 형식구조에 대한 필자의 해석과 거의 일치하고 있으며, "師乎去讀月印千江曲"이라고 하여 이 시의 청자를 스님으로 상정하고 있다는 점까지 고려하면, 서거정은 〈월인천강지곡〉의 성격을 '유불불이(儒佛不二)'로 파악한 것이라고 할 수 있다.329) 불교에서의 '불이'는 단순히 둘이 아니라는 뜻이라기보다, 하나[一]이면서 둘[多]이고 둘[多]이면서 하나[一]이며, 하나도 아니고 둘도 아니라는 의미이기 때문이다. "道本不一亦不二"는 바로 이 점을 나타낸 것이라 여겨진다.

위의 세 자료가 '월인천강지곡'이란 어휘가 보이고 〈월인천강지곡〉과 관련된 것이라면, 다음에 살펴볼 두 자료는 『월인석보』 권8의 유통과 관련이 있다. 일본 청산문고(靑山文庫)에 소장되어 있는 사라수탱(沙羅樹幀, 1576년, 선조9)은330) 『안락국태자경』의 변상도(變相圖)로, 한 폭의 그림에 총 27의 화소(畵素)가 배치되어 있고, 그림마다 인물

---

329) 이기대, 「월인석보의 구성방식과 문학적 성격」, 『우리문학연구』 14, 우리문학회, 2001, p.128에서는, "서거정의 이 시를 통해 〈월인천강지곡〉과 같은 것이 왕실 밖에서 읽히고 있는 현상과, 불교의 교리를 이해하기 위한 방편으로 이용되고 있음을 알 수 있다. 그리고 『월인석보』는 〈월인천강지곡〉보다 더욱 자세한 내용과 쉬운 해설로 인해 〈월인천강지곡〉처럼 왕실 밖에서 읽혔을 가능성을 짐작해 볼 수 있다"라고 하였다.

330) 이 변상도는 웅곡선부(熊谷宣夫), 「청산문고장 안락국태자경변상」, 『김재원박사 회갑기념논총』, 1969에서 처음 소개된 이후, 사재동, 「안락국태자경의 연구」, 『논문집』 13, 충남대 인문과학연구소, 1986, pp.308~309와 오대혁, 「안락국태자경과 이공본풀이의 전승관계」, 『불교어문논집』 6, 한국불교어문학회, 2001, pp.220~226, 그리고 최근의 김진영, 「그림과 문학의 상호텍스트성과 그림연행」, 『어문연구』 51, 어문연구학회, 2006에서 구체적인 논의가 이루어졌다.

및 사건에 대한 한글 설명이 붙여 있다.331) 그런데 이 한글 설명은 아래의 인용문에서 보듯 〈월인천강지곡〉에 다름 아님을 알 수 있다.

(12) ㉠세 分이 길 녀샤 竹林國 디나싫 제 夫人이 몯 뮈더시니
　　　兩分ㅅ긔 술ᄫ샤ᄃᆡ 사ᄅᆞ미 지블 어다 내 몸을 ᄑᆞ라지이다 〈其227〉
　　　㉡夫人이 업스샤 三동이 ᄃᆞ외샤 즘게 아래 더뎃더시니
　　　아기 우르샤 三동ᄋᆞᆯ 뫼호시고 西方애 合掌ᄒᆞ시니　　〈其247〉

(13) ㉠세 부니 길 녜샤 듁림국 디나실 제 부인니 몯 뮈ᄃᆞ시니
　　　兩分씌 술오샤ᄃᆡ 사ᄅᆞ미 지블 어다 내 몸을 ᄑᆞ라지이다332)
　　　㉡부인니 업스샤 삼동이 도외샤 즘게 아래 더뎟시니
　　　아기 우르샤 삼동을 뫼호시고 셔방애 합장ᄒᆞ시니333)

위의 (12)는 〈월인천강지곡〉을 옮긴 것이고, (13)은 관련 한글 설명을 인용한 것이다. (12)·(13)의 ㉠과 ㉡은 그 표기만 다를 뿐, 같은 노래임을 알 수 있다. 사라수탱이 1576년에 제작된 것을 감안하면, 이 변상도의 한글 설명은 단행본 『월인천강지곡(중)』이 아니라, 1572년 풍기 비로사에서 간행된 복각본 『월인석보』 권8에서 옮겨 온 것이라 할 수 있다.

이 복각본은 『안락국태자경』의 이본인 『신라함월산기림사사적(新羅含月山祇林寺事蹟)』의 발문에서도 보인다. 이 사적은 "乾隆伍年(1740) 庚申孟夏刊"이라는 간기가 있지만, 발문에는 "歲崇禎紀元"으로 되어 있어, 1628년(인조 6)에 이미 사적이 쓰여지고 110여 년이 지난 뒤에 판

---
331) 김진영, 위의 논문, p.349.
332) 웅곡선부, 위의 논문, p.1072.
333) 같은 논문, pp.1078~1079.

각된 것이라 할 수 있다.334) 발문을 쓴 사람은 승무(僧蕪)라는 승려로, 발문에는 이 사적을 기록하기 위해 자신이 모아 놓은 것과 〈월인천강지곡〉을 구해서 교정을 보았는데, 모아 놓은 것은 〈월인천강지곡〉에 비해 상세하지 못하고 순서가 달랐지만, 그 내용은 한치의 틀림도 없었다335)는 언급이 있다. 여기에서 '월인천강지곡'은 "輯者之於曲義不詳細"라는 구절과 발문이 쓰여진 시기를 통해, 풍기 비로사에 간행된 복각본『월인석보』권8임을 알 수 있다. 그리고 이러한 사실은 승려들이『월인석보』를 구하는 것이 그리 어렵지 않았음을 짐작할 수 있게 한다.

끝으로, 권8을 제외한『월인석보』의 복각본을 들 수 있다. 본서의 제2장 1절에서 지적했듯이,『월인석보』는 현재 권1·2·7·8·15·17·21·23의 복각본이 전하고 있는데, 특히 권21은【표1】에서 제시한 3종의 복각본 외에도 1762년(영조 38) 두류산 견성암(見性庵)에서 '지장경언해(地藏經諺解)'란 이름으로 간행된 중간본이 있다. 권두 서명은 '지장보살본원경언히권샹 월린천강지곡제이십일 셕보샹제이십일'로 되어있다.336) 현전『월인석보』에서 이본이 4종이나 전하는 것은 이『월인석보』권21이 유일한 예에 속한다. 이러한 점은『월인석보』권21에 편입되어 있는『지장경』의 영향으로, 지장신앙이 조선중기 이후 대중들 사이에서 성행하였음을 보여주는 일례라고 하겠다.337)

이상, 〈월인천강지곡〉의 전승 양상을 몇몇 자료를 중심으로 살펴보

---

334) 오대혁, 위의 논문, p.256.
335) "季春興玆山慧聰大師, 抵於臨瀛山雲際之檟. 師有意而曰, 祇寺之古說, 昭著於月印千江曲云云. 不慧求將其曲, 與前輯者較之. 輯者之於曲義不詳細, 反以秩序舛訛非一氣."(한국학문헌연구소 편,『불국사지(외)』, 아세아문화사, 1983, p.142)
336) 안병희, 위의 논문, p.193.
337) 김기종,「석보상절 권11과 월인석보 권21의 구성방식 비교 연구」,『한국문학연구』26, 동국대 한국문학연구소, 2003, p.226.

았다. 현전 자료의 부족으로 구체적인 전승의 양상 및 그 성격을 파악하기가 쉽지 않지만, 지금까지의 논의를 통해 다음과 같은 사실을 알 수 있다. 곧 〈월인천강지곡〉은 15세기 후반까지는 세종의 의도대로 백성들의 교화와 불교 순화적 성격의 시가로 전승되었으나, 16세기 이후로는 신앙적인 측면에서 수용되었다. 특히 16세기 이후로 단행본 『월인천강지곡』의 전승 사실을 찾아볼 수 없다는 점과, 『월인석보』의 복각본이 몇몇 권차에만 집중되어 있다는 점은, 논리적인 서사구조로 '유불불이(儒佛不二)', 더 나아가 국가의 통합과 안정을 지향한 〈월인천강지곡〉 본래의 성격이 변질되었음을 의미한다.

제6장 결론

 본 연구는 〈월인천강지곡〉의 텍스트를 확정한 뒤, 저경(底經)의 성격과 의미를 살펴보고 서사구조를 분석하여 문학적 성격을 구명(究明)하였다. 지금까지의 논의를 요약하여 결론으로 삼기로 한다.
 〈월인천강지곡〉은 세종 당대에 간행된 단행본과, 『월인석보』에 수록된 노래 모두를 가리킨다. 그러므로 〈월인천강지곡〉의 텍스트는 단행본과 『월인석보』 수록 노래 모두를 포함한다고 할 수 있다. 그렇지만, 기존의 문학적 연구 중, 몇몇 논의에서는 내용의 연속성을 확보할 수 없다는 이유로 『월인석보』 소재 〈월인천강지곡〉을 텍스트에서 제외하고 있다. 또한 『월인석보』의 마지막 권차인 권25가 1998년 학계에 소개되었음에도 불구하고, 권25의 마지막 노래인 其583에 대한 언급은 찾아볼 수가 없다. 그러나 〈월인천강지곡〉의 서사구조 분석과 문학적 성격의 구명을 위해서는 이러한 문제를 도외시할 수 없다. 텍스트의 범위에 따라 〈월인천강지곡〉의 성격은 달리 파악될 것이고, 작품의 구조를 파악하기 위해서는 무엇보다 결사의 확정 문제를 해결해야 하기 때문이다.
 그러므로 제2장에서는 〈월인천강지곡〉의 서사구조 및 문학적 성격을 논의하기 위한 예비 단계로, 텍스트의 범위와 결사의 확정 문제에 대해 살펴보았다.

　먼저, 단행본과 『월인석보』 수록 노래들의 비교를 통해, 노랫말에 차이를 보이고 있는 두 곡의 내용에는 큰 차이가 없음을 확인하였다. 그리고 저경과 내용이 대응되는 『석보상절』과 『월인석보』의 비교를 통해서는 곡차의 차이 및 그 이유를 밝힐 수 있었다. 그리하여 곡차의 차이는 『월인석보』에서 새로운 노래가 추가된 것이 아니라, 단행본 중권 또는 하권에 있던 노래가 곡차만 바뀌어 권5나 권6에 옮겨진 결과로 보았다. 또한 『월인석보』의 변개는 〈월인천강지곡〉에 영향을 미치지 않았고, 더 나아가 〈월인천강지곡〉으로 인해 『월인석보』의 내용이 새로 첨가된 경우도 있음을 지적하였다.

　결사의 문제에 있어서는, 이에 대한 기존의 논의를 살펴본 뒤, 其583의 내용과 주석 등을 구체적으로 검토하여 이 노래가 其582와 함께 其3~581의 내용을 마무리하는 〈월인천강지곡〉의 결사임을 확정하였다. 끝으로, 결사의 확정에 대한 이러한 논의와, 단행본과 『월인석보』에 수록된 노래들을 같은 맥락에서 다룰 수 있다는 앞의 논의를 통해 본고의 텍스트를 확정하였다.

　제3장에서는, 현재 전하지 않는 노래를 포함한 〈월인천강지곡〉의 전체 구성과 저경을 밝히고, 저경의 성격과 그 의미에 대해 살펴보았다. 이를 위해 먼저, 현전 『석보상절』과 『월인석보』의 구성과 저경을 검토하였고, 두 텍스트의 구성방식의 차이점과 그 의미에 대해서도 알아보았다. 그리고 단행본에만 수록된 其94~137의 저경을 새로 찾았으며, 부전(不傳) 〈월인천강지곡〉 또한 그 내용 및 저경을 추정하였다.

　『석보상절』 및 『월인석보』의 구성과 저경 검토는, 각 권차의 내용 및 저경을 삽화 단위로 세분한 도표를 제시한 뒤, 이 도표의 내용을 설명하는 방식으로 진행하였다. 그 과정에서 『불본행집경』·『미증유인연경』·『연등회요』·『아육왕전』 등의 새로운 저경을 찾았고, 아울러 기존 논의에서 잘못 파악한 저경을 바로 잡았다.

또한, 『석가보』·『법화경』·『대방편불보은경』 등의 주요 저경의 내용 및 성격에 대해서도 살펴보았는데, 특히 『석가보』의 내용을 중점적으로 다루었다. 『석가보』는 5권본과, 5권본의 '석가강생석종성불연보(釋迦降生釋種成佛緣譜)' 항목을 증보한 10권본의 두 종류가 있으며, 5권본은 『보요경』을 중심 경전으로 하고 있는데 반해, 10권본은 『과거현재인과경』을 중심으로 하고 있는 차이가 있음을 밝혔다. 그리하여 『석가보』의 '석가강생석종성불연보'가 내용인 『석보상절』 및 『월인석보』의 저경 파악에 있어서는 이 5권본과 10권본을 구분할 필요가 있음을 지적하였다.

구성방식의 차이점은 내용과 저경이 대응되는 권차를 대상으로 하여 삽화의 배열과 저경 수용 양상을 중심으로 살펴보았다. 『석보상절』은 여러 저경의 내용을 삽화 단위로 분리하여 그 시간적 순서와 전체적인 문맥에 맞게 재배열하고 있으며, 저경의 수용에 있어서는 채택된 저경의 삽화 중, 『석보상절』 삽화의 주제 형성과 관련되는 내용만을 문맥에 맞게 발췌·요약하고 있다.

이에 비해, 『월인석보』는 대체로 『석보상절』의 저경과 구성방식을 따르면서도, 『석보상절』에서 제외되었던 저경의 삽화 및 내용을 축약 또는 생략 없이 저경의 모습 그대로 옮기고 있다. 이러한 차이점은, 추천의식에 모인 청중들에게 들려지는 것이 목적인 『석보상절』과, 추천의식과 상관없이 주로 한자를 읽을 수 있는 독자층에게 석존의 생애와 불교의 교리를 알리는 것이 목적인 『월인석보』의 편찬 목적의 차이에 기인한 것이라 할 수 있다.

其94~137의 저경은 면밀한 탐색 결과, 其112를 제외한 모든 노래의 저경을 확인했고, 저경을 근거로 기존 주해서의 오류를 바로잡기도 했다. 부전 〈월인천강지곡〉의 경우는, 관련 『석보상절』 및 저경을 통해 가능한 범위 안에서 저경 및 내용을 추정하였다.

이상의 논의 결과를 바탕으로, 현재 전하지 않는 노래를 포함한 〈월인천강지곡〉 전체의 저경 목록을 작성하였고, 이를 통해 〈월인천강지곡〉으로 노래된 불전(佛典)의 성격과 그 의미에 대해 논의하였다. 그 결과, 〈월인천강지곡〉에서는 『석보상절』에 비해 『법화경』·『아미타경』·『관무량수경』 등 추천의식(追薦儀式)에서 중시되던 경전의 비중이 약화되고, 대신 『대방편불보은경』·『태자수대나경』 등과 같은 보은의 중요성과 방법을 강조·제시하고 있는 불전(佛典)의 비중이 강화되어 있음을 알 수 있다.

이러한 사실은 〈월인천강지곡〉의 관심이 윤리적인 문제에 있음을 보여주는데, '보은'과 그 실천 덕목인 보시·효도·인욕 등은 불교신자로서 복덕과 공덕을 짓기 위한 방법인 동시에, 사회 구성원으로서 지켜야 할 생활 규범의 성격을 갖기 때문이다. 그리고 〈월인천강지곡〉의 작자 입장에서 윤리적인 관심은 백성에 대한 교화와 연결된다고 할 수 있다. 곧 〈월인천강지곡〉은 신앙적·기복적 목적 외에도 백성들에 대한 교화의 필요성으로 인해 제작된 것이며, 이 작품을 구성하고 있는 저경의 비중을 고려할 때, 『석보상절』에 비해 윤리·교화적인 성격이 보다 강화되었다고 할 수 있다.

제4장에서는 〈월인천강지곡〉의 구조와 주제의식을 논의하기에 앞서, 삽화 배열의 원리와 서사·결사의 내용 및 의미를 살펴보았다. 〈월인천강지곡〉은 석존의 일대기라는 특성 상, 석존의 탄생·출가·성불·열반 등에 관한 사적들이 그 시간적 순서에 따라 배열된다. 그러나 시간적 선후 관계 및 서사내용의 인과관계가 분명하지 못한 삽화들의 경

우는, 각 삽화의 서사의미를 토대로 배열되는 주제적 인과의 방법에 의해 배열되어 있다. 이러한 배열 방법은 석존의 전법(轉法)에 관한 其83~519 전체에 걸쳐 나타나 있다. 이를 통해, 〈월인천강지곡〉은 시간적 순행의 원리에 의해 전개되면서도, 전법 사적에 해당하는 삽화들의 경우는 주제적 인과의 원리에 의해 배열된 것이라고 정리할 수 있다.

다음으로, 서사인 其1·2는 〈월인천강지곡〉의 주제가 석존의 무량무변한 공덕의 제시임을 보여주고, 결사인 其582·583은 화자의 자문자답 형식으로 '불신(佛身)의 편재(遍在) 내지는 상주(常住)'를 노래하고 있다. 서사와 결사의 이러한 내용은 제명인 '월인천강'의 의미와 연결되는데, 〈월인천강지곡〉의 서사는 '월인천강'의 용(用)적 측면을, 결사는 '월인천강'의 체(體)를 나타낸 것이 된다. 불신(佛身)의 측면에서는, 서사는 보신(報身)과 응신(應身)으로서의 석존을, 결사는 법신(法身)으로서의 석존을 표현한 것이라 할 수 있다.

따라서 서사와 결사는 같은 내용의 다른 표현으로, 〈월인천강지곡〉의 주제가 석존의 무량무변 공덕과 불신의 편재임을 집약하여 제시한 것이라고 하겠다. 그리고 〈월인천강지곡〉의 1행[其1]-2행[其2~582]-1행[其583] 구조는 '월인천강'의 의미를 시가형식을 통해 구현한 것으로, 법신의 체와 용의 관계가 하나이면서 둘이고 둘이면서 하나임을 보여준다.

이상의 논의를 고려할 때 〈월인천강지곡〉은 서사, 본사, 결사의 3단 구조로 파악되고, 그 틀 안에서 서사부인 본사가 6개 단락으로 나누어짐으로써 전체가 8단 구조를 이룬다. 그리고 서사부는 서사내용 및 그 의미에 따라 1) 성불(其3-97), 2) 석가족 및 외도 교화(其98-181), 3) 발고여락(拔苦與樂)의 설법(其182-271), 4) 영산회(靈山會) 설법(其272-340), 5) 성불의 인연(其341-519), 6) 열반과 불교 홍포(其520-581)의

6단락으로 나누어진다.

  1)의 전생~수도의 하위 단락은 성불의 필연성을 강조하면서 그 근거인 '석존의 덕성'을 암시하고 있으며, 성불·초전법륜 단락은 석존의 덕성으로 자비심을 제시하고 있다. 2)는 석가족과 외도의 출가 및 교화 사적을 통해, 석존이 그들로 하여금 교만심·재물욕·색욕 등의 여러 욕망을 버리게 하여 불법에 귀의시키고 깨달음을 얻게 한 '공덕'을 보여주고 있다. 3)은 석존이 『아미타경』·『약사경』 등의 대승경전을 설법한 내용과, 독룡·5백 군적 등의 교화 사적에 관한 삽화들로 구성되어 있다. 각 삽화들은 석존 및 여러 부처가 설법과 신통력으로 중생들을 가난·죽음·가족 이산 등의 중고(衆苦)에서 벗어나게 한 '공덕'을 드러내고 있다.

  『법화경』의 내용인 4)와 석존의 성불 인연에 관한 5)는, 각각 일불승(一佛乘)이라는 '성불의 근거'와 보시·효도라는 '성불의 방법'을 제시하고 있다. 6)단락은 석존이 비록 열반하였으나 석존의 가르침, 즉 법신(法身)은 항상 이 세상에 머무르고 있다는 서사내용을 통해, 4)·5)단락에 이어 '성불의 성격' 내지는 '불신의 본질'을 보여준다. 결국, 〈월인천강지곡〉의 서사구조는 '1) 석존의 덕성 → 2) 석존의 공덕1 → 3) 석존의 공덕2 → 4) 성불의 근거 → 5) 성불의 방법 → 6) 불신의 본질'로 파악되고, 각 단락은 '자비심 → 사욕(捨欲) → 발고(拔苦) → 일불승(一佛乘) → 보시와 효도 → 법신의 상주'라는 주제를 제시한다고 정리할 수 있다.

  〈월인천강지곡〉이 청자(독자)의 존재를 상정하고 있으며, 서사구조에 있어 성불의 방법 단락의 비중이 가장 크다는 점에서, 〈월인천강지곡〉은 청자(독자)에게 석존의 공덕과 불신의 편재를 알리는 것뿐만 아니라, 이를 통해 성불의 방법인 보시와 효도의 실천을 권장하는데 그 목적이 있음을 알 수 있다. 곧 〈월인천강지곡〉의 주제의식은 '석존의 구체적인 공덕[사욕·발고·보시·효도] 제시와 이의 실천'인 것이다. 그리하여 〈월인천강지곡〉은 작자인 세종의 심상을 표출하거나 왕실의 희원을 담은 시가가 아니라, 흥미 있는 서사내용을 통해 사욕·보시· 효도라는 사회윤리의 실천을 강조하고 권장한 시가라 할 수 있다

끝으로, 제5장은 〈월인천강지곡〉의 제작 동인·제작 경위·전승의 양상과 문학적 성격에 대한 논의이다. 제작 경위의 문제는, 기존의 논의에서 이견을 보이는 세종실록 기사의 '불경'과 '석가보'에 대한 의미 구명을 시도하여, 불경은 소헌왕후의 추선사업(追善事業)의 일환으로 조성되었던 『법화경』·『아미타경』 등의 사경들을 가리키고, 석가보는 승우의 『석가보』임을 밝혔다. 이러한 사실과 『석보상절』의 편찬 경위에 관한 여러 자료를 토대로 『월인천강지곡』의 완성 및 간행시기를 추정하면, 『석보상절』의 원고가 완성된 1447년 7월과 『석보상절』 간행의 하한선인 1448년 8월 사이의 기간에 완성 및 간행되었다고 할 수 있다. 내불당과의 관련성까지 감안한다면, 『월인천강지곡』은 내불당 건립이 착수되는 1448년 7월 이전에 간행이 완료되었다고도 볼 수 있다.

〈월인천강지곡〉의 문학적 성격은 제4장의 논의 결과와, 제작 동인·전승의 양상을 고려하면 다음과 같이 정리할 수 있다.

〈월인천강지곡〉은 백성의 교화와 불교의 '순화'를 목적으로 제작된 것으로, 이를 통해 〈월인천강지곡〉은 왕실 내심의 안정을 위한 것이 아니라, 통치자의 입장에서 지치지풍(至治之風)을 이루기 위한 유불(儒佛)의 공존을 모색한 것이라 할 수 있다. 이렇게 볼 때, 〈월인천강지곡〉의 1-2-1행의 형식 구조는 법신의 체(體)와 용(用)의 관계가 하나이면서 둘이고 둘이면서 하나임을 나타내는 동시에, 유교와 불교가 지치(至治)에 있어서 불이(不二)의 관계에 있음을 드러낸 것이라 하겠다.

이러한 〈월인천강지곡〉은 15세기 후반까지는 세종의 의도대로 백성

들의 교화와 불교 순화적 성격의 시가로 전승되었으나, 16세기 이후로는 신앙적인 측면에서 수용되었음을 알 수 있다. 특히 16세기 이후로 단행본『월인천강지곡』의 전승 사실을 찾아볼 수 없다는 점과, 『월인석보』의 복각본이 일부 권차에만 집중되어 있다는 점은, 논리적인 서사구조로 '유불불이(儒佛不二)', 더 나아가 국가의 통합과 안정을 지향한 〈월인천강지곡〉 본래의 성격이 변질되었음을 의미한다.

  본 연구는 저경의 성격과 의미를 살펴보고 서사구조를 분석하여 〈월인천강지곡〉의 문학적 성격을 구명하고자 하였다. 그러나 작품의 내용 분석에 치중한 나머지 〈월인천강지곡〉의 표현미학과 문예적 가치에 대해서는 미처 다루지 못하였다. 그리고 〈석가여래행적송〉·〈용비어천가〉 등 여타 서사시와의 비교 논의 또한 다루지 못하였다. 이러한 문제들은 앞으로의 연구 과제로 삼고자 한다.

참고문헌

자료

월인천강지곡 상
석보상절
월인석보
용비어천가
세종실록
세조실록
마명, 『불소행찬』(『대정신수대장경』 제4권)
무기, 『석가여래행적송』(『한국불교전서』 제6책, 동국대 출판부, 1984)
기화, 『현정론』(『한국불교전서』 제7책, 동국대 출판부, 1986)
___, 『유석질의론』(상동)
___, 『금강반야경설의』(상동)
강석덕, 「제경발미」, 『동문선』 102(『동문선』 5, 조선고서간행회, 1914)
김수온, 『사리영응기』(중앙승가대학, 1994)
김시습, 『매월당속집』(『국역 매월당집』 5, 세종대왕기념사업회, 1980)
설순, 『삼강행실도』(세종대왕기념사업회, 1982)
『월인천강지곡』, 남광우·성환갑, 형설출판사, 1978.
『(논주) 월인천강지곡』, 박병채, 세영사, 1991.
『(주해) 월인천강지곡 상』, 허웅·이강로, 신구문화사, 1999.
『석보상절 제3 주해』, 천병식, 아세아문화사, 1985.
『(역주) 석보상절 제6·9·11』, 세종대왕기념사업회, 1991.
『(역주) 석보상절 제13·19』, 세종대왕기념사업회, 1991.
『석보상절 제23·24 주해』, 김영배, 일조각, 1972.
『석보상절 제23·24 연구』, 김영배, 동국대학교 출판부, 2009.
『(역주) 월인석보 제1·2』, 세종대왕기념사업회, 1992.
『월인석보 제4』, 경북대 출판부, 1997.
『(역주) 월인석보 제7·8』, 세종대왕기념사업회, 1993.
『(역주) 월인석보 제9·10』, 세종대왕기념사업회, 1994.
『(역주) 월인석보 제11·12』, 세종대왕기념사업회, 1999.
『(역주) 월인석보 제17·18』, 세종대왕기념사업회, 1995.

『(역주) 월인석보 제19』, 세종대왕기념사업회, 2008.
『(역주) 월인석보 제20』, 세종대왕기념사업회, 2004.
『(역주) 월인석보 제22』, 세종대왕기념사업회, 2008.
『(역주) 월인석보 제23』, 세종대왕기념사업회, 2009.
『(보림사장본 영인) 월인석보 제17』, 장태진 편, 교학연구사, 1986.
『월인석보 권20(연구·영인본)』, 강순애, 아세아문화사, 2001.
『월인석보 권25(연구·영인본)』, 강순애, 아세아문화사, 2005.
『월인석보 21·23』, 홍문각, 1983.
「신라함월산기림사사적」, 한국학문헌연구소 편, 『한국사지총서』 11집, 아세아문화사, 1983.
『석가여래행적송』, 무기, 김월운 역, 동문선, 2004.
『유석질의론』, 송재운 역, 동국대 역경원, 1984.
『현정론·간폐석교소』, 김기영 역주, 한국불교연구원, 2003.
『금강경삼가해』, 심재완 주해, 영남대 출판부, 1981.
『(초록역주) 조선왕조실록 불교사료집』, 동국대학교 불교문화연구원, 1997.

단행본

고영근 밖에, 『월인천강지곡의 텍스트 분석』, 집문당, 2003.
고익진, 『한국의 불교사상』, 동국대 출판부, 1991.
금장태, 『세종조 종교문화와 세종의 종교의식』, 한국학술정보, 2003.
김성배, 『한국 불교가요의 연구』, 아세아문화사, 1976.
김승호, 『한국 승전문학의 연구』, 민족사, 1992.
김영배, 『국어사자료연구』, 월인, 2000.
김영태, 『한국불교사』, 경서원, 1997.
박금자, 『15세기 언해서의 협주연구』, 집문당, 1997.
박범훈, 『한국불교음악사연구』, 장경각, 2000.
불광교학부 편, 『경전의 세계』, 불광출판부, 1990.
불교신문사 편, 『불교경전의 이해』, 불교신문사, 1997.
사재동, 『불교계 서사문학의 연구』, 숭앙문화사, 1996.
이호권, 『석보상절의 서지와 언어』, 태학사, 2001.
장사훈, 『세종조음악연구』, 서울대 출판부, 1982.
정승석, 『고려대장경 해제』(1~3권), 고려대장경 연구소, 1998.

조규익, 『조선조 악장의 문예미학』, 민속원, 2005.
조남욱, 『세종대왕의 정치철학』, 부산대 출판부, 2002.
조동일, 『한국문학통사 2』, 지식산업사, 2005(제4판).
_____, 『동아시아 구비서사시의 양상과 변천』, 문학과 지성사, 1997.
조흥욱, 『월인천강지곡의 문학적 연구』, 국민대학교 출판부, 2008
최정여, 『조선초기 예악의 연구』, 계명대 출판부, 1981.
한국정신문화연구원 엮음, 『세종시대의 문화』, 태학사, 2001.
한우근, 『유교정치와 불교』, 일조각, 1995.
道端良秀, 최채경 옮김, 『불교와 유교』, 한국불교출판부, 1991.
道端良秀, 목정배 옮김, 『불교의 효 유교의 효』, 불교시대사, 1994.
立花俊道, 석도수·홍완기 옮김, 『고증 불타전』, 시인사, 1982.
平川彰 편, 정승석 역, 『대승불교개설』, 김영사, 1996.
平川彰 편, 혜학 역, 『법화사상』, 경서원, 1997.
Alan Shelston, 『전기문학』, 서울대 출판부, 1984.
제랄드 프랭스, 최상규 역, 『서사학-서사물의 형식과 기능』, 문학과 지성사, 1988.
Paul Merchant, 이성원 역, 『서사시』, 서울대 출판부, 1987.
Peter H. Lee, 김성언 옮김, 『용비어천가의 비평적 해석』, 태학사, 1998.

논문

강순애, 「새로 발견된 초참본 월인석보 권23에 관한 연구」, 『서지학보』 8, 한국서지학회, 1992.
_____, 「새로 발견된 초참본 월인석보 권25에 관한 연구」, 『서지학연구』 16, 한국서지학회, 1998.
_____, 「무량사 번각본 월인석보 권23에 관한 연구」, 『서지학연구』 17, 한국서지학회, 1999.
_____, 「새로 발견된 초참본 월인석보 권20에 관한 연구」, 『서지학연구』 21, 서지학회, 2001.
_____, 「월인석보의 저본에 관한 연구」, 『서지학연구』 22, 서지학회, 2001.
_____, 「영광 불갑사 소재의 무량사 번각본 월인석보 권23 권수 부분에 관한 연구」, 『가산학보』 10, 가산학회, 2002.
_____, 「초참본 월인석보 권15에 관한 연구」, 『서지학연구』 25, 서지학회, 2003.

江田俊雄,「석보상절과 월인천강지곡과 월인석보」, 1936. (천병식,『석보상절 제3 주해』, 아세아문화사, 1985 재수록.)
고영근,「석보상절·월인천강지곡·월인석보」, 서울대 대학원 국어연구회 편,『국어사자료와 국어학의 연구』, 문학과 지성사, 1993.
고익진,「법화경 계환해의 성행내력고」,『불교학보』 12, 동국대 불교문화연구소, 1975.
_____,「함허의 금강경오가해설의에 대하여」,『불교학보』 11, 동국대 불교문화연구소, 1975.
구사회,「불교계 악장문학: 조선조 초기를 중심으로」,『어문연구』 81·82합집, 한국어문교육연구회, 1994.
권상로,「이조시대 불교제가곡과 명칭가곡의 관계」,『일광』 7, 중앙불교전문학교 교우회, 1936.
김기종,「월인천강지곡의 배경과 구성방식 연구」,『불교어문논집』 4, 한국불교어문학회, 1999.
_____,「석보상절과 월인석보의 구성방식 비교 연구- 석보상절 권24와 월인석보 권25를 중심으로」,『한국어문학연구』 41, 한국어문학연구학회, 2003.
_____,「석보상절 권11과 월인석보 권21의 구성방식 비교 연구」,『한국문학연구』 26, 동국대 한국문학연구소, 2003.
_____,「석보상절의 저경과 저경 수용 양상」,『서지학연구』 30, 서지학회, 2005.
_____,「월인천강지곡의 텍스트 문제」,『국제어문』 35, 국제어문학회, 2006.
김동소,「월인석보 권4 연구」,『월인석보 제4』, 경북대출판부, 1997.
김무봉,「조선시대 간경도감 간행의 한글 경전 연구」,『한국사상과 문화』 23, 한국사상문화학회, 2004.
김민수,「석보상절 해제」,『한글』 110, 한글학회, 1955.
김사엽,「월인천강지곡고」,『이조시대의 가요연구』, 학원사, 1962.
김상일,「괴애 김수온 산문의 문예적 특질」,『한국어문학연구』 47, 한국어문학연구학회, 2006.
김승우,「월인천강지곡의 주제와 형상화 방식」, 고려대 석사학위논문, 2005.
김영배,「석보상절 제13 저경고- 법화경언해 권1과의 비교」,『수련어문논집』 창간호, 부산여대 국어교육과, 1973.
_____,「석보상절 제19에 대하여- 월인석보와 법화경언해와의 비교를 중심으로」,『논문집』 2, 부산여대, 1974.
_____,「석보상절 제9와 월인석보 제9」,『수련어문논집』 2, 부산여대 국어교육과, 1974.
_____,「월인석보 제22에 대하여」,『한국문학연구』 8, 동국대 한국문학연구소, 1985.

_____, 「석보상절 제22」, 『현대문학』 366, 현대문학사, 1985.
_____, 「월인석보의 편찬」, 『불교학논총』(월운스님 고희기념논총), 동국역경원, 1998.
김종우, 「월인천강지곡과 세종의 심상」, 『국어국문학』 28, 국어국문학회, 1965.
김종택, 「석보상절의 표현구조」, 『배달말』 8, 배달말학회, 1983.
김차균, 「월인천강지곡에 나타나는 표기체계와 음운」, 『한글』 194, 한글학회, 1986.
김학성, 「용비어천가의 짜임새와 시적 묘미」, 『국어국문학』 126, 국어국문학회, 2000.
_____, 「동아시아 시학으로 본 용비어천가의 시적 특성」, 『한국시가연구』 8, 한국시가학회, 2000.
김항수, 「삼강행실도 편찬의 추이」, 『진단학보』 85, 진단학회, 1998.
김훈식, 「삼강행실도 보급의 사회사적 고찰」, 『진단학보』 85, 진단학회, 1998.
김흥규, 「선초 악장의 천명론적 상상력과 정치의식」, 『한국시가연구』 7, 한국시가학회, 2000.
남광우, 「월인천강지곡 해제」, 『국어학』 창간호, 국어학회, 1962.
남권희·남경란, 「월인석보 권19의 서지 및 묘법연화경언해 권7과의 본문 대조」, 『국어사자료연구』 창간호, 국어사자료학회, 2000.
노권용, 「불타관의 연구」, 원광대 박사학위논문, 1987.
문철영, 「조선전기 유학사상의 역사적 특성」, 『전통과 사상(IV)』, 한국정신문화연구원, 1990.
민영규, 「해제」, 『월인석보 제9·제10』, 연세대 동방학연구소, 1956.
_____, 「개제」, 『월인석보 제17·제18』, 연세대 동방학연구소, 1957.
_____, 「개제」, 『월인석보 제7·제8』, 연세대 동방학연구소, 1957.
_____, 「월인석보 제23 잔권」, 『동방학지』 6, 연세대 동방학연구소, 1963.
박금자, 「석보상절·월인석보의 텍스트 범위와 텍스트 통합성」, 텍스트 연구회 편, 『텍스트언어학』 3, 박이정, 1995.
_____, 「월인천강지곡의 간텍스트성-석보상절과 석가보·'제경'과의 비교」, 『텍스트언어학』 8, 한국텍스트언어학회, 2000.
박노원, 「석보상절의 서사문학적 성격」, 동아대 석사학위논문, 1982.
박도화, 「초간본 월인석보의 팔상 판화의 연구」, 『서지학연구』 24, 서지학회, 2002.
박병채, 「월인천강지곡의 편찬경위에 대하여」, 『문리논집』 6, 고려대, 1962.
_____, 「월인천강지곡의 찬자에 대한 재론」, 『서정범박사 화갑기념논문집』, 1986.
배석범, 「악장의 언어질서 연구」, 한국정신문화연구원 한국학대학원 박사학위논문, 1997.
사재동, 「월인석보의 형태적 연구」, 『어문연구』 5, 대전어문연구회, 1970.
_____, 「월인천강지곡의 몇 가지 문제」, 『어문연구』 11, 어문연구회, 1982.

사재동, 「불교계 국문소설의 형성·전개」, 『고소설사의 제문제』(성오 소재영선생 환력기념 논총), 집문당, 1993.
성기옥, 「용비어천가의 구조와 서사성」, 『새터 강한영교수 고희기념논문집』, 아세아문화사, 1983.
_____, 「용비어천가의 문학적 성격」, 『진단학보』 68, 진단학회, 1989.
신명숙, 「여말선초 서사시 연구」, 단국대 박사학위논문, 2004.
심재완, 「석보상절 제11에 대하여」, 『논문집』 2, 청구대, 1959.
안병희, 「월인석보 권11·12에 대하여」, 『국어생활』 9, 국어연구소, 1987.
_____, 「월인천강지곡 해제」, 문화재관리국, 1992.
_____, 「월인천강지곡의 교정」, 『국어사자료연구』, 문학과 지성사, 1992.
_____, 「월인석보의 편간과 이본」, 『진단학보』 75, 진단학회, 1993.
오대혁, 「안락국태자경과 이공본풀이의 전승관계」, 『불교어문논집』 6, 한국불교어문학회, 2001.
熊谷宣夫, 「청산문고 소장 안락국태자경변상」, 『김재원박사 회갑기념논총』, 1969.
이기대, 「월인석보의 구성방식과 문학적 성격」, 『우리문학연구』 14, 우리문학회, 2001.
이동림, 「월인석보와 관계불경의 고찰」, 『백성욱박사 송수기념 불교학논문집』,1959.
이병주, 「석보상절 제23·24 해제」, 『동악어문논집』 5, 동악어문학회, 1967.
이봉춘, 「조선전기 불전언해와 그 사상」, 『한국불교학』 5, 한국불교학회, 1980.
이영종, 「조선시대 팔상도 도상의 연원과 전개」, 『미술사학연구』 215, 한국미술사학회, 1997.
이영화, 「조선초기 불교의례의 성격」, 『청계사학』 10, 한국정신문화연구원 청계사학회, 1993.
이정원, 「15세기 불교계 국문서사 연구」, 『한국고전연구』 5, 한국고전연구학회, 1999.
이종석, 「월인천강지곡과 선행불교서사시의 비교연구」, 서울대 석사학위논문, 2001.
이종찬, 「서사시 석가여래행적송 고찰」, 『한국의 선시』, 이우출판사, 1985.
이주형, 「불전의 '사위성신변' 설화 연구」, 『진단학보』 76, 진단학회, 1993.
이호영, 「괴애 김수온의 문명과 숭불 성격」, 『논문집』 10, 단국대, 1976.
인권환, 「석보상절의 문학적 고찰」, 『민족문화연구』 9, 고려대 민족문화연구소,1975.
임기중, 「화청과 가사문학」, 『국어국문학』 97, 국어국문학회, 1987.
_____, 「불교시가 연구-한글시대의 불교시가」, 『한국문학연구』 22, 동국대 한국문학연구소, 2000.
전재강, 「월인천강지곡의 서사적 구조와 주제 형성의 다층성」, 『안동어문학』 4, 안동어문학회, 1999.

정소연, 「용비어천가와 월인천강지곡의 비교 연구」, 『우리어문연구』 33, 우리어문학회, 2009.
정연찬, 「해제」, 『월인석보 제1, 2』, 서강대 인문과학연구소, 1972.
정우영, 「월인석보 권20의 어휘 연구」, 『국어국문학』 31, 국어국문학회, 2002.
정하영, 「월인석보의 서사문학적 성격」, 『진단학보』 75, 진단학회, 1993.
조명화, 「중국불교의 전기문학」, 『한국불교학』 16, 한국불교학회, 1991.
조평환, 「조선초기의 악장과 불교사상」, 『한국시가연구』 8, 한국시가학회, 2000.
조흥욱, 「월인천강지곡 연구」, 서울대 박사학위논문, 1994.
_____, 「월인천강지곡의 내용 특징 연구」, 『어문학논총』 23, 국민대 어문학연구소, 2004.
차현실, 「월인천강지곡의 장르와 통사구조의 상관성」, 『월인천강지곡의 종합적 고찰』, 이화여대 한국어문학연구소, 2000.
천병식, 「석보상절의 전기문학적 가치」, 『고전문학연구』 3, 한국고전문학연구회, 1986.
천혜봉, 「새로 발견된 초참본 월인석보 권제7·8」, 『현대사학의 제문제』(남계 조규호박사 화갑기념논총), 일조각, 1977.
최병헌, 「월인석보 편찬의 불교사적 의의」, 『진단학보』 75, 진단학회, 1993.
최연식, 「조선후기 석씨원류의 수용과 불교계에 미친 영향」, 『구산논집』 1, 구산장학회, 1998.
최은규, 「월인석보 권15 해제」, 『서지학보』 21, 한국서지학회, 1999.
최정여, 「세종조 망비추선의 주변과 석보 및 찬불가 제작」, 『계명논총』 5, 계명대, 1968.
_____, 「명칭가곡고」, 『동산 신태식박사 송수기념논총』, 계명대출판부, 1969.

찾아보기

【ㄱ】

가사산 51, 145, 183
가섭울비라 69, 120, 121, 146, 189, 190, 192, 193
가전연(迦旃延) 206
감자씨 143, 176
강석덕(姜碩德) 139
게송 28
결사(結詞) 14
경덕전등록 71, 98, 134
경율이상 28, 85, 86, 94, 105, 134
계환(戒環) 65, 66, 93
고행 51, 96, 98, 141, 145, 166, 167, 174, 183, 188, 189, 232
공덕 58~61, 64~66, 69, 72, 84, 85, 89~92, 100, 106, 114, 128, 129, 140, 142, 148~150, 162~165, 172, 173, 181, 189, 197, 204, 205, 209, 210, 223, 224, 226, 228, 229, 253~255, 263, 265, 285~288
과거현재인과경 54, 55, 77, 80, 122, 123, 135, 143, 284
과욕(寡欲) 264
관무량수경 85, 87, 135, 137, 138, 140, 155, 210, 285
관불삼매해경 53, 85, 86, 109, 135, 136, 137, 140, 147
관세음보살 40, 65, 87, 93, 140, 148, 155, 208, 213, 228, 229
교상판석 153, 154, 202
교화 25, 53, 54, 76, 77, 79~82, 84, 85, 101, 106, 124, 142, 144, 146, 147, 150, 153, 154, 156, 157, 159, 163~167, 169, 172, 174, 187, 189~193, 195, 197, 198, 200, 204~208, 212, 217, 229, 245, 251, 253, 255, 258~262, 264, 265, 281, 285~289
구마라집 65, 82, 87, 102, 237
구원성불(久遠成佛) 91, 148, 218, 219, 224~227
궁자의 비유 129, 130, 221
균분사리 67, 133, 150, 248, 251, 252
극락 155, 209, 210, 211, 213
금강경오가해설의 10, 105
금강신(金剛神) 192, 206, 207, 229
기원정사 58, 59, 147, 152, 153, 190, 192, 194, 200~203
기화(己和) 10, 45
김사엽 9
김시습 276
김종우 9, 10, 255

【ㄴ】

나운(羅雲) 50, 51, 127, 145, 147, 152, 153, 181, 183, 189, 194~196, 199, 202, 216, 234
나찰 25, 84, 85, 147, 154, 157, 192, 204~208
나후라 56, 57, 59, 61, 91, 127, 145
난타 84, 85, 147, 180, 190, 203, 204, 216
내불당(內佛堂) 268, 273, 274~276, 288

녹모부인 35, 36, 59, 98, 131, 132, 158, 231
논서(論書) 78, 79, 82, 136, 137

【ㄷ】

다보불 64, 65, 91~93, 219, 223, 225, 228
대가섭 54, 58, 59, 96, 147, 148, 150, 157, 190
대반열반경후분 68, 71, 105, 135, 137, 149, 150, 173
대방편불보은경 60, 66, 86, 98, 99, 102, 108~110, 113, 131, 135~137, 141, 147~149, 154, 262, 272, 284, 285
대세지보살 88, 213
대승경전(大乘經典) 25, 135~137, 141, 153, 155, 158, 237, 253, 287
대애도 85, 100, 101, 131, 147, 149, 152~155, 158, 205, 231, 244, 245
대운륜청우경 86, 88, 135, 137, 147
대지도론 82, 136, 137, 146
대천세계 249
덕성 188, 189, 200, 253, 254, 287
도리천 35, 60, 109, 110, 157, 158, 204, 231, 238~240, 245, 247, 252
도솔천 29, 102
독룡 25, 84, 85, 147, 154, 157, 191, 192, 204~208, 253, 287

【ㅁ】

마야부인 36, 50, 59, 60, 75, 131, 132, 144, 158, 174, 178, 180, 239, 242, 252
마왕 53, 83, 145, 160, 184~186, 249
마하가섭 77, 82, 97, 98, 190, 206, 230, 231
목련 54, 100~102, 113, 123, 146, 158, 189, 199, 206, 231, 245~247
목련경 87, 88, 101, 102, 136, 141, 149
묘법연화경 65, 147, 148
묘법연화경요해(妙法蓮華經要解) 65, 93
무량수경 85, 87
무욕(無欲) 193, 194, 196~198, 200, 202~204, 263, 264
무주상보시(無住相布施) 237, 265
문수보살 31, 58, 64, 84, 89, 128, 239
문학적 성격 9, 10, 13~15, 23, 25, 88, 117, 137, 140, 169, 255, 256, 278, 282, 288, 289
미륵 75, 86, 100, 102
미증유인연경 61, 135, 137, 283
민영규 48, 88, 153

【ㅂ】

박금자 48, 52, 61, 62, 268
발고여락(拔苦與樂) 172, 204, 208, 211, 212, 217, 253, 286
발제(跋提) 84, 85, 147, 190, 203
법신(法身) 31, 45, 163, 165, 166, 173, 249, 252~254, 266, 286~288
법원주림 68, 69, 77, 101, 103, 135, 136, 149
법장 결집 71, 134
법화경 22, 23, 25, 28, 35, 39, 40, 60, 64~66, 89~96, 129, 130, 135, 137

~140, 148, 152, 153, 218, 219, 222~226, 229, 254, 257, 270, 272, 276, 284, 285, 287, 288
보리수 53, 68, 73, 101, 251
보시 40, 73, 74, 94, 95, 97, 98, 101, 141, 142, 150, 158, 176, 193, 203, 232~234, 236~238, 240, 241, 243, 247, 251, 254, 255, 265, 285, 287, 288
보시행 28, 40, 75, 77, 84, 89, 94, 96~98, 149, 157, 158, 176, 230, 231, 233, 235~237, 241
보요경 52~54, 78~80, 123, 135, 136, 144~146, 284
보은(報恩) 141, 142, 158, 240, 245, 285
보현보살 31, 65, 93, 148, 218, 228, 229
본생담 28, 40, 56, 59, 60, 74, 75, 77, 79, 83, 84, 89, 94~98, 108, 141, 173, 176, 233, 237, 238, 240~242
본원(本願) 58, 59, 61, 84, 99, 128, 130
부전(不傳) 월인천강지곡 13, 20, 21, 22, 23, 36, 38, 46, 117, 128, 131, 133, 143, 248, 253, 283, 285
불본행집경 52, 55, 82, 126, 135, 145, 146, 283
불상(佛像) 35, 59, 97, 109, 110, 113, 149, 239, 240, 273
불설미륵대성불경 101, 102
불성(佛性) 173, 249, 250
불소행찬 11, 53, 183, 269
불신(佛身) 163~165, 172, 254, 286, 287

불이(不二) 266, 278, 288
불전(佛傳) 52, 55, 77, 79, 121, 135~137, 140, 150, 170, 173, 183, 184, 271
불조역대통재 59, 63, 153
불조통기 31, 32, 59, 63, 98, 120, 136, 145~148, 153, 231

【ㅅ】

사경불사(寫經佛事) 114, 138, 270
사리불 54, 64, 89, 90, 96, 97, 123, 146, 148, 157, 189, 192, 200~203, 206, 220, 230, 233
사리영응기 266, 268, 273, 274
사문유관 50, 51, 144, 151, 152, 181, 184
사욕(捨欲) 204, 254, 255, 263~265, 287, 288
사재동 10, 168, 215, 255, 267, 269, 278
사전(史傳) 136, 137
삼강행실도 259~263
삼독(三毒) 193, 194, 198, 204
삼보(三寶) 59, 120, 146, 187, 245, 263
상적광토(常寂光土) 163
서거정 277, 278
서사(序詞) 15, 45, 143, 167
서사구조 9, 14, 15, 117, 167~169, 173, 253, 254, 281, 282, 287, 289
서사내용 155, 157~161, 172, 173, 180, 182, 186~189, 193, 198, 203, 204, 207, 210, 211, 214, 217, 222~224, 232, 245, 251, 253~255, 285~288

서사단락 15, 142, 150, 151, 158, 164,
　　166~169, 171~174, 227, 247, 255
서사의미 157, 160, 161, 173, 174, 177,
　　179, 180, 182, 183, 185, 186, 188,
　　193, 194, 200~204, 211, 212, 215,
　　217, 230, 233, 238, 241, 245, 247,
　　249~251, 253, 286
석가강생석종성불연보 50, 52~54, 75,
　　78, 144, 145, 146, 284
석가보 33, 35, 43, 50~55, 57~62, 67,
　　68, 70, 72~80, 82~86, 90, 95~
　　97, 100~102, 104, 105, 107~114,
　　121~125, 127, 134~137, 143~150,
　　155, 173, 193, 222, 249, 250, 252,
　　269~272, 284, 288
석가씨보 29, 50~52, 54, 55, 58, 59,
　　75~78, 82, 118~120, 126, 135,
　　143~147
석가여래행적송 11, 31, 32, 78, 163,
　　164, 289
석보상절 9, 12~17, 20~23, 25, 26,
　　28, 30~41, 46~61, 63, 65~69, 71
　　~73, 77, 81, 83, 88, 93, 95, 96,
　　98, 102, 105~110, 112~115, 117,
　　120, 124, 125, 127, 128, 131~134,
　　137, 140, 142, 152, 154, 156, 160,
　　179~182, 184, 196, 199, 201, 217,
　　220, 237, 241, 249, 251, 252, 256,
　　257, 262, 265, 267~270, 272~
　　275, 277, 280, 283~285, 288
석보상절 서 17, 51, 268, 269, 272
석제환인(釋提桓因) 60, 109
석존(釋尊) 9, 10, 29~33, 35~37, 42,
　　45, 51~60, 63~69, 71~83, 85~
　　94, 96~102, 104~107, 109, 110,
　　113, 115, 116, 119, 120~127, 129,
　　131, 133, 136, 137, 141, 144, 146,
　　147, 150~153, 156, 158~165, 168,
　　171~176, 178, 179, 182~193, 195~
　　201, 203~208, 213, 216~220, 222
　　~225, 227~234, 236, 238, 239,
　　241, 242, 244~249, 251~255, 259,
　　262~265, 270, 271, 284~287
선우태자 99, 102, 149, 158, 231, 241
설산수도 51, 151
성불(成佛) 30, 53, 55, 66, 74~76, 79,
　　82, 83, 121, 130, 141, 145, 148,
　　151, 161, 169, 171~177, 179, 180,
　　182~184, 187~189, 195, 200, 208,
　　218, 219, 222~227, 230, 232,
　　236~238, 240, 242, 247, 254,
　　262, 265, 284~287
세조 115, 256, 257, 265, 267, 276, 277
세종 10, 12~14, 25, 32, 34, 41, 47,
　　114, 115, 119, 124, 138~140, 142,
　　255~259, 262, 265~270, 272~274,
　　276, 281, 282, 288
소헌왕후 12, 42, 66, 114, 115, 137~
　　140, 246, 255~258, 268~270, 272,
　　288
수달 58, 147, 200, 202, 203
수대나 태자 98, 149, 176, 230, 234,
　　237
수보리 90, 129
수사제 태자 149, 231, 238
수하항마 51, 53, 76, 82, 151, 152

찾아보기 **301**

순타(純陀) 104, 105, 134, 149, 248, 250
순화 258, 264, 288
숭유억불(崇儒抑佛) 9, 11, 255, 258
승가리의 116
시간적 순행 151, 161, 286
시방(十方) 64, 102, 219, 222, 223, 225
신라함월산기림사사적 279
신이성(神異性) 11, 192
심재완 48
쌍림열반 51, 133, 150~152, 173

[ㅇ]
아나율 84, 85, 147, 190, 203
아난 67, 69, 71, 82, 86, 91, 100, 113, 116, 134, 150, 152, 194, 206, 251
아람가란 57, 183
아미타경 25, 84, 85, 87, 135, 137~140, 147, 154, 204, 209, 210, 253, 257, 270~272, 285, 287, 288
아미타불 87, 208, 209, 210, 213
아비달마대비바사론 78
아비지옥 100, 102, 245, 246
아사세(阿闍世) 87
아육왕 33, 45, 67~70, 72~74, 82, 100~102, 106, 108, 111, 136, 150~152, 251
아육왕전 82, 107, 136, 145, 284
악우태자 99
악장 10, 12, 122, 162, 257, 273, 274, 276
안락국 212~214
안락국태자경 85, 87, 88, 102, 136,
141, 147, 214, 215, 262, 278, 279
야수다라 131, 180, 199
약사경 35, 58~60, 85, 128, 129, 135, 137, 140, 147, 154, 205, 212, 253, 287
약사여래 58, 59, 84, 85, 128, 129
양의치자(良醫治子)의 비유 226, 227
어제 월인석보 서 17, 256
연화색 비구니 36, 97~99
염부제 35, 59, 60, 73, 74, 97, 101, 109, 110, 121, 149, 150, 157, 158, 231, 238, 239, 251
영산 147, 219, 220, 229
영산회(靈山會) 172, 218, 219, 229~231, 253, 286
영웅서사시 10, 12, 166, 167, 168, 169, 173
오등회원 56, 57, 62
5시 8교 153
왕사성 32, 33, 87
왕생 87, 155, 210~215
용비어천가 9, 14, 162, 165, 167~169, 274, 276, 289
우두람불 183
우란분경 101, 102
우바국다 76, 82, 145, 150, 151, 160, 184, 186, 251
우전왕 35, 59, 97, 109, 110, 113, 149
원앙부인 84, 147, 154, 155, 205, 212~214
월인석보 9, 12~17, 19~28, 31~41, 43~46, 48, 49, 51, 52, 54, 60, 62, 65, 66, 71~74, 77, 79, 81, 83~85,

87~89, 93~108, 110, 112, 113,
115~117, 120, 128~131, 133~135,
137, 140, 151~153, 156, 160, 164,
168, 176, 203, 210, 214, 218, 222,
223, 226, 227, 231, 245, 246,
256, 257, 265, 267, 268, 270,
272, 275, 277~284, 289
월인천강지곡(상) 12~16, 21~24, 26,
37, 41~43, 46, 47, 117, 118, 166,
168, 267
위경(僞經) 87, 136, 137, 141
위제희(韋提希) 87
유성출가 51, 53, 55, 145, 151, 152, 181
육사외도 35, 36, 97, 98
육취(六趣) 249, 250
이동림 48, 119, 272
이병주 48, 72, 272
이호권 33, 34, 48, 52, 61, 62, 72
인과윤회 9
인욕태자 35, 59, 97, 132, 149, 158,
176, 231, 237, 240
일불승(一佛乘) 64, 66, 90, 130, 173,
218~224, 226, 230, 254, 287
임종유교 67, 133, 149, 248

【ㅈ】

자비심 160, 161, 186~200, 202, 253,
254, 287
자성(自性) 256, 257
자심(慈心) 98, 200, 233, 236, 247
잡보장경 52, 56, 127, 135, 137, 145~
147
잡아함경 33, 107, 108, 147, 150

재동제군(梓潼帝君) 76, 80, 81, 82, 159
전경(轉經) 114, 115, 256
전법(傳法) 32, 55, 59, 83, 150, 151,
153, 154, 161, 169~171, 187, 189,
286
전법(轉法) 189
정각(正覺) 51, 167, 168, 182, 249
정반왕 53, 79, 85, 86, 124, 125, 145~
147, 154, 155, 181, 195, 196, 205,
216, 234, 242, 263
정유리세계 129, 155
정토 87, 155, 209, 210
제경발미(諸經跋尾) 139
제바달다(提婆達多) 87, 91, 97, 99,
130, 131, 148, 224, 234, 241, 242
제불(諸佛) 64, 89, 206~208
제불여래보살명칭가곡(諸佛如來菩薩名
稱歌曲) 266
제회월헌시축(題准月軒詩軸) 277
조규익 12, 24, 122, 162, 163, 167, 168,
174, 190, 192, 196, 255
조달(調達) 124, 126, 146, 180, 195,
197, 198
조당집 71, 134, 150
조흥욱 10, 14, 23, 24, 166~169, 171,
174, 196, 269, 270
종문연등회요 62, 63, 99, 108, 126, 136,
146
주제의식 9, 141, 143, 255, 258, 285,
287
주제적 인과 157, 158, 161, 286
죽원정사 146, 193, 203
중고(衆苦) 157, 208, 209, 217, 254,

287
중본기경 120~125, 135, 136, 140, 146,
　　147, 192
중생 구제 218, 229, 230
증수석가보(增修釋迦譜) 114, 269, 272
지장경 35~37, 58, 61, 66, 97, 99, 108,
　　110, 135, 137~140, 149, 238~240,
　　270, 280
지장보살 60, 61, 99, 239
지치(至治) 258, 266, 288

【ㅊ】

청정(淸淨) 64, 92, 119, 190, 264, 265
초전법륜 172, 174, 187, 189, 253, 287
추선(追善) 66, 273
추천(追薦) 114, 115, 137, 139, 140,
　　256~258, 272
친제 신성(親製新聲) 266, 273, 274

【ㅌ】

태자수대나경 88, 98, 135, 141, 154,
　　285

【ㅍ】

파사론 78, 79, 136, 144, 150
파사익왕 35, 59, 97, 106, 109, 110,
　　113, 149, 240
팔상(八相) 51, 79, 82, 150, 151, 170,
　　171, 173

【ㅎ】

함허당 45
현우경 33, 56, 82, 83, 108, 135, 137,
　　146, 147
협주 20, 25, 27, 28, 40, 41, 45, 48~
　　51, 57, 63, 73~75, 78, 84~103,
　　106~108, 116, 151~153, 164, 176,
　　180, 210, 218, 231, 265, 274
화신(化身) 76, 80~82, 144, 159, 174
화엄경 30~32, 76, 144, 145, 187, 266,
　　271
효도 132, 138, 141, 142, 158, 176, 232,
　　233, 237~241, 245, 247, 254,
　　255, 260, 262, 285, 287, 288
효령대군 276
효심 98, 238
효양(孝養) 97
훈민정음 266

[저자 약력]

김기종(金己宗)

서울 출생
동국대학교 국어국문학과 졸업
동국대학교 대학원 석·박사과정 졸업(문학박사)
동국대학교 불교문화연구원 연구교수 역임
현재 동국대학교·광운대학교 강사
고려대학교 BK21 한국어문학교육연구단 연구교수

저서 : 『조선후기문학의 양상』(이회, 2001, 공저)
　　　『불교문학연구의 모색과 전망』(역락, 2005, 공저)
　　　『불가의 글쓰기와 불교문학의 가능성』(동국대학교 출판부, 2010, 공저)
논문 : 「용성선사의 불교가사」, 「석보상절의 저경과 저경 수용 양상」
　　　「근대불교잡지의 간행과 불교대중화」, 「석가여래행적송의 구조와 주제의식」 등

월인천강지곡月印千江之曲의
저경底經과 문학적 성격

2010년 2월 27일 초판 1쇄 펴냄

저　자　김기종
발행인　김흥국
발행처　도서출판 보고사

책임편집　박현정
표지디자인　윤인희

등록 1990년 12월 13일 제6-0429호
주소 서울특별시 성북구 보문동7가 11번지 2층
전화 922-5120~1(편집), 922-2246(영업)
팩스 922-6990
메일 kanapub3@chol.com
http://www.bogosabooks.co.kr

ISBN 978-89-8433-800-5　93810
ⓒ 김기종, 2010

정가 16,000원
사전 동의 없는 무단 전재 및 복제를 금합니다.
잘못 만들어진 책은 바꾸어 드립니다.